"十三五"职业教育国家规划教材

税收实务

（基础部分）（第九版）

新世纪高职高专教材编审委员会 组编

主　编　裴更生　王风英

副主编　赵　颖　郑英美　支胜彦

大连理工大学出版社

图书在版编目(CIP)数据

税收实务.基础部分/裴更生,王风英主编.--9版.--大连：大连理工大学出版社,2019.1(2021.5重印)
新世纪高职高专会计专业系列规划教材
ISBN 978-7-5685-1829-1

Ⅰ.①税… Ⅱ.①裴… ②王… Ⅲ.①税收管理－中国－高等职业教育－教材 Ⅳ.①F812.423

中国版本图书馆CIP数据核字(2019)第009657号

大连理工大学出版社出版

地址：大连市软件园路80号　邮政编码：116023
发行：0411-84708842　邮购：0411-84708943　传真：0411-84701466
E-mail:dutp@dutp.cn　URL:http://dutp.dlut.edu.cn
大连图腾彩色印刷有限公司印刷　　大连理工大学出版社发行

幅面尺寸:185mm×260mm　　印张:19.75　　字数:506千字
2003年9月第1版　　　　　　　　　　　　2019年1月第9版
2021年5月第6次印刷

责任编辑：郑淑琴　　　　　　　　　　　责任校对：李作鹏
封面设计：对岸书影

ISBN 978-7-5685-1829-1　　　　　　　　　定　价：49.80元

本书如有印装质量问题,请与我社发行部联系更换。

前 言

《税收实务》(基础部分)(第九版)是"十三五"职业教育国家规划教材、"十二五"职业教育国家规划教材和普通高等教育"十一五"国家级规划教材,也是新世纪高职高专教材编审委员会组编的会计专业系列规划教材之一。

随着我国新一轮财税制度改革的深入,中国经济发展步入一个新时期。2018年,我国进一步深化增值税改革,降低了增值税税率,统一了小规模纳税人标准;施行了《中华人民共和国环境保护税法》;修订了《中华人民共和国个人所得税法》。在税收法律、法规不断变化的情况下,我们对本教材进行了修订。

为满足新税制实施以后的教学需要,落实教育部对高等职业教育"大力推行工学结合,突出实践能力培养,改革人才培养模式"的新要求,本着"基础理论以必需和够用为度,专业知识重点放在成熟的技术和管理规范上"的原则,我们组织了具有丰富教学经验与实践经验一线教师以及长期从事办税实务的企业人员,借鉴"项目导向""任务驱动""顶岗实习"等有利于增强学生实践能力的教学模式修订了这套教材。

本版教材是在上版教材的基础上,在税收法律、法规发生了变化的情况下,结合高职高专实际教学的需要,对税收法律、法规进行了全面的解读,对新出台和新修订的部分加入了大量的案例,以便初学者学习和参考。同时,随着信息化手段的发展,学生学习不再拘泥于课堂。为了更好地服务于学生,对关键知识点、技能点制作了大量的微课。

本教材突出了以下特点:

1.内容紧跟税制改革的前沿。本教材的修订以国家现行的税收法律、法规为依据,摒弃了已过时的税收法律,注入了新的财税体制改革内容,具有鲜明的时代特征。从内容上看,反映了现行的税收政策,包括环境保护税、增值税税率调整、个人所得税、企业所得税、印花税等内容。突出了时效性,内容新颖,案例丰富。

2. 体例新颖。以企业税务会计人员的岗位技能和工作过程为基础，根据企业办税业务的需要来设计教材内容。全书采用项目导向、任务驱动的崭新体例，突显对学生进行职业能力培养的重点要求，着重解决学生走向税务会计工作岗位所面临的实际问题。全书分为九个项目，每个项目包含若干任务，每个任务均设计了任务情境。教材内容围绕任务情境展开，使学生在完成任务的过程中牢固掌握专业知识，提高职业能力和职业素质。

3. 知识规范。本教材注重对学生能力的培养与专业综合素质的提高，追求知识的系统性、规范性，这样便于学生在税收知识的学习和仿真模拟中深刻理解知识点，使学生能够科学、规范地提高应用能力。书中重点突出了对流转税（增值税、消费税）、所得税（企业所得税、个人所得税）的讲解，在部分税种后还附列了知识链接，可以对相关内容起到补充作用，力求做到简明易懂、体系完整、便于教学。

4. 应用性强。本教材的编写目的是培养学生适应税务会计人员业务岗位的需要，教学过程就是指导学生完成工作任务的过程，教学项目的设计以办税工作任务为载体，教学模块的设计以办税业务的工作过程为依据，将税收相关的理论知识分解嵌入各办税项目中。书中列举了大量来源于税收一线的企业实际案例和表格供学生参考和实践操作。

为巩固所学内容，我们配套了相应的实训教材，使学生能够将理论学习与实务操作紧密结合在一起，边做边学，体现"做中学，学中做"，在做中学会相关税种应纳税额的计算及其纳税申报方法，为具备应有的岗位从业能力打下坚实的基础。

本教材由河北政法职业学院裴更生、石家庄职业技术学院王凤英担任主编，河北政法职业学院赵颖、郑英美、石家庄志远星辰会计师事务所（普通合伙）支胜彦担任副主编。具体分工如下：裴更生编写项目二、项目八，王凤英编写项目四、项目五，赵颖编写项目六、项目七，郑英美编写项目三、项目九，支胜彦编写项目一。

本教材由多年从事税收教学的教师和从事税收实务的企业人员编写而成，在此对相关院校和有关部门的大力支持与帮助表示感谢！

在编写本教材的过程中，编者参考、引用和改编了国内外出版物中的相关资料以及网络资源，在此表示深深的谢意！相关著作权人看到本教材后，请与出版社联系，出版社将按照相关法律的规定支付稿酬。

尽管我们在教材的特色建设方面做出了许多努力，但由于编者的经验和水平有限，加之编写时间仓促，所以书中难免存在疏漏之处。恳请各相关教学单位和广大读者在使用过程中给予关注并提出改进意见，以便我们进一步修订和完善。

为方便教学，本教材配有电子课件，请登录教材服务网站下载。

编 者
2019 年 1 月

所有意见和建议请发往：dutpgz@163.com
欢迎访问职教数字化服务平台：http://sve.dutpbook.com
联系电话：0411-84707492　84706671

目录

项目一　税收基础知识认知 ··········· 1
- 任务一　认识税收 ··········· 2
- 任务二　认识我国现行税收管理制度体系 ··········· 10

项目二　增值税纳税实务 ··········· 14
- 任务一　认识增值税 ··········· 15
- 任务二　增值税应纳税额的计算 ··········· 34
- 任务三　增值税出口退(免)税的计算 ··········· 54
- 任务四　认识增值税的征收管理 ··········· 59
- 任务五　增值税的纳税申报 ··········· 70

项目三　消费税纳税实务 ··········· 79
- 任务一　认识消费税 ··········· 80
- 任务二　消费税应纳税额的计算 ··········· 87
- 任务三　认识消费税的出口退(免)税 ··········· 98
- 任务四　消费税的纳税申报 ··········· 99

项目四　城市维护建设税和教育费附加 ··········· 106
- 任务一　认识城市维护建设税 ··········· 107
- 任务二　认识教育费附加 ··········· 111

项目五　企业所得税纳税实务 ··········· 113
- 任务一　认识企业所得税 ··········· 114
- 任务二　应纳税所得额的确定 ··········· 117

任务三　企业所得税应纳税额的计算 ……………………………………… 133
　　任务四　企业所得税的税收优惠 …………………………………………… 140
　　任务五　企业所得税的申报与缴纳 ………………………………………… 145

项目六　个人所得税纳税实务 …………………………………………… 150
　　任务一　认识个人所得税 …………………………………………………… 151
　　任务二　应纳税所得额的确定 ……………………………………………… 157
　　任务三　个人所得税应纳税额的计算 ……………………………………… 165
　　任务四　个人所得税的税收优惠 …………………………………………… 170
　　任务五　个人所得税的征收管理 …………………………………………… 172
　　任务六　个人所得税的申报与缴纳 ………………………………………… 179

项目七　关税纳税实务 …………………………………………………… 184
　　任务一　认识关税 …………………………………………………………… 185
　　任务二　关税应纳税额的计算 ……………………………………………… 189
　　任务三　关税的税收优惠及征收管理 ……………………………………… 195

项目八　其他税种纳税实务 ……………………………………………… 199
　　任务一　资源税纳税实务 …………………………………………………… 200
　　任务二　城镇土地使用税纳税实务 ………………………………………… 209
　　任务三　耕地占用税纳税实务 ……………………………………………… 216
　　任务四　土地增值税纳税实务 ……………………………………………… 221
　　任务五　房产税纳税实务 …………………………………………………… 231
　　任务六　契税纳税实务 ……………………………………………………… 235
　　任务七　车船税纳税实务 …………………………………………………… 244
　　任务八　车辆购置税纳税实务 ……………………………………………… 250
　　任务九　印花税纳税实务 …………………………………………………… 253
　　任务十　环境保护税纳税实务 ……………………………………………… 264

项目九　税收征管与行政法制 …………………………………………… 279
　　任务一　认识税收征收管理 ………………………………………………… 280
　　任务二　税务行政法制 ……………………………………………………… 298

项目一

税收基础知识认知

知识目标

1. 理解税收的概念与特征、税收的作用、税收法律关系。
2. 了解我国现行税收管理制度体系及税种的分类。
3. 掌握纳税义务人、征税对象、税率等税收制度要素。

能力目标

1. 能够利用全额累进税率和超额累进税率进行应纳税额的计算。
2. 能够正确区分起征点与免征额。
3. 能够对不同的税种进行分类。

任务一　认识税收

任务情境

某作家2018年3月至8月,将其尚未出版的小说在某文学报刊上每周连载两期。因此,每月可获得稿酬1 000元。

任务要求

1.该作家是否应缴纳个人所得税?
2.如果应缴纳个人所得税,缴纳的金额是多少?

一　认识税收

(一)什么是税收

税收是国家为了实现其职能,凭借政治权力,按照法律规定的标准和程序,通过参与社会产品或国民收入分配的方式,强制、无偿地取得财政收入的一种分配形式。它是人类社会经济发展到一定历史阶段的产物。

税收的基本含义要从四个方面理解:

(1)税收是国家取得财政收入的一种基本形式。目前世界上的绝大多数国家,其财政收入的最主要的形式都是税收。可以说,税收在世界各国的经济生活中扮演着越来越重要的角色。

(2)国家征税的目的在于履行其公共职能。在社会活动的两种不同形式中,公共事务区别于私人事务,具有非排他性和非竞争性的特点;在社会需要的两个部分中,公共需要区别于私人需要,具有主体的集合性和客体的不可分割性的特点。国家和代表国家行使职能的政府作为履行公共职能的机构,其征税的根本目的在于执行公共事务、满足公共需要。一方面,税收体现了国家存在的经济形式和经济基础;另一方面,在国家职能中,满足公共需要的物质基础部分只能靠税收,而不能靠类似私人主体的利润、规费等形式加以补偿。

(3)国家征税凭借的是政治权力而非财产权利。国家征税是一种超经济的分配,体现了政治权力凌驾于财产权利之上的经济关系。税收的实现具有强制性,它是凭借国家的政治权力征收的,而不是凭借生产资料所有权得到的;税收的实现受到法律的保护,是依法征收的。

(4)税收是借助于法律形式进行的。首先,法律体现国家意志,它能在经济问题上通过对纳税义务人征税使其统一起来;其次,法律具有权威的强制性和普遍的适用性,能为国家、个人和社会组织所共同接受;最后,法律具有公正性,使税收活动具有预先规定的特征,易于征管。

税收自产生以来,一直是国家财政收入的主要形式。与其他财政收入形式相比,税收具有强制性、无偿性和固定性的特征,习惯上称为税收"三性"。

(1)强制性。税收的强制性是指税收这种分配形式是以国家政治权力为依托的,表现为国家以社会管理者的身份,通过颁布法律、法规等形式对税收加以规定,任何单位和个人都必须遵守,否则就要受到法律的制裁。强制不意味着强迫,它指的是国家以社会管理者的身份,以法律为后盾来征税。对居民和社会组织来说,税收是一种非自愿的、强制的缴纳形式,一切有纳税义务的人都必须依法纳税,否则就要受到法律的制裁。

(2)无偿性。税收的无偿性是指针对具体纳税义务人而言税收没有直接返还性,国家也不会为此支付任何形式的直接报酬,即国家征税后既不需要偿还,也不需要向纳税义务人付出任何代价,并不像商品交换一样实行等价交换。列宁说:"所谓赋税,就是国家不付任何报酬向居民取得东西。"无偿性是税收的关键特征,它使税收区别于国债等财政收入形式。

(3)固定性。税收的固定性是指税收是一种普遍的、经常的收入形式,是按照法律事先规定的标准连续征收和缴纳的。首先,在内容上,税收具有一定的制度性与普遍认可的原则;其次,在形式上,税法体系是统一、完整、严密的;最后,在确定方式上,税收是法定机构按法定程序与标准制定、颁布和实施的。国家在征税之前以法律的形式预先规定了征税对象、征收比例或数额和征收方法等,使税收具有相对的稳定性。税收的固定性,使税收区别于罚没等财政收入形式。

税收的三个特征是互相联系、缺一不可的。税收的强制性决定了征收的无偿性,而强制性和无偿性又决定了税收的固定性,税收的特征使税收区别于其他财政收入形式,如上缴利润、国债收入、规费收入、罚没收入等。税收的特征是不同社会形态下税收的共性,集中体现了税收的权威性。

(二)税收的作用

1.税收是国家组织财政收入的主要形式和工具

由于税收具有强制性、无偿性和固定性的特征,同时其来源十分广泛,因而在筹集财政资金、实现财政收入和保证财政收入的稳定性等方面起着重要作用。

(1)组织财政收入是税收的基本作用。税收是随着国家的产生而产生的,是为了满足国家实现其职能的物质需要而产生的。税收自产生之日起,为国家行使职能而组织财政收入就成了它的第一职能。国家通过税收,可以把分散在各部门的国民收入集中起来,以满足国家实现其职能的物质需要。

(2)税收是国家财政收入的重要支柱。目前,我国税收已占国家财政收入的95%以上,在日本占91%,在英国占96%,在美国占98%。由此可见,税收在各种不同制度的国家普遍存在,并且在国家财政收入中都占重要地位。所以,当前更应该强化和重视税收在组织财政收入方面的作用。

(3)税收可以使国家财政收入得到切实保证。税收具有强制性的特征,它是国家凭借政治权力,依靠法律预先规定的标准而取得的收入,这样便可以减少或避免拖欠和偷漏税行为的发生。

2.税收是国家对经济实行宏观调控的重要经济杠杆之一

政府可以通过制定符合国家宏观经济政策的税法,以法律形式确定国家与纳税义务人之间的利益分配关系,调节收入分配水平,调整产业结构,实现资源的优化配置,公平纳税义务人的税收负担,促进平等竞争,为市场经济的发展创造良好的条件。

(1)税收具有调节经济的职能。这种职能是指国家通过征税,改变不同纳税义务人、

不同经济部门在国民收入中所占的比重以及不同产品的盈利水平,从而对经济的发展产生某种影响。国家的一些政策及政治、经济目的,就是通过这种调节职能的发挥来实现的。我们说税收是一种经济杠杆,一般就是指税收的这种调节经济的职能,其调节的主要内容是资源配置、收入分配和经济总量。

(2)税收调节经济活动的具体做法。国家通过征收耕地占用税的税收政策,加强了对耕地的管理;通过减征企业所得税(低税率)的税收政策,吸引了外商高新技术企业在我国投资,促进了我国技术水平的提高;通过免征和减征企业所得税,支持了边远和贫困地区新建企业的发展。

总之,国家可以运用税收手段,通过对纳税义务人、征收对象、税率以及具体的税收征管办法的确定,达到促进生产发展、技术进步、社会稳定以及国民经济持续、快速、健康发展的目的。

3. 税收可以维护国家经济权益,促进对外经济交往

在国际经济交往中,充分运用国家的税收管辖权,在平等互利的基础上,适应国际经济组织所规定的基本原则,利用国际税收协定等规范性手段,加强同各国、各地区的经济交流与合作,不断扩大和发展引进外资、技术的规模、形式和渠道,建立和完善涉外税收制度,在维护国家权益的同时,发展国家间的经济技术合作关系。

4. 税收为国家及企业管理提供经济信息,对各项经济活动实行监督

税收涉及国民经济的各个方面,税收收入的结构可以反映国民经济状况及其发展趋势。同时,税收深入到企业经济核算的各个环节,可以监督经营单位和个人依法经营,加强经济核算,提高经营管理水平。同时通过税务检查,严肃查处各种违法行为,为国民经济的健康发展创造一个良好、稳定的经济秩序。

(三)税收法律关系

税收法律关系是指国家征税与纳税义务人在纳税过程中发生的利益分配关系,是因税收征收管理而发生的特定的权利义务关系,税收法律关系在总体上与其他法律关系一样,由权利主体、权利客体和法律关系三方面内容构成,但在这三方面的内涵上,税收法律关系具有特殊性。

1. 权利主体

权利主体是指税收法律关系中享有权利和承担义务的当事人。在我国的法律关系中,权利主体一方是代表国家行使征税职责的税务机关,包括国家各级税务机关、海关和财政机关;另一方是履行纳税义务的当事人。

在税收法律关系中,权利主体双方的法律地位平等,只是因为主体双方是行政管理者与被管理者的关系,所以双方的权利与义务才不对等,这是税收法律关系的一个重要特征。我国采取属地兼属人的原则来确定税收法律关系中权利主体的另一方,包括法人、自然人和其他组织,在华的外国企业、组织、外籍人、无国籍人以及在华虽然没有机构、场所但有来源于我国境内所得的外国企业或组织。

2. 权利客体

权利客体是指税收法律关系权利主体的权利、义务所共同指向的对象,即征税对象。如流转税权利客体是流转额;所得税权利客体是所得额;财产税权利客体是财产额等。

税收法律关系的权利客体也是国家利用税收杠杆调整和控制的对象。国家通过扩大或缩小征税范围、调整征税对象等,来达到限制或鼓励国民经济中某些产业、行业发展的目的。

3.法律关系

法律关系是指税收法律关系权利主体所享有的权利和所应承担的义务,是税收法律关系中最实质的东西,是税法的灵魂。它具体规定了权利主体可以有什么行为,不可以有什么行为,若违反了这些规定,须承担什么法律责任等。

税务机关的权利主要表现在依法进行征税、税务检查以及对违章者进行处罚;其义务主要是向纳税义务人宣传、辅导税法,及时把征收的税款解缴国库,依法受理纳税义务人对税收争议的申诉等。

纳税义务人的权利主要有多缴税款申请退还权、延期纳税权、依法申请减免税权、申请税务行政复议和提起诉讼权等;其义务是按照税法规定办理税务登记、按期纳税申报、接受税务检查、依法缴纳税款等。

二 税收制度要素

税收制度是税收法律制度的简称。税收制度是调整国家与纳税义务人之间税收征纳关系的法律规范,是国家根据税收政策,通过法律程序确定的征税依据和工作程序。它包括国家各种税收法律、法规、条例、实施细则和征收管理制度等。

税收制度具有广义税收制度和狭义税收制度之分。广义税收制度是指税收体系及各项税收征收管理制度;狭义税收制度是指各税种的税收制度要素,即国家设置某一具体税种的课征制度。

在任何一个国家,不论采用什么样的税收制度,税收制度要素都包括以下几项:纳税义务人、征税对象、税率、纳税环节与纳税期限、减税免税和违章处理。

(一)纳税义务人

纳税义务人简称纳税人,是税法规定的直接负有纳税义务的单位和个人,纳税义务人是税收制度最基本的构成要素之一,任何税种都有纳税义务人。从法律角度划分,纳税义务人主要包括法人和自然人两种。法人是指依法成立并能以自己的名义行使权利和承担义务的组织。作为纳税义务人的法人,一般指经工商行政管理机关审查批准和登记、具备必要的生产手段和经营条件、实行独立经济核算并能够依法行使权利和义务的单位、团体。自然人是指负有纳税义务的个人,如从事工商业经营的个体户、有应税收入或有应税财产的个人等。

与纳税义务人相联系的另一个概念是负税人。纳税义务人是直接负有纳税义务的单位和个人,负税人是指最后负担税款的人。在税负不能转嫁的情况下,纳税义务人与负税人是一致的,而在税负可以转嫁的情况下,纳税义务人与负税人则是分离的。

(二)征税对象

征税对象又称课税对象,是税法规定征的目的物,法律术语称为征税客体。征税对象是一个税种区别于另一个税种的主要标志,是税收制度的基本要素之一。每种税都必须明确规定对什么征税,体现税收范围的广度。一般来说,不同的税种有着不同的征税对象,不同的征税对象决定着税种所应有的不同性质。国家出于筹措财政资金和调节经济的需要,可以根据客观经济状况选择征税对象。正确选择征税对象,是实现优化税收制度的关键。

征税对象与税源紧密相关,税源是指税收的经济来源。各种税因征税对象的不同,有不同的经济来源。有的税种征税对象与税源是相同的,如所得税,其征税对象和税源都是纳税义务人的所得;有的税种征税对象与税源是不相同的,如财产税,其征税对象是应税财产,而税源则是财产的收益或财产所有者的收入。掌握和了解税源的发展变化是税务工作的重要内容,它对制定税收政策和税收制度、保护和开辟税源、增加财政收入等具有重要意义。

征税对象可以用征税范围加以概括,也可以用计税依据和税目来进行具体的描述。

1. 计税依据

计税依据与征税对象同样反映征税客体,也称计税标准,是指按征税对象计算应纳税额的数量标志。征税对象规定对什么征税,计税依据则在确定征税对象之后解决如何计量的问题。如消费税的征税对象是税法列举的消费品,而计税依据则是消费品的销售收入。计税依据分为从价计征和从量计征两种类型。

2. 税目

税目是征税对象具体项目的文字描述。设置税目的目的,一是体现公平原则,根据不同项目的利润水平和国家经济政策,通过设置不同的税率进行税收调控;二是体现简便原则,对性质相同、利润水平相同且国家经济政策调控方向也相同的项目进行分类,以便按照项目类别设置税率。有些税种不分征税对象的性质,一律按照征税对象的应税数额采用同一税率计征税款,因此,没有必要设置税目,如企业所得税。有些税种的具体征税对象复杂,需要规定税目,如消费税、增值税、个人所得税规定要有不同的税目。

(三) 税率

税率是应纳税额与征税对象之间的比例,是计算应纳税额的尺度,它体现征税的深度。税率的设置,直接反映国家的有关经济政策,直接关系国家财政收入的多少和纳税义务人税收负担的高低,是税收制度的中心环节。我国现行税率大致可分为三种:

1. 比例税率

比例税率是指对同一征税对象不论数额大小,都按同一比例征税。比例税率的优点是:同一征税对象的不同纳税义务人税收负担相同,能够鼓励先进者,鞭策落后者,有利于公平竞争;计算简便,有利于税收的征收管理。但是,比例税率不能体现能力大者多征、能力小者少征的原则。比例税率在具体运用上可分为以下几种:

(1) 行业比例税率,即对不同行业规定不同税率,同一行业采用同一税率。

(2) 产品比例税率,即对不同产品规定不同税率,同一产品采用同一税率,如对小汽车征收的消费税依照排气量分档设计税率。

(3) 地区差别比例税率,即对不同地区规定不同税率,同一地区采用同一税率,如城市维护建设税按纳税人所在地的不同设置不同的税率。

(4) 幅度比例税率,即中央只规定一个税率幅度,各地可在此幅度内根据本地区实际情况确定一个比例作为本地区适用税率。

2. 定额税率

定额税率是税率的一种特殊形式。它不按照征税对象规定征收比例,而按照征税对象的计量单位规定固定税额,所以又称为固定税额,一般适用于从量计征的税种。定额税率的优点是:从量计征,不是从价计征,有利于鼓励纳税义务人提高产品质量、改进包装,且计算简便。但是,其税额的规定同价格的变化情况脱离,在价格提高时,不能使国家财政收入随国民收入的增长而同步增长,在价格下降时,则会抑制纳税义务人生产经营的积极性。定额税率在具体运用上又分为以下几种:

(1)地区差别税额,即考虑到不同地区的自然资源、生产水平和盈利水平的差别,根据各地区经济发展的不同情况分别制定不同的税额。该税率具有调节地区之间级差收入的作用。如现行税制中的资源税、城镇土地使用税、车船税和耕地占用税等。

(2)幅度税额,即中央只规定一个税额幅度,由各地根据本地区实际情况,在中央规定的幅度内,确定一个执行数额。

(3)分类分级税额,即把征税对象划分为若干个类别和等级,对各类各级由低到高规定相应的税额,等级低的税额低,等级高的税额高,具有累进税的性质。

3.累进税率

累进税率是指按征税对象数额的大小,划分若干等级,每个等级由低到高规定相应的税率。征税对象的数额越小,税率越低;征税对象的数额越大,税率越高。累进税率的基本特点是税率等级与征税对象的数额等级同方向变动。这一特点使其能够按纳税义务人的不同负担能力设计不同的税率,因此,累进税率较比例税率更符合税收公平的要求。它对调节纳税义务人的利润和收入有着明显的作用,更适于对所得额征税。累进税率因计算方法和依据的不同,又分为全额累进税率、超额累进税率、全率累进税率、超率累进税率四种。

全额累进税率是对征税对象的全部数额都按照与之相适应的等级税率征税,其特点是一个征税对象只适用一个税率。

超额累进税率是指不同等级征税对象的数额每超过一个级距的部分按照与之相适应的税率分别计算税额,其特点是一个征税对象同时适用几个等级的税率。目前,我国对个人所得税项目的综合所得(工资薪金所得、劳务报酬所得、稿酬所得和特许权使用费所得)实行超额累进税率。

全率累进税率是把征税对象数额按相对比率数额划分为若干级距,对每一级距制定不同的税率,纳税人的全部征税对象都按照相应级次的税率计算应纳税额的税率。目前,税收实践中一般不采用这种税率。

超率累进税率是以征税对象的某种比率为累进依据,按超额累进方式计算应纳税额的税率。采用超率累进税率,首先要确定计税依据数额的相对率,然后再把相对率从低到高划分为若干级次,分别规定不同的税率。计税时,先按各级相对率计算出计税依据数额,再分别按各级适用税率计算出各级税额,最后汇总求出全部应纳税额。目前,我国土地增值税采用这种税率征收。

(四)纳税环节与纳税期限

1.纳税环节

纳税环节是税法规定的应当缴纳税款的环节。商品从生产到消费要经过许多流转环节,例如,工业品一般要经过工业生产、商品批发和商品零售等环节;农产品则要经过农业生产、商业采购、商品批发和商品零售等环节,这就产生了在哪个流转环节纳税的问题。产品在流转中应确定在什么环节缴纳税款,这是一个比较特殊又十分重要的问题。它关系到税收制度结构和整个税收体系的布局,关系到税款能否及时足额入库,关系到地区间对税款收入的分配,关系到能否便于纳税义务人缴纳税款等。因此,确定纳税环节,必须和价格制度、企业财务核算制度相适应,同收入在各个环节的分布情况相适应,以利于经济发展和控制税源。

为方便税收征收管理,一般将纳税环节分为全部流转环节征税(多次课税)和特定流转环节征税(一次课税)。全部流转环节征税(多次课税),即商品不论流转多少个环节,每流转一次就征税一次。特定流转环节征税(一次课税)分为生产环节征税、批发环节征税和零售环节征税等。

2.纳税期限

纳税期限是负有纳税义务的纳税义务人向国家缴纳税款的最后时间限制。

纳税期限是税收的强制性、固定性在时间上的体现。纳税期限的确定,一是根据国民经济各部门生产经营的不同特点和不同征税对象来决定,企业所得税按全年所得额计算征收,实行按季或按月预征,年终汇算清缴,多退少补;二是根据纳税义务人缴纳税款数额的多少来决定,如增值税,根据企业经营情况和税额大小,分别规定不同期限,最长不超过1个月;三是根据纳税行为发生的特殊情况,实行按次征收,如屠宰税、增值税中临时经营应纳税款等,于每次经营行为发生后立即征收,以免发生偷逃税行为。但为了简化手续,便于纳税义务人经营管理和缴纳税款(降低税收征收成本和纳税成本),可以分情况将纳税期限确定为1日、3日、5日、10日、15日或1个月。无论采取哪种形式,如果纳税期限的最后一天是法定节假日,或纳税期限内有连续3日以上的法定节假日,都可以顺延。

(五)减税免税

减税免税亦称税收优惠,减税是对应纳税额少征一部分税款;免税是对应纳税额全部免征。减税免税是对某些纳税义务人和征税对象给予鼓励和照顾的一种措施。凡是由各种税的基本法规规定的减税免税都称为法定减免。法定减免必须在基本法规中明确列举减免项目、减免的范围和时间。减税免税的类型有一次性减税免税、一定期限的减税免税、困难照顾型减税免税、扶持发展型减税免税等。把减税免税作为税收制度的构成要素之一,是因为国家的税收制度是根据一般情况制定的,具有普遍性,不能顾及不同地区、部门、单位的特殊情况。设置减税免税,可以把税收的严肃性和必要的灵活性结合起来,体现因地制宜和因事制宜的原则,从而更好地贯彻税收政策。与减税免税有直接关系的还有起征点和免征额两个要素。其中,起征点是指开始计征税款的界限。征税对象数额没达到起征点的不征税,达到起征点的对全部数额征税。免征额是指在征税对象全部数额中免予征税的数额。它是按照一定标准从征税对象全部数额中预先扣除的数额,免征额部分不征税,只对超过免征额的部分征税。起征点和免征额具有不同的作用。起征点的设置前提主要是纳税义务人的纳税能力,是对纳税能力小的纳税义务人给予的照顾。免征额的设置虽然也可以照顾纳税能力小的纳税义务人,但其他因素却是考虑的关键因素,如个人所得税的赡养老人费用税前扣除免征额、子女教育费用税前扣除免征额等,考虑的是社会效益和公平原则。

此外,调节纳税义务人负担的措施除减税免税外,还有附加和加成等加重纳税义务人负担的措施。

附加是地方附加的简称,是地方政府在正税之外附加征收的列入地方预算外收入的一种税款。通常把按国家税法规定的税率征收的税款称为正税,而把在正税之外征收的附加税款称为副税。税收附加由地方财政单独管理并按规定的范围使用,不得自行变更。例如,教育费附加只能用于发展地方教育事业。

税收加成是加成征税的简称,在根据税制规定的税率征税之后,再以应纳税额为依据加征一定成数和税额,是对特定纳税义务人的一种加税措施。加一成等于加正税税额的10%,加两成等于加正税税额的20%,依此类推。

(六)违章处理

违章处理是对纳税义务人不依法纳税、不遵守税收征管制度等违反税法的行为采取的惩罚性措施,违章行为通常包括偷税、抗税、欠税、骗税和违反税收征管法等。偷税是指纳税义务人有意识地采取非法手段不缴或少缴税款的违章行为。抗税是指纳税义务人对抗国家税法、拒绝纳税的违章行为。欠税,即拖欠税款,是指纳税义务人不按规定期限缴纳税款的违章行为。骗税是指纳税义务人恶意骗取国家出口退税款的违章行为。偷税、抗税和骗税情节严重的属于违法行为,要追究刑事责任。此外,纳税义务人不按规定办理税务登记、注册登记,不按规定使用税务登记证,不按规定办理变更登记、纳税申报以及拒绝税务机关进行纳税检查或不如实报告财务、会计和纳税情况等税务违章行为,均应依照税法规定进行处理。

税务机关对违章处理的主要措施有加收滞纳金、处罚罚款、罚没并处、税收保全措施、强制执行措施、提请司法机关追究刑事责任等。它是税收强制性在税收制度中的体现,纳税义务人必须按期足额缴纳税款,凡有上述违反税收法律行为的,都应受到制裁。

三 税种的分类

由于税收制度的不断完善,大多数国家实行由许多税种组成的复合税收制度结构,因此,对多种税按一定的标准、依据进行分类具有重要的意义。通过分类,能全面、正确地认识各种税收的性质、特点及作用,能不断完善税收征纳的关系。税收的分类方法主要有以下几种。

(一)按征税对象的性质分类

按征税对象的性质分类是我国划分税收制度的基本方法。我国现行税收制度按征税对象一般分为五大类:流转税类,以流转额为征税对象,包括增值税、消费税、关税等;所得税类,以所得额为征税对象,包括企业所得税、个人所得税等;资源税类,以开发和利用自然资源为征税对象,包括资源税、土地增值税、城镇土地使用税等;财产税类,以各类财产为征税对象,包括房产税、车船税、契税等;特定目的行为税类,以某种特定目的和特定行为为征税对象,包括城市维护建设税、印花税等。

西方市场经济国家的税收按征税对象分为三大类:一是所得课税,包括个人所得、公司所得税、社会保险税、资本利得税、超额利润税、房地产收益税等;二是财产课税,包括一般财产税、个别财产税、遗产税、赠与税、净值税、资本税、土地税和房地产税等;三是商品(劳务)课税,包括销售税、国内产品税、关税、增值税、消费税等。

(二)按税收负担能否转嫁分类

1.直接税

直接税是指纳税义务人直接为负税人,税负不能发生转嫁的税收。各种所得税、财产税等都属于直接税。

2.间接税

间接税是指纳税义务人并非实际的负税人,纳税义务人可通过提高商品价格等手段,将税款转嫁给他人负担的税收。我国的增值税、消费税等都属于间接税。

直接税和间接税的划分并不是绝对的,因为在有些情况下,直接税也可以转嫁;而在有些情况下,间接税并不能转嫁。税负能否转嫁,取决于商品的需求弹性等因素。

(三)按税收与价格的关系分类

1.价内税

凡在征税对象的价格之中包含税款的税,都称为**价内税**,如我国现行的消费税。价内税的税款是作为征税对象的商品或劳务价格的有机组成部分,该税款在实现商品交换价值时方可收回。并且,随着商品流转环节的增加会出现"税上加税"的重复征税问题。

2.价外税

凡税款独立于征税对象的且在价格之外的税,都称为**价外税**,如我国现行的增值税、关税。价外税比价内税更容易实现税负转嫁,且一般不存在重复征税问题。

(四)按计税依据分类

1.从价税

从价税是以征税对象的价格为依据,按照一定的百分比税率计征的一种税。例如,我国现行的增值税、企业所得税、个人所得税等都属于从价税。

2.从量税

从量税是指以征税对象的质量、体积、容积、数量为计征依据而征收的一种税。例如,我国现行的车船税、城镇土地使用税等都属于从量税。

任务二 认识我国现行税收管理制度体系

任务情境

小王大学毕业后进入税务机关工作,自认为在大学学的是财税专业,工作起来应该会得心应手,来到税务局看到有政策法规处、货物和劳务税处、所得税处、收入规划核算处、进出口税收管理处、征收管理处、稽查处等十几个处室,这些处室有哪些职能呢?小王一时也说不上来。税务机构有哪些执法权呢?今天,我们就与大家分享一下。

任务要求

请你说出税务机构有哪些执法权。

我国从 1994 年实行分税制财政管理体制改革以来,建立了分设国税、地税两套税务机构的征管体制,20 多年来取得了显著成效,为调动中央和地方两个积极性、建立和完善社会主义市场经济体制发挥了重要作用。但是,为了进一步理顺统一税制和分级财政的关系,提高服务效能和征管效率,国税、地税合并势在必行。2018 年 6 月 15 日,全国各省(自治区、直辖市)级以及计划单列市国税、地税合并且统一挂牌,分设了 24 年的国税、地税成为历史。省级和省级以下国税、地税机构合并成××税务局,具体承担所辖区域内的各项税收、非税收入征管等职责。国税、地税机构合并后,实行以国家税务总局为主与省(区、市)人民政府双重领导管理体制。国税、地税合并有利于税务机关降低征管成本,提升征管效率,并为未来税费制度改革,统一政府收入体系、规范收入分配秩序创造条件。

一、税务局机构设置及职能

各地税务局,机构设置虽有差异,但主要有以下几个职能部门。

(一)政策法规处

拟订并组织实施本地区税务系统依法行政、依法治税工作方案;组织协调涉及多税种、综合性税收政策的落实工作;组织开展综合性税收政策调研;承担机关有关规范性文件的合法性审核工作,并定期进行清理、评估、反馈以及备案;负责本地区税务部门拟订的地方性税收法规、规章和规范性文件的审核;研究提出完善税收政策法规、加强税收管理的政策建议等工作。

(二)货物和劳务税处

组织实施本地区增值税、消费税、车辆购置税的征收管理工作。对分管税种的具体业务问题进行解释和处理;负责分管税种的政策调研,提出改进和完善建议;负责分管税种的纳税评估、预警指标制定及税源管理;负责防伪税控系统应用、维护管理和增值税发票管理;参与分管税种的纳税辅导、咨询服务、税收法律救济等工作。

(三)进出口税收管理处

负责本地区进出口贸易税收管理工作;参与编制年度出口退(免)税计划,分配下达年度内退税计划;负责指导出口货物退免税认定、申报、审核、审批和退税等工作;负责出口退税评估指标体系建立、预警指标制定及监控管理;组织实施出口退税管理工作;负责出口货物退免税数据的统计、分析;监督检查进出口税收政策的执行情况等工作。

(四)所得税处

组织实施本地区企业所得税和个人所得税税政业务和征收管理工作;拟订征收管理具体实施办法;对分管税种的具体业务问题进行解释和处理;负责分管税种的政策调研,提出改进和完善相关税收制度、政策的建议;组织实施有关税种的纳税评估、税源管理、税基管理和汇算清缴后续管理;指导有关税种的日常管理、日常检查;参与分管税种的纳税辅导、咨询服务、税收法律救济等工作。

(五)收入规划核算处

负责本地区税收收入预测、税收收入能力估算和税收收入中长期规划的编制;牵头编制与分配年度税收计划、出口退(免)税计划,分配下达年度免抵调库计划;负责欠税的核算与核销工作。负责监督检查税款缴、退库情况;组织开展税收收入分析预测工作,检查、分析税收计划的执行情况,负责汇总分析整个地区税收会计、统计信息数据;负责税收核算及相关指标体系的建设;负责制定本地区重点税源监控管理制度,确定重点税源标准和对象,定期审核汇总和分析重点税源数据并通报重点税源企业税负情况;负责税收调查的组织、资料的汇总与分析上报等工作。

(六)稽查处

组织落实税务稽查法律、法规、部门规章及规范性文件,拟订具体实施办法;组织、协调、落实涉税违法案件的查处、协查、复查、复核、汇总分析工作;组织落实税收专项检查和专项整治工作;组织落实对大型企业集团的系统审计性检查;协调公安、检察、审判机关处理税务稽查有关工作;负责拟订本地区税务稽查的统计办法、负责各类税务稽查统计报表的管理、汇总和上报;负责典型案例汇总、分析、管理,提出加强税收征管、完善税收政策的措施和建议。

(七)纳税服务处(大企业税收管理处)

组织、协调、实施和指导本系统各部门、各税种、各环节的纳税服务工作;制定纳税服务工作规范和操作规程;健全本地区12366税务咨询热线、办税服务厅建设,完善纳税服务体系和服务平台功能;负责收集、统计分析、梳理、督办纳税人诉求;组织落实纳税人权益保障规章制度及规范性文件;组织协调、实施纳税辅导、涉税咨询、税收法律救济等工作;受理纳税人涉税服务投诉;组织完善纳税信用体系建设;指导税收争议的处理。

组织指导对大型企业提供纳税服务工作;组织指导对大型企业的税源管理、纳税评估和日常检查等工作。

二、税务机构的执法权

(一)税务检查权

税务机关可以依据税收法律、法规对纳税人等税收管理相对人履行法定义务的情况进行审查、监督。税务检查包括两类:

1.经常性税务检查,是指税务机关为取得确定税额所需的资料,证实纳税人申报的真实性与准确性,依据税法赋予税务机关的强行行政检查权而进行的税务检查。

2.特别税务调查,是指为打击税收违法犯罪而进行的税务行政调查和刑事调查。税务行政调查是在税务检查权范围内进行的特别税务调查;税务刑事调查是在纳税人有违反税法的刑事犯罪嫌疑的情况下(调查的刑事性质确定后),对税收违法案件进行的特别税收调查。

(二)税务稽查权

税务机关可以依法对纳税人、扣缴义务人履行纳税义务及扣缴义务的情况进行税务检查和处理,是一种特殊的监督权行使形式。税务稽查的基本任务是:依照国家法律、法规,查处税收违法行为,保障税收收入,维护税收秩序,促进依法纳税,保证税法的实施。各级税务机关设立的税务稽查机构必须按照各自的税收管辖范围行使税务稽查职能。

(三)税务行政复议裁决权

为了防止和纠正税务机关违法或者不当的具体行政行为,保护纳税人及其他当事人的合法权益,保障和监督税务机关依法行使职权,纳税人及其当事人认为税务机关的具体行政行为侵犯其合法权益的,可依法向税务行政复议机关申请行政复议;税务行政复议机关受理行政复议申请,做出行政复议决定。税务行政复议活动应当遵循合法、公开、公正、及时、便民的原则。纳税人及其他当事人对税务行政复议结果不服的，可以依照诉讼法的规定向人民法院提起行政诉讼。

（四）税务行政处罚权

除了上述的税务检查权、税务稽查权和税务行政复议裁决权之外，税务机关还享有税务行政处罚权。税务机关有权依法对纳税主体违反税法但尚未构成犯罪而应当承担相应法律责任的行为实施制裁。税务行政处罚的种类应当有警告（责令限期改正）、罚款、停止出口退税权、没收违法所得、收缴发票或者停止向其发售发票、提请吊销营业执照、通知出境管理机关阻止出境等。

微课1
纳税会计与财务会计的区别

知识链接

世界各国千奇百怪的税名

胡须税：在俄国，蓄须者需要纳税，如果某个男人拒绝这样做，那么，随身携带剪刀的检查人员一定会把他的胡须剪掉。

离婚税：美国加利福尼亚州实行一种简便的离婚办法，它规定，结婚不满两年、未生儿育女且又无贵重财产的夫妻，只需向州政府法律部门邮寄30美元的离婚税款，并承诺双方无争执地处理财产，离婚即自动生效。

未婚先孕税：美国威斯康星州通过一条法律，未婚先孕的少女须缴税，旨在以行政和法律手段来遏制未婚妈妈的数量增多。

狗税：匈牙利人喜欢养狗，自18世纪以来，匈牙利一直征收狗税。

肥尸税：英国伯明翰市规定死者躺用的棺材宽度为23英寸（58厘米），超过1英寸得付税7.5英镑。据报道，市政府的挖坟工人不肯替大号棺材挖坑。工党议员为工人说话，便弄出了这奇特的"肥尸税"。

小便税：在古罗马弗莱维尼斯帕西安时期，开征了小便税，其理由是有些厂家利用阴沟里的尿液制造氨水。

开窗税：古希腊规定，凡是朝着大街并向外打开的窗户，户主要缴纳开窗税。

项目二

增值税纳税实务

知识目标

1. 了解增值税的征税范围、纳税人和税收优惠。
2. 理解增值税的视同销售、混合销售和兼营销售。
3. 掌握增值税的计算与纳税申报。

能力目标

1. 能够判断一般纳税人和小规模纳税人适用何种税率和征收率。
2. 能够正确计算一般纳税人和小规模纳税人应纳增值税税额。
3. 能够计算进口货物应纳增值税税额。
4. 能够计算出口货物退(免)税税额。
5. 能够根据业务资料分别填制一般纳税人和小规模纳税人的增值税纳税申报表及相关附表。

任务一　认识增值税

任务情境

2019年6月1日，山东淄博通达有限责任公司取得山东省淄博市工商局颁发的法人营业执照，当月发生如下业务：

(1)6月2日，建造三层木器加工厂房。
(2)6月8日，受博山南洋公司委托，代为加工20张老板桌。
(3)6月10日，进口一台车床。
(4)6月18日，出租三辆货车。
(5)6月25日，销售给淄博市家具商城15套家具。

任务要求

请确认上述五项业务中应当缴纳增值税的业务有哪些？

一、什么是增值税

增值税是以单位和个人在生产经营过程中取得的增值税额为课税对象征收的一种税。增值税首创于法国，1954年法国财政部官员莫里哀·劳莱改革原有的生产税，解决重复征税问题，增值税自此诞生。目前，世界上已经有一百多个国家使用增值税，它已成为具有世界意义的流转税。其计算方法逐步改进，成为简便易行的中性税种，体现了公平与效率兼顾的税收制度设计原则。

我国于1979年引进增值税并开始进行试点。1984年9月18日，国务院发布了《中华人民共和国增值税暂行条例（草案）》，标志着增值税作为一个法定的独立税种在我国正式建立。1993年12月13日，国务院发布了《中华人民共和国增值税暂行条例》，12月15日，财政部印发了《中华人民共和国增值税暂行条例实施细则》，自1994年1月1日起施行。

为了适应新形式的变化，国务院、财政部及国家税务总局多次对增值税暂行条例进行修订。我国现行的《中华人民共和国增值税暂行条例》（以下简称《增值税暂行条例》），是从2009年1月1日起开始施行的。根据2017年11月19日《国务院关于废止〈中华人民共和国营业税暂行条例〉和修改〈中华人民共和国增值税暂行条例〉的决定》第二次修订。

为了进一步完善增值税，消除重复征税，经国务院批准，从2012年1月1日起，在上海交通运输业和部分现代服务业开展营业税改征增值税试点。自2012年8月1日起至12月底，国务院将试点范围扩大至北京、天津、江苏、浙江、安徽、福建、湖北、广东、宁波、厦门和深圳11个省市（直辖市、计划单列市）。自2013年8月1日起，交通运输业和现代服

微课2

增值税的类型及发展演变

务业纳税试点范围扩大至全国。2014年1月1日,铁路运输业和邮政业纳入试点范围;2014年6月1日,电信业纳入试点范围;2016年5月1日,在全国范围内全面推开营业税改征增值税试点,建筑业、房地产业、金融业、生活服务业等全部营业税纳税人,纳入试点范围。增值税是我国现阶段税收收入规模最大的税种。

知识链接

增值税的类型

按照对外购固定资产进项税额的处理方式不同,将增值税分为生产型增值税、收入型增值税和消费型增值税。

1. 生产型增值税

生产型增值税是指对购进的固定资产价值中所含的增值税税款不允许扣除,也不考虑生产经营过程中固定资产磨损的那部分转移价值(即折旧)所包含的增值税。就整个社会而言,相当于对国民生产总值(工资＋租金＋利息＋利润＋折旧)征税,所以称为生产型增值税。

2. 收入型增值税

收入型增值税是指对购入固定资产价值中所含的增值税税款,可以按照磨损程度相应地给予扣除。就整个社会而言,相当于对国民收入(工资＋租金＋利息＋利润)征税,所以称为收入型增值税。

3. 消费型增值税

消费型增值税是指对购入固定资产价值中所含的增值税税款,允许在购置当期全部一次性扣除。就整个社会而言,课税对象不包括生产资料部分,仅限于当期生产销售的所有消费品,所以称为消费型增值税。

从2009年1月1日起,我国实行的是消费型增值税。

二、增值税的纳税人

(一)纳税人

根据《增值税暂行条例》及其实施细则的规定,凡在中华人民共和国境内销售货物或者提供加工、修理修配劳务,销售服务、无形资产、不动产以及进口货物的单位和个人,为增值税的纳税人。

单位是指一切从事销售或进口货物、提供劳务、销售服务、无形资产或不动产的单位,包括企业、行政单位、事业单位、军事单位、社会团体及其他单位。

个人是指从事销售或进口货物、提供劳务、销售服务、无形资产或不动产的个人,包括个体工商户和其他个人。

单位以承包、承租、挂靠方式经营的,承包人、承租人、挂靠人(以下统称承包人)以发包人、出租人、被挂靠人(以下统称发包人)名义对外经营并由发包人承担相关法律责任的,以该发包人为纳税人。否则,以承包人为纳税人。

对报关进口的货物,以进口货物的收货人或办理报关手续的单位和个人为进口货物的纳税人。

资管产品运营过程中发生的增值税应税行为,以资管产品管理人为增值税纳税人。

(二)扣缴义务人

境外单位或个人在境内提供应税劳务,而在境内未设有经营机构的,以其境内代理人为扣缴义务人;在境内没有代理人的,以购买方或接受方为扣缴义务人。

境外单位或个人在境内销售服务、无形资产或者不动产,在境内未设有经营机构的,以购买方为扣缴义务人。财政部和国家税务总局另有规定的除外。

三 增值税纳税人的分类

由于增值税实行凭增值税专用发票抵扣进项税额的制度,因此,要求增值税纳税义务人会计核算健全,能够准确提供会计核算资料及进项税额、销项税额和应纳税额。为了严格执行增值税的征收管理,《增值税暂行条例》规定将纳税义务人按其经营规模大小和会计核算水平划分为小规模纳税人和一般纳税人,分别采取不同的增值税计税方法。

(一)小规模纳税人

小规模纳税人是指年销售额在规定标准以下,并且会计核算不健全,不能按规定报送有关税务资料的增值税纳税人。会计核算不健全是指不能正确核算增值税的进项税额、销项税额和应纳税额。小规模纳税人的标准如下:

1.自2018年5月1日起,增值税小规模纳税人标准为年应征增值税销售额500万元及以下。

2.年应税销售额超过小规模纳税人标准的其他个人,一律视同小规模纳税人。

3.年应税销售额超过小规模纳税人标准但不经常发生应税行为的单位和个体工商户,以及非企业性单位、不经常发生应税行为的企业,可以自行选择按小规模纳税人纳税。

小规模纳税人的标准由国务院财政、税务主管部门规定。

小规模纳税人实行简易办法征收增值税,一般不使用增值税专用发票。

小规模纳税人会计核算健全、能够提供准确税务资料的,可以向主管税务机关申请资格认定,不作为小规模纳税人,依照有关规定计算应纳税额。

【例2-1】

张磊在某高校区开一家文具店,去年销售额为163万元,请问张磊今年是否可以申请为一般纳税人?

解析:张磊不能申请为一般纳税人。增值税法规定,一般规模纳税人标准为年应征增值税销售额500万元以上,年应税销售额在500万元以上才有资格申请为一般纳税人。

(二)一般纳税人

一般纳税人是指年应纳增值税销售额在规定标准以上,并且会计核算健全,能够准确提供会计核算资料和报送纳税资料的增值税纳税人。一般纳税人的认定标准如下:

1. 年应征增值税销售额超过500万元的纳税人。
2. 年应税销售额超过规定标准的小规模纳税人,应当按照规定向主管税务机关申请一般纳税人资格登记。未申请办理一般纳税人资格登记的,应按销售额依照增值税税率计算应纳税额,不得抵扣进项税额,也不得使用增值税专用发票。
3. 年应税销售额未超过标准的商业企业以外的小规模企业,会计核算健全,能准确核算并提供销项税额、进项税额的,可以按照现行规定向主管税务机关申请一般纳税人资格登记。
4. 应税服务年销售额超过规定标准的其他个人不属于一般纳税人。
5. 年应税销售额超过规定标准但不经常发生应税行为的非企业性单位、企业和个体工商户可选择按照小规模纳税人纳税。
6. 增值税小规模纳税人偶然发生的转让不动产的销售额,不计入应税行为年应税销售额。
7. 年应税销售额未超过规定标准的纳税人,会计核算健全,能够提供准确税务资料的,可以向主管税务机关办理一般纳税人资格登记,成为一般纳税人。会计核算健全是指能够按照国家统一的会计制度规定设置账簿,根据合法、有效凭证核算。

符合一般纳税人条件的纳税人应当向主管税务机关申请一般纳税人资格登记。

除财政部、国家税务总局另有规定外,纳税人自其选择的一般纳税人资格生效之日起,按照增值税一般计税方法计算应纳税额,并按照规定领用增值税专用发票。

除国家税务总局另有规定外,一经登记为一般纳税人后,不得转为小规模纳税人。

(三)下列纳税人不必办理一般纳税人资格登记手续

1. 个体工商户以外的其他个人,其他个人指自然人。
2. 全部销售免税货物的企业。
3. 选择按小规模纳税人纳税的非企业性单位。
4. 选择按小规模纳税人纳税的不经常发生应税行为的企业。

四 增值税征税范围的一般规定

根据《增值税暂行条例》及其实施细则的规定,在中华人民共和国境内销售货物或者提供加工、修理修配劳务(以下简称劳务),销售服务、无形资产、不动产以及进口货物的单位和个人,应当依法缴纳增值税。

(一)销售货物

销售货物是指有偿转让货物的所有权的行为;货物是指有形动产,包括电力、热力、气体在内。有偿是指取得货币、货物或者其他经济利益。

(二)提供加工、修理修配劳务

提供加工、修理修配劳务是指有偿提供加工、修理修配劳务。

1.加工是指委托方提供原材料和主要材料,受托方只代垫辅助材料,按照委托方要求进行加工并收取加工费的行为。在委托加工业务中,货物的所有权始终归委托方所有。

2.修理修配是指受托方对损伤和丧失功能的货物进行修复,使其恢复原状和功能的业务。

单位或者个体工商户聘用的员工为本单位或者雇主提供加工、修理修配劳务的,不包括在内。

(三)销售服务

销售服务是指提供交通运输服务、邮政服务、电信服务、建筑服务、金融服务、现代服务及生活服务。

1.交通运输服务

交通运输服务是指利用运输工具将货物或者旅客送达目的地,使其空间位置得到转移的业务活动。其包括陆路运输服务、水路运输服务、航空运输服务和管道运输服务。

(1)陆路运输服务是指通过陆路(地上或者地下)运送货物或者旅客的运输业务活动,包括铁路运输服务和其他陆路运输服务。

铁路运输服务,是指通过铁路运送货物或者旅客的运输业务活动。

其他陆路运输服务,是指铁路运输以外的陆路运输业务活动,包括公路运输、缆车运输、索道运输、地铁运输、城市轻轨运输等。

出租车公司向使用本公司自有出租车的出租车司机收取的管理费用,按照陆路运输服务缴纳增值税。

(2)水路运输服务是指通过江、河、湖、川等天然、人工水道或者海洋航道运送货物或者旅客的运输业务活动。

水路运输的程租、期租业务,属于水路运输服务。

程租业务,是指运输企业为租船人完成某一特定航次的运输任务并收取租赁费的业务。

期租业务,是指运输企业将配备有操作人员的船舶承租给他人使用一定期限,承租期内听候承租方调遣,不论是否经营,均按天向承租方收取租赁费,发生的固定费用均由船东负担的业务。

(3)航空运输服务是指通过空中航线运送货物或者旅客的运输业务活动。

航空运输的湿租业务,属于航空运输服务。湿租业务是指航空运输企业将配备有机组人员的飞机承租给他人使用一定期限,承租期内听候承租方调遣,不论是否经营,均按一定标准向承租方收取租赁费,发生的固定费用均由承租方承担的业务。

航天运输服务按照航空运输服务缴纳增值税。航天运输服务是指利用火箭等载体将卫星、空间探测器等空间飞行器发射到空间轨道的业务活动。

(4)管道运输服务

管道运输服务是指通过管道设施输送气体、液体、固体物质的运输业务活动。

无运输工具承运业务,按照交通运输服务缴纳增值税。无运输工具承运业务,是指经营者以承运人身份与托运人签订运输服务合同,收取运费并承担承运人责任,然后委托实际承运人完成运输服务的经营活动。

2.邮政服务

邮政服务是指中国邮政集团公司及其所属邮政企业提供邮件寄递、邮政汇兑和机要通信等邮政基本服务的业务活动。其包括邮政普遍服务、邮政特殊服务和其他邮政服务。

(1)邮政普遍服务是指函件、包裹等邮件寄递,以及邮票发行、报刊发行和邮政汇兑等业务活动。

(2)邮政特殊服务是指义务兵平常信函、机要通信、盲人读物和革命烈士遗物的寄递等业务活动。

(3)其他邮政服务是指邮册等邮品销售、邮政代理等业务活动。

中国邮政速递物流股份有限公司及其子公司(含各级分支机构),不属于中国邮政集团公司所属邮政企业。

3.电信服务

电信服务是指利用有线、无线的电磁系统或者光电系统等各种通信网络资源,提供语音通话服务,传送、发射、接收或者应用图像、短信等电子数据和信息的业务活动。其包括基础电信服务和增值电信服务。

(1)基础电信服务是指利用固网、移动网、卫星、互联网,提供语音通话服务的业务活动,以及出租或者出售带宽、波长等网络元素的业务活动。

(2)增值电信服务是指利用固网、移动网、卫星、互联网、有线电视网络,提供短信和彩信服务、电子数据和信息的传输及应用服务、互联网接入服务等业务活动。

卫星电视信号落地转接服务,按照增值电信服务缴纳增值税。

4.建筑服务

建筑服务是指各类建筑物、构筑物及其附属设施的建造、修缮、装饰,线路、管道、设备、设施等的安装以及其他工程作业的业务活动。其包括工程服务、安装服务、修缮服务、装饰服务和其他建筑服务。

(1)工程服务是指新建、改建各种建筑物、构筑物的工程作业,包括与建筑物相连的各种设备或者支柱、操作平台的安装或者装设工程作业,以及各种窑炉和金属结构工程作业。

(2)安装服务是指生产设备、动力设备、起重设备、运输设备、传动设备、医疗实验设备以及其他各种设备、设施的装配、安置工程作业,包括与被安装设备相连的工作台、梯子、栏杆的装设工程作业,以及被安装设备的绝缘、防腐、保温、油漆等工程作业。

固定电话、有线电视、宽带、水、电、燃气、暖气等经营者向用户收取的安装费、初装费、开户费、扩容费以及类似收费,按照安装服务缴纳增值税。

(3)修缮服务是指对建筑物、构筑物进行修补、加固、养护、改善,使之恢复原来的使用价值或者延长其使用期限的工程作业。

(4)装饰服务是指对建筑物、构筑物进行修饰装修,使之美观或者具有特定用途的工程作业。

(5)其他建筑服务是指上列工程作业之外的各种工程作业服务,如钻井(打井)、拆除建筑物或者构筑物、平整土地、园林绿化、疏浚(不包括航道疏浚)、建筑物平移、搭脚手架、爆破、矿山穿孔、表面附着物(包括岩层、土层、沙层等)剥离和清理等工程作业。

5.金融服务

金融服务是指经营金融保险的业务活动。其包括贷款服务、直接收费金融服务、保险服务和金融商品转让。

(1)贷款服务是指将资金贷与他人使用而取得利息收入的业务活动。

各种占用、拆借资金取得的收入,包括金融商品持有期间(含到期)利息(保本收益、报酬、资金占用费、补偿金等)收入、信用卡透支利息收入、买入返售金融商品利息收入、融资融券收取的利息收入,以及融资性售后回租、押汇、罚息、票据贴现、转贷等业务取得的利息及利息性质的收入,按照贷款服务缴纳增值税。

融资性售后回租,是指承租方以融资为目的,将资产出售给从事融资性售后回租业务的企业后,从事融资性售后回租业务的企业将该资产出租给承租方的业务活动。

以货币资金投资收取的固定利润或者保底利润,按照贷款服务缴纳增值税。

(2)直接收费金融服务是指为货币资金融通及其他金融业务提供相关服务并且收取费用的业务活动。其包括提供货币兑换、账户管理、电子银行、信用卡、信用证、财务担保、资产管理、信托管理、基金管理、金融交易场所(平台)管理、资金结算、资金清算、金融支付等服务。

(3)保险服务是指投保人根据合同约定,向保险人支付保险费,保险人对于合同约定的可能发生的事故因其发生所造成的财产损失承担赔偿保险金责任,或者当被保险人死亡、伤残、疾病或者达到合同约定的年龄、期限等条件时承担给付保险金责任的商业保险行为。保险服务包括人身保险服务和财产保险服务。

人身保险服务,是指以人的寿命和身体为保险标的的保险业务活动。

财产保险服务,是指以财产及其有关利益为保险标的的保险业务活动。

(4)金融商品转让是指转让外汇、有价证券、非货物期货和其他金融商品所有权的业务活动。

其他金融商品转让包括基金、信托、理财产品等各类资产管理产品和各种金融衍生品的转让。

纳税人购入基金、信托、理财产品等各类资产管理产品持有至到期,不属于金融商品转让。

6.现代服务

现代服务是指围绕制造业、文化产业、现代物流产业等提供技术性、知识性服务的业务活动。其包括研发和技术服务、信息技术服务、文化创意服务、物流辅助服务、租赁服务、鉴证咨询服务、广播影视服务、商务辅助服务和其他现代服务。

(1)研发和技术服务包括研发服务、合同能源管理服务、工程勘察勘探服务、专业技术服务。

①研发服务,也称技术开发服务,是指就新技术、新产品、新工艺或者新材料及其系统进行研究与试验开发的业务活动。

②合同能源管理服务,是指节能服务公司与用能单位以契约形式约定节能目标,节能服务公司提供必要的服务,用能单位以节能效果支付节能服务公司投入及其合理报酬

的业务活动。

③工程勘察勘探服务,是指在采矿、工程施工前后,对地形、地质构造、地下资源蕴藏情况进行实地调查的业务活动。

④专业技术服务,是指气象服务、地震服务、海洋服务、测绘服务、城市规划、环境与生态监测服务等专项技术服务。

(2)信息技术服务是指利用计算机、通信网络等技术对信息进行生产、收集、处理、加工、存储、运输、检索和利用,并提供信息服务的业务活动。其包括软件服务、电路设计及测试服务、信息系统服务、业务流程管理服务和信息系统增值服务。

①软件服务,是指提供软件开发服务、软件维护服务、软件测试服务的业务活动。

②电路设计及测试服务,是指提供集成电路和电子电路产品设计、测试及相关技术支持服务的业务活动。

③信息系统服务,是指提供信息系统集成、网络管理、网站内容维护、桌面管理与维护、信息系统应用、基础信息技术管理平台整合、信息技术基础设施管理、数据中心、托管中心、信息安全服务、在线杀毒、虚拟主机等业务活动。其包括网站对非自有的网络游戏提供的网络运营服务。

④业务流程管理服务,是指依托信息技术提供的人力资源管理、财务经济管理、审计管理、税务管理、物流信息管理、经营信息管理和呼叫中心等服务的活动。

⑤信息系统增值服务,是指利用信息系统资源为用户附加提供的信息技术服务。其包括数据处理、分析和整合、数据库管理、数据备份、数据存储、容灾服务、电子商务平台等。

(3)文化创意服务包括设计服务、知识产权服务、广告服务和会议展览服务。

①设计服务,是指把计划、规划、设想通过文字、语言、图画、声音、视觉等形式传递出来的业务活动。其包括工业设计、内部管理设计、业务运作设计、供应链设计、造型设计、服装设计、环境设计、平面设计、包装设计、动漫设计、网游设计、展示设计、网站设计、机械设计、工程设计、广告设计、创意策划、文印晒图等。

②知识产权服务,是指处理知识产权事务的业务活动。其包括对专利、商标、著作权、软件、集成电路布图设计的登记、鉴定、评估、认证、检索服务。

③广告服务,是指利用图书、报纸、杂志、广播、电视、电影、幻灯、路牌、招贴、橱窗、霓虹灯、灯箱、互联网等各种形式为客户的商品、经营服务项目、文体节目或者通告、声明等委托事项进行宣传和提供相关服务的业务活动。其包括广告代理和广告的发布、播映、宣传、展示等。

④会议展览服务,是指为商品流通、促销、展示、经贸洽谈、民间交流、企业沟通、国际往来等举办或者组织安排的各类展览和会议的业务活动。

宾馆、旅馆、旅社、度假村和其他经营住宿场所提供会议场地及配套服务的活动,按照"会议展览服务"缴纳增值税。

(4)物流辅助服务包括航空服务、港口码头服务、货运客运场站服务、打捞救助服务、装卸搬运服务、仓储服务和收派服务。

①航空服务,包括航空地面服务和通用航空服务。

航空地面服务，是指航空公司、飞机场、民航管理局、航站等向在境内航行或者在境内机场停留的境内外飞机或者其他飞行器提供的导航等劳务性地面服务的业务活动。其包括旅客安全检查服务、停机坪管理服务、机场候机厅管理服务、飞机清洗消毒服务、空中飞行管理服务、飞机起降服务、飞行通讯服务、地面信号服务、飞机安全服务、飞机跑道管理服务、空中交通管理服务等。

通用航空服务，是指为专业工作提供飞行服务的业务活动，包括航空摄影、航空培训、航空测量、航空勘探、航空护林、航空吊挂播洒、航空降雨、航空气象探测、航空海洋监测、航空科学实验等。

②港口码头服务，是指港务船舶调度服务、船舶通讯服务、航道管理服务、航道疏浚服务、灯塔管理服务、航标管理服务、船舶引航服务、理货服务、系解缆服务、停泊和移泊服务、海上船舶溢油清除服务、水上交通管理服务、船只专业清洗消毒检测服务和防止船只漏油服务等为船只提供服务的业务活动。

港口设施经营人收取的港口设施保安费按照港口码头服务缴纳增值税。

③货运客运场站服务，是指货运客运场站提供货物配载服务、运输组织服务、中转换乘服务、车辆调度服务、票务服务、货物打包整理、铁路线路使用服务、加挂铁路客车服务、铁路行包专列发送服务、铁路到达和中转服务、铁路车辆编解服务、车辆挂运服务、铁路接触网服务、铁路机车牵引服务等业务活动。

④打捞救助服务，是指提供船舶人员救助、船舶财产救助、水上救助和沉船沉物打捞服务的业务活动。

⑤装卸搬运服务，是指使用装卸搬运工具或者人力、畜力将货物在运输工具之间、装卸现场之间或者运输工具与装卸现场之间进行装卸和搬运的业务活动。

⑥仓储服务，是指利用仓库、货场或者其他场所代客贮放、保管货物的业务活动。

⑦收派服务，是指接受寄件人委托，在承诺的时限内完成函件和包裹的收件、分拣、派送服务的业务活动。

收件服务，是指从寄件人处收取函件和包裹，并运送到服务提供方同城的集散中心的业务活动。

分拣服务，是指服务提供方在其集散中心对函件和包裹进行归类、分发的业务活动。

派送服务，是指服务提供方从其集散中心将函件和包裹送达同城的收件人的业务活动。

(5)租赁服务包括融资租赁服务和经营租赁服务。

①融资租赁服务，是指具有融资性质和所有权转移特点的租赁活动。即出租人根据承租人所要求的规格、型号、性能等条件购入有形动产或者不动产租赁给承租人，合同期内租赁物所有权属于出租人，承租人只拥有使用权，合同期满付清租金后，承租人有权按照残值购入租赁物，以拥有其所有权。不论出租人是否将租赁物销售给承租人，均属于融资租赁。

按照标的物的不同，融资租赁服务可分为有形动产融资租赁服务和不动产融资租赁服务。

融资性售后回租不按照本税目缴纳增值税。

②经营租赁服务,是指在约定时间内将有形动产或者不动产转让他人使用且租赁物所有权不变更的业务活动。

按照标的物的不同,经营租赁服务可分为有形动产经营租赁服务和不动产经营租赁服务。

将建筑物、构筑物等不动产或者飞机、车辆等有形动产的广告位出租给其他单位或者个人用于发布广告,按照经营租赁服务缴纳增值税。

车辆停放服务、道路通行服务(包括过路费、过桥费、过闸费等)等按照不动产经营租赁服务缴纳增值税。

水路运输的光租业务、航空运输的干租业务,属于经营租赁。

光租业务,是指运输企业将船舶在约定的时间内出租给他人使用,不配备操作人员,不承担运输过程中发生的各项费用,只收取固定租赁费的业务活动。

干租业务,是指航空运输企业将飞机在约定的时间内出租给他人使用,不配备机组人员,不承担运输过程中发生的各项费用,只收取固定租赁费的业务活动。

(6)鉴证咨询服务包括认证服务、鉴证服务和咨询服务。

①认证服务,是指具有专业资质的单位利用检测、检验、计量等技术,证明产品、服务、管理体系符合相关技术规范、相关技术规范的强制性要求或者标准的业务活动。

②鉴证服务,是指具有专业资质的单位受托对相关事项进行鉴证,发表具有证明力的意见的业务活动。其包括会计鉴证、税务鉴证、法律鉴证、职业技能鉴定、工程造价鉴证、工程监理、资产评估、环境评估、房地产土地评估、建筑图纸审核、医疗事故鉴定等。

③咨询服务,是指提供信息、建议、策划、顾问等服务的活动。其包括金融、软件、技术、财务、税收、法律、内部管理、业务运作、流程管理、健康等方面的咨询。

翻译服务和市场调查服务按照咨询服务缴纳增值税。

(7)广播影视服务包括广播影视节目(作品)的制作服务、发行服务和播映(含放映,下同)服务。

①广播影视节目(作品)的制作服务,是指进行专题(特别节目)、专栏、综艺、体育、动画片、广播剧、电视剧、电影等广播影视节目和作品制作的服务。其具体包括与广播影视节目和作品相关的策划、采编、拍摄、录音、音视频文字图片素材制作、场景布置、后期的剪辑、翻译(编译)、字幕制作、片头、片尾、片花制作、特效制作、影片修复、编目和确权等业务活动。

②广播影视节目(作品)的发行服务,是指以分账、买断、委托等方式,向影院、电台、电视台、网站等单位和个人发行广播影视节目(作品)以及转让体育赛事等活动的报道及播映权的业务活动。

③广播影视节目(作品)的播映服务,是指在影院、剧院、录像厅及其他场所播映广播影视节目(作品),以及通过电台、电视台、卫星通信、互联网、有线电视等无线或者有线装置播映广播影视节目(作品)的业务活动。

(8)商务辅助服务包括企业管理服务、经纪代理服务、人力资源服务、安全保护服务。

①企业管理服务,是指提供总部管理、投资与资产管理、市场管理、物业管理、日常综合管理等服务的业务活动。

物业服务企业为业主提供的装修服务,按照"建筑服务"缴纳增值税。

②经纪代理服务,是指各类经纪、中介、代理服务。其包括金融代理、知识产权代理、货物运输代理、代理报关、法律代理、房地产中介、职业中介、婚姻中介、代理记账、拍卖、人力资源外包服务等。

货物运输代理服务,是指接受货物收货人、发货人、船舶所有人、船舶承租人或者船舶经营人的委托,以委托人的名义,为委托人办理货物运输、装卸、仓储和船舶进出港口、引航、靠泊等相关手续的业务活动。

代理报关服务,是指接受进出口货物的收、发货人委托,代为办理报关手续的业务活动。

③人力资源服务,是指提供公共就业、劳务派遣、人才委托招聘、劳动力外包、其他人力资源服务等服务的业务活动。

④安全保护服务,是指提供保护人身安全和财产安全,维护社会治安等的业务活动。其包括场所住宅保安、特种保安、安全系统监控以及其他安保服务。

纳税人提供武装守护押运服务,按照"安全保护服务"缴纳增值税。

(9)其他现代服务是指除研发和技术服务、信息技术服务、文化创意服务、物流辅助服务、租赁服务、鉴证咨询服务、广播影视服务和商务辅助服务以外的现代服务。

【例2-2】

下列各项中,属于增值税现代服务的有(　　)。

A.鉴证咨询服务　　B.商务辅助服务

C.文化创意服务　　D.文化体育服务

解析:答案为ABC。根据增值税法律制度的规定,现代服务包括研发和技术服务、信息技术服务、文化创意服务、物流辅助服务、租赁服务、鉴证咨询服务、广播影视服务、商务辅助服务和其他现代服务。文化体育服务属于生活服务。

7.生活服务

生活服务是指为满足城乡居民日常生活需求提供的各类服务活动。其包括文化体育服务、教育医疗服务、旅游娱乐服务、餐饮住宿服务、居民日常服务和其他生活服务。

(1)文化体育服务包括文化服务和体育服务。

①文化服务,是指为满足社会公众文化生活需求提供的各种服务。其包括文艺创作、文艺表演、文化比赛,图书馆的图书和资料借阅,档案馆的档案管理,文物及非物质遗产保护,组织举办宗教活动、科技活动、文化活动,提供游览场所。

②体育服务,是指组织举办体育比赛、体育表演、体育活动,以及提供体育训练、体育指导、体育管理的业务活动。

纳税人在游览场所经营索道、摆渡车、电瓶车、游船等取得的收入,按照"文化体育服务"缴纳增值税。

(2)教育医疗服务包括教育服务和医疗服务。

①教育服务,是指提供学历教育服务、非学历教育服务、教育辅助服务的业务活动。

学历教育服务,是指根据教育行政管理部门确定或者认可的招生和教学计划组织教学,并颁发相应学历证书的业务活动。其包括初等教育、初级中等教育、高级中等教育、高等教育等。

非学历教育服务,包括学前教育、各类培训、演讲、讲座、报告会等。

教育辅助服务,包括教育测评、考试、招生等服务。

一般纳税人提供教育辅助服务,可以选择简易计税方法按照3%征收率计算缴纳增值税。

②医疗服务,是指提供医学检查、诊断、治疗、康复、预防、保健、接生、计划生育、防疫服务等方面的服务,以及与这些服务有关的提供药品、医用材料器具、救护车、病房住宿和伙食的业务。

(3)旅游娱乐服务包括旅游服务和娱乐服务。

①旅游服务,是指根据旅游者的要求,组织安排交通、游览、住宿、餐饮、购物、文娱、商务等服务的业务活动。

②娱乐服务,是指为娱乐活动同时提供场所和服务的业务。

娱乐服务具体包括歌厅、舞厅、夜总会、酒吧、台球、高尔夫球、保龄球、游艺(包括射击、狩猎、跑马、游戏机、蹦极、卡丁车、热气球、动力伞、射箭、飞镖)。

(4)餐饮住宿服务包括餐饮服务和住宿服务。

①餐饮服务,是指通过同时提供饮食和饮食场所的方式,为消费者提供饮食消费服务的业务活动。

提供餐饮服务的纳税人销售的外卖食品,按照"餐饮服务"缴纳增值税。

②住宿服务,是指提供住宿场所及配套服务等的活动。其包括宾馆、旅馆、旅社、度假村和其他经营性住宿场所提供的住宿服务。

纳税人以长(短)租形式出租酒店式公寓并提供配套服务的,按照住宿服务缴纳增值税。

(5)居民日常服务是指主要为满足居民个人及其家庭日常生活需求提供的服务,包括市容市政管理、家政、婚庆、养老、殡葬、照料和护理、救助救济、美容美发、按摩、桑拿、氧吧、足疗、沐浴、洗染、摄影扩印等服务。

(6)其他生活服务是指除文化体育服务、教育医疗服务、旅游娱乐服务、餐饮住宿服务和居民日常服务之外的生活服务。

纳税人提供植物养护服务,按照"其他生活服务"缴纳增值税。

(四)销售无形资产

销售无形资产是指转让无形资产所有权或者使用权的业务活动。无形资产,是指不具实物形态,但能带来经济利益的资产,包括技术、商标、著作权、商誉、自然资源使用权和其他权益性无形资产。

技术,包括专利技术和非专利技术。

自然资源使用权,包括土地使用权、海域使用权、探矿权、采矿权、取水权和其他自然资源使用权。

其他权益性无形资产,包括基础设施资产经营权、公共事业特许权、配额、经营权(包括特许经营权、连锁经营权、其他经营权)、经销权、分销权、代理权、会员权、席位权、网络游戏虚拟道具、域名、名称权、肖像权、冠名权、转会费等。

【例2-3】

下列各项中,属于无形资产的有( )。

A.专利技术　　　　B.非专利技术
C.土地使用权　　　D.自然资源使用权

解析:答案为ABCD。根据增值税法律制度的规定,无形资产包括技术、商标、著作权、商誉、自然资源使用权和其他权益性无形资产。自然资源使用权,包括土地使用权、海域使用权、探矿权、采矿权、取水权和其他自然资源使用权。

(五)销售不动产

销售不动产是指有偿转让不动产,是转让不动产所有权的业务活动。不动产,是指不能移动或者移动后会引起性质、形状改变的财产,包括建筑物、构筑物等。

建筑物,包括住宅、商业营业用房、办公楼等可供居住、工作或者进行其他活动的建造物。构筑物,包括道路、桥梁、隧道、水坝等建造物。

转让建筑物有限产权或者永久使用权的,转让在建的建筑物或者构筑物所有权的,以及在转让建筑物或者构筑物时一并转让其所占土地的使用权的,按照销售不动产缴纳增值税。

有偿,是指取得货币、货物或者其他经济利益。

【例2-4】

下列各项中,属于"营业税改征增值税"试点范围的有( )。

A.广告设计　　B.转让土地使用权　　C.销售商品房　　D.按摩服务

解析:ABCD。经国务院批准,自2016年5月1日起,在全国范围内全面推开营业税改征增值税试点,以上四种行为均属营业税改征增值税试点范围。

(六)进口货物

进口货物是指申报进入我国海关境内的货物。我国增值税法规定,只要是报关进口的应税货物,均属于增值税的征税范围,享受国家免税政策的除外。

【例2-5】

下列各项中,属于增值税征税范围的有( )。

A.进口小汽车　　B.加工金银首饰　　C.销售煤气　　D.销售电梯

解析:答案为ABCD。根据增值税法律制度的规定,销售货物、气体,提供加工、修理修配劳务,进口货物均征收增值税。

(七)相关政策

1.非经营活动的界定

销售服务、无形资产或者不动产是指有偿提供服务、有偿转让无形资产或者不动产,

但是存在下列非经营活动的情形除外：

(1)行政单位收取的同时满足以下条件的政府性基金或者行政事业性收费。

①由国务院或者财政部批准设立的政府性基金,由国务院或者省级人民政府及其财政、价格主管部门批准设立的行政事业性收费。

②收取时开具省级以上(含省级)财政部门监(印)制的财政票据。

③所收款项全额上缴财政。

(2)单位或者个体工商户聘用的员工为本单位或者雇主提供取得工资的服务。

(3)单位或者个体工商户为聘用的员工提供服务。

(4)财政部和国家税务总局规定的其他情形。

2.境内销售服务、无形资产或者不动产的界定

(1)在境内销售服务、无形资产或者不动产,是指应税行为提供方或者接受方在中国境内。具体是指：

①服务(租赁不动产除外)或者无形资产(自然资源使用权除外)的销售方或者购买方在境内。

②所销售或者租赁的不动产在境内。

③所销售自然资源使用权的自然资源在境内。

④财政部和国家税务总局规定的其他情形。

(2)下列行为不属于在境内销售服务或者无形资产：

①境外单位或者个人向境内单位或者个人销售完全在境外发生的服务。

②境外单位或者个人向境内单位或者个人销售完全在境外使用的无形资产。

③境外单位或者个人向境内单位或者个人出租完全在境外使用的有形动产。

④境外单位或者个人为出境的函件、包裹在境外提供的邮政服务、收派服务。

⑤境外单位或者个人向境内单位或者个人提供的工程施工地点在境外的建筑服务、工程监理服务。

⑥境外单位或者个人向境内单位或者个人提供的工程、矿产资源在境外的工程勘察勘探服务。

⑦境外单位或者个人向境内单位或者个人提供的会议展览地点在境外的会议展览服务。

⑧财政部和国家税务总局规定的其他情形。

五 增值税征税范围的特殊规定

1.货物期货,包括商品期货和贵重金属期货,在实物交割环节纳税。

2.银行销售金银的业务,应当征收增值税。

3.典当业死当物品销售业务。

4.销售委托人寄售物品的业务。

5.缝纫业务应征收增值税。

6.电力公司向发电企业收取的过网费,应当征收增值税。

7.基本建设单位和从事建筑安装业务的企业附设的工厂、车间生产的水泥预制构件、其他构件或建筑材料,用于本单位或本企业建筑工程的,在移送使用时,应征收增值税。

8.旅店业和饮食业纳税人销售非现场消费的食品应当缴纳增值税。

9.纳税人提供的矿产资源开采、挖掘、切割、破碎、分拣、洗选等劳务,应缴纳增值税。

10.下列项目不征收增值税:

(1)根据国家指令无偿提供的用于公益事业的铁路运输服务、航空运输服务。

(2)存款利息收入。

(3)被保险人获得的保险赔付。

(4)房地产主管部门或者其指定机构、公积金管理中心、开发企业以及物业管理单位代收的住宅专项维修资金。

(5)在资产重组过程中,通过合并、分立、出售、置换等方式,将全部或者部分实物资产以及与其相关联的债权、负债和劳动力一并转让给其他单位和个人,其中涉及的不动产、土地使用权转让行为。

(6)纳税人在资产重组过程中,通过合并、分立、出售、置换等方式,将全部或者部分实物资产以及与其相关联的债权、负债和劳动力一并转让给其他单位和个人,不属于增值税的征税范围,其中涉及的货物转让不征收增值税。

六 增值税视同销售行为

视同销售是指税收上需要确认为应税收入并予以计税,而会计上并不核算其销售收入的商品或劳务的转移行为。单位或者个体工商户的下列行为,视同销售货物,征收增值税。

1.将货物交付其他单位或者个人代销。

2.销售代销货物。

3.设有两个以上机构并实行统一核算的纳税义务人,将货物从一个机构移送至另一个机构用于销售,相关机构不在同一县(市)的应当缴纳增值税,相关机构设在同一县(市)的除外。

异地移送货物的行为不以取得增值税专用发票为准,而以移送使用行为发生为准来确认销售并计算增值税;异地与同城对应,同城指在同一县(市),有两个以上机构并实行统一核算的纳税义务人,将货物从一个机构移送至另一个机构用于销售的行为,相关机构在同城的,不视同销售进行征税。

4.将自产或委托加工的货物用于非增值税应税项目。

5.将自产或委托加工的货物用于集体福利或个人消费。

6.将自产、委托加工或购买的货物用于对外投资,提供给其他单位或个体工商户。

7.将自产、委托加工或购买的货物用于分配给股东或者投资者。

8.将自产、委托加工或购买的货物无偿赠送给其他单位或者个人。

9.单位、个体工商户或者个人向其他单位或者个人无偿提供应税服务,但以公益活动为目的或者以社会公众为对象的除外。

10.单位或者个人向其他单位或者个人无偿转让无形资产或者不动产,但以公益活动为目的或者以社会公众为对象的除外。

11.财政部和国家税务总局规定的其他情形。

七、混合销售和兼营行为

(一)混合销售

一项销售行为如果既涉及货物又涉及服务,为混合销售。从事货物的生产、批发或者零售的单位和个体工商户的混合销售行为,按照销售货物缴纳增值税;其他单位和个体工商户的混合销售行为,按照销售服务缴纳增值税。

从事货物的生产、批发或者零售的单位和个体工商户,包括以从事货物的生产、批发或者零售为主,并兼营销售服务的单位和个体工商户在内。

判断混合销售行为的标准有两点:一是其销售行为必须是一项,由一项行为而产生的;二是该行为必须既涉及货物又涉及服务,"货物"是指增值税条例中规定的有形动产,包括电力、热力和气体,"服务"是指属于营业税改征增值税范围的交通运输服务、建筑服务、金融保险服务、邮政服务、现代服务、生活服务等。比如,销售家电同时提供送货上门服务就属于混合销售行为,按销售货物征收增值税。

自2017年5月起,纳税人销售活动板房、机器设备、钢结构件等自产货物的同时提供建筑、安装服务,不属于混合销售,应分别核算货物和建筑服务的销售额,分别适用不同的税率或者征收率(国家税务总局公告2017年第11号第一条)。

一般纳税人销售自产机器设备的同时提供安装服务,应分别核算机器设备和安装服务的销售额,安装服务可以按照甲供工程选择适用简易计税方法计税(国家税务总局公告2018年第42号第六条)。

纳税人销售外购机器设备的同时提供安装服务,纳税人未分别核算机器设备和安装服务的销售额,应按照混合销售的有关规定,确定其适用税目和税率。

纳税人已按照兼营的有关规定,分别核算机器设备和安装服务的销售额,安装服务可以按照甲供工程选择适用简易计税方法计税。

纳税人对安装运行后的机器设备提供的维护保养服务,按照"其他现代服务"缴纳增值税。

【例2-6】

太行电梯生产厂向丽华商场销售5部电梯并负责售后安装,电梯价款为150万元,另收取安装费为3万元,二者均为增值税一般纳税人,分析太行电梯生产厂销售电梯并负责安装的行为是否属于混合销售行为。

解析:太行电梯生产厂销售电梯并负责安装的行为既涉及货物又涉及服务,为混合销售行为。销售电梯按货物征收增值税,安装服务可以按照甲供工程选择适用简易计税方法计税。

(二)兼营行为

兼营是指纳税人的经营中包括销售货物、劳务、服务、无形资产或者不动产的行为。

纳税人兼营销售货物、劳务、服务、无形资产或者不动产,适用不同税率或者征收率的,应当分别核算适用不同税率或者征收率的销售额;未分别核算的,从高适用税率和征收率。

纳税人兼营免税、减税项目的,应当分别核算免税、减税项目的销售额;未分别核算的,不得免税、减税。

八 增值税的税率与征收率

按照增值税规范化的原则,我国增值税设置了一档基本税率和一档低税率,此外,对出口货物实施零税率,对小规模纳税人规定了征收率。

增值税一般纳税人税率为13%、9%、6%;小规模纳税人征收率为3%。

(一)我国增值税税率的一般规定

1. 基本税率

增值税的基本税率为13%,适用范围如下:

(1)一般纳税人销售或者进口货物,除《增值税暂行条件》列举的外,税率均为13%。

(2)一般纳税人提供加工、修理修配应税劳务,税率为13%。

(3)一般纳税人提供有形动产租赁服务,税率为13%。

2. 低税率

(1)自2019年4月1日起,一般纳税人销售或者进口下列货物,按9%的税率计征增值税:

①农产品、食用植物油。农产品是指种植业、养殖业、林业、牧业、水产业生产的各种植物、动物的初级产品。

②自来水、冷气、暖气、热水、煤气、天然气、石油液化气、沼气、居民用煤炭制品。

③图书、报纸、杂志。

④饲料、化肥、农药、农机(不含农机零部件)、农膜。

⑤音像制品。

⑥电子出版物。

⑦二甲醚。

⑧食用盐。食用盐的范围包括符合《食用盐》(GB/T 5461—2016)和《食用盐卫生标准》(GB 2721—2003)两项国家标准的食用盐。

⑨国务院规定的其他货物。

(2)一般纳税人提供交通运输、邮政、基础电信、建筑、不动产租赁服务,销售不动产,转让土地使用权,税率为9%。

(3)一般纳税人提供增值电信、金融、现代服务(除有形动产租赁服务和不动产租赁服务外)、生活服务,销售无形资产(除转让土地使用权外),税率为6%。

3. 零税率

(1)纳税人出口货物,适用零税率,但国务院另有规定的除外。

(2)中华人民共和国境内的单位和个人销售下列服务和无形资产适用零税率:

①国际运输服务。

②航天运输服务。

③向境外单位提供的完全在境外消费的下列服务:研发服务;合同能源管理服务;设

计服务、广播影视节目(作品)的制作和发行服务;软件服务;电路设计及测试服务;信息系统服务;业务流程管理服务;离岸服务外包业务;转让技术。

④财政部和国家税务总局规定的其他服务。

(二)增值税征收率

1.3%征收率的适用范围

小规模纳税人实行按销售额和征收率计算应纳税额的简易征税办法,不允许抵扣进项税。

(1)小规模纳税人在中华人民共和国境内销售货物、销售服务、无形资产或者不动产,适用简易计税方法,增值税征收率为3%(适用5%征收率的除外),征收率的调整由国务院决定。

(2)小规模纳税人销售自己使用过的除固定资产以外的物品,应按3%的征收率征收增值税。

(3)纳税人销售旧货,按照简易办法依照3%的征收率减按2%征收增值税。所称旧货,是指进入二次流通的具有部分使用价值的货物(含旧汽车、旧摩托车和旧游艇),但不包括自己使用过的物品。

(4)对于一般纳税人生产销售的特定货物和应税服务,可以选择适用简易计税方法,征收率为3%。

劳务分包方选择清包工模式选择适用简易计税方法的,其征收率为3%;含甲供的劳务分包模式选择适用简易计税方法的,其征收率为3%。

(5)提供物业管理服务的纳税人(一般纳税或小规模纳税人),向服务接收方收取的自来水水费,以扣除其对外支付的自来水水费后的余额为销售额,按照简易计税办法,征收率为3%。

2.5%征收率的适用范围

(1)一般纳税人转让其在2016年4月30日前取得的不动产,选择适用简易计税方法的,征收率为5%。

(2)一般纳税人出租其在2016年4月30日前取得的不动产,选择适用简易计税方法的,征收率为5%。

(3)小规模纳税人销售不动产、出租不动产,适用5%的征收率。

(4)房地产开发企业的一般纳税人销售自行开发的房地产老项目,选择适用简易计税方法,征收率为5%。

房地产老项目,是指《建筑工程施工许可证》注明的合同开工日期在2016年4月30日前的房地产项目。

(5)房地产开发企业(小规模纳税人)销售自行开发的房地产项目,征收率为5%。

(6)个体工商户和其他个人出租不动产(不含住房),征收率为5%。

(7)纳税人(一般纳税人或小规模纳税人)提供劳务派遣服务、安全保护服务(含提供武装守护押运服务)选择差额纳税的,按照简易计税方法,征收率为5%。

(8)一般纳税人提供人力资源外包服务,选择差额纳税的,征收率为5%。

3.个人出租住房的征收率

个体工商户和其他个人出租住房,按照5%的征收率减按1.5%计算缴纳增值税。

(三)增值税适用税率的特殊规定

1.兼营不同税率的货物或者应税劳务的增值税规定

纳税人兼营不同税率的货物或者应税劳务的,应当分别核算不同税率货物或者应税劳务的销售额;未分别核算销售额的,从高适用税率。

2.销售自己使用过的货物的增值税规定

(1)一般纳税人销售自己使用过的属于《增值税暂行条例》第十条规定,不得抵扣且未抵扣进项税额的固定资产,按照简易办法依照3%的征收率减按2%征收增值税。

(2)一般纳税人销售自己使用过的其他固定资产(以下简称已使用过的固定资产),应区分不同情形征收增值税:

一是销售自己使用过的2009年1月1日以后购进或自制的固定资产,按照适用税率征收增值税;

二是2008年12月31日以前未纳入扩大增值税抵扣范围试点的纳税人,销售自己使用过的2008年12月31日以前购进或者自制的固定资产,按照简易办法依照3%的征收率减按2%征收增值税;

三是2008年12月31日以前已纳入扩大增值税抵扣范围试点的纳税人,销售自己使用过的在本地区扩大增值税抵扣范围试点以前购进或者自制的固定资产,按照简易办法依照3%的征收率减按2%征收增值税;销售自己使用过的在本地区扩大增值税抵扣范围试点以后购进或者自制的固定资产,按照适用税率征收增值税。

以上销售自己使用过的固定资产,适用简易办法依照3%的征收率减按2%征收增值税政策的,可以放弃减税,按照简易办法依照3%的征收率缴纳增值税,并可以开具增值税专用发票。

(3)一般纳税人销售自己使用过的除固定资产以外的物品,应当按照适用税率征收增值税。

(4)小规模纳税人(除其他个人外)销售自己使用过的固定资产,减按2%的征收率征收增值税,并且只能开具普通发票,不得由税务机关代开增值税专用发票。

(5)个人(不包括个体工商户)销售自己使用过的物品免税。

3.一般纳税人销售自产的下列货物,可选择按照简易办法依照3%的征收率计算缴纳增值税

(1)县级及县级以下小型水力发电单位生产的电力。小型水力发电单位,是指各类投资主体建设的装机容量为5万千瓦以下(含5万千瓦)的小型水力发电单位。

(2)建筑用和生产建筑材料所用的砂、土、石料。

(3)以自己采掘的砂、土、石料或其他矿物连续生产的砖、瓦、石灰(不含黏土实心砖、瓦)。

(4)用微生物、微生物代谢产物、动物毒素、人或动物的血液或组织制成的生物制品。

(5)自来水。对属于一般纳税人的自来水公司销售自来水的,按照简易办法依照3%的征收率征收增值税,不得抵扣其购进自来水取得增值税扣税凭证上注明的增值税税款。

(6)商品混凝土(仅限于以水泥为原料生产的水泥混凝土)。

一般纳税人选择简易办法计算缴纳增值税后,36个月内不得变更。

4.一般纳税人销售货物属于下列情形之一的,暂按照简易办法依照3%的征收率计算缴纳增值税

(1)寄售商店代销寄售物品(包括居民个人寄售的物品在内)。

(2)典当业销售死当物品。

(3)经国务院或国务院授权机关批准的免税商店零售的免税品。

任务二　增值税应纳税额的计算

任务情境

山东中海石化股份公司2019年6月发生的增值税相关业务如下:

1.5日,销售A型化工产品500吨,每吨不含税金额2 000元,支付运费,取得增值税专用发票上注明运费5 000元,增值税450元。

2.8日,销售B型化工产品5吨,开具普通发票,销售额113 000元。

3.10日,采购甲材料10吨,每吨不含税金额20 000元,取得增值税专用发票,支付运费,取得增值税专用发票上注明运费5 000元,增值税450元。

4.15日,从外地购买X设备两台,每台50 000元,支付运费,取得增值税专用发票上注明运费2 000元,增值税180元。

任务要求

计算山东中海石化股份公司2019年6月应纳增值税(上述取得的凭证合法并认证相符)。

正确计算增值税的计税销售额是增值税计税操作中的重要内容。只有增值税一般纳税人和小规模纳税人对各项法律规定进行准确的把握,才能正确地进行计算和核算。

一　计税销售额的一般规定

销售额是指纳税人销售货物、提供应税劳务或者发生应税行为向购买方收取的全部价款和价外费用。价外费用是指价外向买方收取的手续费、补贴、基金、集资费、返还利润、奖励费、违约金、滞纳金、延期付款利息、赔偿金、包装费、包装物租金、储备费、优质费、运输装卸费、代收代垫款项等各种性质的费用。凡随同销售货物、提供应税劳务或者发生应税行为向购买方收取的价外费用,无论会计制度规定如何核算,均应并入销售额计算应纳税额,价外费用均视为含税收入。销售额中不包括以下项目:

(一)向购买方收取的销项税额或增值税税额

增值税是价外税,销售额中不能包含增值税一般纳税人向买方收取的销项税额和增值税小规模纳税人向买方收取的增值税税额。

增值税销售额在很多情况下是含税销售额,比如小规模纳税人销售货物、提供应税劳务或者发生应税行为的销售凭证上注明的销售额(税务机关代开发票除外),商业零售环节的销售凭证上注明的销售额,纳税人收取各种性质的价外费用、包装物押金等,在这

种情况下,必须将含税销售额换算成不含税销售额,其换算公式为

> 不含税销售额＝含税销售额÷(1＋增值税税率或征收率)

(二)受托加工应征消费税的消费品所代收代缴的消费税

委托加工业务是指由委托方提供原材料和主要材料,受托方按照委托方的要求进行加工并收取加工费,货物的所有权始终归委托方所有的工业性加工业务。加工出成品后,在委托方提货付款时,受托方收取加工费及其销项税额,属于应税消费品的,受托方还要代收代缴消费税,货物的已纳消费税不作为受托方增值税应税销售额的组成部分。

(三)代垫运费

增值税应税销售额不包括同时符合以下两个条件的代垫运费:

1.承运者将运费发票开具给购货方。

2.纳税人将运费发票转交给购货方。

(四)政府性基金或行政事业性收费

增值税应税销售额不应包括同时符合以下条件代为收取的政府性基金或者行政事业性收费:

1.由国务院或者财政部批准设立的政府性基金,由国务院或者省级人民政府及其财政、价格主管部门批准设立的行政事业性收费。

2.收取时开具省级以上财政部门印制的财政票据。

3.所收款项全额上缴财政。

(五)其他费用

销售货物的同时代办保险等而向购买方收取的保险费,以及向购买方收取的代购买方缴纳的车辆购置税、车辆牌照费等不应作为增值税应税销售额的组成部分。

纳税人按人民币以外的货币结算销售额的,其销售额的人民币折合率可以选择销售额发生的当天或者当月1日的人民币汇率中间价。纳税人应事先确定采用何种折合率,确定后12个月内不得变更。

二 特殊销售方式计税销售额的确认

在销售活动中,有多种销售方式能够达到促销目的,不同销售方式下,销售额的计算会有所不同。税法对以下几种销售方式销售额的确认问题分别做了规定:

(一)采用折扣方式销售

采用折扣方式(包括现金折扣、商业折扣、销售折让三种形式)销售货物、提供应税劳务或者发生应税行为,计算增值税应税销售额时需要严格加以区分。

1.现金折扣

现金折扣是指销货方在销售货物、提供应税劳务或者发生应税行为后,为了鼓励购买方及早偿还货款,协议许诺给予购货方的一种折让优惠。例如:10天内付款,现金折扣率为3%;20天内付款,现金折扣率为2%;30天内付款,现金折扣率为1%;1个月以上全价付款。现金折扣发生在销售之后,属于一种理财行为,因此,现金折扣不得从销售额中

扣除。

现金折扣仅限于货物价格的折让优惠,如果销货方将自产、委托加工或购买的货物用实物折扣的,则该实物款额不能从货物销售额中减除,且该实物应按增值税暂行条例视同销售货物中的"赠送他人"计算征收增值税。

2. 商业折扣

商业折扣又称为打折销售,是指销货方在销售货物、提供应税劳务或者发生应税行为时,因购买方购买数量较大等原因而给予购货方的价格折让。例如:购买 50 个,折扣率为 2%;购买 100 个,折扣率为 5% 等。由于商业折扣与实现销售同时发生,因此,税法规定,如果销售额和折扣额在同一张发票上分别注明,则可以将发票上注明的折扣额扣除后余额作为销售额计算增值税;如果将商业折扣额开在另一张发票上,则无论财务上如何处理,均不得从销售额中减除折扣额。

3. 销售折让

销售折让是指货物销售后由于其品种、质量等原因购货方未予退货,但销货方需给予购货方的一种价格折让。销售折让可以将折让后的销售额作为增值税计税销售额。

销售折让的税务处理是:购货方未做账并抵扣进项税额的,销货方可将原发票联和抵扣联收回作废,重新填开折扣后金额的增值税专用发票;购货方已做账并抵扣进项税额的,销货方可根据从购货方主管税务机关开具的《销货退回及索取折让证明单》,就折扣额开具红字发票。

【例 2-7】

宏大公司为增值税一般纳税人,2019 年 6 月发生如下业务:

(1) 5 日,以现金折扣方式销售甲产品,销售额 80 万元,合同规定付款条件为"2/10,n/30",购货方定于 6 月 10 日付款。

(2) 12 日,销售丙产品 100 件,销售额 23 万元,发票已开,款项尚未收到;20 日,购货方发现产品质量不符合规定,要求给予其 2 万元的折让,该企业已同意。

(3) 27 日,销售丁产品 50 箱,销售额 200 万元,由于该笔销售达到了一定批量,免费赠送购货方 1 箱丁产品。

要求:试确定该公司 6 月的增值税应税销售额。

解析:

(1) 以现金折扣方式销售,在确定销售额时现金折扣不得从销售额中扣除。业务 1 的应税销售额为 80 万元。

(2) 业务 2 发生了销售折让,销售折让可以将折让后的销售额作为增值税应税销售额。此业务的应税销售额为 21(23—2) 万元。

(3) 该公司将 1 箱丁产品免费赠给了购货方,实质上是发生了实物折扣,该实物应按增值税条例中视同销售的"赠送他人"计算征收增值税。1 箱丁产品销售额为 4 万元。此业务的应税销售额为 204(200+4) 万元。

宏大公司 6 月份的增值税应税销售额＝80+21+204＝305 万元

（二）以旧换新和还本销售

1.**以旧换新**是指纳税人在销售货物时，有偿回收同类旧货物，并以折价款部分冲减新货物价款的一种销售方式。采用以旧换新方式销售货物时，应按新货物的同期销售价格确定销售额，旧货物的收购价格不允许扣除。但税法规定，对金银首饰以旧换新业务，可以按照销售方实际收取的不含增值税的全部价款征收增值税。

2.**还本销售**是指纳税人在销售货物后，到期一次或分次退还给购货方全部或部分价款的行为，这是以货物换取资金使用价值的筹集资金的行为。采用还本销售方式销售货物时，以其销售额作为增值税计税销售额，还本支出不允许扣除。

（三）以物易物方式销售

以物易物是指购销双方不以货币结算，而以同等价值的货物相交换的销售方式。在以物易物的销售方式下，购销双方应各自做购销业务处理，以各自发出的货物核算销售额并计算销项税额，以各自收到的货物核算购货额并计算进项税额。

在以物易物活动中，应分别开具合法的票据，如果收到的货物不能取得相应的增值税专用发票或其他合法票据，则不能抵扣进项税额。

（四）直销方式销售

直销企业先将货物销售给直销员，直销员再将货物销售给消费者，直销企业的销售额为其向直销员收取的全部价款和价外费用。直销员将货物销售给消费者时，应按照现行规定缴纳增值税。

直销企业通过直销员向消费者销售货物，直接向消费者收到货款的，直销企业的销售额为其向消费者收取的全部价款和价外费用。

（五）包装物的销售

包装物是指纳税人包装本单位货物的各种物品。包装物不论是否单独计价随同产品出售，一律并入销售额计算增值税。

一般情况下，销货方向购货方收取包装物押金，购货方在规定时间内返还包装物，销货方再将收取的押金返还。纳税人收取包装物押金的目的是促使购货方及早退回周转使用的包装物。税法规定纳税人为销售货物而出租、出借包装物收取的押金，单独记账核算的，时间在1年以内又未过期的，不并入销售额计算增值税。但对逾期未收回包装物不再退回的押金计入价外费用，视为含税收入，按所包装货物的适用税率计算销项税额。在实践中，应注意以下规定：

1."逾期"是指按合同规定的实际逾期或以1年为期限，对收取1年以上的押金，无论是否退还均并入销售额计算销项税额。

2.包装物押金视为含税收入，在并入销售额征税时，需先将押金换算为不含税收入，再计算应缴税额。

3.包装物租金属于价外费用，视为含税收入，按所包装货物的税率计算销项税额。

4.从1995年6月开始，对销售除啤酒、黄酒之外的其他酒类包装物押金，无论是否返还及会计上如何处理，一律并入当期销售额计算增值税。

【例 2-8】

宏发公司为增值税一般纳税人,2019年6月销售钢材一批,增值税专用发票上注明的销售额为 250 000 元,销项税额为 32 500 元,另外开出一张普通发票,收取包装费为 2 260 元。计算该公司 6 月的销售额。

解析:该公司收取的包装费为含税销售收入,在计算销售额时应换算成不含税收入。

该公司6月的销售额=不含税销售额+含税销售额÷(1+增值税税率)
=250 000+2 260÷(1+13%)
=252 000 元

(六)视同销售货物的销售额的确定

1.《增值税暂行条例实施细则》的相关规定

《增值税暂行条例实施细则》规定了8种视同销售行为,这8种视同销售行为一般不以资金的形式结算,因而会出现无销售额的情况。另外,纳税人销售或者提供应税劳务价格明显偏低又无正当理由的,主管税务机关有权按以下顺序确定销售额并计算销项税额:

(1)按纳税人最近时期同类货物的平均销售价格。
(2)按其他纳税人最近时期同类货物的平均销售价格。
(3)按组成计税价格,其计算公式为

$$组成计税价格 = 成本 \times (1 + 成本利润率)$$

征收增值税的货物,又同时征收消费税的,其组成计税价格中应当加计消费税税额。其组成计税价格的计算公式为

$$组成计税价格 = 成本 \times (1 + 成本利润率) + 消费税税额$$

或 $$组成计税价格 = 成本 \times (1 + 成本利润率) \div (1 - 消费税税率)$$

或 $$组成计税价格 = \left[成本 \times \left(1 + \frac{成本}{利润率}\right) + 课税数量 \times \frac{消费税}{单位税额}\right] \div \left(1 - \frac{消费税}{税率}\right)$$

按从价定率征收消费税的应税消费品,确定增值税组成计税价格时,根据《消费税若干具体问题的规定》中确定的成本利润率计算。除此之外的其他增值税货物或劳务,其组成计税价格按10%的成本利润率计算。

【例 2-9】

宏宇家电公司为增值税一般纳税人,2019年6月销售三批同一规格、相同质量的彩电:第一批 300 台,不含增值税销售价格为 3 800 元;第二批 500 台,不含增值税销售价格为 3 700 元;第三批 20 台,不含增值税销售价格为 2 600 元。经税务机关认定,第三批销售价格明显偏低且无正当理由。计算该家电公司 8 月的增值税销售额。

解析:根据税法规定,纳税人销售货物或者提供增值税应税劳务的价格明显偏低且无正当理由的,税务机关可以按照纳税人最近时期同类货物的平均销售价格确定销售额。

本例中第三批彩电的平均销售价格=(3 800×300+3 700×500)÷(300+500)
=3 737.5元

该家电公司8月的增值税销售额=3 800×300+3 700×500+3 737.5×20
=3 064 750元

【例2-10】

宏丽服装厂为增值税一般纳税人,2019年6月将自产的一批新产品(350套西服)作为福利发放给职工。该西服尚未投放市场,没有同类产品销售价格,每套西服的生产成本为580元。计算该批西服的增值税销售额。

解析:根据税法规定,企业将自产的产品作为福利发放给本企业职工的行为是视同销售行为,应缴纳增值税。由于该批西服没有同类产品销售价格,因此可按组成计税价格确定其销售价格。

该批西服的增值税销售额=成本×(1+成本利润率)
=350×580×(1+10%)
=223 300元

2.《营业税改征增值税试点实施办法》的相关规定

《营业税改征增值税试点实施办法》规定纳税人发生应税行为价格明显偏低或者偏高且不具有合理商业目的的,或者发生视同销售服务、无形资产或者不动产,主管税务机关有权按照下列顺序确定销售额:

(1)按照纳税人最近时期销售同类服务、无形资产或者不动产的平均价格确定。
(2)按照其他纳税人最近时期销售同类服务、无形资产或者不动产的平均价格确定。
(3)按照组成计税价格确定。

其组成计税价格的公式为

组成计税价格=成本×(1+成本利润率)

成本利润率由国家税务总局确定。

不具有合理商业目的,是指以谋取税收利益为主要目的,通过人为安排,减少、免除、推迟缴纳增值税税款,或者增加退还增值税税款。

(七)营业税改征增值税行业销售额的规定

1.房地产开发企业中的一般纳税人销售其开发的房地产项目(选择简易计税方法的房地产老项目除外),以取得的全部价款和价外费用,扣除受让土地时向政府部门支付的土地价款后的余额为销售额。其土地价款包括纳税人向政府部门支付的征地和拆迁补偿费用、土地前期开发费用和土地出让收益等。

纳税人扣除的向政府支付的土地价款,以必须开具省级以上(含省级)财政部门监(印)制的财政票据;纳税人按上述规定扣除拆迁补偿费用时,应提供拆迁协议、拆迁双方

支付和取得拆迁补偿费用凭证等能够证明拆迁补偿费用真实性的材料。

房地产老项目是指《建筑工程施工许可证》注明的开工日期在2016年4月30日前的房地产项目。

2.贷款服务,以提供贷款服务取得的全部利息及利息性质的收入为销售额。银行提供贷款服务按期计收利息的,结息日当日计收的全部利息收入,均应计入结息日所属期的销售额,按照现行规定计算缴纳增值税。

3.直接收费金融服务,以提供直接收费金融服务收取的手续费、佣金、酬金、管理费、服务费、经手费、开户费、过户费、结算费、转托管费等各类费用为销售额。

4.金融商品转让,按照卖出价扣除买入价后的余额为销售额,不得开具增值税专用发票。

转让金融商品出现的正负差,按盈亏相抵后的余额为销售额。若相抵后出现负差,可结转下一纳税期与下期转让金融商品销售额相抵,但年末时仍出现负差的,不得转入下一个会计年度。

金融商品的买入价,可以选择按照加权平均法或者移动加权平均法进行核算,选择后36个月内不得变更。

5.经纪代理服务,以取得的全部价款和价外费用,扣除向委托方收取并代为支付的政府性基金或者行政事业性收费后的余额为销售额。

向委托方收取的政府性基金或者行政事业性收费,不得开具增值税专用发票。

6.经人民银行、银监会或者商务部批准从事融资租赁业务的试点纳税人,提供融资性售后回租服务,以取得的全部价款和价外费用(不含本金),扣除对外支付的借款利息(包括外汇借款和人民币借款利息)、发行债券利息后的余额作为销售额。

7.试点纳税人提供旅游服务,可以选择以取得的全部价款和价外费用,扣除向旅游服务购买方收取并支付给其他单位或者个人的住宿费、餐饮费、交通费、签证费、门票费和支付给其他接团旅游企业的旅游费用后的余额为销售额。其扣除的价款,应当取得符合法律、行政法规和国家税务总局规定的有效凭证。否则,不得扣除。

8.航空运输企业的销售额,不包括代收的机场建设费和代售其他航空运输企业客票而代收转付的价款。

9.试点纳税人中的一般纳税人提供客运场站服务,以取得的全部价款和价外费用,扣除支付给承运方运费后的余额为销售额。

10.试点纳税人提供建筑服务适用简易计税方法的,以取得的全部价款和价外费用,扣除支付的分包款后的余额为销售额。

11.小规模纳税人提供劳务派遣服务,可以以取得的全部价款和价外费用为销售额,按照简易计税方法依照3%的征收率计算缴纳增值税;也可以选择差额纳税,以取得的全部价款和价外费用,扣除代用工单位支付给劳务派遣员工的工资、福利和为其办理社会保险及住房公积金后的余额为销售额,按照简易计税方法依照5%的征收率计算缴纳增值税。

12.小规模纳税人转让其取得(不含自建)的不动产,以取得的全部价款和价外费用扣除不动产购置原价或者取得不动产时的作价后的余额为销售额,按照5%的征收率计算应纳税额。

13.小规模纳税人转让其自建的不动产,以取得的全部价款和价外费用为销售额,按照5%的征收率计算应纳税额。

14.提供物业管理服务的纳税人,向服务接受方收取的自来水水费,扣除其对外支付的自来水水费后的余额为销售额,按照简易计税方法依照3%的征收率计算缴纳增值税。

(八)销售额的特殊规定

1.纳税人兼营免税、减税项目的,应当分别核算免税、减税项目的销售额;未分别核算的,不得免税、减税。

2.纳税人销售货物、提供应税劳务或者发生应税行为,开具增值税专用发票后,发生开票有误或者销售折让、中止、退回等情形的,应当按照国家税务总局的规定开具红字增值税专用发票;未按照规定开具红字增值税专用发票的,不得扣减销项税额或者销售额。

3.纳税人销售货物、提供应税劳务或者发生应税行为,将价款和折扣额开在同一张发票上分别注明的,以折扣后的价款为销售额;未在同一张发票上分别注明的,不得扣减折扣额。

三 增值税一般纳税人应纳税额的计算

增值税一般纳税人计算应纳税额,要求对关于销项税额、进项税额和应纳税额计算的各项法律规定进行准确掌握。

在开具增值税专用发票的情况下,增值税销项税额与进项税额相对应,销售方收取的销项税额,就是购买方支付的进项税额。对于任何增值税一般纳税人而言,在其经营活动中既会有收取销项税额的销售行为发生,又会有支付进项税额的购进行为发生,其差额就是纳税人实际应缴纳的增值税应纳税额。

(一)销项税额

销项税额是指增值税一般纳税人销售货物、提供应税劳务或者发生应税行为,按照计税销售额和适用的税率计算并向买方收取的增值税税额。对于属于一般纳税人的销售方来说,在没有抵扣进项税额之前,销售方收取的销项税额还不是其应缴纳的增值税税额。销项税额的计算公式为

$$销项税额=销售额×税率$$

或

$$销项税额=组成计税价格×税率$$

增值税的计税销售额与其销项税额应分别填列在增值税专用发票的"销售额"和"税额"栏中,并要注意,销售额是不含增值税销项税额的销售额。

销售额不包括销项税额,纳税人采用销售额和销项税额合并定价方法的,按照下列公式计算其销售额:

$$销售额=含税销售额÷(1+税率)$$

(二)进项税额

进项税额是指增值税一般纳税人购进货物、加工修理修配劳务、服务、无形资产或者不动产所支付或负担的增值税税额。增值税进项税额与销项税额是相对应的概念。进项税额是可以抵扣的部分,对于纳税人实际纳多少税起着举足轻重的作用。但是,并不是纳税人支付的所有进项税额都允许抵扣。

1.准予从销项税额中抵扣的进项税额

税法规定,准予从销项税额中抵扣的进项税额,限于下列凭证上注明的增值税税额或依此计算的进项税额:

(1)一般纳税人购进、接受应税劳务、服务、无形资产以及不动产,取得的增值税专用发票(含税控机动车销售统一发票)上注明的进项税额。

(2)一般纳税人从海关取得的海关进口增值税专用缴款书上注明的增值税税额。

(3)购进农产品,自2019年4月1日起,按照以下办法扣除:

一般纳税人购进农产品,取得增值税专用发票或者海关进口增值税专用缴款书的,以增值税专用发票或海关进口增值税专用缴款书上注明的增值税额为进项税额;从按照简易计税方法依照3%的征收率计算缴纳增值税的小规模纳税人取得增值税专用发票的,以增值税专用发票上注明的金额和9%的扣除率计算进项税额;取得(开具)农产品销售发票或收购发票的,以农产品销售发票或收购发票上注明的农产品买价和9%的扣除率计算进项税额。其进项税额的计算公式为

$$进项税额 = 农产品买价 \times 扣除率$$

$$农产品买价 = 农产品收购凭证上注明的价款 + 烟叶税$$

营业税改征增值税试点期间,纳税人购进用于生产销售或委托受托加工13%税率货物的农产品,按10%的扣除率计算进项税额。

纳税人从批发、零售环节购进适用免征增值税政策的蔬菜、部分鲜活肉蛋而取得的普通发票,不得作为计算抵扣进项税额的凭证。

纳税人购进农产品既用于生产销售或委托受托加工13%税率的货物又用于生产销售其他货物服务的,应当分别核算用于生产销售或委托受托加工13%税率的货物和其他货物服务的农产品进项税额。未分别核算的,统一以增值税专用发票或海关进口增值税专用缴款书上注明的增值税额为进项税额,或以农产品收购发票或销售发票上注明的农产品买价和9%的扣除率计算进项税额。

购进农产品增值税进项税额实行核定扣除的,按照《农产品增值税进项税额核定扣除试点实施办法》等规定执行。

(4)一般纳税人取得由税务机关为小规模纳税人代开的增值税专用发票,可以将专用发票上填写的税额作为进项税额抵扣。

(5)一般纳税人从境外单位或者个人购进服务、无形资产或者不动产,自税务机关或者扣缴义务人取得的解缴税款的完税凭证上注明的增值税额。

纳税人凭完税凭证抵扣进项税额的,应当具备书面合同、付款证明和境外单位的对账单或者发票。资料不全的,其进项税额不得抵扣。

(6)原增值税一般纳税人购进货物或者接受加工修理修配劳务,用于《销售服务、无形资产或者不动产注释》所列项目的,不属于《增值税暂行条例》第十条所称的用于非增值税应税项目,其进项税额准予从销项税额中抵扣。

(7)原增值税一般纳税人购进服务、无形资产或者不动产,取得的增值税专用发票上注明的增值税额为进项税额,准予从销项税额中抵扣。

(8)原增值税一般纳税人自用的应征消费税的摩托车、汽车、游艇,其进项税额准予从销项税额中抵扣。

【例 2-11】

根据增值税法律制度的规定,下列选项中购进货物的进项税额准予从销项税额中抵扣的有( )。

A.将购进的货物无偿赠送给客户
B.将购进的货物作为投资提供给联营单位
C.将购进的货物用于本单位职工集体福利
D.将购进的货物分配给股东

解析:ABD

纳税人取得的增值税扣税凭证不符合法律、法规或者国家税务总局有关规定的,其进项税额不得从销项税额中抵扣。

2.不得从销项税额中抵扣的进项税额

(1)一般纳税人购进货物、加工修理修配劳务、服务、无形资产或者不动产,下列项目的进项税额不得从销项税额中抵扣:

①用于简易计税方法计税项目、免征增值税项目、集体福利或者个人消费。

微课 5
不得抵扣的进项税额

其中涉及的固定资产、无形资产、不动产,仅指专用于上述项目的固定资产、无形资产(不包括其他权益性无形资产)、不动产。

上述固定资产、无形资产、不动产按照规定不得抵扣且未抵扣进项税额的,其后发生用途改变,用于允许抵扣进项税额的应税项目,可在用途改变的次月按照下列公式计算可以抵扣的进项税额:

可以抵扣的进项税额＝固定资产、无形资产、不动产净值÷(1＋适用税率)×适用税率

集体福利和个人消费是指企业内部设置的供职工使用的食堂、浴室、理发室、宿舍、幼儿园等福利设施及其设备、物品等或者以福利、奖励、津贴等形式发放给职工个人的物品。

纳税人的交际应酬消费属于个人消费。

一般纳税人购进货物、加工修理修配劳务、服务用于集体福利或者个人消费,由于其改变了生产经营需要这一用途,成为最终消费品,因此其进项税额不得抵扣。

②非正常损失的购进货物,以及相关的加工修理修配劳务和交通运输服务。

非正常损失是指因管理不善造成货物被盗、丢失、霉烂变质,以及因违反法律、法规造成货物或者不动产被依法没收、销毁、拆除的情形。

非正常损失的购进货物与生产经营活动没有直接的关系,其进项税额不应由国家承担,所以这部分进项税额不得从其销项税额中扣除。

③非正常损失的在产品、产成品所耗用的购进货物(不包括固定资产)、加工修理修配劳务和交通运输服务。

④非正常损失的不动产以及该不动产所耗用的购进货物、设计服务和建筑服务。

⑤非正常损失的不动产在建工程所耗用的购进货物、设计服务和建筑服务。

纳税人新建、改建、扩建、修缮、装饰不动产,均属于不动产在建工程。

⑥购进的贷款服务、餐饮服务、居民日常服务和娱乐服务。

⑦纳税人接受贷款服务向贷款方支付的与该笔贷款直接相关的投融资顾问费、手续费、咨询费等费用,其进项税额不得从销项税额中抵扣。

⑧财政部和国家税务总局规定的其他情形。

上述第④点、第⑤点所称货物,是指构成不动产实体的材料和设备,包括建筑装饰材料和给排水、采暖、卫生、通风、照明、通讯、煤气、消防、中央空调、电梯、电气、智能化楼宇设备及配套设施。

不动产、无形资产的具体范围,按照《营业税改征增值税试点实施办法》(财税〔2016〕36号)所附的《销售服务、无形资产或者不动产注释》执行。

固定资产是指使用期限超过12个月的机器、机械、运输工具及其他与生产经营有关的设备、工具、器具等有形动产。

【例2-12】

宏远公司为增值税一般纳税人,2019年6月,外购一批货物,取得增值税专用发票,注明货款为200万元,增值税税额为26万元,由于管理不善,9月底有一半的货物被盗。计算该公司此批货物可以抵扣的进项税额。

解析:根据税法规定,非正常损失购进货物的进项税额不得抵扣。因管理不善致使货物被盗,属于非正常损失,这部分货物的进项税额不得从销项税额中抵扣。宏远公司此批货物可以抵扣的进项税额为13万元。

(2)小规模纳税人不得抵扣进项税额。

(3)纳税人购进货物、加工修理修配劳务、服务、无形资产或者不动产,取得的增值税扣税凭证不符合法律、行政法规或者国务院税务主管部门的有关规定,其进项税额不得抵扣。

(4)适用一般计税方法的纳税人,兼营简易计税方法计税项目、免征增值税项目而无法划分不得抵扣的进项税额,按照下列公式计算不得抵扣的进项税额:

$$\text{不得抵扣的进项税额} = \text{当期无法划分的全部进项税额} \times (\text{当期简易计税方法计税项目销售额} + \text{当期免征增值税项目销售额}) \div \text{当期全部销售额}$$

(5)已经抵扣进项税额的购进货物或应税劳务如果事后改变用途,用于集体福利或个人消费、购进货物发生非正常损失、在产品或产成品发生非正常损失等,应当将该项购进货物或者应税劳务的进项税额从当期进项税额中扣减;无法确定该进项税额的,按照当期外购项目的实际成本计算应扣减的进项税额。

(6)已经抵扣进项税额的购进服务,发生《营业税改征增值税试点实施办法》规定的不得从销项税额中抵扣情形(简易计税方法计税项目、免征增值税项目除外)的,应当将该项进项税额从当期进项税额中扣减;无法确定该进项税额的,按照当期实际成本计算应扣减的进项税额。

(7)已抵扣进项税额的无形资产或者不动产,发生《营业税改征增值税试点实施办法》规定的不得抵扣进项税情形的,按照下列公式计算不得抵扣的进项税额:

> 不得抵扣的进项税额＝无形资产或者不动产净值×适用税率

无形资产或者不动产净值是指纳税人根据财务会计制度计提折旧或摊销后的余额。

(8)一般纳税人购进货物因销售折让、终止或者退回而退还给卖方的增值税税额,应从发生当期的进项税额中扣减;一般纳税人销售货物因销售折让、终止或者退回而退还给购买方的增值税税额,应从发生当期的销项税额中扣减。

(9)有下列情形之一的,应当按照销售额和增值税税率计算应纳税额,不得抵扣进项税额,也不得使用增值税专用发票:

①一般纳税人会计核算不健全,或者不能够准确提供税务资料的。
②应当办理一般纳税人资格登记而未办理的。

(10)一般纳税人发生下列应税行为可以选择适用简易计税方法计税,不允许抵扣进项税额。

①公共交通运输服务,包括轮客渡、公交客运、地铁、城市轻轨、出租车、长途客运、班车。

②经认定的动漫企业为开发动漫产品提供的动漫脚本编撰、形象设计、背景设计、动画设计、分镜、动画制作、摄制、描线、上色、画面合成、配音、配乐、音效合成、剪辑、字幕制作、压缩转码(面向网络动漫、手机动漫格式适配)服务,以及在境内转让动漫版权(包括动漫品牌、形象或者内容的授权及再授权)。

③电影放映服务、仓储服务、装卸搬运服务、收派服务和文化体育服务。
④以纳入营业税改征增值税试点之日前取得的有形动产为标的物提供的经营租赁服务。
⑤在纳入营业税改征增值税试点之日前签订的尚未执行完毕的有形动产租赁合同。

【例2-13】

营业税改征增值税试点一般纳税人发生的下列应税行为中,可以选择简易计税方法的有(   )。

A.长途客运   B.在境内转让动漫版权
C.公交客运   D.文化体育服务

解析:答案ABCD。营业税改征增值税试点一般纳税人提供的长途客运、公交客运、文化体育服务及在境内转让动漫版权可以选择简易计税方法。

(三)应纳税额

增值税一般纳税人应纳税额的计算公式为

> 应纳税额＝当期销项税额－当期进项税额

1.计算增值税应纳税额的时间限定

计算增值税当期销项税额和当期进项税额的时间限定,是增值税计算和操作中的重要环节。**应纳税额的时间限定**是指税务机关依照税法规定对纳税人确定的纳税期限。只有在纳税期限内实际发生的销项税额、进项税额,才是法定的当期销项税额或当期进项税额。

(1)计算销项税额的时间限定

增值税纳税人销售货物或提供应税劳务后,什么时间计算销项税额,关系到当期销项税额的大小。税法对销售货物或提供应税劳务应计算销项税额的时间做了严格的规定。具体规定见本项目任务四中增值税纳税义务发生时间的介绍。

(2)计算进项税额抵扣时限的界定

①自2017年7月1日起,增值税一般纳税人取得的2017年7月1日及以后开具的增值税专用发票和机动车销售统一发票,应自开具之日起360日内认证或登录增值税发票选择确认平台进行确认,并在规定的纳税申报期内,向主管国税机关申报抵扣进项税额。

②增值税一般纳税人取得的2017年7月1日及以后开具的海关进口增值税专用缴款书,应自开具之日起360日内向主管国税机关报送《海关完税凭证抵扣清单》,申请稽核比对。

纳税人取得的2017年6月30日前开具的增值税扣税凭证,仍按《国家税务总局关于调整增值税扣税凭证抵扣期限有关问题的通知》(国税函〔2009〕617号)执行。

2.应纳税额不足抵扣的处理

一般纳税人在经营过程中发生应纳税额不足抵扣的,可以将不足抵扣的部分结转下期继续抵扣。

3.向供货方取得返还收入的税务处理

自2004年7月1日起,对商业企业向供货方收取的与商品销售量、销售额挂钩(如以一定比例、金额、数量计算)的各种返还收入,均应按照平销返利行为的有关规定冲减当期增值税进项税额。当期应冲减的进项税额的计算公式为

$$\text{当期应冲减的进项税额} = \text{当期取得的返还资金} \div (1+\text{所购货物适用增值税税率}) \times \text{所购货物适用增值税税率}$$

商业企业向供货方收取的各种返还收入,一律不得开具增值税专用发票。

【例2-14】

博然公司为增值税一般纳税人,2019年6月,该公司发生如下经济业务:

①外购原材料一批,从供货方取得增值税专用发票,发票上注明价款为300 000元,进项税额为39 000万元,支付运输费用为6 000元,进项税额为540元,并取得运输公司开具的增值税专用发票。

②外购生产用机械设备一台,设备价款为100 000元,增值税税额为13 000元,已取得增值税专用发票,支付运输费用为4 800元,并取得运输公司开具的增值税普通发票,款项已支付,设备已验收入库。

③销售产品一批,取得含税收入为339 000元,已开具增值税专用发票,款项尚未收到。

④销售产品一批,已开具增值税专用发票,注明价款为200 000元,增值税税额为26 000元,并支付运输费用为3 500元,进项税额为315元,取得运输部门开具的增值税专用发票,款项已结清。

⑤接受其他企业投资一批原材料,取得增值税专用发票注明的金额为800 000元,增值税税额为104 000元。

⑥购进低值易耗品,取得增值税专用发票注明的金额为80 000元,增值税税额为10 400元。

该公司6月末增值税进项税余额是18 000元,计算该公司当月份应缴纳的增值税税额。

解析:该公司增值税销项税额=339 000÷(1 + 13%)×13% + 26 000
= 65 000元

允许抵扣进项税额=39 000 + 540 + 13 000 + 315 + 104 000 + 10 400
= 167 255元

当月应缴纳的增值税税额=65 000 − 167 255 − 18 000 = −120 255元

由于本月销项税额小于进项税额,所以120 255元的进项税余额可以留待抵扣。

【例2-15】

宏远建筑公司为增值税一般纳税人,2019年6月1日承接某工程项目,6月30日按发包方要求为所提供的建筑服务开具增值税专用发票,开票金额为300万元,增值税税额为27万元,该项目当月发生工程成本为200万元,其中购买材料、动力、机械等取得增值税专用发票上注明的金额为120万元,增值税税额为15.6万元。发包方于7月9日支付了327万元工程款。对此项工程宏远建筑公司选择适用一般计税方法。请确定该项纳税义务的发生时间并计算该公司6月应缴纳的增值税税额。

解析:增值税纳税业务发生时间为纳税人发生应税行为并收讫销售款项或者取得索取销售款项凭据的当天,先开具发票的,为开具发票的当天,收讫销售款、取得索取销售款项凭据、先开具发票,这3个条件采用孰先原则,只要满足一个,即发生了增值税纳税义务。

应纳税额=当期销项税额−当期进项税额

销项税额=27万元

进项税额=15.6万元

应缴纳的增值税税额=27 − 15.6 = 11.4万元

【例2-16】

博泰房地产开发公司为增值税一般纳税人,2019年6月销售其开发的房地产项目,该项目《建筑工程施工许可证》注明的合同开工日期为2017年5月12日。取得价款为8 268万元,价外费用为888万元,受让该土地时向政府部门支付的土地价款为2 886万元,并取得省级财政部门印制的财政票据。6月购入建筑材料

为1 800万元,取得增值税专用发票,注明增值税税额为234万元。本月购入一台建筑用设备取得增值税专用发票,注明价款为120万元,增值税税额为15.6万元。请为该房地产开发公司计算本月应缴纳的增值税税额。

解析:

销售额=[(8 268+888)−2 886]÷(1+9%)=5 752.30万元

销项税额=5 752.30×9%=517.71万元

进项税额=234+15.6=249.6万元

应缴纳的增值税税额=517.71−249.6=268.11万元

【例2-17】

天宇公司是一家投资公司,为增值税一般纳税人。该公司2018年6月购入一只股票,购入价为100万元。2019年1月,该股票取得股息为5万元。2019年6月转让该股票,卖出价为121.5万元,支付佣金和手续费为2.6万元。请计算天宇公司转让该股票应缴纳的销项税额。

解析:

销售额=121.5−(100−5)=121.5−95=26.5万元

销项税额=26.5÷(1+6%)×6%=1.5万元

【例2-18】

润通运输公司为增值税一般纳税人,2019年6月取得交通运输收入为327万元(含税);外购汽油为10万元(不含税),取得增值税专用发票,注明进项税额为1.3万元;购入运输车辆为20万元(不含税),取得税控机动车销售统一发票,注明增值税税额为2.6万元;发生联运支出为30万元(不含税),取得增值税专用发票,注明增值税税额为2.7万元。则该纳税人本月应纳税额是多少?

解析:

应纳税额=当期销项税额−当期进项税额
=327÷(1+9%)×9%−1.3−2.6−2.7=20.4万元

【例2-19】

立信公司为增值税一般纳税人,从事认证服务,增值税税率为6%,征收率为3%。2019年6月发生如下业务:

①5日,取得天利公司认证服务收入,开具增值税专用发票,注明价款为800 000元,增值税税额为48 000元。

②13日,购进一台经营用固定资产,取得增值税专用发票,注明价款为60 000元,增值税税额为7 800元,同时支付运费,取得运输公司开具的增值税专用发票,注明价款为4 500元,增值税税额为405元。

③21日,支付捷迅广告公司广告服务费,取得增值税专用发票,全额为120 000元,增值税税额为7 200元。

④30日,销售一台2008年6月1日购入的固定资产,原值为93 600元(含税),售价为16 480元。

请计算该公司当月应纳税额。

解析:

销项税额=48 000元

进项税额=7 800+405+7 200=15 405元

简易计税方法的应纳税额=16 480÷(1+3%)×2%=320元

应纳税额=48 000-15 405+320=32 915元

【例2-20】

故乡情卡拉OK歌舞厅为增值税一般纳税人,2019年6月取得门票收入为60万元,台位费收入为30万元,相关的烟酒和饮料费收入为26.6万元。以上收入均为含税收入,适用的增值税税率为6%。当月从供应商购置的烟酒、饮料等取得增值税扣税凭证,注明进项税额为0.85万元。另外,本月购入十台音响,取得增值税专用发票,注明价款为20万元,增值税税额为2.6万元。期初留抵税额为0,请计算该歌舞厅当月应纳税额。

解析:应纳税额=当期销项税额-当期进项税额
=(60+30+26.6)÷(1+6%)×6%-2.6-0.85=3.15万元

【例2-21】

青年旅行社2019年6月承揽旅游业务,取得104.2万元的销售额(含税),为顾客支付门票费、餐费、住宿费共30万元,并取得了符合规定的凭证。本月可抵扣的进项税额为3万元。另外,该旅行社将闲置的旧不动产出租给其他个人,本月取得租金收入为5.25万元,开具增值税普通发票。期初留抵税额为0,请计算该旅行社本月应纳税额。

解析:

简易计税方法的应纳税额=5.25÷(1+5%)×5%=5×5%=0.25万元

应纳税额=(104.2-30)÷(1+6%)×6%-3+0.25=4.2-3+0.25=1.45万元

【例2-22】

锦绣金山是一家餐饮连锁企业,为增值税一般纳税人,2019年6月提供餐饮服务取得销售额(含税)为106万元,当月购置的预制肉品、饮料等从下游供应商

取得增值税扣税凭证,注明进项税额为 2.6 万元。本月购置办公电脑 10 台,取得增值税专用发票,注明价款为 4.5 万元,增值税税额为 0.585 万元。锦绣金山公司采用一般计税方法,期初无留抵税额,请为该公司计算本月应纳税额。

解析:应纳税额=当期销项税额-当期进项税额
= 106÷(1+6%)×6%-2.6-0.585=2.815 万元

四 增值税小规模纳税人应纳税额及进口货物应纳税额的计算

增值税小规模纳税人及增值税进口货物应纳税额的计算与增值税一般纳税人应纳税额的计算有很大差异。

(一)小规模纳税人及适用征收率计税的一般纳税人增值税应纳税额的计算

小规模纳税人及适用征收率计税的一般纳税人增值税应纳税额的计算公式为

应纳税额=销售额×征收率

其中,销售额与一般纳税人计税销售额的规定相同,也是指不含增值税的销售额。在销售货物或应税劳务时,只能开具普通发票,取得的销售收入均为含税销售额,必须将其换算成不含税销售额,其换算公式为

不含税销售额=含税销售额÷(1+征收率)

小规模纳税人征收率为 3%。小规模纳税人与一般纳税人应纳税额的计算过程不同,不允许抵扣进项税额。

下列特定货物销售行为,无论从事者是小规模纳税人还是一般纳税人,一律按照简易征税办法依照 3% 的征收率计算应纳税额:

(1)寄售商店代销寄售物品。
(2)典当业销售死当物品。
(3)经有关机关批准的免税商店零售免税货物。

【例 2-23】

好利来商店为增值税小规模纳税人,该商店按月进行纳税申报,2019 年 6 月该商店发生如下业务:

①销售小家电取得含增值税销售额为 92 700 元,开具了普通发票;

②购进一批办公用品,取得增值税普通发票,支付货款为 3 000 元,增值税税额为 390 元。

③销售办公用品取得含税销售额为 5 150 元,开具了普通发票;销售给一般纳税人电脑两台,取得不含税销售额为 9 000 元,销项税额为 270 元,由税务所代开增值税专用发票。计算该商店 6 月应纳税额。

解析:

该商店 6 月应纳税额=92 700÷(1+3%)×3%+5 150÷(1+3%)×3%
+270=3 120 元

【例 2-24】

信通公司为增值税小规模纳税人,专门从事会计咨询服务,该公司按月进行纳税申报。2019 年 6 月发生如下业务:

① 1 日,向一般纳税人胜利公司提供纳税服务,取得含税销售额为 43 260 元,由税务所代开了增值税专用发票。

② 16 日,向某小规模纳税人提供注册信息服务,取得含税销售额为 5 150 元。

③ 21 日,向一般纳税人提供会计咨询服务,取得含税销售额为 54 590 元。

④ 25 日,公司购进办公用品,取得增值税普通发票,注明价款为 9 040 元。

⑤ 28 日,向张某提供会计咨询服务,取得销售收入为 3 090 元。

已知增值税征收率为 3%。请计算该公司当月应纳税额。

解析:

当月销售额=(43 260+5 150+54 590+3 090)÷(1+3%)=106 090÷1.03
　　　　　=103 000 元

当月应纳税额=103 000×3%=3 090 元

【例 2-25】

金谷公司为增值税一般纳税人,2019 年 6 月 12 日销售一栋办公用房,取得价款 3 385 万元。该房屋是 2010 年 5 月 18 日购入的,价款为 1 600 万元,并取得《不动产销售统一发票》。金谷公司采用简易计税方法。请你计算该公司应纳税额。

解析:一般纳税人销售其 2016 年 4 月 30 日前取得(不含自建)的不动产,可以选择适用简易计税方法,以取得的全部价款和价外费用减去该项不动产购置原价或者取得不动产时的作价后的余额为销售额,按照 5% 的征收率计算应纳税额。

应纳税额=(3 385−1 600)÷(1+5%)×5%=85 万元

【例 2-26】

祥泰建筑公司为增值税一般纳税人,2019 年 6 月 1 日承接甲工程项目,采用简易方法计税。项目完工后,取得不含税销售收入为 500 万元,其中 80 万元的工程分包给胜利建筑公司。请计算祥泰建筑公司应纳税额。

解析:根据《财政部 国家税务总局关于全面推开营业税改征增值税试点的通知》(财税〔2016〕36 号)的规定,试点纳税人提供建筑服务适用简易计税方法的,以取得的全部价款和价外费用扣除支付的分包款后的余额为销售额。

祥泰建筑公司采用简易方法计税,应按照差额确定销售额,以 3% 的征收率计算纳税:

应纳税额=(500−80)×3%=12.6(万元)

(二)进口货物增值税应纳税额的计算

纳税人进口货物,无论是一般纳税人还是小规模纳税人,均应按照组成计税价格和规定的税率或征收率计算应纳税额,不允许扣除发生在境外的任何税金。

1.进口货物征税的纳税人

根据《增值税暂行条例》的规定,进口货物增值税的纳税人是指进口货物的收货人或办理报关手续的单位和个人,即进口货物增值税的纳税人包括国内一切从事进口业务的企事业单位、机关团体和个人。对企业、单位和个人委托代理进口征税的货物,一律由进口代理人代缴进口环节的增值税。纳税后由代理人将已纳税款和进口货物价款、费用等与委托方结算,由委托方承担已缴纳的税款。

2.进口货物征税范围

根据《增值税暂行条例》的规定,申报进入中华人民共和国海关境内的货物,均应缴纳增值税。只要是报关进境的应税货物,不论是用于贸易还是自用,不论是购进还是国外捐赠,均应按照规定缴纳进口环节的增值税(免税进口的货物除外)。

3.进口货物征税的税率

进口货物增值税税率与增值税一般纳税人在国内销售同类货物的税率相同。

4.进口货物征税的税收优惠

属于"来料加工、进料加工"贸易方式进口国外的原材料、零部件等在国内加工后复出口的,对进口的料、件按规定给予免税或减税。这些进口税或减免税的料、件若不能加工复出口,而是销往国内的,就要予以补税。

5.进口货物增值税应纳税额的计算

纳税人进口货物按照组成计税价格和规定的税率计算应纳税额,不得抵扣进项税额。进口货物增值税的组成价格中包括已纳关税税额,如果进口货物属于消费税应税消费品,其组成计税价格中还要包括进口环节已纳消费税税额。

(1)如果进口货物不需要缴纳消费税,则组成计税价格的计算公式为

组成计税价格＝关税的完税价格＋关税

(2)如果进口货物需要缴纳消费税,则组成计税价格的计算公式为

组成计税价格＝关税的完税价格＋关税＋消费税
组成计税价格＝(关税的完税价格＋关税)÷(1－消费税税率)
或　组成计税价格＝(关税完税价格＋关税＋进口数量×单位税额)÷(1－比例税率)

根据《海关法》和《进口关税条例》的规定,一般贸易下进口货物的关税完税价格是以海关审定的成交价格为基础的到岸价格(CIF)作为完税价格。成交价格是指一般贸易项下进口货物的买方为购买该项货物向卖方实际支付或应当支付的价格,到岸价格包括货价,加上货物运抵我国关境内输入地点起卸前的包装费、运费、保险费和其他劳务费等费用构成的一种价格。

特殊贸易项下进口的货物,由于进口时没有"成交价格"可作依据,为此,《进出口减税条例》对这些进口货物制定了确定其完税价格的具体办法。关税应纳税额的计算公式为

$$关税税额=关税的完税价格×进口关税税率$$
$$进口货物增值税应纳税额=组成计税价格×税率$$

进口货物在海关缴纳的增值税,符合抵扣范围的,凭借海关进口增值税专用缴款书,可以从当期销项税额中抵扣。

【例 2-27】

金利公司为增值税一般纳税人,2019年5月,该公司进口一批铝合金,关税完税价格为160万元,已缴纳关税为24万元。计算该公司进口这批铝合金的组成计税价格。

解析:进口货物增值税组成计税价格=关税的完税价格+关税+消费税。由于铝合金不属于应税消费品,不用缴纳消费税,组成计税价格为前两项之和,即组成计税价格=160+24=184万元。

【例 2-28】

旺盛公司为增值税一般纳税人,2019年5月从韩国进口一批高档化妆品,海关核定的关税完税价格为180万元。已知进口关税税率为20%,消费税税率为15%,增值税税率为13%。计算该公司进口环节应缴纳的增值税税额。

解析:进口环节应纳关税税额=180×20%=36万元
组成计税价格=(180+36)÷(1-15%)=254.12万元
进口环节应缴纳的增值税税额=254.12×13%=33.04万元

【例 2-29】

玫尔美化妆品公司为增值税一般纳税人,2019年6月从日本进口一批高档化妆品,买价136.666 7万元,境外运费及保险费共计5万元。海关于12日开具了进口增值税专用缴款书。玫尔美化妆品公司缴纳了进口环节税金后海关放行。计算该化妆品公司进口环节应缴纳的增值税税额。(关税税率为20%,消费税税率为15%,增值税税率为13%)

解析:关税完税价格=136.666 7+5=141.666 7万元
组成计税价格=141.666 7×(1+20%)÷(1-15%)=200万元
进口环节应缴纳的增值税税额=200×13%=26万元

6.进口货物增值税的税收管理

进口货物增值税纳税义务发生的时间为报关进口的当天,应当由报关人或其代理人向报关地海关申报纳税,其纳税期限应当自海关填发海关进口增值税专用缴款书之日起15日内缴纳税款,进口货物的增值税由海关代征。

任务三　增值税出口退(免)税的计算

任务情境

昌德公司是一家生产企业,其生产的产品既有出口又有内销,出口实行"免、抵、退"办法,产品销售实行13%的税率,出口退税率为11%。当期出口800万美元,汇率为1∶6.5,当期可抵扣的进项税额为600万元。另外,当期免税进口价值200万美元的料件(含关税等),用于生产出口产品。没有上期留抵税额。假设当期内销货物的不含税销售额分别是3 000万元、2 000万元和500万元。

任务要求

请分别计算上述三种情况下,该公司当期的免、抵、退税额。

企业出口货物或者劳务、服务,以不含税价格参与国际市场竞争是国际上通行的做法。我国同世界上其他征收增值税的国家一样,为了鼓励出口,增值税对出口货物或者劳务、服务实行零税率的优惠政策,而且出口货物根据政策规定,还可以退还以前环节的已纳税款。由于各种货物出口前涉及征免税的情况不同,国家在遵循"征多少,退多少""未征不退"和"彻底退税"的基本原则的基础上,规定了不同的税务处理办法。

一、我国出口货物增值税的退(免)税政策和具体措施

我国出口货物增值税的退(免)税政策有三个:一是出口免税并且退税;二是出口免税但不予退税;三是出口不免税也不予退税,即征税后出口的政策。

(一)出口免税并且退税政策

出口免税并且退税是指出口的凡属于已征或应征增值税的货物,除国家明确规定不予退(免)税的货物和出口企业从小规模纳税人购进并持有普通发票的部分货物外,都属于出口货物退(免)税的范围,均应予以退还已征增值税和消费税。可以退(免)税的货物应是报关离境出口收汇并已核销的、在财务上做销售处理的属于增值税、消费税征税范围的货物。以上货物报关出口后,按照生产和国内流通的实际税负和出口退税率计算的退税额,在"先征后退"或"免、抵、退"的退税办法下申请退税。

出口免税并且退税政策的适用范围是具备以上条件的生产性自营出口或委托外贸企业代理出口的自产货物出口业务和有进出口经营权的外贸企业收购后直接出口或委托其他外贸企业代理出口货物的业务。

除以上适用范围之外,我国对不具备以上条件的特定出口货物,除了出口货物属于税法列举规定的免税货物或限制、禁止出口的货物外,也适用出口免税并且退税政策。特定出口货物包括:

1. 对外承包工程公司运出境外用于对外承包项目的货物。
2. 对外承揽修理修配业务的企业用于对外修理修配的货物。
3. 企业在国内采购并运往境外作为在国外投资的货物。
4. 外轮供应公司、远洋运输供应公司销售给外轮、远洋货轮并且收取外汇的货物。
5. 利用外国政府贷款或国际金融组织贷款,通过国际招标由国内企业中标的机电产品、建筑材料。
6. 对外补偿贸易及易货贸易、小额贸易出口的货物。
7. 对港澳台贸易的货物等。

(二)出口免税但不予退税政策

除了出口货物属于税法列举规定的限制或禁止出口的货物外,实行国内免税或出口免税,但不予退税的政策。这些货物主要包括:

1. 属于生产企业的小规模纳税人自营出口或委托外贸代理出口的自产货物。
2. 外贸企业从小规模纳税人购进并持有普通发票的货物出口,免税但不予退税。但对出口的抽纱、工艺品、香料油、山货、草柳竹藤编制品、渔具渔网、松香、五倍子、生漆、鬃尾、山羊板皮、纸制品等,考虑其生产采购的特殊性,特准退税。
3. 外贸企业直接购进国家规定免税的货物(包括免税农产品)出口的。
4. 来料加工复出口的货物,即原材料进口免税,加工自制的货物出口不退税。
5. 避孕药品和用具、古旧图书内销免税的,出口免税不退税。
6. 国家出口计划内的卷烟。有出口卷烟权的企业出口国家出口计划内的卷烟,在生产环节免征增值税和消费税,出口环节不予办理退税。其他非计划内出口的卷烟照章征税,出口一律不退税。
7. 软件产品。其具体范围是指海关税则号前四位为"9803"的货物。
8. 含黄金、铂金成分的货物,钻石及其饰品。
9. 油画、花生果仁、黑大豆等财政部和国家税务总局规定的出口免税的货物。
10. 外贸企业取得普通发票、废旧物资收购凭证、农产品收购发票、政府非税收入票据的货物。
11. 以旅游购物贸易方式报关出口的货物。
12. 国家规定的其他免税货物,如农业生产者销售自产农业产品、饲料、农膜等。

出口货物享受免征增值税的货物,其耗用的原材料、零部件等支付的进项税额,包括运输费用所含的进项税额,不能从内销货物的销项税额中抵扣,应计入产品成本处理。

(三)出口不免税也不予退税政策

以下货物除了经批准属于进料加工复出口贸易外,实行出口不免税也不予退税政策。

1. 国家计划外出口的原油(自1999年9月1日起国家计划内出口的原油恢复按13%的退税率退税)、国家计划外出口的卷烟。
2. 中国援外项目下的出口货物不免税也不退税,但对利用中国政府的援外优惠贷款和合作项目基金方式下出口的货物,比照一般贸易出口,实行出口退税政策。

3.国家禁止出口的货物,包括麝香、天然牛黄、铜及铜基合金、白银等。

另外,出口企业不能提供退(免)税所需单证,或提供的单证有问题的出口货物,不得退(免)税。

二、增值税出口退税的退税率

出口货物退税率是出口货物的实际退税额与退税计税依据之间的比例,是出口退税的中心环节。现行出口货物的增值税退税率有13%、11%、9%、8%、5%等。

三、出口退税的计算

出口货物只有在适用免税并且退税的政策时,才会涉及如何计算退税的问题。出口退税的计算有"免、抵、退"和"先征后退"两种方法。

(一)"免、抵、退"方法

"免、抵、退"方法适用于具有实际生产能力的生产企业(一般纳税人)自营或委托外贸企业代理出口自产货物,除另有规定外,增值税一律实行免、抵、退税管理办法。增值税小规模纳税人出口货物实行免税办法。生产企业自产货物属于应征消费税的货物,实行免征消费税的办法。实行免、抵、退税管理办法的免税是指对生产企业出口的自产货物,免征本企业生产、销售环节的增值税;抵税是指生产企业出口自产货物所耗用的原材料、零部件、燃料、动力等所含应予退还的进项税额,抵顶内销货物的应纳税额;退税是指生产企业出口的自产货物在当月内抵顶的进项税额大于应纳税额时,对未抵顶完的部分予以退税。实行免、抵、退方法的计算过程如下:

1.出口货物免税

2.计算出口环节当期应纳税额

$$出口环节当期应纳税额 = 当期内销货物的销项税额 - (当期进项税额 - 当期免、抵、退税不得免征和抵扣税额) - 上期留抵税额$$

当期免、抵、退税不得免征和抵扣税额是指在征税率不等于退税率的情况下,征税率大于退税率所形成的征税额。

$$当期免、抵、退税不得免征和抵扣税额 = 当期出口货物离岸价格 \times 外汇人民币牌价 \times (出口货物征税率 - 出口货物退税率) - 当期免、抵、退税不得免征和抵扣的税额抵减额$$

出口货物离岸价格(FOB)以出口发票计算的离岸价格为准。出口发票不能如实反映实际离岸价的,企业必须按照实际离岸价向主管国税机关进行申报,并由主管国税机关予以核定。

$$当期免、抵、退税不得免征和抵扣的税额抵减额 = 当期免税购进原材料价格 \times (出口货物征税率 - 出口货物退税率)$$

免税购进原材料包括从国内购进免税原材料和进料加工免税进口的料件,其中进料加工免税进口的料件的价格为组成计税价格,其计算公式为

$$进料加工免税进口的料件的组成计税价格 = 货物到岸价格 + 关税 + 消费税$$

如果当期没有免税购进的原材料价格,前述公式中的"免、抵、退税不得免征和抵扣

的税额抵减额"以及后面将介绍的公式中的"当期免、抵、退税额抵减额"就不用计算。

要注意的是,当出口环节当期应纳税额等于正数,即出口环节当期应纳税额大于零时,按照现行增值税征收管理制度进行申报纳税。当出口环节当期应纳税额等于负数,即出口环节当期应纳税额小于零时,与本期免、抵、退税额比较,按其中数额较小的进行退税。在国内流转环节也有可能出现应纳税额为负数的情况,在我国现行税制下,不可以申请退税,但允许结转下期继续抵扣。

3. 计算免、抵、退税额

$$当期免、抵、退税额 = 当期出口离岸价格 \times 外汇人民币牌价 \times 出口货物退税率 - 当期免、抵、退税额抵减额$$

其中

$$当期免、抵、退税额抵减额 = 当期免税购进原材料价格 \times 出口货物退税率$$

4. 计算当期应退税额和免抵税额

如果 |出口环节当期应纳税额| ≤ 当期免、抵、退税额,则

当期应退税额 = 当期应纳税额

当期免抵税额 = 当期免、抵、退税额 − 当期应退税额

当期期末留抵税额 = 0

如果 |出口环节当期应纳税额| > 当期免、抵、退税额,则

当期应退税额 = 当期免、抵、退税额

当期免抵税额 = 0

期末留抵税额 = 当期留抵税额 − 当期免、抵、退税额

当期期末留抵税额根据当期《增值税纳税申报表》中"期末留抵税额"确定。

【例 2-30】

远征公司是一家自营出口的生产企业,为增值税一般纳税人,2019 年 6 月有如下业务发生:

(1)5 日,购入一批原材料,取得增值税专用发票,发票上注明价款为 180 万元,进项税额为 23.4 万元,款项已支付;

(2)11 日,内销一批货物,已经开出增值税专用发票,发票上注明价款为 100 万元,销项税额为 13 万元,款项已收到;

(3)20 日,出口一批货物收到 18 万美元,6 月 1 日,国家外汇中间价为 1 美元 = 6.8 元人民币,6 月 20 日,国家外汇中间价为 1 美元 = 6.7 元人民币,货款已经收到。

已知:上年留抵税额为 0,出口货物征税率为 13%,退税率为 11%。该企业采用月初汇率换算。

要求:计算该企业 6 月的免抵税额。

分析：

(1) 免、抵、退税不得免征和抵扣税额＝180 000×6.8×(13％－11％)
   　　　　　　　　　　　　　＝24 480元
(2) 应纳税额＝130 000－(234 000－24 480)＝－79 520元
(3) 当期免、抵、退税额＝180 000×6.8×11％＝134 640元
(4) 按规定，|当期应纳税额|≤当期免、抵、退税额时
   当期应退税额＝当期应纳税额
   即该企业8月应退税额＝79 520元
(5) 6月的免抵税额＝当期免、抵、退税额－当期应退税额
   　　　　　　　＝134 640－79 520＝55 120元

(二) 先征后退方法

先征后退方法主要适用于收购货物出口的外(工)贸企业。

1. 外贸企业以及实行外贸企业财务制度的工贸企业收购货物出口，免征其出口环节的增值税，其收购货物的成本部分，因外贸企业在支付收购货款的同时也支付了增值税进项税款，因此，在货物出口后按收购成本与退税率计算退税，征税和退税的差额计入企业成本。

外贸企业出口货物增值税的计算应依据购进出口货物增值税专用发票上注明的收购金额和退税率计算，计算公式为

> 应退税额＝外贸收购(不含增值税)金额×退税率

2. 外贸企业收购小规模纳税人出口货物增值税的退税规定。

(1) 外贸企业从小规模纳税人购进并持有普通发票的一般货物，是不能出口退税的。只有取得税务机关代开增值税专用发票的出口货物，才能出口退税。

(2) 凡从小规模纳税人购进持普通发票特准退税的抽纱、工艺品等12类出口货物，同样实行销售出口货物的收入免税并退还出口货物进项税额的办法，计算公式为

> 本期应退税额＝普通发票注明的含税销售额÷(1＋征收率)×征收率

凡从小规模纳税人购进税务机关代开增值税专用发票的出口货物，其应退税额的计算公式为

> 本期应退税额＝增值税专用发票注明的金额×征收率

出口企业从小规模纳税人购进并持普通发票的货物，不论是内销或出口均不得做扣除或退税。但对下列出口货物考虑其出口量较大及生产、采购上的特殊因素，特准予扣除或退税，这些货物是：抽纱、工艺品、香料油、山货、草柳竹藤制品、鱼网鱼具、松香、五倍子、生漆、鬃尾、山羊板皮、纸制品。

3. 外贸企业委托生产企业加工出口货物应退税额。外贸企业委托生产企业加工收回后报关出口的货物，按购进国内原辅材料的增值税专用发票上注明的进项税额，依原辅材料的退税率计算原辅材料应退税额。支付的加工费，凭受托方开具货物适用的退税率计算加工费的应退税额。

任务四　认识增值税的征收管理

任务情境

浙江省舟山市特大虚开增值税专用发票案,涉案金额120余亿元

澎湃新闻 2017—12—08 18:45

浙江省舟山市警方日前破获浙江席琳贸易有限公司特大虚开增值税专用发票案,涉案金额120余亿元,涉及20多个省市800余家企业,警方已抓获10名犯罪嫌疑人并移送检察机关起诉。

2016年初,舟山市公安局经侦支队与中国人民银行舟山中心支行反洗钱部门在资金账户监控中发现,2014年7月成立、从事粮油贸易的席琳公司,规模不大,但百万、千万元的资金频繁进出。随即,民警以上门调研等方式走访,了解该公司的经营情况。2016年8月,舟山市国税局通过电子底账分析比对系统发现,该公司近期开具增值税发票频繁且税额庞大,在登记地点还注册了5家农副产品贸易公司,登记人员均来自河北邢台,手机号为连号,短期内均有开具大量增值税专用发票的行为。

综合线索和核查情况,警方、税务和中国人民银行认为席琳公司有虚开增值税专用发票的重大嫌疑,警方随即立案侦查。专案组发现,席琳公司涉嫌虚开增值税专用发票团伙核心成员8人,位胜涛、位江涛兄弟为头目,其余6人均为亲戚、老乡、同学,负责财务、指令开票、操作倒账、业务接洽、分红等。该团伙注册多家空壳公司,设计了多环节的流转模式。为掩饰犯罪行为,也装模作样地开展贸易,如购入少量粮油,委托小作坊生产农副产品;"自编自导"资金流向,取得银行回单入账;伪造文书应付检查等。2016年11月,警方对犯罪嫌疑人进行抓捕。

本案例摘自(http://www.sohu.com/a/209286687_260616)

任务要求

通过上述案例,你能认识到增值税征收管理的重要性吗?

《增值税暂行条例》及其实施细则明确规定了增值税的纳税义务发生时间、纳税期限、纳税地点和申报缴纳的方法,要求纳税人准确、及时地将税款缴入国库。

一　增值税纳税义务发生时间和纳税期限

(一)增值税纳税义务发生时间

1.纳税人销售货物或者提供应税劳务的纳税义务发生时间

增值税纳税义务发生时间是指纳税人具体发生纳税义务应当承担税款的起始时间,按销售结算方式的不同,具体规定如下:

(1)直接收款方式销售货物,不论货物是否发出,均为收讫销货款或取得索取销货款凭据的当天。先开具发票的,为开具发票的当天。

(2)托收承付、委托银行收款方式销售货物,为发出货物并办妥托收手续的当天。

(3)赊销、分期收款方式销售货物,为书面合同约定的收款日期的当天,无书面合同的或者书面合同没有约定收款日期的,为货物发出的当天。

(4)预收货款方式销售货物,为发出货物的当天,但对于生产销售生产工期超过12个月的大型机械设备、船舶、飞机等货物,为收到预收款或者书面合同约定的收款日期的当天。

(5)委托代销货物,为收到代销清单的当天,或者收到全部或者部分货款的当天。未收到代销清单及货款的,为发出代销货物满180天的当天。

(6)销售应税劳务,为提供劳务同时收讫销售款或取得索取销售款凭据的当天。

(7)发生视同销售行为的,为货物移送的当天。

(8)进口货物为报关进口的当天。

2. 纳税人发生应税行为的纳税义务发生时间

纳税人发生应税行为的纳税义务发生时间为纳税人发生应税行为并收讫销售款项或者取得索取销售款项凭据的当天。先开具发票的,为开具发票的当天。

收讫销售款项是指纳税人销售服务、无形资产、不动产过程中或者完成后收到款项。

取得索取销售款项凭据的当天,是指书面合同确定的付款日期,未签订书面合同或者书面合同未确定付款日期的,为服务、无形资产转让完成的当天或者不动产权属变更的当天。具体分为以下几种情况:

(1)纳税人提供建筑服务、租赁服务采取预收款方式的,其纳税义务发生时间为收到预收款的当天。

(2)纳税人从事金融商品转让业务,为金融商品所有权转移的当天。

(3)纳税人发生视同销售服务、无形资产或者不动产,其纳税义务发生时间为服务、无形资产转让完成的当天或者不动产权属变更的当天。

(4)单位或个体工商户向其他单位或个体无偿提供金融服务(用于公益事业或者以社会公众为对象的除外),其纳税义务发生时间为金融服务完成的当天。

3. 增值税扣缴义务发生时间为纳税人增值税纳税义务发生的当天

【例2-31】

下列关于增值税纳税义务发生时间的叙述中,符合规定的是( )。

A.纳税人进口货物,为从海关提货的当天

B.纳税人发生视同销售行为的,为货物移送的当天

C.纳税人从事金融商品转让业务,为金融商品所有权转移的当天

D.纳税人提供建筑服务采取预收款方式的,其纳税义务发生时间为收到预收款的当天

答案:BCD。根据增值税法律制度的规定,进口货物为报关进口的当天。

(二)增值税纳税期限

增值税纳税期限分别为1日、3日、5日、10日、15日、1个月或者1个季度。以1个月或者1个季度为纳税期限的,期满后15日内申报纳税;以1日、3日、5日、10日、15日为纳税期限的,期满后5日内预缴税款,于次月1日起15日内申报纳税并结清上月税款;扣缴义务人解缴税款的期限,按照上述规定执行。

进口货物,应自海关填发海关进口增值税专用缴款书之日起15日内缴纳税款;出口货物,可以按月申报并办理该项出口货物的退税。

纳税人的具体纳税期限,由主管税务机关根据其应纳税额的大小分别核定;不能按固定期限纳税的,可以按次纳税;以1个季度为纳税期限的规定仅适用于小规模纳税人、银行、财务公司、信托投资公司、信用社,以及财政部和国家税务总局规定的其他纳税人。

二、增值税的纳税地点

对增值税的纳税地点的具体规定有:

1.固定业户应当向其机构所在地的主管税务机关申报纳税。总分支机构不在同一县(市)的,应当分别向各自所在地主管税务机关申报纳税。经国务院财政、税务主管部门或者其授权的财政、税务机关批准,也可由总机构汇总向总机构所在地主管税务机关申报纳税。

2.固定业户到外县(市)销售货物或者应税劳务,应当向其机构所在地主管税务机关申请开具《外出经营活动税收管理证明》,向其机构所在地主管税务机关申报纳税。未开具证明的,应当向销售地或者劳务发生地主管税务机关申报纳税;未向销售地或者劳务发生地主管税务机关申报纳税的,由其机构所在地的主管税务机关补征税款。

3.非固定业户销售货物、应税劳务或者发生应税行为,应当向销售地、劳务发生地或者应税行为发生地主管税务机关申报纳税;未向销售地、劳务发生地或者应税行为发生地主管税务机关申报纳税的,由其机构所在地或者居住地主管税务机关补征税款。

4.进口货物,应当由进口人或其代理人向报关地海关申报纳税。

5.其他个人提供建筑服务,销售或者租赁不动产,转让自然资源使用权,应向建筑服务发生地、不动产所在地、自然资源所在地主管税务机关申报纳税。

6.纳税人跨县(市)提供建筑服务,在建筑服务发生地预缴税款后,向机构所在地主管税务机关进行纳税申报。

7.纳税人销售不动产,在不动产所在地预缴税款后,向机构所在地主管税务机关进行纳税申报。

8.纳税人租赁不动产,在不动产所在地预缴税款后,向机构所在地主管税务机关进行纳税申报。

9.扣缴义务人应当向其机构所在地或者居住地的主管税务机关申报缴纳其扣缴的税款。

三、增值税专用发票

增值税实行凭国家印发的增值税专用发票注明的税款抵扣进项税额的制度。增值

税专用发票不仅是纳税人经营活动中重要的商事凭证,而且是兼记销货方的纳税义务(销项税额)和购货方的进项税额进行税款抵扣的凭证。增值税专用发票对增值税的计算和管理起着决定性的作用,因此,正确使用增值税专用发票十分重要。

(一)增值税专用发票的领购和使用范围

增值税专用发票只限于增值税一般纳税人领购和使用,增值税小规模纳税人和非增值税纳税人属于免税项目者不得领购和使用增值税专用发票。

一般纳税人有下列情形之一的,不得领购和使用增值税专用发票:

1.会计核算不健全,不能按会计制度和税务机关的要求准确核算增值税的销项税额、进项税额和应纳税额的,以及不能向税务机关提供有关税务资料的增值税一般纳税人。

2.有《中华人民共和国税收征收管理法》规定的税收违法行为,拒不接受税务机关处理的增值税一般纳税人。

3.有下列行为之一,经税务机关责令限期改正而仍未改正的:

(1)虚开增值税专用发票。

(2)私自印制专用发票。

(3)向税务机关以外的单位和个人买取专用发票。

(4)借用他人专用发票。

(5)未按规定开具、保管专用发票和专用设备。

(6)未按规定申请办理防伪税控系统变更发行。

(7)未按规定接受税务机关检查。

(二)增值税专用发票的开具范围

增值税一般纳税人销售货物、提供应税劳务或者发生应税行为,必须向购货方开具增值税专用发票。有下列情形之一的,不得开具增值税专用发票:

1.增值税一般纳税人向消费者个人销售货物、提供应税劳务或者发生应税行为。

2.增值税一般纳税人销售货物、提供应税劳务或者发生应税行为适应免征税规定的,不得开具增值税专用发票,法律、法规及国家税务总局另有规定的除外。

3.对商业企业零售的烟、酒、食品、服装、鞋帽(不包括劳保专用物品)、化妆品等消费品。

4.小规模纳税人销售货物、提供应税劳务或者应税行为,需要开具增值税专用发票的,可以向主管税务机关申请代开,国家税务总局另有规定的除外。

5.增值税一般纳税人销售自己使用过的不得抵扣且未抵扣进项税额的固定资产。

6.增值税一般纳税人销售旧货。

(三)增值税专用发票的开具要求、限额及申请流程

1.开具增值税专用发票的要求

(1)项目齐全,与实际交易相符。

销售方开具增值税专用发票时,发票内容应按照实际销售情况如实开具,不得根据购买方要求填开与实际交易不符的内容。

(2)字迹清楚,不得压线、错格。

(3)发票联和抵扣联上加盖财务专用章或发票专用章。

(4)按增值税纳税义务的发生时间填开。

开具的增值税专用发票不符合上述要求的,不得作为扣税凭证,购买方有权拒收。

一般纳税人销售货物、提供应税劳务或者发生应税行为,可汇总开具增值税专用发票。汇总开具增值税专用发票的同时,要使用防伪税控系统开具销售货物、提供应税劳务或者发生应税行为清单,并加盖财务专用章或者发票专用章。

自2017年7月1日起,销售方为企业开具增值税普通发票时,应在"购买方纳税人识别号"栏填写购买方的纳税人识别号或统一社会信用代码。

增值税一般纳税人提供货物运输服务,使用增值税专用发票和增值税普通发票,在开具发票时应将起运地、到达地、车种车号以及运输货物信息等内容填写在发票备注栏中,若内容较多可另附清单。

提供建筑服务,纳税人自行开具或者税务机关代开增值税专用发票时,应在发票的备注栏注明建筑服务发生地县(市、区)名称及项目名称。

销售不动产,纳税人自行开具或者税务机关代开增值税专用发票时,应在发票的"货物或应税劳务、服务名称"栏填写不动产名称及房屋产权证书号码(无房屋产权证书的可不填写),"单位"栏填写面积单位,备注栏注明不动产的详细地址。

出租不动产,纳税人自行开具或者税务机关代开增值税专用发票时,应在备注栏注明不动产的详细地址。

保险机构在代收车船税并开具增值税专用发票时,应在增值税专用发票备注栏中注明保险单号、税款所属期(详细至月)、代收车船税金额、滞纳金金额、金额合计等信息。

2.增值税专用发票的开票限额

增值税专用发票实行最高开票限额管理,最高开票限额是指单份增值税专用发票开具的销售额合计数不得达到的上限额度。

最高开票限额由一般纳税人申请,税务机关依法审批。最高开票限额为10万元及以下的,由区(县)级税务机关审批;最高开票限额为10~100万元(不含10万元、100万元)的,由地市级税务机关审批;最高开票限额为1 000万元及以上的,由省级税务机关审批。防伪税控系统的具体发行工作由区(县)级税务机关负责。

3.开具红字增值税专用发票的申请流程

(1)增值税一般纳税人开具增值税专用发票后,发生销货退回、开票有误、应税服务中止等情形但不符合发票作废条件,或者因销货部分退回及发生销售折让,需要开具红字增值税专用发票的,按以下方法处理:

购买方取得增值税专用发票已用于申报抵扣的,购买方可在增值税发票管理新系统中填开并上传《开具红字增值税专用发票信息表》(以下简称《信息表》),在填开《信息表》时不填写相对应的蓝字增值税专用发票信息,应暂依《信息表》所列增值税税额从当期进项税额中转出,待取得销售方开具的红字增值税专用发票后,与《信息表》一并作为记账凭证。

购买方取得增值税专用发票未用于申报抵扣、但发票联或抵扣联无法退回的,购买方填开《信息表》时应填写相对应的蓝字增值税专用发票信息。

销售方开具增值税专用发票尚未交付购买方,以及购买方未用于申报抵扣并将发票联及抵扣联退回的,销售方可在新系统中填开并上传《信息表》。销售方填开《信息表》时应填写相对应的蓝字增值税专用发票信息。

主管税务机关通过网络接收纳税人上传的《信息表》,系统自动校验通过后,生成带有"红字增值税专用发票信息表编号"的《信息表》,并将信息同步至纳税人端系统中。

销售方凭税务机关系统校验通过的《信息表》开具红字增值税专用发票,在新系统中以销项负数开具。红字增值税专用发票应与《信息表》——对应。

纳税人也可凭《信息表》电子信息或纸质资料到税务机关对《信息表》内容进行系统校验。

(2)税务机关为小规模纳税人代开增值税专用发票,需要开具红字增值税专用发票的,按照一般纳税人开具红字增值税专用发票的方法处理。

(3)纳税人需要开具红字增值税普通发票的,可以在所对应的蓝字增值税普通发票金额范围内开具多份红字增值税普通发票。红字机动车销售统一发票需与原蓝字机动车销售统一发票——对应。

(四)增值税专用发票的联次

增值税专用发票由基本联次或者基本联次附加其他联次构成,基本联次为三联:第一联为记账联,由销货方作为销售的记账凭证;第二联为抵扣联,由购货方作为扣税凭证;第三联为发票联,由购货方作为付款的记账凭证。其他联次的用途,由一般纳税人自行确定。

四 增值税的税收优惠

(一)增值税的起征点

纳税人销售货物、提供应税劳务或者发生应税行为的销售额,未达到增值税起征点的,免征增值税;达到或超过起征点的,则全额计算缴纳增值税。

增值税起征点的适用范围仅限个人(不包括登记为一般纳税人的个体工商户和小规模纳税人),增值税起征点的幅度规定如下:

1.按期纳税的,为月销售额 5 000~20 000 元(含本数)。

2.按次纳税的,为每次(日)销售额 300~500 元(含本数)。

起征点的调整由财政部和国家税务总局规定。省、自治区、直辖市财政厅(局)和国家税务局应在规定的幅度内,根据实际情况确定本地区适用的起征点,并报财政部、国家税务总局备案。

(二)《增值税暂行条例》及其实施细则规定的免税项目

1.农业生产者销售自产农业产品。

农业生产者销售自产农业产品,是指直接从事种植业、养殖业、林业、牧业、水产业的单位和个人销售自产的属于增值税规定范围的农业产品。

2.避孕药品和用具。

为了贯彻我国计划生育的基本国策,我国增值税实行避孕药品和用具免税政策。

3.古旧图书。
古旧图书是指向社会收购的古书和旧书。
4.直接用于科学研究、科学实验和教学的进口仪器和设备。
5.外国政府、国际组织无偿援助的进口物资和设备。
6.由残疾人的组织直接进口供残疾人专用的物品。
7.个人(不包括个体经营者)销售的自己使用过的物品。
增值税的免税、减税项目由国务院规定,任何地区、部门不得规定免税、减税项目。

(三)营业税改征增值税试点过渡政策的免税规定

1.免征增值税的项目
(1)托儿所、幼儿园提供的保育和教育服务。
(2)养老机构提供的养老服务。
(3)残疾人福利机构提供的育养服务。
(4)婚姻介绍服务。
(5)殡葬服务。
(6)残疾人员本人为社会提供的服务。
残疾人个人提供的加工、修理修配劳务,免征增值税。
(7)医疗机构提供的医疗服务。
(8)从事学历教育的学校提供的教育服务。
(9)学生提供勤工俭学服务。
(10)农业机耕、排灌、病虫害防治、植物保护、农牧保险以及相关技术培训业务,家禽、牲畜、水生动物的配种和疾病防治。
(11)纪念馆、博物馆、文化馆、文物保护单位管理机构、美术馆、展览馆、书画院、图书馆在自己的场所提供文化体育服务取得的第一道门票收入。
(12)寺院、宫观、清真寺和教堂举办文化、宗教活动的门票收入。
(13)行政单位之外的其他单位收取的同时满足以下条件的政府性基金或者行政事业性收费:
①由国务院或者财政部批准设立的政府性基金,由国务院或者省级人民政府及其财政、价格主管部门批准设立的行政事业性收费。
②收取时开具省级以上(含省级)财政部门监(印)制的财政票据。
③所收款项全额上缴财政。
(14)个人转让著作权。
(15)个人销售自建自用住房。
(16)台湾航运公司、航空公司从事海峡两岸海上、空中直航业务在大陆取得的运输收入。
(17)纳税人提供的直接或者间接国际货物运输代理服务。
(18)下列贷款、债券利息收入:
①国家助学贷款。
②国债、地方政府债。

③中国人民银行对金融机构的贷款。

④住房公积金管理中心用住房公积金在指定的委托银行发放的个人住房贷款。

⑤外汇管理部门在从事国家外汇储备经营过程中,委托金融机构发放的外汇贷款。

⑥统借统还业务中,企业集团或企业集团中的核心企业以及集团所属财务公司按不高于支付给金融机构的借款利率水平或者支付的债券票面利率水平,向企业集团或者集团内下属单位收取的利息。

统借方向资金使用单位收取的利息,高于支付给金融机构借款利率水平或者支付的债券票面利率水平的,应全额缴纳增值税。

(19)被撤销金融机构以货物、不动产、无形资产、有价证券、票据等财产清偿债务。

被撤销金融机构,是指经中国人民银行、银监会依法决定撤销的金融机构及其分设于各地的分支机构,包括被依法撤销的商业银行、信托投资公司、财务公司、金融租赁公司、城市信用社和农村信用社。除另有规定外,被撤销金融机构所属、附属企业,不享受被撤销金融机构增值税免税政策。

(20)保险公司开办的一年期以上人身保险产品取得的保费收入。

一年期以上人身保险,是指保险期间为一年期及以上返还本利的人寿保险、养老年金保险,以及保险期间为一年及以上的健康保险。

(21)符合规定条件的金融商品转让收入。

①合格境外投资者(QFII)委托境内公司在我国从事证券买卖业务。

②香港市场投资者(包括单位和个人)通过沪港通买卖上海证券交易所上市 A 股。

③对香港市场投资者(包括单位和个人)通过基金互认买卖内地基金份额。

④证券投资基金(封闭式证券投资基金,开放式证券投资基金)管理人运用基金买卖股票、债券。

⑤个人从事金融商品转让业务。

(22)金融同业往来利息收入。

①金融机构与中国人民银行所发生的资金往来业务,包括中国人民银行对一般金融机构贷款,以及中国人民银行对商业银行的再贴现等。

②银行联行往来业务,是指同一银行系统内部不同行、处之间所发生的资金账务往来业务。

③金融机构间的资金往来业务,是指经中国人民银行批准,进入全国银行间同业拆借市场的金融机构之间通过全国统一的同业拆借网络进行的短期(一年以下含一年)无担保资金融通行为。

④金融机构之间开展的转贴现业务。

(23)同时符合下列条件的担保机构从事中小企业信用担保或者再担保业务取得的收入(不含信用评级、咨询、培训等收入),3年内免征增值税:

①已取得监管部门颁发的融资性担保机构经营许可证,依法登记注册为企(事)业法人,实收资本超过2 000万元。

②平均年担保费率不超过银行同期贷款基准利率的50%。平均年担保费率=本期担保费收入÷(期初担保余额+本期增加担保金额)×100%。

③连续合规经营2年以上,资金主要用于担保业务,具备健全的内部管理制度和为中小企业提供担保的能力,经营业绩突出,对受保项目具有完善的事前评估、事中监控、事后追偿与处置机制。

④为中小企业提供的累计担保贷款额占其两年累计担保业务总额的80%以上,单笔800万元以下的累计担保贷款额占其累计担保业务总额的50%以上。

⑤对单个受保企业提供的担保余额不超过担保机构实收资本总额的10%,且平均单笔担保责任金额最多不超过3 000万元。

⑥担保责任余额不低于其净资产的3倍,且代偿率不超过2%。

担保机构免征增值税政策采取备案管理方式,符合条件的担保机构应到所在地县(市)主管税务机关和同级中小企业管理部门履行规定的备案手续,自完成备案手续之日起,享受3年免征增值税政策。3年免税期满后,符合条件的担保机构可按规定程序办理备案手续后继续享受该项政策。

(24)国家商品储备管理单位及其直属企业承担商品储备任务,从中央或者地方财政取得的利息补贴收入和价差补贴收入。

(25)纳税人提供技术转让、技术开发和与之相关的技术咨询、技术服务。

(26)符合条件的节能服务公司实施合同能源管理项目中提供的应税服务。

(27)政府举办的从事学历教育的高等、中等和初等学校(不含下属单位),举办进修班、培训班取得的全部归该学校所有的收入。

(28)政府举办的职业学校设立的主要为在校学生提供实习场所、并由学校出资自办、由学校负责经营管理、经营收入归学校所有的企业,从事现代服务(不含融资租赁服务、广告服务和其他现代服务)、生活服务(不含文化体育服务、其他生活服务和桑拿、氧吧)业务活动取得的收入。

(29)家政服务企业由员工制家政服务员提供家政服务取得的收入。

(30)福利彩票、体育彩票的发行收入。

(31)军队空余房产租赁收入。

(32)为了配合国家住房制度改革,企业、行政事业单位按房改成本价、标准价出售住房取得的收入。

(33)将土地使用权转让给农业生产者用于农业生产。

(34)涉及家庭财产分割的个人无偿转让不动产、土地使用权。

家庭财产分割,包括下列情形:离婚财产分割;无偿赠与配偶、父母、子女、祖父母、外祖父母、孙子女、外孙子女、兄弟姐妹;无偿赠与对其承担直接抚养或者赡养义务的抚养人或者赡养人;房屋产权所有人死亡,法定继承人、遗嘱继承人或者受遗赠人依法取得房屋产权。

(35)土地所有者出让土地使用权和土地使用者将土地使用权归还给土地所有者。

(36)县级以上地方人民政府或自然资源行政主管部门出让、转让或收回自然资源使用权(不含土地使用权)。

(37)随军家属就业。

①为安置随军家属就业而新开办的企业,自领取税务登记证之日起,其提供的应税

服务3年内免征增值税。

享受上述税收优惠政策的企业,随军家属必须占企业总人数的60%(含)以上,并有军(含)以上政治和后勤机关出具的证明。

②从事个体经营的随军家属,自办理税务登记事项之日起,其提供的应税服务3年内免征增值税。

每一名随军家属可以享受一次免税政策,但是随军家属必须有师以上政治机关出具的可以表明其身份的证明。

(38)军队转业干部就业。

①从事个体经营的军队转业干部,自领取税务登记证之日起,其提供的应税服务3年内免征增值税。

②为安置自主择业的军队转业干部就业而新开办的企业,凡安置自主择业的军队转业干部占企业总人数60%(含)以上的,自领取税务登记证之日起,其提供的应税服务3年内免征增值税。

享受此优惠政策的自主择业的军队转业干部必须持有师以上部队颁发的转业证件。

(39)自2016年1月1日起,中国邮政集团公司及其所属邮政企业为金融机构代办金融保险业务取得的代理收入,在营业税改征增值税试点期间免征增值税。

(40)2017年1月1日至2019年12月31日,对广播电视运营服务企业收取的有线数字电视基本收视维护费和农村有线电视基本收视费。

(41)自2017年12月1日至2019年12月31日,对金融机构向农户、小型企业、微型企业及个体工商户发放小额贷款取得的利息收入。

(42)自2017年1月1日至2019年12月31日,对新疆国际大巴扎物业服务有限公司和新疆国际大巴扎文化旅游产业有限公司从事与新疆国际大巴扎项目有关的营业税改征增值税应税行为取得的收入。

(43)自2018年1月1日起至2020年12月31日,免征图书批发、零售环节增值税。

(44)自2018年1月1日起至2020年12月31日,对科普单位的门票收入,以及县级及以上党政部门和科协开展科普活动的门票收入。

(45)财政部和国家税务总局规定的其他免税项目。

2.增值税的即征即退

增值税的即征即退,是指先按规定缴纳增值税,再由财政部门委托税务部门审批后办理退税手续。

(1)一般纳税人提供管道运输服务,对其增值税实际税负超过3%的部分实行增值税即征即退政策。

增值税实际税负是指纳税人当期提供应税服务实际缴纳的增值税税额与纳税人当期提供应税服务取得的全部价款和价外费用的比例。

(2)经中国人民银行、银监会、商务部批准经营融资租赁业务的试点纳税人中的一般纳税人提供有形动产融资租赁服务和有形动产融资性售后回租服务,对其增值税实际税负超过3%的部分实行增值税即征即退政策。商务部授权的省级商务主管部门和国家经济技术开发区批准的从事融资租赁业务和融资性售后回租业务的试点纳税人中的一般纳税人,2016年5月1日后实收资本达到1.7亿元的,从达到标准的当月起按照上述规定执行;2016年5月1日后实收资本未达到1.7亿元,但注册资本达到1.7亿元的,在2016年7月31日前仍可按上述规定执行,2016年8月1日后开展的有形动产融资租赁业务和有形动产融资性售后回租业务不得按照上述规定执行。

(3)自2018年5月1日至2020年12月31日,对动漫企业增值税一般纳税人销售其自主开发生产的动漫软件,按照13%的税率征收增值税后,对其增值税实际税负超过3%的部分,实行即征即退政策。

3.扣减增值税的规定

(1)退役士兵创业就业。

(2)重点群体创业就业。

4.金融企业发放贷款后,自结息日起90天内发生的应收未收利息按现行规定缴纳增值税,自结息日起90天后发生的应收未收利息暂不缴纳增值税,待实际收到利息时按规定缴纳增值税。

上述金融企业是指银行(包括国有、集体、股份制、合资、外资银行以及其他所有制形式的银行)、城市信用社、农村信用社、信托投资公司和财务公司。

5.个人将购买不足2年的住房对外销售的,按照5%的征收率全额缴纳增值税;个人将购买2年以上(含2年)的住房对外销售的,免征增值税。上述政策适用于北京市、上海市、广州市和深圳市之外的地区。

个人将购买2年以上(含2年)的非普通住房对外销售的,以销售收入减去购买住房价款后的差额按照5%的征收率缴纳增值税;个人将购买2年以上(含2年)的普通住房对外销售的,免征增值税。上述政策仅适用于北京市、上海市、广州市和深圳市。

(四)跨境行为免征增值税的规定

境内的单位和个人销售的下列服务和无形资产免征增值税,但财政部和国家税务总局规定适用增值税零税率的除外。

1.下列服务:

(1)工程项目在境外的建筑服务。

(2)工程项目在境外的工程监理服务。

(3)工程、矿产资源在境外的工程勘察勘探服务。

(4)会议展览地点在境外的会议展览服务。

(5)存储地点在境外的仓储服务。

(6)标的物在境外使用的有形动产租赁服务。

(7)在境外提供的广播影视节目(作品)的播映服务。

(8)在境外提供的文化体育服务、教育医疗服务、旅游服务。

2.为出口货物提供的邮政服务、收派服务、保险服务。

境内的单位和个人为出口货物提供的保险服务,包括出口货物保险和出口信用保险。

3.向境外单位提供的完全在境外消费的下列服务和无形资产:

(1)电信服务。

(2)知识产权服务。

(3)物流辅助服务(仓储服务、收派服务除外)。

(4)鉴证咨询服务。

(5)专业技术服务。

(6)商务辅助服务。

(7)广告投放地在境外的广告服务。

(8)无形资产。

4.以无运输工具承运方式提供的国际运输服务。

5.为境外单位之间的货币资金融通及其他金融业务提供的直接收费金融服务,且该服务与境内的货物、无形资产和不动产无关。

6.财政部和国家税务总局规定的其他服务。

(五)小微企业免税规定

1.增值税小规模纳税人月销售额不超过10万元(含10万元)的,免征增值税。其中,以1个季度为纳税期限的增值税小规模纳税人,季度销售额不超过30万元(含30万元),免征增值税。该项优惠政策至2021年12月31日结束。

2.增值税小规模纳税人月销售额不超过10万元(按季纳税30万元)的,当期因代开增值税专用发票已经缴纳的税款,增值税专用发票全部联次追回或者按规定开具红字增值税专用发票后,可以向主管税务机关申请退还已经缴纳的增值税税额。

3.其他个人采取一次性收取租金形式出租不动产,取得的租金收入,可在租金对应的租赁期内平均分摊,分摊后的月租金收入不超过10万元,可享受小微企业免征增值税的优惠政策。

任务五 增值税的纳税申报

任务情境

永华有限公司于2012年1月成立,为增值税一般纳税人,生产各种电子信息产品,其存货采用实际价格核算,流转税纳税期限为一个月,使用防伪税控系统。2019年6月企业有留抵税额5 000元,6月发生的主要经济业务如下:

(1)1日,购进甲种材料10 000件,金额100 000元,税额13 000元,取得增值税专用发票10张,发票于当月通过认证,货已验收入库,货款未支付。

(2)3日,售出产品一批,开具的增值税专用发票上注明不含税价款为200 000元,增值税税额为26 000元;用已收到的全部款项226 000元购入某食用油公司食用油1 700桶,用于发放职工福利,取得普通发票一张。

(3)5日,销售6月1日购进的甲种材料2 500件,开具普通发票一张,注明价款为33 900元。

(4)8日,修理本单位机床,取得增值税专用发票一张,注明修理费为2 500元,增值税税额为325元,款项已用银行存款支付,发票于当月通过认证。

(5)19日,收到某公司退货一批,该批货物在2019年5月售出,因不符合购货方要求,双方协商未果,本月予以退回,货物已验收入库。根据收到的符合税法规定的《开具红字增值税专用发票通知单》,开具红字增值税专用发票1份,全部款项22 600元已退回。

(6)21日,销售本企业使用过的在固定资产目录中列明并作为固定资产管理的设备一台,该固定资产系2008年9月9日购入,未抵扣过进项税额。账面原值为150 000元,累计折旧为100 000元,售价为18 000元,已经开具普通发票一张。

(7)21日,经主管税务机关检查,发现上月份购进的甲材料用于单位基建工程,企业仅以账面金额15 000元(不含税价格)结转至"在建工程"科目核算。另有5 000元的乙材料购入业务取得的增值税专用发票在6月的对比清单上显示比对不相符,相应税额650元已于5月份抵扣。税务机关要求该企业在本月调账并于6月30日前补交税款入库。(不考虑滞纳金、罚款)

(8)26日,销售产成品一批,开具增值税专用发票15份,累计注明不含税价款为900 000元,开具普通发票8份,累计注明金额为67 800元,货款全部收讫。

(9)28日,购进乙材料一批,取得增值税专用发票3张,累计注明价款为50 000元,增值税税额为6 500元,货款没有支付,经查,至月末乙材料仍未到达企业。

以上所有的抵扣凭证,已经通过了税务机关的认证,6月30日已按税务机关的要求补缴查补税款。

任务要求

请你根据上述资料,填列增值税纳税申报表本月数。

一、增值税一般纳税人纳税申报

增值税一般纳税人应按月进行纳税申报,申报期为次月1日起至15日。如实填写《增值税纳税申报表》。办理电子申报的纳税人登录主管国家税务局电子申报系统办理申报纳税;未办理电子申报的纳税人到主管国家税务机关办理申报纳税。

(一)纳税申报资料

1.上报资料

(1)《增值税纳税申报表》(一般纳税人适用)及其4个附表和本期抵扣进项税额结构明细表、增值税减免税申报明细表、成品油购销存情况明细表和代扣代缴税收通用缴款书抵扣清单。

(2)使用防伪税控系统的纳税人,还必须报送当期纳税信息的IC卡、增值税专用发票存根联明细表和增值税专用发票抵扣联明细表。

(3)资产负债表和损益表。

(4)主管税务机关要求报送的其他资料。

经营规模大的纳税人,如上述附报资料较多、报送有困难的,经县级国家税务局批准,由主管国家税务机关派人到企业审核。

实行电子信息采集的纳税人,除向主管税务机关报送上述电子数据外,还需报送纸质的增值税纳税申报表(一般纳税人适用)及其附表。

2.备查资料

下列备查资料是否需要在当期报送,由各省级国家税务局确定:

(1)已经开具的税控"机动车销售统一发票"和普通发票存根联。

(2)符合抵扣条件并且在本期申报抵扣的增值税专用发票抵扣联。

(3)海关进口货物完税凭证和收购农产品的普通发票的复印件。

(4)已经开具的农产品收购凭证的存根联或报查联。

(5)代扣代缴税款凭证存根联。

(6)主管税务机关规定的其他备查资料。

(二)纳税申报表式样

纳税申报表适用于增值税一般纳税人填报。增值税一般纳税人销售按简易办法缴纳增值税的货物,也适用本表。本表一式两份,一份由税务机关盖章后收回作为纳税人的申报凭证,一份报送税务机关。

(三)一般纳税人纳税申报案例

宏发股份有限公司为工业企业,是增值税一般纳税人,注册地、经营地为燕山市幸福路125号,邮政编码为055099,纳税人识别号为99779613784735552016,法定代表人为李峰,会计主管为王海,报税员为赵亮,联系电话为0990－86113249,开户行为中国工商银行幸福路支行,银行账号为1897654666,登记注册类型为内资企业。

2019年6月发生如下经济业务:

1.4日,购入一套生产用机械设备,取得增值税专用发票,注明采购价款为5 000 000元,进项税额为650 000元,同时取得运输部门开具的增值税专用发票,注明运费为3 360元,进项税额为302.4元。

2.6日,外购一批货物,取得增值税专用发票,注明货款为4 000 000元,增值税税额为520 000元,由于管理不善,6月底有1 000 000元的货物被盗。

3.9日,销售三批同一规格、同等质量的货物,第一批500件,不含增值税销售单价为2 800元;第二批800件,不含增值税销售单价为2 700元;第三批10件,不含增值税销售单价为2 000元。经税务机关认定,第三批销售价格明显偏低且无正当理由。

4.10日,销售一批货物,增值税专用发票上注明的销售额为2 500 000元,销项税额为325 000元,另外开出一张普通发票,收取包装费11 300元;同日,以还本销售的方式销售货物460 000元,同时发生还本支出180 000元。

5.15日,将自产的一批新产品1 000件作为福利发放给职工。该产品尚未投放市场,没有同类产品销售价格,每件生产成本为980元。

6.17日,该公司外购原材料一批,支付货款1 000 000元,进项税额为130 000元,同时取得增值税专用发票;销售一批产品,开具增值税专用发票,注明货款15 800 000元,销项税额为2 054 000元,在结算时给予对方2%的现金折扣,对方享受了现金折扣,同时支付运输部门运输费4 760元,进项税额为428.4元,已取得运输部门开具的增值税专用发票。

7.20日,外购原材料一批,从供货方取得增值税专用发票,发票上注明价款为1 800 000元,进项税额为234 000元,另外,支付运输费用4 963元,进项税额为446.67元,并取得运输公司开具的增值税专用发票。同日,外购办公用品一批,取得增值税专用发票,价款为10 000元,增值税税额为1 300元。办公用品直接交付办公科室使用。

8.22日,销售给小规模纳税人产品一批,已开具普通发票,共收取款项226 000元,并替购货方支付运输费用3 000元,进项税额为270元,取得运输部门开具的增值税专用发票已转交购货方。

9.23日,该公司进口一批原材料,关税完税价格为7 600 000元,已缴纳关税912 000元,并办理相关手续,该原材料不需要缴纳消费税。

10.24日,该公司出售一台旧设备,此设备在2008年2月购入,原价3 200 000元,现售价180 000元,款项已收到。

11.25日,当月一客户因质量问题提出将上月购买的一批货物退货,经双方协商,决定以销售折让的方式解决,退给购买者5 650元货款,购货方已到税务部门开具了红字发票。

12.26日,该公司建职工宿舍,领用上月购进的原材料一批,实际成本1 000 000元,该批原材料的进项税额130 000元已在购进期申报抵扣。

已知宏发公司2019年6月初有两张发票未抵扣进项税额,发票金额为237 500元,留抵进项税额为30 875元,增值税税率为13%,假设本期进项税额发票和运费发票均已认证相符,增值税专用发票均为税控收款机开具。

要求:请你替宏发公司申报缴纳6月的增值税。

(四)一般纳税人纳税申报案例分析

1.购入固定资产可抵扣的进项税额=650 000元

购入固定资产运费的进项税额=302.4元

2.外购货物进项税额=520 000元

由于管理不善货物被盗不得抵扣的进项税额=1 000 000×13%=130 000元

3.会计做账认定的销售额=2 800×500+2 700×800+2 000×10=3 580 000元

会计做账认定的销项税额=3 580 000×13%=465 400元

税务机关认定第三批货物的单价和三批货物的销项税额分别为

第三批货物单价=(2 800×500+2 700×800)÷(500+800)=2 738.46元

销售这三批货物的销项税额=(2 800×500+2 700×800+2 738.46×10)×13%
=466 360元

4.包装费收入视为含税收入,按所包装货物的税率计算销项税额。

销售货物的销项税额=325 000+11 300÷(1+13%)×13%=326 300元

还本销售货物的销项税额＝460 000×13％＝59 800 元

这两笔业务的销项税额＝326 300＋59 800＝386 100 元

5.用自己生产的产品为职工发放福利,在税法上按视同销售处理,按纳税人或其他纳税人最近时期同类或类似货物的平均销售价格计算销售额,没有同类或类似货物的按组成计税价格计算销售额和销项税额。

发放职工福利的新产品的销项税额＝980×(1＋10％)×1 000×13％＝140 140 元

6.企业采取现金折扣销售方式,购货方享受的现金折扣作为企业的财务费用,不能减少销售额和销项税额。

外购原材料的进项税额＝130 000 元

销售产品的销项税额＝2 054 000 元

销售产品运费的进项税额＝428.4 元

7.外购原材料的进项税额＝234 000 元

外购原材料运费的进项税额＝446.67 元

外购办公用品的进项税额＝1 300 元

8.增值税一般纳税人向消费者个人销售货物或者应税劳务、向小规模纳税人销售货物或者应税劳务,不得开具增值税专用发票,只能开具普通发票。

销售给小规模纳税人产品的销项税额＝226 000÷(1＋13％)×13％＝26 000 元

替购货方支付运输费用进项税额的 270 元由购货方承担,不属于本单位可抵扣进项税额。

9.进口原材料增值税的组成计税价格＝关税完税价格＋关税

进口原材料的进项税额＝(7 600 000＋912 000)×13％＝1 106 560 元

10.出售旧设备的销项税额＝180 000÷(1＋3％)×2％＝3 495.15 元(此笔由税务局代开发票)

11.因质量问题退货减少的销项税额＝5 650÷(1＋13％)×13％＝650 元

12.公司建职工宿舍领用原材料的进项税额转出＝130 000 元

宏发公司 6 月的销项税额＝466 360＋386 100＋140 140＋2 054 000＋26 000－650
＝3 071 950 元

出售旧设备增值税应纳税额＝3 495.15 元

宏发公司 6 月的进项税额＝650 000＋302.4＋520 000＋130 000＋428.4＋
234 000＋446.67＋1 300＋1 106 560
＝2 643 037.47 元

进项税额转出的税额＝130 000＋130 000＝260 000 元

宏发公司 6 月的应纳税额＝3 071 950－3 495.15－(2 643 037.47－260 000)－30 875
＝661 532.68 元

将以上纳税申报案例分析的资料填入增值税纳税申报表,见表 2-1。

项目二　增值税纳税实务

表 2-1

增值税纳税申报表（一般纳税人适用）

根据国家税收法律、法规及增值税相关规定制定本表。纳税人不论有无销售额，均应按税务机关核定的纳税期限填写本表，并向当地税务机关申报。

税款所属期：2019年6月1日至2019年6月30日　　填表日期：2019年7月12日　　金额单位：元（列至角分）

纳税人识别号	9	9	7	7	7	9	6	1	3	5	5	5	2	0	1	6	所属行业： 工业
纳税人名称（公章）											李峰		注册地址				燕山市幸福路125号
开户银行及账号		中国工商银行幸福路支行											登记注册类型				内资企业
法定代表人姓名			李峰										生产经营地址				燕山市幸福路125号
法定代表人账号		18976546666											电话号码				0990-8613249

	项　目	栏次	一般项目		即征即退项目	
			本月数	本年累计	本月数	本年累计
销售额	（一）按适用税率计税销售额	1	23 630 384.6			
	其中：应税货物销售额	2				
	应税劳务销售额	3				
	纳税检查调整的销售额	4	0			
	（二）按简易办法计税销售额	5	174 757.28			
	其中：纳税检查调整的销售额	6	0			
	（三）免、抵、退办法出口销售额	7	0			
	（四）免税销售额	8	0			
	其中：免税货物销售额	9	—		—	
	免税劳务销售额	10	—		—	
税款计算	销项税额	11	3 071 950			
	进项税额	12	2 643 037.47			
	上期留抵税额	13	30 875		—	—
	进项税额转出	14	260 000			
	免、抵、退应退税额	15	0			
	按适用税率计算的纳税检查应补缴税额	16				
	应抵扣税额合计	17＝12＋13－14－15＋16	2 413 912.47		—	—
	实际抵扣税额	18（如17＜11，则为17，否则为11）	2 413 912.47		—	—

75

(续表)

项目		栏次	一般项目 本月数	一般项目 本年累计	即征即退项目 本月数	即征即退项目 本年累计
税款计算	应纳税额	19=11-18	658 037.53		—	—
	期末留抵税额	20=17-18			—	—
	简易计税办法计算的应纳税额	21	5 242.72		—	—
	按简易计税办法计算的纳税检查应补缴税额	22	0		—	—
	应纳税额减征额	23	1 747.57		—	—
	应纳税额合计	24=19+21-23	661 532.68		—	—
税款缴纳	期初未缴税额（多缴为负数）	25	0		—	—
	实收出口开具专用缴款书退税额	26	0		—	—
	本期已缴税额	27=28+29+30+31	0		—	—
	①分次预缴税额	28	0		—	—
	②出口开具专用缴款书预缴税额	29	0		—	—
	③本期缴纳上期应纳税额	30	0		—	—
	④本期缴纳欠缴税额	31	0		—	—
	期末未缴税额（多缴为负数）	32=24+25+26-27	661 532.68		—	—
	其中：欠缴税额（≥0）	33=25+26-27	—		—	—
	本期应补（退）税额	34=24-28-29	661 532.68		—	—
	即征即退实际退税额	35	—	—	0	—
	期初未缴查补税额	36	0		—	—
	本期入库查补税额	37	0		—	—
	期末未缴查补税额	38=16+22+36-37	0		—	—

授权声明：如果你已委托代理人申报，请填写下列资料：

为代理一切税务事宜，现授权_____（地址）为本纳税人的代理申报人。任何与本申报表有关的往来文件，都可寄予此代理人。

授权人签字：

申报人声明	本纳税申报表是根据国家税收法律法规及相关规定填报的，我确定它是真实的、可靠的、完整的。
	声明人签字：赵亮

主管税务机关： 接收人： 接收日期：

二 增值税小规模纳税人纳税申报

(一)纳税申报资料

增值税小规模纳税人纳税申报应填报《增值税纳税申报表(小规模纳税人适用)》、《增值税纳税申报表(小规模纳税人适用)附列资料》、普通发票领用存月报表、企业财务会计报表及其他税务机关要求报送的资料。

(二)纳税申报表式样

增值税小规模纳税人应填报的增值税纳税申报表见表2-2和表2-3。

表2-2　　　　　　　　　　增值税纳税申报表(小规模纳税人适用)

纳税人识别号：□□□□□□□□□□□□□□□□□□□□
纳税人名称(公章)：　　　　　　　　　　　　　　　　金额单位:元(列至角分)
税款所属期：　年　月　日至　年　月　日　　　　　填表日期：　年　月　日

	项　目	栏次	本期数 货物及劳务	本期数 服务、不动产和无形资产	本年累计 货物及劳务	本年累计 服务、不动产和无形资产
一、计税依据	(一)应征增值税不含税销售额(3%征收率)	1				
	税务机关代开的增值税专用发票不含税销售额	2				
	税控器具开具的普通发票不含税销售额	3				
	(二)应征增值税不含税销售额(5%征收率)	4		—		—
	税务机关代开的增值税专用发票不含税销售额	5				
	税控器具开具的普通发票不含税销售额	6				
	(三)销售使用过的固定资产不含税销售额	7(7≥8)				
	其中:税控器具开具的普通发票不含税销售额	8				
	(四)免税销售额	9=10+11+12				
	其中:小微企业免税销售额	10				
	未达起征点销售额	11				
	其他免税销售额	12				
	(五)出口免税销售额	13(13≥14)				
	其中:税控器具开具的普通发票销售额	14				

(续表)

项 目		栏次	本期数		本年累计	
			货物及劳务	服务、不动产和无形资产	货物及劳务	服务、不动产和无形资产
二、税款计算	本期应纳税额	15				
	本期应纳税额减征额	16				
	本期免税额	17				
	其中:小微企业免税额	18				
	未达起征点免税额	19				
	应纳税额合计	20＝15－16				
	本期预缴税额	21			—	—
	本期应补(退)税额	22＝20－21			—	—

纳税人或代理人声明：本纳税申报表是根据国家税收法律法规及相关规定填报的，本人确定其是真实的、可靠的、完整的。	如纳税人填报,由纳税人填写以下各栏：	
	办税人员：	财务负责人：
	法定代表人：	联系电话：
	如委托代理人填报,由代理人填写以下各栏：	
	代理人名称(公章)：	经办人：
		联系电话：

主管税务机关：　　　　　　　接收人：　　　　　　　接收日期：

表2-3　　　　增值税纳税申报表(小规模纳税人适用)附列资料

税款所属期：　年　月　日至　年　月　日　　　　　填表日期：　年　月　日

纳税人名称(公章)：　　　　　　　　　　　　　　金额单位:元(列至角分)

应税行为(3％征收率)扣除额计算			
期初余额	本期发生额	本期扣除额	期末余额
1	2	3(3≤1＋2之和,且3≤5)	4＝1＋2－3

应税行为(3％征收率)计税销售额计算			
全部含税收入(适用3％征收率)	本期扣除额	含税销售额	不含税销售额
5	6＝3	7＝5－6	8＝7÷(1＋3％)

应税行为(5％征收率)扣除额计算			
期初余额	本期发生额	本期扣除额	期末余额
9	10	11(11≤9＋10之和,且11≤13)	12＝9＋10－11

应税行为(5％征收率)计税销售额计算			
全部含税收入(适用5％征收率)	本期扣除额	含税销售额	不含税销售额
13	14＝11	15＝13－14	16＝15÷(1＋5％)

项目三

消费税纳税实务

知识目标

1. 掌握消费税的征税范围和税率。
2. 了解消费税的纳税环节。
3. 掌握消费税应纳税额的计算。

能力目标

1. 能够确定消费税的计税依据。
2. 能够计算消费税的应纳税额。
3. 能够填制消费税纳税申报表。

任务一　认识消费税

任务情境

华阳公司是一家新成立的运动器材制造公司,2019年5月发生如下业务:
1. 5月2日,销售羽毛球具200副。
2. 5月8日,销售自己制造的高尔夫球具200副。
3. 5月12日,购进用于制造高尔夫球杆的材料100公斤。
4. 5月15日,从韩国购进高尔夫球具100副。
5. 5月20日,销售乒乓球拍80副。

任务要求

请你指出上述业务中哪些是应该缴纳消费税的业务。

消费税是国际上普遍采用的对特定的消费品和消费行为征收的一种间接税。1950年1月,我国曾在全国范围内统一征收特种消费税,当时的征收范围只限于电影戏剧及娱乐、舞厅、筵席、冷食、旅馆等消费行为。1953年修订税制时,将其取消。1989年2月1日,国家又对彩色电视机和小轿车开征了特别消费税,1992年4月24日取消了对彩电征收的特别消费税。1993年12月13日,国务院颁布了《中华人民共和国消费税暂行条例》(以下简称《消费税暂行条例》),同年12月25日,财政部发布了《中华人民共和国消费税暂行条例实施细则》,自1994年1月1日起,对11种需要限制或调节的消费品开征消费税。2006年,为了进一步完善消费税制,对消费税的征收范围进行了调整。自2006年4月1日起,将石脑油、润滑油、溶剂油、航空煤油、高尔夫球及球具、木制一次性筷子、实木地板、游艇、高档手表纳入消费税征收范围,取消了护肤护发品税目,并调整了白酒、小汽车、摩托车、汽车轮胎的税率。2009年,为了配合增值税转型改革的需要,对《消费税暂行条例》进行了修订。2014年财政部和国家税务总局又对消费税政策进行了调整,取消了汽车轮胎税目并取消了对酒精征收消费税。2015年财政部和国家税务总局进一步提高了成品油和卷烟批发环节的消费税。为促进节能环保,经国务院批准,自2015年2月1日起,对电池和涂料征收消费税。

一、什么是消费税

消费税是国家为了调节产品结构、引导消费方向,以特定的消费品为征税对象的一种流转税。现行消费税制度是从2009年1月1日起施行的。

二、消费税的纳税人

在我国境内生产、委托加工和进口《消费税暂行条例》规定的消费品的单位和个人,以及国务院确定的销售《消费税暂行条例》规定的消费品的其他单位和个人,为消费税的纳税人。其中,单位是指企业、行政事业单位、军事单位、社会团体及其他单位;个人是指个体工商户和其他个人。进口应税消费品以报关人、代理人、购买人为纳税人。在我国境内是指生产、委托加工和进口属于应当缴纳消费税的消费品的起运地或所在地在境内。

三 消费税的征税对象

以我国的消费政策为依据消费税的征税对象,可以划分为:

(1)过量消费对人体、社会治安、生态环境等造成危害的特殊消费品,包括烟、酒、鞭炮、焰火。

(2)奢侈消费品,包括贵重首饰及珠宝玉石、化妆品、高档手表。

(3)高能耗、高档应税消费品,包括小汽车、摩托车、高尔夫球及球具、游艇。

(4)不可再生、不可替代的稀缺资源产品,包括成品油、木制一次性筷子、实木地板。

(5)具有一定的财政意义、征少量税收不会给生产和消费带来较大负担的应税消费品。

四 消费税的具体征税范围

1.烟

凡是以烟叶为原料加工生产的产品,不论使用何种辅料,均属于本项目的征税范围。其包括三个子目,分别是:

(1)卷烟包括甲类卷烟和乙类卷烟。

甲类卷烟是指每标准条(200支)调拨价在70元(不含增值税)以上(含70元)的卷烟;乙类卷烟是指每标准条(200支)调拨价在70元(不含增值税)以下的卷烟。

微课8

消费税的征税范围

(2)雪茄烟包括各种规格、型号的雪茄烟。

(3)烟丝包括以烟叶为原料加工生产的不经卷制的散装烟。

2.酒

酒是指酒精度在1度以上的各种酒类饮料,包括粮食白酒、薯类白酒、黄酒、啤酒、果酒和其他酒。

(1)白酒,包括粮食白酒和薯类白酒。

粮食白酒是指以高粱、玉米、大米、糯米、大麦、小麦、青稞等为原料,经过糖化、发酵后,采用蒸馏方法酿制的液体。

薯类白酒是指以白薯、木薯、马铃薯、芋头、山药等各种薯类为原料,经过糖化、发酵后,采用蒸馏方法酿制的液体。用甜菜酿制的白酒,比照薯类白酒征税。

(2)黄酒是指以糯米、粳米、籼米、黄米、玉米、小麦等为原料,经过加温、糖化、发酵、压榨等工序酿制的酒。

(3)啤酒是指以大麦或其他粮食为原料,加入啤酒花,经过糖化、发酵、过滤等工序酿制的含有二氧化碳的酒。

对饮食业、商业、娱乐业举办啤酒屋(啤酒坊),利用啤酒生产设备生产的啤酒,应当征收消费税。

(4)其他酒是指除粮食白酒、薯类白酒、黄酒、啤酒以外,酒精度在1度以上的各种酒,包括糠麸白酒、其他原料白酒、土甜酒、果酒、药酒、葡萄酒等。

以黄酒为原料生产的泡制酒,按其他酒征收消费税。调味料酒不征收消费税。

外购酒精生产的白酒,应根据酒精所用原料来确定白酒适用税率,凡酒精所用原料无法确定的,一律按粮食白酒的税率征税。外购两种以上的酒精生产白酒、外购白酒加浆降度或外购散装酒装瓶出售、以外购的不同品种白酒勾兑和混合原料生产的白酒,一律从高适用税率。

3.高档化妆品

高档化妆品征收范围包括高档美容、修饰类化妆品,高档护肤类化妆品和成套化妆品。高档美容、修饰类化妆品和高档护肤类化妆品是指生产(进口)环节销售(完税)价格(不含增值税)在10元/毫升(克)或15元/片(张)及以上的美容、修饰类化妆品和护肤类化妆品。

舞台、戏剧、影视演员化妆用的上妆油、卸妆油和油彩,不属于本税目的征收范围。

4.贵重首饰及珠宝玉石

贵重首饰及珠宝玉石包括以金、银、白金、宝石、珍珠、钻石、翡翠、珊瑚、玛瑙等高贵稀有物质以及其他金属、人造宝石等制作的各种金银首饰及镶嵌首饰和经采掘、打磨、加工的各种珠宝玉石。金银首饰包括金、银、金基合金、银基合金以及金银镶嵌首饰,在零售环节征税;对于出国人员,免税商店销售的金银首饰属于征收消费税的范围。

5.鞭炮、焰火

鞭炮、焰火包括各种鞭炮、焰火,具体包括喷花类、旋转类、旋转升空类、火箭类、吐珠类、线香类、小礼花类等。体育比赛用的发令纸和鞭炮药引线不属于本税目征收范围。

6.成品油

成品油包括汽油、柴油、石脑油、溶剂油、航空煤油、润滑油、燃料油七个子目。

(1)汽油

汽油是指用原油或其他原料加工生产的辛烷值不小于66的可用作汽油发动机燃料的各种轻质油。以汽油、汽油组分调和生产的甲醇汽油、乙醇汽油也属于本税目征收范围。

(2)柴油

柴油是指用原油或其他原料加工生产的倾点或凝点在-50℃至30℃的可用作柴油发动机燃料的各种轻质油和以柴油组分为主、经调和精制可用作柴油发动机燃料的非标油。以柴油、柴油组分调和生产的生物柴油也属于本税目征收范围。

(3)石脑油

石脑油又叫化工轻油,是以原油或其他原料加工生产的用于化工原料的轻质油。

石脑油的征收范围包括除汽油、柴油、航空煤油、溶剂油以外的各种轻质油。非标汽油、重整生成油、拔头油、戊烷原料油、轻裂解料(减压柴油VGO和常压柴油AGO)、重裂解料、加氢裂化尾油、芳烃抽余油均属轻质油,属于石脑油征收范围。

(4)溶剂油

溶剂油是用原油或其他原料加工生产的用于涂料、油漆、食用油加工、印刷油墨、皮革、农药、橡胶、化妆品生产和机械清洗、胶粘行业的轻质油。

橡胶填充油、溶剂油原料,属于溶剂油征收范围。

(5)航空煤油

航空煤油也叫喷气燃料,是用原油或其他原料加工生产的用作喷气发动机和喷气推进系统燃料的各种轻质油。

(6)润滑油

润滑油是用原油或其他原料加工生产的用于内燃机、机械加工过程的润滑产品。润滑油分为矿物性润滑油、植物性润滑油、动物性润滑油和化工原料合成润滑油。

润滑油的征收范围包括矿物性润滑油、矿物性润滑油基础油、植物性润滑油、动物性润滑油和化工原料合成润滑油。

(7)燃料油

燃料油也称重油、渣油,是用原油或其他原料加工生产,主要用作电厂发电、锅炉用燃料、加热炉燃料、冶金和其他工业炉燃料。

自2012年11月1日起,催化料、焦化料属于燃料油的征收范围。

7.摩托车

摩托车包括汽缸容量为250毫升的和汽缸容量在250毫升(不含)以上的两种。对最大设计时速不超过50 km/h,发动机气缸总容量不超过50毫升的三轮摩托车不征收消费税。

8.小汽车

小汽车是指由动力驱动,具有四个或四个以上车轮的非轨道承载的车辆。

本税目征收范围包括含驾驶员座位在内最多不超过9个座位(含)的,在设计和技术特性上用于载运乘客和货物的各类乘用车,以及含驾驶员座位在内的座位数为10座至23座(含)的,在设计和技术特性上用于载运乘客和货物的各类中轻型商用客车。

超豪华小汽车征收范围为每辆零售价格130万元(不含增值税)及以上的乘用车和中轻型商用客车,即乘用车和中轻型商用客车子税目中的超豪华小汽车。

用排气量小于1.5升(含)的乘用车底盘(车架)改装、改制的车辆属于乘用车征收范围。用排气量大于1.5升的乘用车底盘(车架)或用中轻型商用客车底盘(车架)改装、改制的车辆属于中轻型商用客车征收范围。

含驾驶员人数(额定载客)为区间值(如8～10人,17～26人)的小汽车,按其区间值下限人数确定征收范围。

电动汽车不属于本税目征收范围。

车身长度大于7米(含),并且座位数为10～23座(含)的商用客车,不属于中轻型商用客车征税范围,不征收消费税。

沙滩车、雪地车、卡丁车、高尔夫车不属于消费税征收范围,不征收消费税。

对于企业购进货车或箱式货车改装生产的商务车、卫星通信车等专用汽车不属于消费税征收范围,不征收消费税。

对于购进乘用车和中轻型商用客车整车改装生产的汽车,应按规定征收消费税。

9.高尔夫球及球具

高尔夫球及球具是指从事高尔夫球运动所需的各种专用装备,包括高尔夫球、高尔夫球杆及高尔夫球包(袋)、高尔夫球杆的杆头、杆身和握把等。

高尔夫球是指质量不超过45.93克,直径不超过42.67毫米的高尔夫球运动比赛、练习用球;高尔夫球杆是指被设计用来打高尔夫球的工具,由杆头、杆身和握把三部分组成;高尔夫球包(袋)是指专用于盛装高尔夫球及球杆的包(袋)。

本税目征收范围包括高尔夫球、高尔夫球杆、高尔夫球包(袋)、高尔夫球杆的杆头、杆身和握把。

10.高档手表

高档手表是指销售价格(不含增值税)每只在10 000元(含)以上的各类手表。

本税目征收范围包括符合以上标准的各类手表。

11.游艇

游艇是指长度大于8米(含)小于90米(含),船体由玻璃钢、钢、铝合金、塑料等多种材料制作,可以在水上移动的水上浮载体。按照动力划分,游艇分为无动力艇、帆艇和机动艇。

本税目征收范围包括艇身长度大于8米(含)小于90米(含),内置发动机,可以在水上移动,一般为私人或团体购置,主要用于水上运动和休闲娱乐等非营利活动的各类机动艇。

12.木制一次性筷子

木制一次性筷子又称卫生筷子,是指以木材为原料经过锯断、浸泡、旋切、刨切、烘干、筛选、打磨、倒角、包装等环节加工而成的各类一次性使用的筷子。

本税目征收范围包括各种规格的木制一次性筷子。未经打磨、倒角的木制一次性筷子属于本税目征税范围。

13.实木地板

实木地板是指以木材为原料,经锯割、干燥、刨光、截断、开榫、涂漆等工序加工而成的块状或条状的地面装饰材料。实木地板按生产工艺不同,可分为独板(块)实木地板、实木指接地板、实木复合地板三类;按表面处理状态不同,可分为未涂饰地板(白坯板、素板)和漆饰地板两类。实木复合地板是通过一定的工艺将木材刨切加工成单板(刨切薄木)或旋切加工成单板,然后将多层单板经过胶压复合等工艺生产的实木地板。目前,实木复合地板主要有三层实木复合地板和多层实木复合地板。

本税目征收范围包括各类规格的实木地板、实木指接地板、实木复合地板及用于装饰墙壁、天棚的侧端面为榫、槽的实木装饰板。未经涂饰的素板属于本税目征税范围。

14.电池

电池是一种将化学能、光能等直接转换为电能的装置,包括原电池、蓄电池、燃料电池、太阳能电池和其他电池。自2015年2月1日起对电池征收4%的消费税。2015年12月31日前对铅蓄电池缓征消费税;自2016年1月1日起,对铅蓄电池按4%税率征收消费税。

无汞原电池、金属氢化物镍蓄电池、锂原电池、锂离子蓄电池、太阳能电池、燃料电池和全钒液流电池免征消费税。

15.涂料

涂料是指涂于物体表面能形成具有保护、装饰或特殊性能的固态涂膜的一类液体或固体材料之总称。涂料由主要成膜物质、次要成膜物质等构成。为促进节能环保,经国务院批准,自2015年2月1日起对涂料征收4%的消费税。

对施工状态下挥发性有机物(Volatile Organic Compounds,VOC)含量低于420克/升(含)的涂料免征消费税。

五 消费税的税目税率

(一)消费税的税目

按照《消费税暂行条例》的规定,我国消费税有十五个税目,有的税目还划分为若干个子目。消费税属于价内税,并实行单一环节征税,主要是在生产、委托加工和进口环节征收,在以后的批发、零售等环节一般不再缴纳消费税。但现行消费税对金银首饰、钻石及钻石饰品已经改在零售环节征税,卷烟在商业批发环节加征一道从价税,税率11%和每支0.005元的从量税。

(二)消费税的税率

消费税税率采用比例税率和定额税率两种形式,以适应不同应税消费品的实际情况。

消费税根据不同的税目或子目确定相应的税率或单位税额。一般情况下,对一种消费品只选择一种税率形式,但为了更好地保全消费税税基,对卷烟和白酒采取了比例税率和定额税率相结合的形式,即复合计税形式。

需要说明的是,纳税人经营多种应税消费品销售业务的兼营行为,应该分别核算不同税率应税消费品的销售额和销售数量,按消费税税目税率表(表3-1)分别采用不同的消费税税率计算应纳税额。未分别核算销售额、销售数量或者将适用不同税率的应税消费品组成成套消费品销售的,从高适用税率。

表 3-1　　　　　　　　　　　消费税税目税率表

税　目	税　率
一、烟	
1.卷烟	
(1)甲类卷烟	56%加0.003元/支
(2)乙类卷烟	36%加0.003元/支
(3)商业批发	11%加0.005元/支
2.雪茄烟	36%
3.烟丝	30%
二、酒	
1.白酒	20%加0.5元/500克(或者500毫升)
2.黄酒	240元/吨
3.啤酒	
(1)甲类啤酒	250元/吨
(2)乙类啤酒	220元/吨
4.其他酒	10%
三、高档化妆品	15%
四、贵重首饰及珠宝玉石	
1.金银首饰、铂金首饰和钻石及钻石饰品	5%
2.其他贵重首饰和珠宝玉石	10%
五、鞭炮、焰火	15%
六、成品油	
1.汽油	1.52元/升
2.柴油	1.2元/升
3.航空煤油	1.2元/升
4.石脑油	1.52元/升
5.溶剂油	1.52元/升
6.润滑油	1.52元/升
7.燃料油	1.2元/升

(续表)

税　目	税　率
七、摩托车	
1.气缸容量(排气量,下同)250毫升(含250毫升)的	3%
2.气缸容量在250毫升(不含)以上的	10%
八、小汽车	
1.乘用车	
(1)气缸容量(排气量,下同)在1.0升(含1.0升)以下的	1%
(2)气缸容量在1.0升以上至1.5升(含1.5升)的	3%
(3)气缸容量在1.5升以上至2.0升(含2.0升)的	5%
(4)气缸容量在2.0升以上至2.5升(含2.5升)的	9%
(5)气缸容量在2.5升以上至3.0升(含3.0升)的	12%
(6)气缸容量在3.0升以上至4.0升(含4.0升)的	25%
(7)气缸容量在4.0升以上的	40%
2.中轻型商用客车	5%
3.超豪华小汽车	生产(进口)环节按子税目1和子税目2的规定征收,零售环节再征收10%
九、高尔夫球及球具	10%
十、高档手表	20%
十一、游艇	10%
十二、木制一次性筷子	5%
十三、实木地板	5%
十四、电池	4%
十五、涂料	4%

《消费税税目税率表》中所列应税消费品的具体征税范围,由财政部和国家税务总局确定。

知识链接

消费税和增值税的关系

二者联系如下:

二者都是对货物征收,缴纳增值税的货物并不都缴纳消费税,而缴纳消费税的货物一定要缴纳增值税,即在某一指定的环节两个税是同时征收的。

区别如下:

(1)征税范围不同。增值税的范围较广,包括所有的货物和劳务;消费税仅限于增值税货物中的15类特定应税消费品。

(2)价税关系不同。增值税是价外税,消费税是价内税。

(3)纳税环节不同。增值税在多环节征收,同一货物在生产、批发、零售、进出口多环节征收;消费税除卷烟、超豪华小汽车外只在单一环节纳税。

(4)计税依据和计税方法不同。增值税的计税依据具有单一性,依据纳税人的性质实行不同的计税方法,但都是从价定率计税;消费税计税依据具有多样性,根据应税消费品选择不同的计税方法,包括从价征收、从量征收和复合征收三种。

项目三 消费税纳税实务

任务二 消费税应纳税额的计算

任务情境

甲酒厂2019年6月从农业生产者手中收购粮食，共计支付收购价款60 000元。甲酒厂将收购的粮食从收购地直接运往异地的乙酒厂生产加工白酒，白酒加工完毕，甲酒厂收回白酒8吨，取得乙酒厂开具防伪税控的增值税专用发票，注明加工费25 000元，代垫辅料价值15 000元，加工的白酒当地无同类产品市场价格。

任务要求

请你代乙酒厂计算应代收代缴的消费税。

一 消费税应纳税额的一般计算

消费税采用从价定率、从量定额和从价定率与从量定额复合计税三种计算方法。

微课9

消费税的计税方法

（一）从价定率

在从价定率计算方法下，应纳税额等于应税消费品的销售额乘以适用税率。应纳税额的多少取决于应税消费品的销售额和适用税率两个因素。消费税用从价定率计算应纳税额的计算公式为

从价定率计税的应税消费品应纳税额＝销售额×比例税率

1.计税销售额的一般规定

消费税的计税销售额为纳税人销售应税消费品向购买方收取的全部价款和价外费用，不包括应向购买方收取的增值税税额。价外费用，是指价外向购买方收取的手续费、补贴、基金、集资费、返还利润、奖励费、违约金、滞纳金、延期付款利息、赔偿金、代收款项、代垫款项、包装费、包装物租金、储备费、优质费、运输装卸费以及其他各种性质的价外收费。凡随同销售货物或提供应税劳务向购买方收取的价外费用，无论会计制度如何规定核算，均应并入销售额计算应纳税额。但下列项目不包括在内：

(1)同时符合以下条件的代垫运费
①承运部门的运输费用发票开具给购买方的。
②纳税人将该项发票转交给购买方的。
(2)同时符合以下条件代为收取的政府性基金或者行政事业性收费
①由国务院或者财政部批准设立的政府性基金，由国务院或者省级人民政府及其财政、价格主管部门批准设立的行政事业性收费。
②收取时开具省级以上财政部门印制的财政票据。
③所收款项全额上缴财政。

其他价外费用，无论是否属于纳税人的收入均应并入销售额计算征税。
销售的应税消费品以人民币以外的货币结算的，其销售额的人民币折合率可以选择

销售额发生当天的或者当月 1 日的人民币汇率中间价。纳税人应事先确定采用何种折合率,折合率确定后在 1 年内不得变更。

2. 包装物计税的规定

应税消费品连同包装物销售的,无论包装物是否单独计价以及在会计上如何核算,均应并入应税消费品的销售额中缴纳消费税。如果包装物不作价随同产品销售,而是收取押金(收取酒类产品的包装物押金的除外),则此项押金不应并入应税消费品的销售额中征税。但对因逾期未收回的包装物不再退还的或者已收取的时间超过 12 个月的押金,应并入应税消费品的销售额,按照应税消费品的适用税率计算缴纳消费税。

对既作价随同应税消费品销售,又另外收取押金的包装物的押金,凡纳税人在规定的期限内没有退还的,均应并入应税消费品的销售额,按照应税消费品的适用税率缴纳消费税。

对酒类产品生产企业销售酒类产品而收取的包装物押金,无论押金是否返还,也不论在会计上如何核算,均需并入酒类产品销售额中,按照酒类产品的适用税率征收消费税。啤酒的包装物押金不包括重复使用的塑料周转箱的押金。

3. 含增值税计税销售额的换算

应税消费品在缴纳消费税的同时,与一般货物一样,还应缴纳增值税。按照《消费税暂行条例实施细则》规定,应税消费品的销售额中不包括向购货方收取的增值税税额。如果纳税人的应税消费品的销售额中包含增值税税额或者因不得开具增值税专用发票而将价款和增值税税额合并收取的,在计算消费税时,应将含增值税销售额换算成不含增值税销售额。其计算公式为

> 不含增值税销售额＝含增值税销售额÷(1＋增值税税率或征收率)

如果消费税纳税人同时又是增值税一般纳税人,适用 13% 的税率;如果消费税纳税人同时又是增值税小规模纳税人,适用 3% 的征收率。

【例 3-1】

> 美尔美化妆品生产企业为增值税一般纳税人,2019 年 6 月 5 日向某商场销售高档化妆品一批,销售额为 50 万元,增值税为 6.5 万元,已开具增值税专用发票,货款已收到;6 月 16 日向某大学销售高档化妆品一批,销售额为 33.9 万元,开具普通发票。已知高档化妆品消费税税率为 15%。该企业 6 月应纳消费税的销售额是多少？应缴纳的消费税是多少？
>
> 该企业应纳消费税的销售额＝50＋33.9÷(1＋13%)＝80(万元)
> 该企业应缴纳的消费税＝80×15%＝12(万元)

(二)从量定额

在从量定额计算方法下,应纳税额的计算取决于消费品的应税数量和单位税额。其应纳税额的计算公式为

> 从量定额计税的应税消费品应纳税额＝应税数量×单位税额

1. 应税数量的确定

应税数量是指纳税人生产、委托加工和进口应税消费品的数量。具体为:

(1)销售应税消费品的,为应税消费品的销售数量。

(2)自产自用应税消费品的,为应税消费品的移送使用数量。

（3）委托加工应税消费品的,为纳税人收回的应税消费品数量。
（4）进口应税消费品的,为海关核定的应税消费品进口征税数量。

2.应税数量计量单位的换算

税法规定,黄酒、啤酒以吨为计量单位;成品油以升为计量单位。但是纳税人在实际销售业务中,常会将这两种计量单位混用。为了规范征税,税法规定吨与升的换算标准见表3-2:

表3-2　　　　　　　　　　　吨、升换算表

名称	换算标准	名称	换算标准
啤酒	1吨＝988升	黄酒	1吨＝962升
汽油	1吨＝1 388升	柴油	1吨＝1 176升
石脑油	1吨＝1 385升	溶剂油	1吨＝1 282升
润滑油	1吨＝1 126升	燃料油	1吨＝1 015升
航空煤油	1吨＝1 246升		

【例3-2】

燕山啤酒厂2019年6月销售啤酒500吨,每吨出厂价格为3 500元。该啤酒厂应缴纳的消费税是多少?

该啤酒厂应缴纳的消费税＝500×250＝125 000(元)

【例3-3】

太行炼油厂2019年6月销售汽油100吨,收到销售额763 400元;销售柴油200吨,收到销售额1 176 000元。另将汽油15吨用于本企业运输部门。汽油每吨的生产成本为3 200元。该炼油厂6月份应缴纳的消费税是多少?

该炼油厂6月份应缴纳的消费税＝(100+15)×1 388×1.52+200×1 176×1.2
　　　　　　　　　　　　　　＝524 862.4(元)

（三）从价定率与从量定额复合计税

现行消费税的征税范围中,只有卷烟和白酒采用从价定率与从量定额复合计税方法。销售额为纳税人生产销售卷烟、白酒向购买方收取的全部价款和价外费用。销售数量为纳税人生产、进口、委托加工、自产自用卷烟、白酒的销售数量、海关核定数量、委托方收回数量和移送使用数量。

其计算公式为

复合计税的应税消费品应纳税额＝应税数量×单位税额＋销售额×比例税率

【例3-4】

燕赵白酒生产厂为增值税一般纳税人,2019年6月销售白酒10吨,取得不含增值税销售额36万元,计算该酒厂6月份应缴纳的消费税。

应纳消费税＝10×1 000×2×0.5+360 000×20%＝82 000(元)

(四)计税依据的特殊规定

纳税人通过非独立核算门市部销售的自产应税消费品,应当按照门市部对外销售额或者销售数量征收消费税。

纳税人用于换取生产资料和消费资料、投资入股和抵偿债务等方面的应税消费品,应当以纳税人同类应税消费品的最高销售价格作为计税依据计算消费税。

纳税人应税消费品的计税价格明显偏低并无正当理由的,由主管税务机关核定其计税价格。其中,卷烟、白酒和小汽车的计税价格由国家税务总局核定,送财政部备案;其他应税消费品的计税价格由省、自治区和直辖市的国家税务局核定;进口的应税消费品的计税价格由海关核定。

纳税人采用以旧换新(含翻新改制)方式销售的金银首饰,应按实际收取的不含增值税的全部价款确定计税依据征收消费税。

对既销售金银首饰,又销售非金银首饰的生产、经营单位,应将两类商品划分清楚,分别核算销售额。凡划分不清或不能分别核算的,并在生产环节销售的,一律从高适用税率征收消费税;在零售环节销售的,一律按金银首饰征收消费税。

金银首饰与其他产品组成套装销售的,一律按金银首饰征收消费税。

金银首饰连同包装物销售的,无论包装物是否单独计价,也无论会计上如何核算,均应并入金银首饰的销售额征收消费税。

带料加工的金银首饰,应按受托方销售的同类金银首饰的销售价格确定计税依据征收消费税。没有同类金银首饰销售价格的,按照组成计税价格计算纳税。

【例3-5】

百里香酒厂2019年6月发生下列几笔经济业务:

(1)销售瓶装白酒15吨,不含税单价为5 000元/吨;销售散装白酒10吨,不含税单价为4 500元/吨,货款均已收到。

(2)销售散装白酒5吨,不含税单价为4 800元/吨,收到一张面额为27 120元的银行承兑汇票。

(3)将自产的散装白酒8吨用于向农民换购21吨玉米,玉米已验收入库,并已开出收购发票。

(4)该酒厂委托一家酒厂为其加工酒精,收回的酒精全部用于连续生产套装礼品白酒10吨。本月已销售8吨,每吨不含税单价为6 800元。

计算该酒厂6月份应缴纳的消费税。

(1)销售瓶装、散装白酒应缴纳的消费税=(5 000×15+4 500×10)×20%+(15+10)×1 000×2×0.5=49 000(元)

(2)销售散装白酒应缴纳的消费税=4 800×5×20%+5×1 000×2×0.5=9 800(元)

(3)自产的散装白酒换购玉米应缴纳的消费税=4 800×8×20%+8×1 000×2×0.5=15 680(元)

(4)销售套装礼品白酒应缴纳的消费税=6 800×8×20%+8×1 000×2×0.5=18 880(元)

该酒厂6月份应缴纳的消费税=49 000+9 800+15 680+18 880=93 360(元)

【例 3-6】

> 美尔美高档化妆品生产企业为增值税一般纳税人，2019年6月将生产的某种高档化妆品100件，以每件360元的价格卖给本企业非独立核算的门市部，门市部又以每件600元的价格卖给消费者。计算该企业6月份应缴纳的消费税。

该企业通过非独立核算门市部销售自产高档化妆品，应当按照门市部对外销售额征收消费税。

应纳消费税＝600÷(1+13%)×100×15%＝53 097.35×15%＝7 964.60(元)

(五)外购应税消费品已纳税款的扣除

由于某些应税消费品是用外购已缴纳消费税的应税消费品连续生产出来的，在对这些连续生产出来的应税消费品计算征税时，为避免重复征税，现行税法规定应当按当期生产领用数量计算准予扣除外购的应税消费品已纳的消费税。扣除范围包括：

(1)外购已税烟丝生产的卷烟。
(2)外购已税石脑油、润滑油、燃料油为原料生产的成品油。
(3)外购已税汽油、柴油为原料生产的汽油、柴油。
(4)外购已税摩托车零件生产的摩托车。
(5)外购已税高档化妆品为原料生产的高档化妆品。
(6)外购已税珠宝玉石生产的贵重首饰及珠宝玉石。
(7)外购已税杆头、杆身和握把为原料生产的高尔夫球杆。
(8)外购已税鞭炮、焰火生产的鞭炮、焰火。
(9)外购已税木制一次性筷子为原料生产的木制一次性筷子。
(10)外购已税实木地板为原料生产的实木地板。

上述当期外购应税消费品已纳税款扣除的计算公式为

$$\text{当期准予扣除的外购应税消费品已纳消费税} = \text{当期准予扣除的外购应税消费品买价} \times \text{外购应税消费品适用税率}$$

$$\text{当期准予扣除的外购应税消费品买价} = \text{期初库存外购应税消费品买价} + \text{本期购进应税消费品买价} - \text{期末库存的外购应税消费品买价}$$

其中，外购应税消费品买价是指购货发票上注明的销售额(不包括增值税税额)。

从2001年5月1日起，停止执行生产领用外购酒和酒精已纳消费税准予抵扣的政策。2001年5月1日以前购进的已税酒和酒精，已缴纳的消费税没有抵扣完的一律停止抵扣。

对自己不能生产应税消费品，而只是购进后再销售应税消费品的工业企业，其销售的高档化妆品(高档护肤护发品)、鞭炮、焰火和珠宝玉石，凡不能作为最终消费品直接进入消费市场而需要加工的，应当征收消费税，同时允许扣除外购应税消费品的已纳税款。

允许扣除已纳税款的应税消费品只限于从工业企业购进的应税消费品和进口环节已缴纳消费税的应税消费品，对从境内商业企业购进应税消费品的已纳税款一律不得扣除。另外，税法还规定，外购应税消费品已纳税款的扣除，仅限于同一税目之间，不允许跨税目扣除。酒类产品、小汽车、高档手表、游艇、电池和涂料已缴纳的消费税不允许扣除。外购烟丝加工卷烟可以扣除已缴纳的消费税，外购烟丝加工雪茄烟不可以扣除已缴纳的消费税。

需要说明的是,纳税人用外购的已税珠宝玉石生产的改在零售环节征收消费税的金银首饰(镶嵌首饰),在计税时一律不得扣除外购珠宝玉石的已纳税款。

对当期投入生产的原材料可抵扣的已纳消费税大于当期应纳消费税情形的,在目前消费税纳税申报表未增加上期留抵消费税填报栏目的情况下,采用按当期应纳消费税的数额申报抵扣,不足抵扣部分结转下一期申报抵扣的方式处理。

【例 3-7】

卷烟厂 2019 年 6 月初库存有外购应税烟丝 50 万元,当月又外购应税烟丝 90 万元(不含增值税),月末库存烟丝 30 万元,其余全部被当月生产卷烟领用。当月准予扣除的外购烟丝已纳的消费税是多少?

当月准予扣除的外购烟丝已纳的消费税=(50+90-30)×30%=33(万元)

二、消费税应纳税额的特殊计算

对于自产自用、委托加工和进口应税消费品的消费税还规定了特殊的计算方法。

(一)自产自用应税消费品应纳税额的计算

自产自用应税消费品是指纳税人生产应税消费品后,不是直接对外销售,而是用于连续生产应税消费品或用于其他方面。

1.用于连续生产应税消费品

纳税人自产自用的应税消费品用于连续生产应税消费品的,是指纳税人将自产自用的应税消费品作为直接材料生产最终应税消费品,自产自用应税消费品构成最终应税消费品的实体,不缴纳消费税,体现不重复征税的原则。

2.用于其他方面

纳税人自产自用的应税消费品用于其他方面,包括用于在建工程、生产非应税消费品、管理部门、非生产机构、提供劳务、馈赠、赞助、集资、广告、样品、职工福利、奖励等方面视同销售的,在移送使用时缴纳消费税。

3.组成计税价格和应纳税额的计算

纳税人自产自用应税消费品,凡用于其他方面的,应当按照同类消费品的销售价格计算缴纳消费税。同类消费品的销售价格是指纳税人当月销售的同类应税消费品的销售价格,如果当月销售的同类应税消费品的销售价格高低不同,应按销售数量加权平均计算。但当纳税人销售的应税消费品销售价格明显偏低又无正当理由以及无销售价格的,不得列入加权平均计算,应当按照同类应税消费品上月或最近月份的销售价格计算;如果当月无销售或者当月未完结,也应按照同类消费品上月或者最近月份的销售价格计算;没有同类应税消费品销售价格的,按组成计税价格计算。

实行从价定率办法计算纳税的组成计税价格的计算公式为

组成计税价格=(成本+利润)÷(1-比例税率)
应纳税额=组成计税价格×比例税率

实行复合计税办法计算纳税的组成计税价格的计算公式为

组成计税价格=(成本+利润+自产自用数量×单位税额)÷(1-比例税率)
应纳税额=组成计税价格×比例税率+自产自用数量×单位税额

其中,成本是指应税消费品的生产成本,利润是指根据应税消费品的全国平均成本利润率计算的利润。应税消费品的全国平均成本利润率由国家税务总局确定。

【例 3-8】

> 前进卷烟厂为增值税一般纳税人,2019 年 6 月,该厂生产一批烟丝,其中一半对外销售,取得含增值税销售额为 90.4 万元,另一半用于本厂生产卷烟。已知烟丝适用 30% 的消费税税率。
>
> 要求:计算该卷烟厂 6 月份生产烟丝应纳消费税。
>
> 纳税人自产自用,用于连续生产应税消费品的,不缴纳消费税。
>
> 该卷烟厂 6 月份生产烟丝应纳消费税=90.4÷(1+13%)×30%=24(万元)

【例 3-9】

> 玖姿化妆品生产厂家将一批自产高档化妆品作为福利发给本厂职工,该高档化妆品系新产品,无同类市场销售价格,其生产成本为 38 000 元,已知其成本利润率为 5%,消费税税率为 15%。
>
> 要求:计算该批高档化妆品应缴纳的消费税。
>
> 组成计税价格=成本×(1+成本利润率)÷(1-比例税率)
> =38 000×(1+5%)÷(1-15%)
> =46 941.18(元)
> 应纳消费税=46 941.18×15%=7 041.18(元)

自产自用应税消费品的核定计税价格不适用于从量计税的应税消费品。从量计税时,应按移送使用数量直接计税。

应税消费品的全国平均成本利润率见表 3-3:

表 3-3 应税消费品的全国平均成本利润率表

商品名称	利润率	商品名称	利润率
甲类卷烟	10%	贵重首饰及珠宝玉石	6%
乙类卷烟	5%	摩托车	6%
雪茄烟	5%	乘用车	8%
烟丝	5%	中轻型商用车	5%
粮食白酒	10%	高尔夫球及球具	10%
薯类白酒	5%	高档手表	20%
其他酒	5%	游艇	10%
化妆品(高档护肤护发品)	5%	木制一次性筷子	5%
鞭炮焰火	5%	实木地板	5%

(二)委托加工应税消费品应纳税额的计算

企业单位或个人由于设备、技术、人力等方面的局限或其他方面的原因,常常要委托其他单位代为加工应税消费品。然后,将加工好的应税消费品收回、直接销售或自己使用。委托加工应税消费品由受托方在向委托方交货时代收代缴消费税(受托方为个人的除外)。

1. 委托加工的确认

委托加工是指委托方提供原材料和主要材料,受托方只代垫部分辅助材料,按照委托方要求进行加工并收取加工费的行为。在委托加工业务中,货物的所有权始终归委托方所有。

对于由受托方提供原材料和主要材料生产的应税消费品,或者受托方先将原材料卖给委托方,然后再接受加工的应税消费品以及由受托方以委托方名义购进原材料生产的应税消费品,不论财务上是否作销售处理,都不得作为委托加工应税消费品,而应当按照销售自制应税消费品缴纳消费税。

2. 代收代缴消费税

委托加工应税消费品应由受托方在向委托方交货时代收代缴消费税,但是纳税人委托个人加工应税消费品的,一律由委托方收回后由委托方向机构所在地或者居住地缴纳消费税。对于受托方没有按规定代收代缴消费税税款的,并不能因此免除委托方补缴税款的责任,对受托方要根据《税收征管法》的规定处以应代收代缴税款50%以上3倍以下的罚款。委托方对于没有代收代缴消费税税款的应税消费品补征税款的计税依据是:收回的应税消费品直接销售的,按销售额计税;收回的应税消费品尚未销售或不能直接销售的(用于连续生产的等),按组成计税价格计税。

委托方收回已代收代缴消费税的应税消费品后以不高于受托方的计税价格出售的,不再缴纳消费税;以高于受托方的计税价格出售的,需按照规定缴纳消费税,在计税时准予扣除受托方已代收代缴的消费税。

3. 组成计税价格和应纳税额的计算

委托加工应税消费品,按照受托方同类应税消费品的销售价格计算缴纳消费税。同类消费品的销售价格是指受托方当月销售的同类应税消费品的销售价格,如果当月销售的同类应税消费品的销售价格高低不同,应按销售数量加权平均计算。但纳税人销售的应税消费品销售价格明显偏低又无正当理由以及无销售价格的,不得列入加权平均计算,应当按照同类应税消费品上月或最近月份的销售价格计算;如果当月无销售或者当月未完结,也应按照同类消费品上月或者最近月份的销售价格计算纳税;没有同类应税消费品销售价格的,按照组成计税价格计算。

有同类消费品销售价格的,其应纳税额的计算公式为

$$应纳税额 = 同类消费品销售单价 \times 委托加工数量 \times 适用税率$$

没有同类消费品销售价格的,按组成计税价格计税。

实行从价定率法计算纳税的组成计税价格的计算公式为

$$组成计税价格 = (材料成本 + 加工费) \div (1 - 比例税率)$$
$$应代收代缴的消费税额 = 组成计税价格 \times 比例税率$$

实行复合计税法计算纳税的组成计税价格的计算公式为

$$组成计税价格 = \left(材料成本 + 加工费 + 委托加工数量 \times 单位税额\right) \div (1 - 比例税率)$$
$$应代收代缴的消费税额 = 组成计税价格 \times 比例税率 + 委托加工数量 \times 单位税额$$

其中,材料成本是指委托方所提供加工材料的实际成本。委托加工应税消费品的纳

税人,必须在加工合同上如实注明(或者以其他方式提供)材料成本,否则,受托方所在地主管税务机关有权核定其材料成本。加工费是指受托方受托加工应税消费品向委托方收取的全部费用(包括代垫辅助材料的实际成本,但不包括增值税税额)。

委托加工应税消费品的核定计税价格不适用于从量计税的应税消费品,从量计税时,应按委托加工收回成品数量直接计税。

4.委托方收回应税消费品已纳消费税的扣除

委托方收回已代收代缴消费税的应税消费品后,连续生产应税消费品的,其已纳税款准予按照规定从连续生产的应税消费品应纳消费税额中抵扣。按照税法规定,下列连续生产的应税消费品准予从应纳消费税额中按当期生产领用数量计算扣除委托加工收回的应税消费品已纳的消费税额。扣除范围是:

(1)以委托加工收回的已税烟丝生产的卷烟。
(2)以委托加工收回的已税石脑油、润滑油、燃料油为原料生产的成品油。
(3)以委托加工收回的已税汽油、柴油为原料生产的汽油、柴油。
(4)以委托加工收回的已税摩托车零件生产的摩托车。
(5)以委托加工收回的已税高档化妆品生产的高档化妆品。
(6)以委托加工收回的已税珠宝玉石生产的贵重首饰及珠宝玉石。
(7)以委托加工收回的已税杆头、杆身和握把为原料生产的高尔夫球杆。
(8)以委托加工收回的已税鞭炮、焰火生产的鞭炮、焰火。
(9)以委托加工收回的已税木制一次性筷子为原料生产的木制一次性筷子。
(10)以委托加工收回的已税实木地板为原料生产的实木地板。

已纳消费税额抵扣的管理办法由国家税务总局另行制定。

委托方收回应税消费品已纳消费税扣除的计算公式为

| 当期准予扣除的委托加工应税消费品已纳税额 | ＝ | 期初库存委托加工应税消费品已纳税额 | ＋ | 本期收回委托加工应税消费品已纳税额 | － | 期末库存委托加工应税消费品已纳税额 |

需要说明的是,纳税人用委托加工收回的已税珠宝玉石生产的金银首饰改在零售环节征收消费税,一律不允许扣除委托加工收回的珠宝玉石原料已纳消费税税额。

知识链接

外购和委托加工收回的应税消费品扣税规则

(1)从允许抵扣税额的税目大类上看,不包括酒类、小汽车、高档手表、游艇、电池和涂料。

(2)允许扣税的只涉及同一大税目中的应税消费品的连续加工,不能跨税目抵扣。

(3)允许扣税的只限于从工业企业购进的应税消费品和进口环节已缴纳消费税的应税消费品,对从境内商业企业购进应税消费品的已纳税款不准抵扣。

【例3-10】

红宝石卷烟厂为增值税一般纳税人,2019年6月购买一批烟叶,价款10万元,增值税1万元,已取得农产品收购发票。将其运往W烟厂,委托W烟厂加工烟丝,收到增值税专用发票注明的加工费4万元,税款0.52万元。收回烟丝后,一半用于卷烟生产,另一半直接出售,取得价款20万元,增值税2.6万元。销售AAA牌卷烟120标准箱,每箱不含税售价1.8万元,款项均已存入银行。W烟厂无同类烟丝销售价格。上述增值税专用发票均已在当月通过税务机关认证。该卷烟厂6月份应缴纳的增值税和消费税是多少?

委托加工烟丝应纳的消费税 = $(10+4) \div (1-30\%) \times 30\% = 6$(万元)

AAA牌卷烟每标准条销售价格 = $18\,000 \div 250 = 72$(元) > 70(元),所以AAA牌卷烟为甲类卷烟(比例税率为56%)。

销售AAA牌卷烟应纳的消费税 = $1.8 \times 120 \times 56\% + 120 \times 50\,000 \times 0.003 \div 10\,000 = 122.76$(万元)

销售委托加工烟丝应纳消费税 = $20 \times 30\% - 6 \times 50\% = 3$(万元)

本期生产领用委托加工烟丝已纳消费税准予抵扣的金额 = $6 \times 50\% = 3$(万元)

该卷烟厂6月应纳的消费税 = $122.76 + 3 - 3 = 122.76$(万元)

该卷烟厂6月应纳的增值税 = $(2.6 + 1.8 \times 120 \times 13\%) - (1 + 0.52)$
$= 29.16$(万元)

【例3-11】

胜利汽车综合制造厂为增值税一般纳税人,2019年6月,该厂发生如下经济业务:

(1)购进原材料一批,取得增值税专用发票,发票上注明材料价款500万元,增值税65万元,支付运输公司开具的增值税专用发票上注明的运输费用36 000元,增值税3 240元。

(2)本月购入一台生产用机械设备,取得增值税专用发票,发票上注明价款1 200万元,增值税156万元,支付运费6 500元,增值税585元,取得运输公司开具的增值税专用发票。上述款项均已支付。

(3)销售自产小汽车120辆,每辆不含增值税价格15万元,已开具增值税专用发票。另外向购买方收取的价外费用33.9万元。

(4)销售自产汽车轮胎一批,取得含增值税销售额79.1万元,已开具增值税专用发票。

6月初,该厂增值税进项税余额为8万元;小汽车适用的消费税税率为5%;销售小汽车、轮胎适用13%的增值税税率。

要求:计算该厂6月份应缴纳的增值税税额和消费税税额。

(1)该厂购入原材料应支付的进项税额为65万元,支付运输费用可抵扣的进项税额为3 240元。

(2)购入固定资产可抵扣进项税额为156万元,支付运费用可抵扣的进项税额为585元。

(3)销售自产小汽车应收销项税额=15×120×13%+33.9÷(1+13%)×13%
=237.9(万元)

销售自产小汽车应纳消费税=[15×120+33.9÷(1+13%)]×5%=91.5(万元)

(4)销售自产汽车轮胎应收销项税额=79.1÷(1+13%)×13%=9.1(万元)

该厂6月份应纳增值税税额=237.9+9.1-65-0.324-156-0.058 5-8
=17.617 5(万元)

该厂6月份应纳消费税=91.5(万元)

(三)进口应税消费品应纳税额的计算

进口应税消费品在报关进口时缴纳消费税,其消费税由海关代征。进口的应税消费品由进口人或其代理人自海关填发海关进口消费税专用缴款书之日起15日内,向报关地海关缴纳税款。

纳税人进口应税消费品,按照组成计税价格和规定的税率计算应纳税额。

进口应税消费品应纳税额按组成计税价格计算。

1.实行从价定率办法的应税消费品的应纳税额的计算

$$组成计税价格=(关税完税价格+关税)÷(1-比例税率)$$
$$应纳税额=组成计税价格×比例税率$$

公式中所称"关税完税价格"指一般贸易项下进口的货物以海关审定的成交价格为基础的到岸价格作为完税价格。到岸价格是指由货价以及货物运抵我国关境内输入地点起卸前的包装费、运费、保险费和其他劳务费等费用构成的一种价格。

2.实行复合计税办法的应税消费品的应纳税额的计算

$$组成计税价格=(关税完税价格+关税+进口数量×单位税额)÷(1-比例税率)$$
$$应纳税额=进口数量×单位税额+组成计税价格×比例税率$$

3.从量计税的进口应税消费品的应纳税额的计算

$$应纳税额=报关进口数量×单位税额$$

进口环节的消费税除国务院另有规定之外,一律不得给予减免税优惠。

【例3-12】

天诚外贸公司为增值税一般纳税人,2019年6月,该公司进口100辆小汽车,每辆小汽车关税完税价格为25万元。已知小汽车关税税率为10%,消费税税率为5%。计算该公司进口该批小汽车应缴纳的消费税。

进口小汽车实行从价定率办法计算应纳税额。

组成计税价格=(关税完税价格+关税)÷(1-比例税率)

该批小汽车的关税=关税完税价格×关税税率=25×100×10%=250(万元)

进口该批小汽车的组成计税价格=(25×100+250)÷(1-5%)
=2 894.736 8(万元)

进口该批小汽车应缴纳的消费税=2 894.736 8×5%=144.736 8(万元)

任务三 认识消费税的出口退(免)税

任务情境

天远外贸公司2019年6月从生产企业购入一批高档化妆品,取得的增值税专用发票上注明的价款为250 000元,增值税为32 500元,支付运输费用30 000元,取得运输公司开具的增值税专用发票,增值税2 700元,当月将该批高档化妆品全部出口,取得销售收入350 000元。

任务要求

你能为该公司计算出口高档化妆品应退的消费税是多少吗?

纳税人出口应税消费品与已纳增值税出口货物一样,国家都是给予退(免)税优惠的。出口应税消费品同时涉及增值税和消费税,并且退(免)消费税与出口货物退(免)增值税在退(免)税范围的限定、退(免)税办理程序、退(免)税审核及管理上都有许多一致的地方,因此,在消费税的退(免)税这部分当中,只对应税消费品退(免)消费税的某些不同于出口货物退(免)增值税的特殊规定加以介绍。

一 出口退税率退(免)税政策

(一)出口应税消费品的退税率

消费税的退税率即消费税的征税率,消费税征多少退多少,能够实现彻底的退税。

兼营不同税目的或不同税率的应税消费品出口的,应分别核算销售额或销售数量,未分别核算的,从高适用征税率,但从低适用退税率。

(二)出口应税消费品退(免)税政策

出口应税消费品退(免)税政策有三种不同情况:

1.出口应税消费品免税并且退税。该项政策使以下企业可以向税务机关申请出口退税:有进出口经营权的外贸企业购进应税消费品直接出口以及外贸企业受其他外贸企业委托代理出口应税消费品可以申请退税。需要特别注意的是,外贸企业只有受其他外贸企业委托,代理出口应税消费品,才可办理退税,外贸企业受其他非生产性企业委托,代理出口应税消费品,是不予退(免)税的。

2.出口应税消费品免税但不予退税。该项政策使以下企业可以在生产环节就地免征消费税:有进出口经营权的生产企业自营出口以及生产企业委托外贸公司代理出口自产的应税消费品,依据出口数量免征消费税,但不予办理退还消费税。免征消费税是指对生产性企业按其实际出口数量免征生产环节消费税。不予办理退还消费税,是指已免征生产环节的消费税,无须再办理退税了。

3.出口应税消费品不免税并且不予退税。该项政策主要适用于除生产企业、外贸企业以外的其他企业,具体是指商贸企业委托外贸公司代理出口应税消费品,一律不予退(免)税。

二 出口退税率退(免)税的计算与退(免)税后的管理

1. 出口应税消费品退税额的计算

外贸企业从生产企业购进货物直接出口或从其他外贸企业委托代理出口应税消费品的应退税额,分以下两种情况处理:

(1)属于从价定率计征消费税的应税消费品,应依照外贸企业从工厂购进货物时征收消费税的价格(不包括增值税)计算应退税额,其计算公式为

$$应退消费税额 = 出口货物的工厂销售额 \times 消费税税率$$

(2)属于从量定额计征消费税的应税消费品,应依货物购进和报关出口的数量计算应退税额,其计算公式为

$$应退消费税额 = 出口数量 \times 单位税额$$

2. 出口退(免)消费税后的管理

出口的应税消费品办理退税后发生退关,或者国外退货进口时予以免税的,报关出口者必须及时向其机构所在地或者居住地主管税务机关申报补缴已退的消费税税款。

纳税人直接出口的应税消费品办理免税后发生退关或者国外退货,进口时已予以免税的,经机构所在地或者居住地主管税务机关批准,可暂不办理补税,待其转为国内销售时,再向其主管税务机关申报补缴消费税。

任务四 消费税的纳税申报

任务情境

宏伟卷烟厂系增值税一般纳税人,主要生产卷烟,其不含增值税的调拨价格为68元/标准条,税务机关为其核定的纳税期限为1个月。该厂2019年6月1日未缴的消费税为4 360 000元,2019年6月10日缴纳到税务机关。该企业的卷烟属于乙类卷烟,比例税率为36%,定额税率为0.003元/支,即150元/标准箱。

2019年6月有关业务资料如下:

(1)月初库存外购烟丝的买价为300万元。

(2)6月8日,购入烟丝,不含增值税价款为500万元,取得了增值税专用发票。发票账单和烟丝同时到达企业,该批烟丝已经验收入库。

(3)6月9日,委托华阳烟丝厂加工烟丝一批,原材料成本为100 000元,支付不含增值税的加工费为40 000元。华阳烟丝厂无同类消费品的销售价格。6月25日烟丝加工完成,验收入库,加工费用等已经支付,取得华阳烟丝厂开具的增值税专用发票一张。收回烟丝后用于生产卷烟。

(4)6月10日,将本厂生产的200条卷烟用作礼品,赠送给客户,其生产成本为5 600元。

(5)6月22日,以直接收款方式销售卷烟1 000标准箱(5 000万支),取得不含增值税销售额为1 700万元,该批卷烟的销售成本为700万元。

(6)月末烟丝存货为200万元。

任务要求

假如你是该卷烟厂的办税员,如何对2019年6月应纳消费税进行申报?

一、消费税的纳税期限、纳税地点

(一)纳税义务发生时间

1.赊销、分期收款方式销售应税消费品,其纳税义务发生时间,为书面合同约定的收款日期的当天,书面合同没有约定收款日期或者无书面合同的,为发出应税消费品的当天。

2.预收货款方式销售应税消费品,其纳税义务发生时间,为发出应税消费品的当天。

3.托收承付、委托银行收款方式销售应税消费品,其纳税义务发生时间,为发出应税消费品并办妥托收手续的当天。

4.采取其他结算方式销售,其纳税义务发生时间,为收讫销售货款或取得索取销售货款凭据的当天。

5.纳税人自产自用应税消费品,其纳税义务发生时间,为应税消费品移送使用的当天。

6.纳税人委托加工应税消费品的,其纳税义务发生时间,为纳税人提货的当天。

7.纳税人进口应税消费品的,其纳税义务发生时间,为报关进口的当天。

(二)纳税期限

1.消费税纳税期限为1日、3日、5日、10日、15日、1个月或者1个季度。纳税人的具体纳税期限,由主管税务机关根据纳税人应纳税额的大小分别核定;不能按期纳税的可以按次纳税。

2.消费税纳税以1个月或者1个季度为纳税期限的,自期满之日起15日内申报纳税;以1日、3日、5日、10日或者15日为纳税期限的,自期满之日起5日内预缴税款,于次月1日起15日内申报纳税并结清上月税款。

3.进口应税消费品,应自海关填发海关进口消费税专用缴款书之日起15日内缴纳税款。

(三)纳税地点

1.纳税人销售的应税消费品以及自产自用的应税消费品,除国务院财政、税务主管部门另有规定外,应当向纳税人核算地主管税务机关申报纳税。

2.委托加工的应税消费品,由受托方向机构所在地或者居住地的主管税务机关解缴税款。委托个人加工的应税消费品,由委托方向其机构所在地或者居住地主管税务机关申报纳税。

3.进口应税消费品,由进口人或其代理人在报关地海关申报纳税。此外,个人携带或者邮寄进境的应税消费品,连同关税由海关一并征收。具体办法由国务院关税税则委员会会同有关部门制定。

4.纳税人的总机构与分支机构不在同一县(市)的,应当分别向各自机构所在地的主管税务机关申报纳税;经财政部、国家税务总局或者其授权的财政、税务机关批准,可以由总机构汇总向总机构所在地的主管税务机关申报纳税。

5.纳税人到外县(市)销售或者委托外县(市)代销自产应税消费品的,于应税消费品销售后,向机构所在地或者居住地主管税务机关申报纳税。

6.纳税人销售的应税消费品,因质量等原因由购买者退回时,经机构所在地或者居住地主管税务机关审核批准后,可退还已缴纳的消费税税款,但不能自行直接抵减应纳税款。

二 消费税的纳税申报

消费税的纳税人应如实填写《消费税纳税申报表》,并于次月1日起15日内申报纳税并结清上月税款。

(一)纳税申报表的填制方法

1.实行从价定率办法计算消费税的纳税人,其销售数量栏可不填制,其销售额栏应与增值税的销售额相同,即不含增值税而含消费税的销售额。

2.实行从量定额办法计算消费税的纳税人,其销售额栏可不填制,只填制销售数量。

(二)纳税申报表样式

消费税纳税申报表是按税目设置的,不同应税消费品纳税申报表的格式是有区别的,有《小汽车消费品纳税申报表》《酒类应税消费品消费税纳税申报表》《烟类应税消费品消费税纳税申报表》和《其他类应税消费品消费税纳税申报》。下面以《酒类应税消费品消费税纳税申报表》及附报资料为例来具体介绍。

(三)纳税申报案例

宏胜酒业为增值税一般纳税人,注册地、经营地址为海山市前进路666号,邮政编码为088020,纳税人识别号为66735552016779613784,法定代表人为张华,会计主管为孙伟,报税员为赵强,联系电话为86995964。宏胜酒业是一家有限责任公司,生产粮食白酒和啤酒,2019年6月发生如下经济业务:

1.6月3日,宏胜酒业销售瓶装白酒5吨,不含税单价为30 000元/吨,收取包装物租金6 000元;销售散装白酒2吨,不含税单价为8 500元/吨,包装物押金4 000元,货款均已收到。

2.6月8日,该酒厂销售本厂生产啤酒50吨,每吨出厂价格(不含增值税)为2 800元,已开具增值税专用发票。

3.6月12日,宏胜酒业将自产的散装白酒6吨用于向农民换购23吨玉米,玉米的市场价格为每吨2 000元,玉米已验收入库,并已开出收购发票。

4.6月15日,该酒厂委托另一家酒厂为其加工酒精,提供的原材料成本为180 000元,另支付加工费50 000元,该酒厂没有同类酒精销售价格,共收回酒精15吨,部分用于销售,部分用于连续生产瓶装白酒;本月生产瓶装白酒6吨,耗用酒精5吨,本月已销售瓶装白酒2吨,每吨不含税单价为36 000元,已开出增值税专用发票;本月销售委托加工收回的酒精6吨,每吨不含税单价为28 000元,已开具增值税专用发票,货款已经收到。

5.6月18日,该酒厂销售本厂生产啤酒80吨,每吨出厂价格(不含增值税)为3 500元,已开具增值税专用发票。

6.6月20日,宏胜酒业销售散装白酒3吨,不含税单价为8 800元/吨,收到一张面额为29 832元的银行承兑汇票,已开出增值税专用发票。

7.6月23日,宏胜酒业为源发酒厂加工完成一批啤酒10吨,同类产品销售价格为2 800元/吨,材料成本为3 600元,收取加工费15 000元,产品已交付源发酒厂。

8.6月24日,外购生产白酒的各种辅料,增值税专用发票上注明的价款200 000元,增值税26 000元;外购生产啤酒的各种辅料,增值税专用发票上注明的价款250 000元,增值税32 500元。

9.6月25日,用6吨瓶装白酒抵偿债务,每吨实际生产成本为18 000元,已知本月以每吨30 000元价格销售该白酒5吨,以每吨36 000元的价格销售该白酒2吨。

10.6月31日,本月生产瓶装白酒15吨,期初库存瓶装3吨;本月生产散装白酒12吨,期初库存散装白酒5吨;本月生产甲类啤酒100吨,乙类啤酒50吨,期初库存甲类啤酒4吨,乙类啤酒8吨。

已知增值税期初余额为0,增值税税率为13%,增值税进项税票均已经过税务机关认证,增值税专用发票均通过税控收款机开具,针对上述经济业务,请你替宏胜酒业缴纳2019年6月的流转税。

(四)纳税申报案例分析

1.除啤酒、黄酒之外的其他酒类包装物押金、租金,一律并入销售额计算消费税。

销售白酒增值税销项税额=[5×30 000+6 000÷(1+13%)]×13%+[8 500×2+4 000÷(1+13%)]×13%=20 190.27+2 670.18
=22 860.45(元)

销售白酒应纳消费税=[5×30 000+6 000÷(1+13%)]×20%+5×2 000×0.5+[8 500×2+4 000÷(1+13%)]×20%+2×2 000×0.5
=42 169.91(元)

2.售价低于3 000元/吨的为乙类啤酒,每吨缴纳220元的定额税。

销售啤酒增值税销项税额=2 800×50×13%=18 200(元)

销售啤酒应纳消费税=220×50=11 000(元)

3.纳税人用于换取生产资料和消费资料、投资入股和抵偿债务等方面的应税消费品,应当以纳税人同类应税消费品的最高销售价格作为计税依据计算消费税,而在计算增值税时却以纳税人最近时期同类货物的平均销售价格作为依据。

换入玉米增值税进项税额=23×2 000×10%=4 600(元)

换出散装白酒应纳消费税=6×8 800×20%+6×2 000×0.5=16 560(元)

换出散装白酒增值税组成计税价格=(2×8 500+3×8 800)÷(2+3)=8 680(元)
换出散装白酒增值税销项税额=6×8 680×13%=6 770.4(元)
4.委托加工酒精的增值税进项税额=50 000×13%=6 500(元)
销售瓶装白酒增值税销项税额=36 000×2×13%=9 360(元)
销售瓶装白酒应纳消费税=36 000×2×20%+2×2 000×0.5=16 400(元)
销售酒精增值税销项税额=28 000×6×13%=21 840(元)
5.售价高于3 000元/吨的为甲类啤酒,每吨缴纳250元的定额税。
销售啤酒增值税销项税额=80×3 500×13%=36 400(元)
销售啤酒应纳消费税=80×250=20 000(元)
6.销售散装白酒增值税销项税额=3×8 800×13%=3 432(元)
销售散装白酒应纳消费税=3×8 800×20%+3×2 000×0.5=8 280(元)
7.受托加工啤酒增值税销项税额=15 000×13%=1 950(元)
受托加工啤酒应代收代缴的消费税=10×220=2 200(元)
8.购入原材料增值税进项税额=26 000+32 500=58 500(元)
9.用于抵偿债务的瓶装白酒增值税销项税额=6×[(30 000×5+36 000×2)÷
　　　　　　　　　　　　　　　　　　　(5+2)]×13%
　　　　　　　　　　　　　　　　　　=24 737.14(元)
用于抵偿债务的瓶装白酒应纳消费税=6×36 000×20%+6×2 000×0.5
　　　　　　　　　　　　　　　　=49 200(元)
10.本月销售瓶装白酒=5+2+6=13(吨)
本月销售散装白酒=2+6+3=11(吨)
本月销售甲类啤酒=80(吨)
本月销售乙类啤酒=50(吨)
本月委托加工收回酒精=15(吨)
本月销售、使用酒精=5+6=11(吨)
宏胜酒业6月份增值税销项税额=22 860.45+18 200+6 770.4+9 360+
　　　　　　　　　　　　　　21 840+36 400+3 432+1 950+24 737.14
　　　　　　　　　　　　　=145 549.99(元)
宏胜酒业6月份增值税进项税额=4 600+6 500+58 500=69 600(元)
宏胜酒业6月份应纳消费税=42 169.91+11 000+16 560+16 400+
　　　　　　　　　　　　20 000+8 280+49 200
　　　　　　　　　　　=163 609.91(元)

宏胜酒业6月份受托加工啤酒应代收代缴的消费税为2 200元。

将以上申报案例分析的资料,分别填入《酒类应税消费品消费税纳税申报表》及附表(表3-4)、《本期准予抵减税额计算表》(表3-5)、《本期代收代缴税额计算表》(表3-6)及《生产经营情况表》(表3-7)。

表 3-4　　　　　　　　酒类应税消费品消费税纳税申报表

税款所属期:2019 年 6 月 1 日至 2019 年 6 月 30 日

纳税人名称(公章):　　　纳税人识别号: 6 6 7 3 5 5 5 5 2 0 1 6 7 7 9 6 1 3 7 8 4

填表日期:2019 年 6 月 8 日　　　　　　　　　　　　　　　金额单位:元(列至角分)

项目 应税消费品名称	适用税率		销售数量	销售额	应纳税额
	定额税率	比例税率			
粮食白酒	0.5 元/斤	20%	24	543 049.557 5	132 609.911 5
薯类白酒	0.5 元/斤	20%			
啤酒	250 元/吨	—	80	280 000	20 000
啤酒	220 元/吨	—	50	140 000	11 000
黄酒	240 元/吨				
其他酒	—	10%			
合计	—	—	—	—	163 609.911 5

本期准予抵减税额:

本期减(免)税额:

期初未缴税额:

本期缴纳前期应纳税额:

本期预缴税额:

本期应补(退)税额:

期末未缴税额:

声明

此纳税申报表是根据国家税收法律的规定填报的,我确定它是真实的、可靠的、完整的。

经办人(签章):赵强

财务负责人(签章):孙伟

联系电话:86995964

(如果你已委托代理人申报,请填写)

　　授权声明

为代理一切税务事宜,现授权_____

_____(地址)为本纳税人的代理申报人,任何与本申报表有关的往来文件,都可寄予此人。

授权人签章:

以下由税务机关填写

受理人(签章):　　　受理日期:　年　月　日　　　受理税务机关(章):

表 3-5　　　　　　　　　本期准予抵减税额计算表

税款所属期:2019 年 6 月 1 日至 2019 年 6 月 30 日

纳税人名称(公章):　　　纳税人识别号: 6 6 7 3 5 5 5 5 2 0 1 6 7 7 9 6 1 3 7 8 4

填表日期:2019 年 7 月 8 日　　　　　　　　　　　　　　　单位:吨、元(列至角分)

一、当期准予抵减的外购啤酒液已纳税款计算
　1.期初库存外购啤酒液数量:
　2.当期购进啤酒液数量:
　3.期末库存外购啤酒液数量:
　4.当期准予抵减的外购啤酒液已纳税款:
二、当期准予抵减的进口葡萄酒已纳税款
三、本期准予抵减税款合计
附:准予抵减消费税凭证明细

(续表)

啤酒 (增值税 专用 发票)	号码	开票日期	数量	单价	定额税率(元/吨)
	合计	—		—	
葡萄酒 (海关进 口消费 税专用 缴款书)	号码	开票日期	数量	完税价格	税款金额
	合计	—			

表 3-6　　　　　　　　　　本期代收代缴税额计算表

税款所属期:2019 年 6 月 1 日至 2019 年 6 月 30 日

纳税人名称(公章):　　　纳税人识别号：6 6 7 3 5 5 5 2 0 1 6 7 7 9 6 1 3 7 8 4

填表日期:2019 年 7 月 8 日　　　　　　　　　　　金额单位:元(列至角分)

项目	应税消费品名称	粮食白酒	薯类白酒	啤酒	啤酒	黄酒	其他酒	合计
适用税率	定额税率	0.5 元/斤	0.5 元/斤	250 元/吨	220 元/吨	240 元/吨	—	—
	比例税率	20%	20%	—	—	—	10%	
受托加工数量					10			
同类产品销售价格					2 800	—		
材料成本					3 600			
加工费					15 000			
组成计税价格					2 800			
本期代收代缴税款					2 200			

表 3-7　　　　　　　　　　生产经营情况表

税款所属期:2019 年 6 月 1 日至 2019 年 6 月 30 日

纳税人名称(公章):　　　纳税人识别号：6 6 7 3 5 5 5 2 0 1 6 7 7 9 6 1 3 7 8 4

填表日期:2019 年 7 月 8 日　　　　　　　　　　　金额单位:元(列至角分)

项目	应税消费品名称	粮食白酒	薯类白酒	啤酒 (250 元/吨)	啤酒 (220 元/吨)	黄酒	其他酒
生产数量		27		100	50		
销售数量		24		80	50		
委托加工收回酒及酒精直接销售数量							
委托加工收回酒及酒精直接销售额							
出口免税销售数量							
出口免税销售额							

项目四

城市维护建设税和教育费附加

知识目标

1. 掌握城市维护建设税(简称城建税)纳税人的类别、征税范围和税率。
2. 掌握城市维护建设税的计算。
3. 掌握教育费附加的征税范围、税率及计算。

能力目标

1. 能够确定城市维护建设税的征税范围和税率。
2. 能够正确计算城市维护建设税及教育费附加的应纳税额。

任务一　认识城市维护建设税

任务情境

华为贸易集团公司下属子公司2019年6月有以下业务发生：
1. 登峰贸易有限公司国内销售缴纳增值税460 000万元。
2. 登峰制造有限公司进口一批原材料，缴纳增值税480 000万元。
3. 登峰酒业有限公司本月缴纳消费税120 000万元，增值税100 000元。
4. 登峰餐饮有限公司本月缴纳增值税850 000万元。

任务要求

假设你是该贸易集团公司的办税员，请你分析该集团下属子公司上述业务中哪些需要缴纳城市维护建设税。

一、什么是城市维护建设税

城市维护建设税法，是指国家制定的用以调整城市维护建设税征收与缴纳权利及义务关系的法律规范。现行城市维护建设税的基本规范，是1985年2月8日国务院颁布并于该年度起实施的《中华人民共和国城市维护建设税暂行条例》。

城市维护建设税（以下简称城建税），是国家对缴纳增值税、消费税的单位和个人以其实际缴纳的增值税、消费税税额为计税依据而征收的一种税。现行城建税以增值税、消费税税额为计征依据，是国家为了加强城市的维护建设，扩大和稳定城市维护建设资金的来源而采取的一项税收措施，属于特定目的税，所以城建税的特点有：一是具有附加税性质，它以纳税义务人实际缴纳的增值税、消费税税额为计税依据，附加于增值税、消费税税额，本身并没有特定的、独立的征税对象；二是税款专款专用，城建税税款专门用于城市的公用事业和公共设施的维护建设；三是根据城镇规模设计不同的比例税率。城镇规模大的，税率高一些，反之，就低一些，使不同地区获取不同数量的城市建设资金，因地制宜地进行城市的维护和建设。

城建税的作用主要表现在：

（1）扩大城乡建设资金来源。城建税的全部收入专项用于公用事业和公共设施的维护建设，使城市维护建设资金有了比较稳定、可靠的资金来源，同时还可以随着经济的发展而逐步增长。

（2）加速改变城乡面貌。城建税的征收范围广，在筹集改善大中城市建设所需资金的同时，为乡镇的建设和开发、改变乡镇企业的生产环境广开资金来源。

（3）调动地方加强城市维护建设的积极性。城建税收入归地方政府安排，使地方各级政府更多地关心城建税的征收管理。

（4）有利于完善地方税体系。城市维护建设税是地方税，充实和完善了地方税体系，扩大了地方财政收入，为实行分税制财政体制奠定了基础。

二 城市维护建设税的纳税人、税率

1.纳税人

城建税的纳税人,是指负有缴纳增值税、消费税义务的单位和个人,包括各种性质的企业和行政单位、事业单位、军事单位、社会团体、其他单位以及个体工商户及其他个人,只要缴纳了增值税、消费税中的任何一个税种,都必须同时缴纳城市维护建设税。

自2010年12月1日起,对外商投资企业、外国企业及外籍个人开始征收城市维护建设税。对外资企业2010年12月1日(含)之后发生纳税义务的增值税、消费税征收城市维护建设税。

2.税率

城建税的税率,是指纳税人应缴纳的城建税税额与纳税人实际缴纳的增值税、消费税税额的比率,城市维护建设税实行地区差别比例税率,见表4-1。

表4-1 城市维护建设税的税率

一般规定		特殊规定(按缴纳增值税、消费税所在地的规定税率就地缴纳城建税)
纳税义务人所在地	税率	1.由受托方代扣代缴、代收代缴增值税、消费税的单位和个人,其代扣代缴、代收代缴的城建税按受托方所在地适用税率执行。
市区	7%	
县城、镇	5%	2.流动经营等无固定纳税地点的单位和个人,在经营地缴纳增值税、消费税的,其城建税的缴纳按经营地适用税率执行。
不在市区、县城或者镇	1%	

纳税单位和个人缴纳城市维护建设税的适用税率,一律按其纳税所在地的适用税率执行。县政府设在城市市区的,其在市区开办的企业,按照市区的规定税率缴纳城建税。纳税人所在地为工矿区的,应按工矿区的行政区划级别分别按7%、5%和1%的税率缴纳城市维护建设税。

三 城市维护建设税应纳税额的计算

1.计税依据

城市维护建设税的计税依据,是指纳税人实际缴纳的增值税、消费税税额。纳税人违反增值税、消费税有关税法而加收的滞纳金和罚款,是税务机关对纳税人违法行为的经济制裁,不作为城建税的计税依据,但纳税人在被查补增值税、消费税和被处以罚款时,应同时对其偷漏的城建税进行补税,征收滞纳金和罚款。

城市维护建设税以增值税、消费税税额为计税依据并同时征收,免征或者减征增值税、消费税时,应同时免征或者减征城建税。

自1997年1月1日起,供货企业向出口企业和市县外贸企业销售出口产品时,以增值税当期销项税额抵扣进项税额后的余额,计算缴纳城建税。但对出口产品退还增值税、消费税的,不退还已缴纳的城建税。

自2005年1月1日起,经国家税务局正式审核批准的当期免抵的增值税税额应纳入城市维护建设税和教育费附加的计征范围,分别按规定的税(费)率征收城市维护建设税和教育费附加。对于2005年1月1日前,已按免抵的增值税税额征收的城市维护建设税和教育费附加不再退还,未征的不再补征。

2.应纳税额的计算

城建税纳税人应纳税额的大小是由纳税人实际缴纳的增值税、消费税税额决定的，其计算公式为

$$应纳税额 = \left(\begin{array}{c}实际缴纳的\\增值税税额\end{array} + \begin{array}{c}实际缴纳的\\消费税税额\end{array}\right) \times 适用税率$$

【例 4-1】

青州市一企业 2019 年 6 月实际缴纳增值税 300 000 元，缴纳消费税 400 000 元。计算该企业应纳的城建税。

应纳城建税 = (300 000 + 400 000) × 7% = 49 000(元)

【例 4-2】

赵川镇一卷烟厂，2019 年 6 月实际缴纳消费税 40 000 元，缴纳增值税 30 000 元，被查补消费税 10 000 元，增值税 5 000 元，处以罚款 8 000 元，加收滞纳金 600 元。计算该企业应纳的城建税。

应纳城建税 = (40 000 + 30 000 + 10 000 + 5 000) × 5% = 4 250(元)

【例 4-3】

天山公司为国有企业，位于某市桥东区，2019 年 6 月应缴纳增值税 10 万元，实际缴纳了 8 万元，应缴纳消费税 7 万元，实际缴纳了 6 万元。计算该公司 6 月应缴纳的城市维护建设税。

应纳城建税 = (8 + 6) × 7% = 0.98(万元)

需要说明的是，由于城建税实行纳税人所在地差别比例税率，所以在计算应纳税额时，应格外注意根据纳税人所在地来确定适用税率。同时还应明确，纳税人不是在增值税、消费税义务均发生并缴纳后才发生城建税的纳税义务，而是增值税、消费税中只要发生其中一种纳税义务并实际缴纳就应缴纳城建税。

3.税收优惠

城建税原则上不单独减免，但因城建税具有附加税性质，故当主税发生减免时，城建税也相应发生减免。城建税的税收减免具体有以下几种情况：

(1)城建税按减免后实际缴纳的增值税、消费税税额计征，即随增值税、消费税的减免而减免。

(2)对于因减免税而需进行增值税、消费税退库的，城建税可同时退库。

(3)海关对进口产品代征的增值税、消费税，不征收城建税。

(4)为支持国家重大水利工程建设，对国家重大水利工程建设基金免征城市维护建设税。

(5)对增值税、消费税实行先征后返、先征后退、即征即退办法的，除另有规定外，对随增值税、消费税附征的城市维护建设税和教育费附加，一律不予退(返)还。

四 城市维护建设税的征收管理

1.纳税环节

城建税的纳税环节,是指城建税法规定的纳税人应当缴纳城建税的环节。城建税的纳税环节,实际就是纳税人缴纳增值税、消费税的环节。纳税人只要发生增值税、消费税的纳税义务,就要在同样的环节,分别计算缴纳城建税,但进口环节除外。

2.纳税地点

城建税以纳税人实际缴纳的增值税、消费税税额为计税依据,分别与增值税、消费税同时缴纳。所以,纳税人缴纳增值税、消费税的地点,就是该纳税人缴纳城建税的地点。但是,下列情况除外:

(1)代扣代缴、代收代缴增值税、消费税的单位和个人,同时也是城建税的代扣代缴、代收代缴义务人,其城建税的纳税地点在代扣代收地。

(2)跨省开采的油田,下属生产单位与核算单位不在同一省份的,其生产的原油,在油井所在地缴纳增值税,其应纳税款由核算单位按照各油井的产量和规定税率,计算汇拨各油井缴纳。所以,各油井应纳的城建税,应由核算单位计算,随同增值税一并汇拨油井所在地,由油井在缴纳增值税的同时,一并缴纳城建税。

(3)对管道局输油部分的收入,由取得收入的各管道局于所在地缴纳增值税。所以,其应纳城建税,也应由取得收入的各管道局于所在地缴纳增值税时一并缴纳。

(4)对流动经营等无固定纳税地点的单位和个人,应随同增值税、消费税在经营地按适用税率缴纳。

3.纳税期限

由于城建税是由纳税人在缴纳增值税、消费税时同时缴纳的,所以其纳税期限分别与增值税、消费税的纳税期限一致。根据增值税法和消费税法规定,增值税、消费税的纳税期限分别为1日、3日、5日、10日、15日、1个月或者一个季度。增值税、消费税的纳税义务人的具体纳税期限,由主管税务机关根据纳税义务人应纳税额大小分别核定;不能按照固定期限纳税的,可以按次纳税。

五 城市维护建设税的申报

凡缴纳增值税、消费税的单位和个人,都是城市维护建设税的纳税人,都应当依照本条例的规定缴纳城市维护建设税。城市维护建设税的纳税期限与增值税、消费税的期限相同。

1.纳税申报资料及纳税申报表样式

纳税人需填写《通用申报表(税及附征税费)》,见表4-2。

2.纳税申报案例

天山市胜利机械制造有限公司,纳税人识别号为400735552016009,办税员李彦宏,主管税务机关天山市桥东区税务局,2019年6月实际缴纳增值税300 000元,缴纳消费税400 000元。计算该公司应缴纳的城建税税额并填制相应的纳税申报表。

3.纳税申报案例分析

应纳城建税税额=(300 000+400 000)×7%=49 000(元)

将纳税申报案例分析数据填入《通用申报表(税及附征税费)》,见表4-2。

表 4-2　　　　　　　　　A06119《通用申报表(税及附征税费)》

通用申报表(税及附征税费)

纳税人识别号:400735552016009　　　　　　　　　　　纳税人名称:胜利机械制造有限公司

征收项目	征收品目	税(费)款所属期起	税(费)款所属期止	应税项(总数量或收入总额、应缴费人数、原值、面积、缴费基数等)	减除项(允许减除数量、金额、面积、已安排残疾人数等)	计税(费)依据	税(费)率或单位税额	应税所得率	速算扣除数	本期应纳税(费)额	减免税(费)额	减免性质	本期已缴税(费)额	本期应补(退)税(费)额
城建税	增值税	6月1日	6月30日	300 000		300 000	7%			21 000				21 000
城建税	消费税	6月1日	6月30日	400 000		400 000	7%			28 000				28 000
合计	—	—	—							49 000				49 000

办税人:李彦宏　　申报日期:　　　受理人:　　　受理日期:　　　受理税务机关:天山市桥东区税务局

任务二　认识教育费附加

任务情境

山东华亚公司2019年6月实际缴纳增值税500 000万元,消费税600 000万元。

任务要求

请你以该公司办税员的身份计算该公司6月份应该缴纳的教育费附加是多少。

一　什么是教育费附加

教育费附加是对缴纳增值税、消费税的单位和个人,就其实际缴纳的增值税、消费税税额为计税依据征收的一种附加费。

教育费附加是为加快地方教育事业、扩大地方教育经费而征收的一项专用基金。1985年,中共中央颁布了《关于教育体制改革的决定》,指出必须在国家增拨教育基本建设投资和教育经费的同时,充分调动企事业单位和其他各种社会力量办学的积极性,开辟多种渠道筹措经费。为此,国务院于1986年4月28日颁布了《征收教育费附加的暂行规定》,同年7月1日开始在全国范围内征收教育费附加。我国现行教育费附加的征收比率为3%。

二 教育费附加的纳税人和税率

对外商投资企业、外国企业及外籍个人2010年12月1日(含)之后发生纳税义务的增值税、消费税征收教育费附加;对其2010年12月1日之前发生纳税义务的增值税、消费税,不征收教育费附加。

1986年教育费附加开征时,征收比率为1%,1990年5月,征收比率增至2%,自1994年1月1日至今,教育费附加征收比率为3%。

三 教育费附加应纳税额的计算

教育费附加以纳税人实际缴纳的增值税、消费税税额之和为计税依据,分别与增值税、消费税同时缴纳。

应纳教育费附加=(实际缴纳的增值税税额+实际缴纳的消费税税额)×征收比率

【例4-4】

燕山市一企业2019年6月实际缴纳增值税300 000元,缴纳消费税400 000元。计算该企业应缴纳的教育费附加。

应纳教育费附加=(300 000+400 000)×3%=21 000(元)

【例4-5】

新天下商场位于某市桥西区,2019年6月,应缴纳增值税18万元,实际缴纳16万元,应缴纳消费税11万元,实际缴纳消费税9万元,计算该商场6月应缴纳的城市维护建设税和教育费附加各是多少。

应缴纳城建税=(16+9)×7%=1.75(万元)
应缴纳教育费附加=(16+9)×3%=0.75(万元)

四 教育费附加的减免规定

教育费附加的减免,原则上比照增值税、消费税的减免。如果税法规定减免增值税、消费税的,则教育费附加也相应减免。主要的减免规定有:

(1)对海关进口的产品征收的增值税、消费税,不征收教育费附加。

(2)对由于减免增值税、消费税而发生退税的,可同时退还已征收的教育费附加。但对出口产品退还增值税、消费税的,不退还已征的教育费附加。

(3)为进一步加大对小微企业的扶持力度,经国务院批准,自2016年2月1日起,对按月纳税的月销售额或营业额不超过10万元(含10万元),以及按季纳税的季度销售额或营业额不超过30万元(含30万元)的缴纳义务人,免征教育费附加和地方教育费附加。

项目五

企业所得税纳税实务

知识目标

1. 了解企业所得税纳税申报的程序和方法。
2. 掌握企业所得税纳税人的类别、征税范围及税率。
3. 掌握企业所得税应纳税额的计算。
4. 掌握企业所得税的纳税申报。

能力目标

1. 能够正确判断居民企业纳税人、非居民企业纳税人适用何种税率。
2. 能够正确确定企业所得税的计税依据、税率,准确计算企业所得税的应纳税额。
3. 能够正确填制企业所得税的纳税申报表及附表。

任务一　认识企业所得税

任务情境

2019年6月1日，山东东营的高宁和徐元在英属维尔京群岛注册成立天鸟商贸公司，注册资本40 000美元，并经工商局批准在山东省东营市黄河工贸园区设立分支机构，从事电子产品进出口贸易。经税务局了解，天鸟商贸公司的主要业务都发生在中国境内，并且董事会召开地和主要财产所在地也都在中国境内。

该公司安排财务部雇员主管相关税务，要求按照非居民企业纳税。

任务要求

假如你是主管税务机关工作人员，该如何答复该公司的要求。

从1984年开始，在"利改税"的基础上，按企业所有制性质，分别设置了国营企业所得税、集体企业所得税和私营企业所得税三个税种。1994年1月1日，将这三个税种合并为统一的内资企业所得税，称为企业所得税。2007年3月16日，第十届全国人大第三次会议通过了《中华人民共和国企业所得税法》，并于2008年1月1日起施行。2007年12月28日，国务院审议通过了《中华人民共和国企业所得税实施条例》。随后国家财政、税务主管部门又制定了一系列有关所得税的部门规章和规范性文件。这些法律、法规构成了我国企业所得税法律制度。

一　什么是企业所得税

企业所得税是指对我国境内除个人独资企业、合伙企业以外的企业和其他取得收入的组织（以下统称企业），就其生产经营所得和其他所得征收的一种税。企业所得税是一种直接税，是仅次于增值税的第二大税种。目前，企业所得税占国家全部税收收入的20%左右，见表5-1。

表5-1　　　　　我国企业所得税占税收收入总额比重　　　　　单位：万元

年度	税收总额	企业所得税额	企业所得税比重%
2010	73 210.79	12 843.54	17.54
2011	89 738.89	16 769.64	18.69
2012	100 614.28	19 654.53	19.53
2013	110 497.33	22 415.76	20.29
2014	119 175.31	24 642.19	20.68
2015	124 922.20	27 133.87	21.72
2016	130 360.73	28 851.36	22.13

(续表)

年度	税收总额	企业所得税额	企业所得税比重%
2017	144 369.87	32 117.29	22.25
2018	156 400.52	35 322.82	22.58

资料来源：中国财政部

二 认识企业所得税的纳税人、征税对象、税率

（一）企业所得税的纳税人

企业所得税的纳税人是指在中华人民共和国境内的企业、事业单位、社会团体以及其他取得收入的组织。个人独资企业、合伙企业不适用《企业所得税法》，不缴纳企业所得税。

我国采用了"登记注册地标准"和"实际管理机构地标准"相结合的办法，将企业分为居民企业和非居民企业。因此，企业所得税的纳税人可相应地分为居民企业和非居民企业两种。

微课11 企业所得税的纳税人

1.居民企业

居民企业是指依法在中国境内成立，或者依照外国（地区）法律成立但实际管理机构在中国境内的企业。例如，在我国注册成立的摩托罗拉（中国）公司、沃尔玛（中国）公司，就是我国的居民企业；在美国、英国等国家和地区注册的公司，如实际管理机构在我国境内，也是我国的居民企业。居民企业负有无限纳税义务，应当就其来源于中国境内、境外的所得缴纳企业所得税。

在中国境内成立的企业包括依照中国法律、行政法规在中国境内成立的企业、事业单位、社会团体以及其他取得收入的组织。实际管理机构是指对企业的生产经营、人员、账务、财产等实施实质性全面管理和控制的机构。

2.非居民企业

非居民企业是指依照外国（地区）法律成立且实际管理机构不在中国境内，但在中国境内设立机构、场所的，或者在中国境内未设立机构、场所，但有来源于中国境内所得的企业。机构、场所是指在中国境内从事生产经营活动的机构、场所，主要包括：

（1）管理机构、营业机构、办事机构。

（2）工厂、农场、开采自然资源的场所。

（3）提供劳务的场所。

（4）从事建筑、安装、装配、修理、勘探等工程作业的场所。

（5）其他从事生产经营活动的机构、场所。

非居民企业委托营业代理人在中国境内从事生产经营活动的，视同设立机构、场所。

非居民企业负有有限纳税义务，在中国境内设立机构、场所的，应当就其所设机构、场所取得的来源于中国境内的所得，以及发生在中国境外但与其所设机构、场所有实际联系的所得，缴纳企业所得税；在中国境内未设立机构、场所的，或者虽设立机构、场所但取得的所得与其所设机构、场所没有实际联系的，应当就其来源于中国境内的所得缴纳企业所得税。

【例5-1】

根据企业所得税法的规定,下列企业中属于非居民企业的是( )。
A.设在北京市的某国有独资企业
B.依照百慕大法律设立且管理机构在上海的某公司
C.总部设在上海的外资企业
D.依照美国法律成立,未在中国境内设立机构、场所,但有来源于中国境内所得的某公司

答案为 D。

(二)企业所得税的征税对象

企业所得税的征税对象是纳税人(包括居民企业和非居民企业)所取得的生产经营所得、其他所得和清算所得。

1.居民企业的征税对象

居民企业应当就其来源于中国境内、境外的所得缴纳企业所得税,但为了避免重复征税,对居民企业在境外已纳的所得税款可以抵扣。

来源于中国境内、境外的所得包括销售货物所得、提供劳务所得、转让财产所得、股息红利等权益性投资所得、利息所得、租金所得、特许权使用费所得、接受捐赠所得和其他所得。

2.非居民企业的征税对象

非居民企业在中国境内设立机构、场所的,应当就其所设机构、场所取得的来源于中国境内的所得,以及发生在中国境外但与其所设机构、场所有实际联系的所得,缴纳企业所得税,但其在境外已纳的所得税款可以抵扣。非居民企业在中国境内未设立机构、场所的,或者虽设立机构、场所但取得的所得与其所设机构、场所没有实际联系的,应当就其来源于中国境内的所得缴纳企业所得税。

非居民企业发生在中国境外但与其所设机构、场所有实际联系的所得,是指非居民企业在中国境内设立的机构、场所拥有据以取得所得的股权、债权以及拥有、管理、控制据以取得所得的财产等。

3.所得来源地的确定

所得来源地的判断标准直接关系到企业纳税义务的大小,也涉及国家之间以及国内不同地区之间税收管辖权的问题。来源于中国境内、境外的所得,按照以下原则确定:

(1)销售货物所得,按照交易活动发生地确定。

(2)提供劳务所得,按照劳务发生地确定。

(3)转让财产所得,分三种情况:第一,不动产转让所得按照不动产所在地确定。第二,动产转让所得按照转让动产的企业或者机构、场所所在地确定。第三,权益性投资资产转让所得按照被投资企业所在地确定。

(4)股息、红利等权益性投资所得,按照分配所得企业的所在地确定。

(5)利息所得、租金所得、特许权使用费所得,按照负担或者支付所得的企业或者机构、场所所在地确定。

(6)其他所得,由国务院财政、税务主管部门确定。

(三)企业所得税的税率

全世界近160个实行企业所得税的国家(地区)平均税率为28.6%,我国周边18个国家(地区)平均税率为26.7%。我国企业所得税实行比例税率。现行规定是:

1. 基本税率为25%

基本税率适用于居民企业的境内、外所得;非居民企业在中国境内设立机构、场所的,其来源于中国境内的所得,以及在中国境外取得,但与其所设机构、场所有实际联系的所得。

2. 低税率为20%

低税率适用于在中国境内未设立机构、场所,或虽设立机构、场所但取得的所得与机构、场所没有实际联系的非居民企业,其来源于中国境内的所得。在实际征税时,对符合条件的企业还可适用10%的优惠税率。

此外,国家为了扶持和鼓励发展特定的产业和项目,还规定了两档优惠税率:符合条件的小型微利企业,减按20%的税率征收企业所得税;国家需要重点扶持的高新技术企业,减按15%的税率征收企业所得税。

任务二 应纳税所得额的确定

任务情境

利民企业为居民纳税人,2018年取得销售收入2 500万元,销售成本1 100万元。发生销售费用670万元(其中广告费450万元),管理费用480万元(其中业务招待费15万元),财务费用60万元,销售税金160万元(含增值税120万元),营业外收入70万元,营业外支出50万元(含通过公益性社会团体向贫困山区捐款30万元,支付税收滞纳金6万元),计入成本、费用中的实发工资总额150万元,拨付职工工会经费3万元、支付职工福利费和职工教育经费29万元。

任务要求

计算利民企业2018年度的应纳税所得额。

一 应纳税所得额的计算

1. 应纳税所得额的确定

企业每一纳税年度的收入总额,减除不征税收入、免税收入、各项扣除以及允许弥补的以前年度亏损后的余额,为应纳税所得额。亏损是指企业依照《企业所得税法》及其条例的规定,将每一纳税年度的收入总额减除不征税收入、免税收入和各项扣除后小于零的数额。亏损可以向以后年度结转,但结转年度最长不超过5年。需要注意的是,税法中的亏损和财务会计中的亏损含义是不同的。财务会计上的亏损是指当年总收益小于当年总支出。应纳税所得额的计算公式为

$$应纳税所得额 = 收入总额 - 不征税收入 - 免税收入 - 准予扣除的项目金额 - 允许弥补的以前年度亏损$$

或

$$应纳税所得额 = 利润总额（会计利润） \pm 纳税调整项目金额$$

2.应纳税所得额的计算原则

企业应纳税所得额的计算以权责发生制为原则，属于当期的收入和费用，不论款项是否收付，均作为当期的收入和费用；不属于当期的收入和费用，即使款项已经在当期收付，均不作为当期的收入和费用。国务院财政、税务主管部门另有规定的除外。在计算应纳税所得额时，企业财务会计处理办法与税收法律法规不一致的，应当依照税收法律法规的规定计算。

权责发生制是应用较为广泛的企业会计计算方法，也被我国大多数企业所采纳。在税务处理过程中，以权责发生制确定应税收入的理由在于，经济活动导致企业实际获取或拥有对某一利益的控制权时，就表明企业已产生收入，相应地，也产生了与该收入相关的纳税义务。权责发生制条件下，企业收入的确认一般要同时满足以下两个条件：一是支持取得该收入权利的所有事项已经发生；二是应该取得的收入额可以被合理、准确地确定。权责发生制便于计算应纳税所得额，因此规定企业所得税应纳税所得额的计算以权责发生制为原则。

二　收入总额的确定

收入总额是企业以货币形式和非货币形式从各种来源取得的收入。收入总额是指企业在日常活动中形成的、会导致所有者权益增加的、与所有者投入资本无关的经济利益的总流入。收入只有在经济利益很可能流入，并导致企业资产增加或者负债减少且经济利益的流入额能够可靠计量时才能予以确认。具体包括：

（一）销售货物收入

销售货物收入，是指企业销售商品、产品、原材料、包装物、低值易耗品以及其他存货取得的收入。除法律另有规定外，企业销售货物收入的确认，必须遵循权责发生制原则和实质重于形式原则。

1.销售货物收入同时满足下列条件的，才能予以确认：

（1）企业已将商品所有权上的主要风险和报酬转移给购货方。

（2）企业既没有保留通常与所有权相联系的继续管理权，也没有对已售出的商品实施有效控制。

（3）收入的金额能够可靠地计量。

（4）相关的经济利益很可能流入企业。

（5）相关的已发生或将发生的成本能够可靠地计量。

2.符合上述收入确认条件，采取下列商品销售方式的，应按以下规定确认收入实现时间：

（1）销售商品采用托收承付方式的，在办妥托收手续时确认收入。

(2)销售商品采用预收款方式的,在发出商品时确认收入。

(3)销售商品需要安装和检验的,在购买方接受商品以及安装和检验完毕时确认收入。如果安装和检验比较简单,在发出商品时确认收入。

(4)销售商品采用支付手续费方式委托代销的,在收到代销清单时确认收入。

3.采用售后回购方式销售的商品,按售价确认收入,回购的商品按购进商品处理。有证据表明不符合销售收入确认条件的,比如以销售商品方式进行融资,收到的款项应确认为负债,回购价格大于原售价的,差额应在回购期间确认为利息费用。

4.以旧换新方式销售的商品,应当按照销售商品收入确认条件确认收入,回购的商品作为购进商品处理。

5.企业为促进商品销售而在商品价格上给予的价格扣除属于商业折扣,商品销售涉及商业折扣的,应当按照扣除商业折扣后的金额确定销售商品收入金额;销售商品涉及现金折扣的,应当按照销售总金额确定销售商品收入金额,现金折扣在实际发生时作为财务费用扣除;企业已经确认销售收入的售出商品发生销售折让和销售退回,应当在发生当期冲减当期销售商品收入。

(二)提供劳务收入

提供劳务收入,是指企业从事建筑安装、修理修配、交通运输、仓储租赁、金融保险、邮电通信、咨询经纪、文化体育、科学研究、技术服务、教育培训、餐饮住宿、中介代理、卫生保健、社区服务、旅游、娱乐、加工以及其他劳务服务活动取得的收入。提供劳务收入的确认条件是:企业在资产负债表日提供劳务交易的结果能够可靠估计的,应当采用完工百分比法确认提供劳务收入。

(三)转让财产收入

转让财产收入,是指企业转让固定资产、生物资产、无形资产、股权、债权等财产取得的收入。企业转让固定资产,应当将处置收入扣除账面价值和相关税费后的金额计入当期损益。企业出售(转让)无形资产,应当将取得的价款与该无形资产账面价值的差额计入当期损益;企业出售股权投资,应当按照规定的程序和方式进行,股权投资出售底价,参照资产评估结果确定,并按照合同约定收取所得价款,在履行交割时,对尚未收款部分的股权投资,应当按照合同的约定结算,取得受让方提供的有效担保。

(四)股息、红利等权益性投资收益

股息、红利等权益性投资收益,是指企业因权益性投资从被投资方取得的收入。**股息收入**是指企业因投资而定期从被投资企业取得的、以货币形式为主的收入。**红利收入**是指根据股票持有额,超过按一定利息率而额外获得的货币或其他形式的收入。股息、红利等权益性投资收益,除国务院财政、税务主管部门另有规定外,按照被投资方做出利润分配决定的日期确认收入的实现。

被投资企业将股权(票)溢价所形成的资本公积转为股本的,不作为投资方的股息、红利收入,投资方也不得增加该项长期投资的计税基础。

(五)利息收入

利息收入,是指企业将资金提供他人使用但不构成权益性投资,或者因他人占用本

企业资金取得的收入,包括存款利息、贷款利息、债券利息、欠款利息等收入。利息收入属于让渡资产使用权收入,应同时满足以下条件,才能予以确认:①相关经济利益很可能流入企业;②收入的金额能够可靠地计量。企业的利息收入按照合同约定的债务人应付利息的日期确认收入的实现。企业的利息收入金额,按照他人使用本企业货币资金的时间和实际利率计算确定。

(六)租金收入

租金收入,是指企业提供固定资产、包装物或者其他有形资产的使用权取得的收入。租金收入按照合同约定的承租人应付租金的日期确认收入的实现。如果交易合同或协议中规定租赁期限跨年度,且租金提前一次性支付的,出租人可对上述已确认的收入,在租赁期内,分期均匀计算相关年度收入。

(七)特许权使用费收入

特许权使用费收入,是指企业提供专利权、非专利技术、商标权、著作权以及其他特许权的使用权取得的收入。特许权使用费收入包括两种情况:一是转让所有权的收入;二是转让使用权的收入。特许权使用费收入,按照合同约定的特许权使用人应付特许权使用费的日期确认收入的实现。

(八)接受捐赠收入

接受捐赠收入,是指企业接受的来自其他企业、组织或者个人无偿给予的货币性资产、非货币性资产。企业接受捐赠的货币性资产,应一次性计入企业当年的应纳税所得额,依法计算缴纳企业所得税。企业接受捐赠的非货币性资产,应按照接受时资产的入账价值确认捐赠收入,并计入企业当期的应纳税所得额,在弥补企业以前年度所发生的亏损后,计算缴纳企业所得税。接受捐赠收入,按照实际收到捐赠资产的日期确认收入的实现。

(九)其他收入

其他收入,是指企业取得的除上述收入以外的其他收入,包括企业资产溢余收入、逾期未退包装物押金收入、确实无法偿付的应付款项、已作为坏账损失处理后又收回的应收款项、债务重组收入、补贴收入、违约金收入、汇兑收益等。

(十)特殊收入的确认

1.以分期收款方式销售货物的,按照合同约定的收款日期确认收入的实现。

2.企业受托加工制造大型机械设备、船舶、飞机以及从事建筑、安装、装配工程业务或者提供其他劳务等,持续时间超过12个月的,按照纳税年度内完工进度或者完成的工作量确认收入的实现。

3.采取产品分成方式取得收入的,按照企业分得产品的日期确认收入的实现,其收入额按照产品的公允价值确定。

4.企业发生非货币性资产交换以及将货物、财产、劳务用于捐赠、偿债、赞助、集资、广告、样品、职工福利或者利润分配等用途的,应当视同销售货物、转让财产或者提供劳务,但国务院财政、税务主管部门另有规定的除外。

【例5-2】

根据企业所得税法律制度的规定,下列各项有关收入确认时间的表述中,正确的是(   )。

A.企业的利息收入按照合同约定的债务人应付利息的日期确认收入的实现
B.以分期收款方式销售货物的,按照合同约定的收款日期确认收入的实现
C.采取产品分成方式取得收入的,按照企业分得产品的日期确认收入的实现
D.租金收入按照合同约定的承租人应付租金的日期确认收入的实现

答案为 ABCD。

三、不征税收入和免税收入的确定

1.不征税收入的确定

不征税收入是指从性质和根源上不属于企业营利性活动带来的经济利益、不负有纳税义务且不作为应纳税所得额的组成部分的收入。从性质上讲,不征税收入不属于企业经营性活动所带来的经济利益,而属于对一些企业所采取的特殊扶持和特殊优惠照顾措施,具有鼓励性质。具体包括:

(1)财政拨款,是指各级人民政府对纳入预算管理的事业单位、社会团体等组织拨付的财政资金,即按照预算法的规定,国家实行一级政府一级预算,财政拨款包括五级预算所对应的各级政府拨款。但国务院和国务院财政、税务主管部门另有规定的除外。

(2)依法收取并纳入财政管理的行政事业性收费,是指依照法律、法规等有关规定,按照国务院规定程序批准,在实施社会公共管理以及在向公民、法人或者其他组织提供特定公共服务过程中,向特定对象收取并纳入财政管理的费用。国家对行政事业性收费项目实行中央和省两级审批制度。国务院和省级政府及其财政、物价部门按照国家规定权限审批管理收费项目。重要收费项目的收费标准应由国务院价格、财政部门审核后,报请国务院批准。

(3)政府性基金,是指企业依照法律、行政法规等有关规定,代政府收取的具有专项用途的财政资金。它是各级人民政府及其所属部门根据法律、国家行政法规和中央、国务院有关文件的规定,为支持某项事业发展,按照国家规定程序批准,向公民、法人和其他组织征收的具有专项用途的资金。包括各种基金、资金、附加和专项收费,我国由财政部负责管理有关政府性基金。

(4)国务院规定的其他不征税收入,是指企业取得的,由国务院财政、税务主管部门规定专项用途并经国务院批准的财政性资金。

2.免税收入的确定

免税收入是指属于企业的应税所得,但按照税法规定免予征收企业所得税的收入,具体包括:

(1)国债利息收入。

(2)符合条件的居民企业之间的股息、红利等权益性投资收益。

(3)在中国境内设立机构、场所的非居民企业从居民企业取得的与该机构、场所有实际联系的股息、红利等权益性投资收益。

(4)符合条件的非营利性组织的收入。

【例5-3】

根据企业所得税法律制度的规定,在企业的下列收入中,属于免税收入的有(   )。

A.财政拨款

B.产品销售收入

C.国债利息收入

D.符合条件的居民企业之间的股息、红利等权益性投资收益

答案为CD。

四 准予扣除项目的确定

准予扣除项目是指企业实际发生的与取得收入有关的、合理的支出,包括成本、费用、税金、损失和其他支出,准予在计算应纳税所得额时扣除。有关的支出是指与取得收入直接相关的支出;合理的支出是指符合生产经营活动常规,应当计入当期损益或者有关资产成本的必要和正常的支出。

企业发生的支出应当区分收益性支出和资本性支出。收益性支出应当在发生当期直接扣除;资本性支出应当分期扣除或者计入有关资产成本,不得在发生当期直接扣除。比如企业固定资产投资就属于资本性支出,要通过计提折旧的形式分次扣除。

企业的不征税收入用于支出所形成的费用或者财产,不得扣除或者计算对应的折旧、摊销扣除;而企业的免税收入用于支出所形成的费用或者财产,则可以扣除或者计算对应的折旧、摊销扣除。

(一)税前扣除项目

1.成本

成本是指主营业务成本和其他业务成本,是企业在生产经营活动中发生的销售成本、销货成本、业务支出以及其他耗费。

企业使用或者销售存货,按照规定计算的存货成本准予扣除;企业的存货应以取得时的实际成本计价。企业转让资产,该项资产的净值准予扣除。

2.费用

费用是指会计上的期间费用,是企业在生产经营活动中发生的销售费用、管理费用和财务费用,已经计入成本的有关费用除外。

销售费用是指应由企业负担的为销售商品而发生的费用,包括广告费、运输费、包装费、展览费、保险费、销售佣金(能直接认定的进口佣金调整商品进价成本)、代销手续费、

经营性租赁费及销售部门发生的差旅费、工资、福利费等费用。

管理费用是指企业的行政管理部门为管理组织经营活动提供各项支援性服务而发生的费用。管理费用包括由企业统一负担的总部（公司）经费、研究开发费（技术开发费）、社会保障性缴款、劳动保护费、业务招待费、工会经费、职工教育经费、股东大会或董事会会费、开办费摊销、无形资产摊销（含土地使用费、土地损失补偿费）、矿产资源补偿费、坏账损失、消防费、排污费、绿化费、外事费和法律、财务、资料处理及会计事务方面的成本（咨询费、诉讼费、聘请中介机构费、商标注册费等）以及向总机构（指同一法人的总公司性质的总机构）支付的与本身营利活动有关的合理的管理费等。除国家税务总局或其授权的税务机关批准外，企业不得向其关联企业支付管理费。总部经费又称公司经费，包括行政管理人员的工资薪金、福利费、差旅费、办公费、折旧费、修理费、物料消耗、低值易耗品摊销等。

财务费用是指企业筹集经营性资金而发生的费用，包括利息净支出、汇兑净损失、金融监管手续费以及其他非资本化支出。

3.税金

税金是指企业发生的除企业所得税和允许抵扣的增值税以外的各项税金及其附加，即纳税人按规定缴纳的消费税、关税、城市维护建设税、资源税、土地增值税、教育费附加等产品销售税金及附加，以及房产税、车船税、城镇土地使用税、印花税等。企业缴纳的增值税属于价外税，故不在扣除范围之内。

【例 5-4】

根据企业所得税法律制度的规定，在企业缴纳的下列税金中，可以在计算应纳税所得额时扣除的有（　　）。

A.关税　　　　B.消费税　　　　C.增值税　　　　D.房产税

答案为 ABD。

4.损失

损失是指企业在生产经营活动中发生的固定资产和存货的盘亏、毁损、报废损失，转让财产损失，呆账损失，坏账损失，因自然灾害等不可抗力因素造成的损失以及其他损失。

企业发生的损失，减除责任人赔偿和保险赔款后的余额，依照国务院财政、税务主管部门的规定扣除。

企业已经作为损失处理的资产，在以后纳税年度又全部收回或者部分收回时，应当计入当期收入。

5.其他支出

其他支出是指除成本、费用、税金、损失外，企业在生产经营活动中发生的与生产经营活动有关的、合理的支出。

（二）扣除标准

1.工资、薪金支出

企业发生的合理的工资、薪金支出准予扣除。**工资、薪金**是指企业每一纳税年度支付给在本企业任职或者受雇的员工的所有现金形式或者非现金形式的劳动报酬，包括基本工资、奖金、津贴、补贴、年终加薪、加班工资以及与员工任职或者受雇有关的其他支出。

企业安置残疾人员的,在按照支付给残疾职工工资据实扣除的基础上,按照支付给残疾职工工资的100％加计扣除。残疾人员的范围适用《中华人民共和国残疾人保障法》的有关规定。

2. 职工福利费、工会经费、职工教育经费

企业发生的职工福利费、工会经费、职工教育经费按标准扣除,未超过标准的按实际数扣除,超过标准的只能按标准扣除。企业发生的职工福利费支出,不超过工资薪金总额14％的部分,准予扣除。企业拨缴的工会经费,不超过工资薪金总额2％的部分,准予扣除。自2018年1月1日起,企业发生的职工教育经费支出,不超过工资薪金总额8％的部分,准予在计算企业所得税应纳税所得额时扣除;超过部分,准予在以后纳税年度结转扣除。

【例5-5】

前进工厂2018年支付给职工的工资薪金的合理支出为600万元,实际发生的职工福利费为80万元,职工教育经费为18万元。试计算准予扣除的职工福利费和职工教育经费。

职工福利费的扣除限额=600×14％=84(万元),实际发生的职工福利费80万元小于扣除限额84万元,因此,80万元全部准予扣除。

职工教育经费的扣除限额=600×8％=48(万元),大于实际发生的职工教育经费18万元,因此,税前准予扣除的职工教育经费为18万元。

3. 各项保险费用

企业依照国务院有关主管部门或者省级人民政府规定的范围和标准为职工缴纳的基本养老保险费、基本医疗保险费、失业保险费、工伤保险费、生育保险费等基本社会保险费和住房公积金,准予扣除。

自2008年1月1日起,企业根据国家有关政策规定为投资者或者职工支付的补充养老保险费、补充医疗保险费,分别在不超过职工工资总额5％标准内的部分,准予扣除;超过的部分,不予扣除。

除企业依照国家有关规定为特殊工种职工支付的人身安全保险费和国务院财政、税务主管部门规定可以扣除的其他商业保险费外,企业为投资者和职工支付的商业保险费,不得扣除。

企业参加财产保险,按照规定缴纳的保险费,准予扣除。

企业职工因公出差乘坐交通工具发生的人身意外保险费支出,准予企业在计算应纳税所得额时扣除。

4. 借款费用

企业在生产经营活动中发生的合理的不需要资本化的借款费用,准予扣除。

企业为购置、建造固定资产、无形资产和经过12个月以上的建造才能达到预定可销售状态的存货而发生借款的,在有关资产购置、建造期间发生的合理的借款费用,应当作为资本性支出计入有关资产的成本,并依照折旧或摊销额的规定分期扣除。有关资产交付使用后发生的借款利息,可在发生当期扣除。

企业通过发行债券、取得贷款、吸收保户储金等方式融资发生的合理的费用支出,符合资本化条件的,应计入相关资产成本;不符合资本化条件的,应作为财务费用,准予在企业所得税前据实扣除。

5.利息费用

企业在生产经营活动中发生的下列利息支出,准予扣除:

(1)非金融企业向金融企业借款的利息支出、金融企业的各项存款利息支出和同业拆借利息支出、企业经批准发行债券的利息支出。

(2)非金融企业向非金融企业借款的利息支出,不超过按照金融企业同期同类贷款利率计算的数额的部分准予据实扣除,超过部分不许扣除。

(3)企业向自然人借款的利息支出在企业所得税税前的扣除。

①企业向股东或其他与企业有关联的自然人借款的利息支出,应根据《企业所得税法》及《财政部国家税务总局关于企业关联方利息支出税前扣除标准有关税收政策问题的通知》(财税[2008]121号)规定的条件计算企业所得税扣除额。

②企业向除股东或其他与企业有关联关系的自然人以外的内部职工或其他人员借款的利息支出在企业与个人之间签订了借款合同且企业与个人之间的借贷是真实、合法、有效的,并且不存在非法集资目的或其他违法行为的,其利息支出在不超过按照金融企业同期同类贷款利率计算的数额部分,准予扣除。

(4)凡企业投资者在规定期限内未缴足其应缴资本额的,该企业对外借款所发生的利息,相当于投资者实缴资本额与在规定期限内应缴资本额的差额应计付的利息,其不属于企业合理的支出,应由企业投资者负担,不得在计算企业应纳税所得额时扣除。

【例5-6】

前卫公司2018年度"财务费用"账户中的利息支出,含有于2018年1月20日以年利率8%向银行借入的9个月期的200万元流动资金的借款利息,也包括向本企业职工借入的与银行9个月期贷款利率相同的100万元流动资金的借款利息(年利率为8%)。该公司2018年度可在计算应纳税所得额时扣除的利息费用为多少万元。

该公司向银行借入借款利息=200×8%×9÷12=12(万元),该公司向本单位职工借入的借款利息支出,不超过按照金融企业同期同类贷款利率计算的数额的部分,可以在计算应纳税所得额时扣除,该部分扣除的利息=100×8%×9÷12=6(万元)。

该公司2018年可在计算应纳税所得额时扣除的利息费用为18万元。

6.汇兑损失

企业在货币交易中以及纳税年度终了时将人民币以外的货币性资产、负债按照期末即期人民币汇率中间价折算为人民币时产生的汇兑损失,除已经计入有关资产成本以及与向所有者进行利润分配相关的部分外,准予扣除。

7.业务招待费

企业发生的与生产经营活动有关的业务招待费支出,按照发生额的60%扣除,但最高不得超过当年销售(营业)收入的5‰。

企业在筹建期间,发生的与筹办活动有关的业务招待费支出,可按实际发生额的60%计入企业筹办费,并按有关规定在所得税税前扣除。

对从事股权投资业务的企业(包括集团公司总部、创业投资企业等),其从被投资企业所分配的股息、红利以及股权转让收入,可以按规定的比例计算业务招待费扣除限额。

【例5-7】

跃进公司2018年度实际发生的与经营活动有关的业务招待费为62万元,该公司2018年度的不含税产品销售收入为4 200万元。试计算该公司2018年准予税前扣除的业务招待费。

业务招待费的扣除标准=62×60%=37.2(万元)
业务招待费的扣除限额=4 200×5‰=21(万元)
因此,准予扣除的业务招待费为21万元。

8. 广告费和业务宣传费

企业发生的符合条件的广告费和业务宣传费支出,除国务院财政、税务主管部门另有规定外,不超过当年销售(营业)收入15%的部分,准予扣除;超过部分,准予在以后纳税年度结转扣除。企业申报扣除的广告费支出应与赞助支出严格区分。企业申报扣除的广告费支出,必须符合下列条件:广告是通过工商部门批准的专门机构制作的;已实际支付费用,并已取得相应发票;通过一定的媒体传播。企业在筹建期间发生的广告费和业务宣传费,可按实际发生额计入企业筹办费,并按有关规定在税前扣除。

自2016年1月1日至2020年12月31日,对化妆品制造或销售、医药制造和饮料制造(不含酒类制造)企业发生的广告费和业务宣传费支出,不超过当年销售(营业)收入30%的部分,准予扣除;超过部分在以后纳税年度结转扣除。

财税〔2017〕41号规定,烟草企业的烟草广告费和业务宣传费支出,一律不得在计算应纳税所得额时扣除。

【例5-8】

天利公司2018年度的不含税销售收入为1 200万元,实际发生广告支出和业务宣传费支出为120万元。试计算该公司准予税前扣除的广告费和业务宣传费。

扣除限额=1 200×15%=180(万元)

【例5-9】

根据企业所得税法律制度的规定,在计算企业应纳税所得额时,除国务院财政、税务主管部门另有规定外,有关费用支出不超过规定比例限额的准予扣除,超过部分准予在以后纳税年度结转扣除。下列各项中,属于该有关费用的是(　　)。

A.工会经费　　　　　　B.职工福利费
C.职工教育经费　　　　D.广告费和业务宣传费

答案为CD。

9.环境保护、生态恢复等方面的专项资金

企业依照法律、行政法规有关规定提取的用于环境保护、生态恢复等方面的专项资金，准予扣除。上述专项资金提取后改变用途的，不得扣除。

10.租赁费

企业根据生产经营活动的需要租入固定资产支付的租赁费，按照以下方法扣除：

(1)以经营租赁方式租入固定资产发生的租赁费支出，按照租赁期限均匀扣除；

(2)以融资租赁方式租入固定资产发生的租赁费支出，按照规定构成融资租入固定资产价值的部分应当提取折旧费用，分期扣除。

11.劳动保护支出

企业发生的合理的劳动保护支出，准予扣除。

12.总机构管理费支出

非居民企业在中国境内设立的机构、场所，就其中国境外总机构发生的与该机构、场所生产经营有关的费用，能够提供总机构出具的费用汇集范围、定额、分配依据和方法等证明文件并合理分摊的，准予扣除。

13.公益性捐赠支出

公益性捐赠支出是指企业通过公益性社会团体或者县级以上人民政府及其部门，用于《中华人民共和国公益事业捐赠法》规定的公益事业的捐赠，即企业将自己合法的财产自愿、无偿地赠送给合法受赠人，用于与生产经营活动没有直接关系的公益事业的行为。

按税法规定，企业发生的公益、救济性捐赠支出，在年度利润总额12%以内的部分，准予在计算应纳税所得额时扣除，超过部分准予结转以后三年内在计算应纳税所得额时扣除。年度利润总额是指企业依照国家统一会计制度规定计算的年度会计利润。

企业一般可以按照以下三种类型进行捐赠：

(1)公益性捐赠，即向教育、科学、文化、卫生医疗、体育事业和环境保护、社会公共设施建设的捐赠。

(2)救济性捐赠，即向遭受自然灾害或者国家确认的"老、少、边、穷"等地区以及慈善协会、红十字会、残疾人联合会、青少年基金会等社会团体或者困难的社会弱势群体和个人提供的用于生产、生活救济、救助的捐赠。

(3)其他捐赠，即除了上述捐赠外，其余出于弘扬人道主义目的或者促进社会发展与进步的其他社会公共福利事业的捐赠。

企事业单位、社会团体以及其他组织捐赠住房作为廉租住房的，视同公益性捐赠，按上述规定执行。

如果纳税人实际捐赠额小于捐赠扣除限额，税前应按实际捐赠额扣除，无须纳税调整；如果实际捐赠额大于或等于捐赠扣除限额时，税前按捐赠扣除限额扣除，超过部分准予结转以后三年内在计算应纳税所得额时扣除。

【例5-10】

> 天盛企业2018年实现利润总额286万元，"营业外支出"账户列支通过救灾委员会向灾区捐赠20万元，直接向农村学校捐赠20万元。试计算当年捐赠额和应纳所得税额。

利润总额＝286(万元)
捐赠额扣除限额＝286×12%＝34.32(万元)
实际捐赠支出总额＝20＋20＝40(万元)
捐赠支出纳税调整额＝40－34.32＝5.68(万元)
应纳税所得额＝286＋5.68＝291.68(万元)
应纳所得税额＝291.68×25%＝72.92(万元)
5.68万元可以在以后三个年度内结转扣除。

14. 盘亏、毁损净损失

企业当期发生的固定资产和流动资产盘亏、毁损净损失，由其提供清查盘存资料经向主管税务机关备案后，准予扣除；企业因盘亏、毁损、报废等原因不得从销项税金中抵扣的进项税额，应视同企业财产损失，准予与存货损失一起在所得税前按规定扣除。

15. 其他支出

其他支出是指除成本、费用、税金、损失外，企业在生产经营活动中发生的与生产经营活动有关的、合理的支出。如会员费、合理的会议费、差旅费、违约金、诉讼费等。

五 不允许扣除的项目

在计算应纳税所得额时，下列支出不得扣除：

(1) 向投资者支付的股息、红利等权益性投资收益，是指企业依法向投资于本企业的单位或者个人根据有关规定所支付的股息、红利等权益性投资收益款项。

(2) 企业所得税税款，是指企业依据国家法律、法规等规定所缴纳的所得税税款。

(3) 税收滞纳金，是指税务机关对未按规定期限缴税的企业或其扣缴义务人按应缴未缴税额的一定比例所处以的滞纳金。

(4) 违章行为所造成的罚金、罚款和被没收财物的损失，是指企业在生产经营过程中因违反国家法律、法规和规章，被国家司法机关、有关部门处以的罚金、罚款以及被没收财物的损失。

(5) 超过规定标准的捐赠支出，是指企业超出税法规定，用于公益性捐赠范围以外的捐赠支出以及超过规定标准以外的捐赠支出。

(6) 赞助支出，是指企业发生的与生产经营活动无关的各种非广告性支出。

(7) 未经核定的准备金支出，是指不符合国务院财政、税务主管部门规定的各项资产减值准备、风险准备等准备金支出。

根据《企业所得税法实施条例》第五十五条的规定，除财政部和国家税务总局核准计提的准备金可以税前扣除外，其他行业、企业计提的各项资产减值准备、风险准备等均不得税前扣除。

(8) 企业之间支付的管理费、企业内营业机构之间支付的租金和特许权使用费，以及非银行企业内营业机构之间支付的利息，不得扣除。

(9) 与取得收入无关的其他支出，是指除上述支出外的与取得收入无关的其他支出。

【例 5-11】

根据企业所得税法律制度的规定,下列各项中,在计算企业应纳税所得额时不得扣除的项目有(　　)。

A.向股东支付的股息

B.未经核定的准备金支出

C.罚金、罚款和被没收财物的损失

D.企业内部营业机构之间支付的租金

答案为 ABCD。

六 亏损弥补

亏损是指企业将每一纳税年度的收入总额减除不征税收入、免税收入和各项扣除后小于零的数额。企业某一纳税年度发生的亏损,准予向以后年度结转,用以后年度的所得弥补,但结转年限最长不得超过五年。

亏损弥补的含义有两个:一是自亏损年度的下一个年度起连续 5 年不间断地计算;二是连续发生年度亏损,也必须从第一个亏损年度算起,先亏先补,按顺序连续计算亏损弥补期,不得将每个亏损年度的连续弥补期相加,更不得断开计算。

自 2018 年 1 月 1 日起,当年具备高新技术企业或科技型中小企业资格(以下统称资格)的企业,其具备资格年度之前 5 个年度发生的尚未弥补完的亏损,准予结转以后年度弥补,最长结转年限由 5 年延长至 10 年。

企业在汇总计算缴纳企业所得税时,其境外营业机构的亏损不得抵减境内营业机构的盈利。

企业筹办期间不计算为亏损年度,企业开始生产经营的年度,为开始计算企业损益的年度。企业从事生产经营活动之前即筹办期间发生的筹办费用支出,不得计算为当期的亏损,企业可以在开始生产经营之日的当年一次性扣除,也可以按照新税法有关长期待摊费用的处理规定处理,但一经选定,不得改变。

如果一个企业既有应税项目,又有免税项目,其应税项目发生亏损时,按照税收法规规定可以结转以后年度弥补的亏损,应该是冲抵免税项目所得后的余额。此外,虽然应税项目有所得,但不足弥补以前年度亏损的,免税项目的所得也应用于弥补以前年度亏损。

例如,某工业企业 2017 年应税项目亏损 80 万元,免税项目所得 26 万元。2018 年应税项目所得 30 万元,免税项目所得 24 万元。则 2018 年结转以后年度弥补的亏损额应为 0。

七 资产的税务处理

企业的各项资产包括固定资产、生产性生物资产、无形资产、长期待摊费用、投资资产、存货等,均以历史成本为计税基础。历史成本是指企业取得该项资产时实际发生的支出。

企业持有各项资产期间资产增值或者减值,除国务院财政、税务主管部门规定可以确认损益外,不得调整该资产的计税基础。

企业转让资产,该项资产的净值准予在计算应纳税所得额时扣除。除另有规定外,企业在重组过程中,应当在交易发生时确认有关资产的转让所得或者损失,相关资产应当按照交易价格重新确定计税基础。

1.固定资产的计价和折旧

固定资产是指企业为生产产品、提供劳务、出租或者经营管理而持有的、使用时间超过12个月的非货币性资产,包括房屋、建筑物、机器、机械、运输工具以及其他与生产经营活动有关的设备、器具、工具等。在计算应纳税所得额时,企业按照规定计算的固定资产折旧,准予扣除。未作为固定资产管理的工具、器具等,作为低值易耗品,可以一次或分期扣除。

（1）下列固定资产不得计算折旧扣除：

①房屋、建筑物以外未投入使用的固定资产。

②以经营租赁方式租入的固定资产。

③以融资租赁方式租出的固定资产。

④已足额提取折旧仍继续使用的固定资产。

⑤与经营活动无关的固定资产。

⑥单独估价作为固定资产入账的土地。

⑦其他不得计算折旧扣除的固定资产。

（2）确定固定资产计税基础的方法

①外购的固定资产,以购买价款和支付的相关税费以及直接归属于使该资产达到预定用途发生的其他支出为计税基础。

②自行建造的固定资产,以竣工结算前发生的支出为计税基础。

③融资租入的固定资产,以租赁合同约定的付款总额和承租人在签订租赁合同过程中发生的相关费用为计税基础,租赁合同未约定付款总额的,以该资产的公允价值和承租人在签订租赁合同过程中发生的相关费用为计税基础。

④盘盈的固定资产,以同类固定资产的重置完全价值为计税基础。

⑤通过捐赠、投资、非货币性资产交换、债务重组等方式取得的固定资产,以该资产的公允价值和支付的相关税费为计税基础。

⑥改建的固定资产,除已足额提取折旧的固定资产的改建支出和租入固定资产的改建支出这两项规定的支出外,以改建过程中发生的改建支出为计税基础。

（3）固定资产的折旧方法

在计算应纳税所得额时,固定资产按照直线法计算的折旧,准予扣除。企业应当自固定资产投入使用月份的次月起计算折旧;停止使用的固定资产,应当自停止使用月份的次月起停止计算折旧。

企业应当根据固定资产的性质和使用情况,合理确定固定资产的预计净残值。固定资产的预计净残值一经确定,不得变更。

（4）固定资产的折旧年限

除国务院财政、税务主管部门另有规定外,固定资产计算折旧的最低年限是：

①房屋、建筑物,为20年。
②飞机、火车、轮船、机器、机械和其他生产设备,为10年。
③与生产经营活动有关的器具、工具、家具等,为5年。
④飞机、火车、轮船以外的运输工具,为4年。
⑤电子设备,为3年。

从事开采石油、天然气等矿产资源的企业,在开始商业性生产前发生的费用和有关固定资产的折耗、折旧方法,由国务院财政、税务主管部门另行规定。

2.生产性生物资产的计价和折旧

生产性生物资产是指企业为生产农产品、提供劳务或者出租等而持有的生物资产,包括经济林、薪炭林、产畜和役畜等。生产性生物资产按照以下方法确定计税基础:

(1)外购的生产性生物资产,以购买价款和支付的相关税费为计税基础。

(2)通过捐赠、投资、非货币性资产交换、债务重组等方式取得的生产性生物资产,以该资产的公允价值和支付的相关税费为计税基础。

在计算应纳税所得额时,生产性生物资产按照直线法计算的折旧,准予扣除。企业应当自生产性生物资产投入使用月份的次月起计算折旧;停止使用的生产性生物资产,应当自停止使用月份的次月起停止计算折旧。

企业应当根据生产性生物资产的性质和使用情况,合理确定生产性生物资产的预计净残值。生产性生物资产的预计净残值一经确定,不得变更。

生产性生物资产计算折旧的最低年限如下:

(1)林木类生产性生物资产,为10年。

(2)畜类生产性生物资产,为3年。

3.无形资产的计价和摊销

无形资产是指企业为生产产品、提供劳务、出租或者经营管理而持有的,但没有实物形态的非货币性长期资产,包括专利权、商标权、著作权、土地使用权、非专利技术、商誉等。在计算应纳税所得额时,企业按照规定计算的无形资产摊销费用,准予扣除。

(1)下列无形资产不得计算摊销费用扣除:

①自行开发的、支出已在计算应纳税所得额时扣除的无形资产。

②自创商誉。

③与经营活动无关的无形资产。

④其他不得计算摊销费用扣除的无形资产。

(2)无形资产按照以下方法确定计税基础:

①外购的无形资产,以购买价款和支付的相关税费以及直接归属于使该资产达到预定用途发生的其他支出为计税基础。

②自行开发的无形资产,以开发过程中该资产符合资本化条件后至达到预定用途前发生的支出为计税基础。

③通过捐赠、投资、非货币性资产交换、债务重组等方式取得的无形资产,以该资产的公允价值和支付的相关税费为计税基础。

(3)在计算应纳税所得额时,无形资产按照直线法计算的摊销费用,准予扣除。其摊

销年限不得低于10年。

作为投资或者受让的无形资产,有关法律规定或者合同约定了使用年限的,可以按照规定或者约定的使用年限分期摊销。

外购商誉的支出,在企业整体转让或者清算时,准予扣除。

企业事业单位购进软件,凡符合固定资产或无形资产确认条件的,可以按照固定资产或无形资产进行核算,其折旧或摊销年限可以适当缩短,最短可为2年(含)。

4. 长期待摊费用的摊销

长期待摊费用是指不能全部计入当期损益,应当在以后年度内分期摊销的各项费用。

在计算应纳税所得额时,企业发生的下列支出作为长期待摊费用,按照规定摊销的,准予扣除:

(1)已足额提取折旧的固定资产的改建支出应当按照固定资产预计尚可使用年限分期摊销。

(2)租入固定资产的改建支出应当按照合同约定的剩余租赁期限分期摊销。

固定资产的改建支出是指改变房屋或者建筑物结构、延长使用年限等发生的支出。改建的固定资产延长使用年限的,除上述两项规定外,应当适当延长折旧年限。

(3)固定资产的大修理支出应当按照固定资产尚可使用年限分期摊销。固定资产的大修理支出是指同时符合下列条件的支出:

①修理支出达到取得固定资产时的计税基础的50%以上。

②修理后固定资产的使用年限延长2年以上。

(4)其他应当作为长期待摊费用的支出应当自支出发生月份的次月起,分期摊销,摊销年限不得低于3年。

5. 投资资产成本的扣除

投资资产是指企业对外进行权益性投资和债权性投资形成的资产。企业在转让或者处置投资资产时,投资资产的成本,准予扣除。投资资产按照以下方法确定成本:

(1)通过支付现金方式取得的投资资产,以购买价款为成本。

(2)通过支付现金以外的方式取得的投资资产,以该资产的公允价值和支付的相关税费为成本。

企业转让资产的净值,准予在计算应纳税所得额时扣除。资产的净值是指有关资产、财产的计税基础减除已经按照规定扣除的折旧、折耗、摊销、准备金等后的余额。

企业对外投资期间,投资资产的成本在计算应纳税所得额时不得扣除。企业在转让或者处置投资资产时,投资资产的成本准予扣除。

6. 存货成本的扣除

存货是指企业持有以备出售的产品或者商品、处在生产过程中的在产品、在生产或者提供劳务过程中耗用的材料和物料等。存货按照以下方法确定成本:

(1)通过支付现金方式取得的存货,以购买价款和支付的相关税费为成本。

(2)通过支付现金以外的方式取得的存货,以该存货的公允价值和支付的相关税费为成本。

(3)生产性生物资产收获的农产品,以产出或者采收过程中发生的材料费、人工费和分摊的间接费用等必要支出为成本。

企业使用或者销售存货,按照规定计算的存货成本,准予在计算应纳税所得额时扣除。

企业使用或者销售的存货的成本计算方法,可以在先进先出法、加权平均法、个别计价法中选用一种。计价方法一经选用,不得随意变更。

需要说明的是,除国务院财政、税务主管部门另有规定外,企业在重组过程中,应当在交易发生时确认有关资产的转让所得或者损失,相关资产应当按照交易价格重新确定计税基础。

7.资产损失的扣除

资产损失是指企业在生产经营活动中实际发生的、与取得应税收入有关的资产损失,包括现金损失,坏账损失,存款损失,贷款损失,股权投资损失,固定资产和存货的盘亏、毁损、报废及被盗损失,自然灾害等不可抗力因素造成的损失以及其他损失。企业发生上述损失,应按税法规定在实际确认或者实际发生的当年申报扣除。

企业以前年度发生的资产损失未能在当年发生税前扣除的,可以按照规定向税务机关说明并进行专项申报扣除。其中,属于实际资产损失的,准予追补至该项损失发生年度扣除,其追补确认期限一般不得超过五年。企业因以前年度实际资产损失未在税前扣除而多缴的企业所得税税款,可在追补确认年度企业所得税应纳税额中予以抵扣,不足抵扣的部分可在以后年度递延抵扣。

任务三　企业所得税应纳税额的计算

任务情境

胜利公司是一家居民企业,2018年取得销售收入2 500万元,销售成本1 100万元。发生销售费用670万元(其中广告费450万元),管理费用480万元(其中业务招待费15万元),财务费用60万元,销售税金160万元(含增值税120万元),营业外收入70万元,营业外支出50万元(含通过公益性社会团体向贫困山区捐款30万元,支付税收滞纳金6万元),计入成本、费用中的实发工资总额150万元,拨付职工工会经费3万元,支付职工福利费和职工教育经费29万元。

任务要求

请你计算该公司2018年度的应纳所得税额。

一、居民企业应纳税额的计算

应纳税额是企业依照税法规定应向国家缴纳的税款,等于应纳税所得额乘以适用税率。

应纳税额的计算公式如下:

$$应纳税额＝应纳税所得额×适用税率－减免税额－抵免税额$$

从公式中可以看出,应纳税额的多少主要取决于应纳税所得额和适用税率两个因素。公式中的减免税额和抵免税额是指依照《企业所得税法》和国务院的税收优惠规定减征、免征和抵免的应纳税额。计算应纳税所得额可以采用以下两种方法:

1. 直接计算法

在直接计算法下,居民企业每一纳税年度的收入总额减去不征税收入、免税收入、各项扣除以及允许弥补的以前年度亏损后的余额为应纳税所得额。计算公式如下:

$$应纳税所得额＝收入总额－不征税收入－免税收入－各项扣除金额－弥补亏损$$

2. 间接计算法

在间接计算法下,应纳税所得额是在企业会计利润总额的基础上按照税法规定进行调整,加上或减去调整金额后的金额,即为应纳税所得额。计算公式如下:

$$应纳税所得额＝利润总额＋纳税调整增加额－纳税调整减少额$$

由于财务会计的利润核算和税收法规的规定不一致,所以在计算应纳税所得额时,需要对会计核算计算出的利润进行纳税调整。例如,税法规定国债利息不征税,而会计核算把国债利息计入了收入总额,因此,需要在企业利润总额的基础上做纳税调整减少。

【例 5-12】

鸿发公司为居民企业,在 2018 年纳税年度内,共发生下列收入事项:

(1)主营业务收入 6 000 万元;
(2)清理无法支付的应付账款收入 20 万元;
(3)转让商标使用权收入 120 万元;
(4)利息收入 20 万元(利息收入为购买国库券利息)。

发生各项支出如下:

(1)主营业务成本 4 000 万元;
(2)产品销售费用 260 万元(其中广告费 180 万元);
(3)税金及附加 180 万元;
(4)管理费用 220 万元(其中业务招待费 60 万元);
(5)财务费用 60 万元;
(6)营业外支出 80 万元(其中通过中国红十字会向地震灾区捐款 50 万元)。

试计算该公司应缴纳的企业所得税税额。

方法一:直接计算法

(1)计算该公司应纳税收入总额

按照税法规定,国库券利息不征税,该公司的其他收入项目均应纳税,所以该公司 2018 年度应纳税收入总额为:

应纳税收入总额＝6 000＋20＋120＝6 140(万元)

(2)分析计算可扣除项目金额

①主营业务成本、税金及附加和财务费用可据实扣除。

②广告费用支出扣除限额=(6 000+120)×15%=918(万元),实际发生的广告费为180万元,准予全部扣除,产品销售费用260万元可以全额扣除。

③业务招待费支出扣除限额=(6 000+120)×5‰=30.60(万元),业务招待费的扣除标准=60×60%=36(万元),超过扣除限额,准予扣除30.60万元。管理费用可扣除190.60万元。

④捐赠支出的扣除限额=1 360×12%=163.2(万元),实际捐款50万元,因此,营业外支出80万元可以全额扣除。

综上,准予扣除项目金额=4 000+260+180+190.60+60+80
=4 770.60(万元)

(3)计算应纳税所得额

应纳税所得额=应纳税收入总额-准予扣除项目金额
=6 140-4 770.6=1 369.40(万元)

(4)计算应纳税额

应纳税额=应纳税所得额×税率=1 369.40×25%=342.35(万元)

方法二:间接计算法

(1)根据会计核算标准计算企业利润总额

利润总额=6 000+20+120+20-4 000-260-180-220-60-80=1 360(万元)

(2)分析纳税调整项目

①利息收入调减所得额20万元

②管理费用调增所得额29.4(220-190.60)万元

(3)计算应纳税所得额

应纳税所得额=1 360-20+29.40=1 369.40(万元)

(4)计算应纳税额

应纳税额=应纳税所得额×税率=1 369.40×25%=342.35(万元)

【例5-13】

黄河食品有限公司2018年度利润总额为262 000元,未做任何项目调整,已按25%的所得税税率计算缴纳所得税50 000元。税务人员审查有关账证资料,发现如下问题:

(1)公司2018年度有正式职工100人,实际列支职工工资、津贴、补贴、奖金为1 200 000元;

(2)公司"长期借款"账户中记载,年初向中国银行借入两年期借款100 000元,年利率为5%;同时向其他企业借入同期的周转金200 000元,年利率为10%。两笔借款均用于生产经营;

(3)全年销售收入60 000 000元,公司列支业务招待费250 000元;

(4)该公司2018年在税前共发生职工福利费168 000元;

(5)2018年6月5日"管理费用"科目列支厂部办公室使用的空调器一台,价税合计6 780元(折旧年限按6年计算,不考虑残值);

(6)年末"应收账款"科目借方余额1 500 000元,年初"坏账准备"科目贷方余额6 000元(该公司坏账核算采用备抵法,按3‰提取坏账准备金)。

任务要求:请指出存在的问题并计算该公司应补缴的企业所得税税额。

(1)主要存在的问题
①向其他企业借入的周转金的利率高于银行同期贷款利率;
②业务招待费40%的部分计入管理费用;
③空调器应列作固定资产入账,同时补提折旧;
④计提的坏账准备不能于税前扣除。

(2)应纳税所得额调增额
①多计利息:200 000×5%=10 000(元);
②业务招待费:250 000×60%=150 000(元)<60 000 000×5‰=300 000(元)
应调增额=250 000-150 000=100 000(元);
③空调器价款6 780元一次性在税前扣除应予剔除,同时补提折旧500[6 780÷(1+13%)÷6×6÷12]元;
④调增已计提的坏账准备=1 500 000×3‰-6 000=-1 500(元);

⑤调整后的应纳税所得额=262 000+10 000+100 000+6 780-500+39 000
　　　　　　　　　　＝417 280(元);
⑥应纳所得税额=417 280×25%=104 320(元);
⑦已缴纳企业所得税50 000元,应补缴54 320(元)。

二 境外所得抵扣税额的计算

1.税额抵免的范围

企业取得的下列所得已在境外缴纳的所得税税额,可以从其当期应纳税额中抵免:

(1)居民企业来源于中国境外的应税所得。

(2)非居民企业在中国境内设立机构、场所,取得发生在中国境外但与该机构、场所有实际联系的应税所得。

已在境外缴纳的所得税税额是指企业来源于中国境外的所得,依照中国境外税收法律以及相关规定应当缴纳并已经实际缴纳的企业所得税性质的税款。

居民企业从其直接或者间接控制的外国企业分得的来源于中国境外的股息、红利等权益性投资收益,外国企业在中国境外实际缴纳的所得税税额中属于该项所得负担的部分,可以作为该居民企业的可抵免境外所得税税额,在上述规定的抵免限额内抵免。**直接控制**是指居民企业直接持有外国企业20%以上股份。**间接控制**是指居民企业以间接持股方式持有外国企业20%以上股份,具体认定办法由国务院财政、税务主管部门另行制定。

【例 5-14】

长江公司 2018 年度应纳税所得额为 1 000 万元,分别在甲、乙两国已设有分支机构(甲、乙两国已与我国签订避免双重征税协定),在甲、乙两国分支机构的所得额分别为 400 万元和 300 万元,甲、乙两国的企业所得税税率分别为 20% 和 35%。计算该公司当年在中国应缴纳的企业所得税税额。(适用 25% 的企业所得税税率)

境内、境外所得按税法计算的应纳税总额 = (1 000+400+300)×25% = 425(万元)

甲国已纳税款 = 400×20% = 80(万元)

甲国扣除限额 = 425×[400÷(1 000+400+300)] = 100(万元)

甲国已纳税款 80 万元小于允许扣除限额 100 万元,因此甲国已纳税款可以全额扣除。

乙国已纳税款 = 300×35% = 105(万元)

乙国扣除限额 = 425×[300÷(1 000+400+300)] = 75(万元)

乙国已纳税款 105 万元大于允许扣除限额 75 万元,因此只能扣除 75 万元,超出的 30 万元不允许当年扣除。

该公司当年在中国应缴纳的企业所得税税额 = 425−80−75 = 270(万元)

2. 抵免限额的规定

抵免限额是指企业来源于中国境外的所得,依照《企业所得税法》及其实施条例的规定计算的应纳税额。超过抵免限额的部分,可以在以后 5 个年度内,用各年度抵免限额抵免当年应抵税额后的余额进行抵补。5 个年度是指从企业取得的来源于中国境外的所得,已经在中国境外缴纳的企业所得税性质的税额超过抵免限额的年度的次年起连续 5 个纳税年度。除国务院财政、税务主管部门另有规定外,该抵免限额应当分国(地区)不分项计算,计算公式为

| 抵免限额 | = | 中国境内、境外所得按税法计算的应纳税总额 | × | 来源于某国(地区)的应纳税所得额 | ÷ | 中国境内、境外应纳税所得总额 |

抵免企业所得税税额时,应当提供中国境外税务机关出具的税款所属年度的有关纳税凭证。

三 居民企业核定征收应纳税额的计算

为了加强企业所得税的征收管理,保障国家税收及时足额入库,维护纳税人的合法权益,对部分中小企业采取核定征收的办法,计算其应纳税额。根据《税收征收管理法》《企业所得税法》及其实施条例的有关规定,核定征收企业所得税的有关规定如下:

1. **核定征收企业所得税的适用范围**

(1)依照法律、行政法规的规定,可以不设置账簿的。

(2)依照法律、行政法规的规定,应当设置但未设置账簿的。

(3)擅自销毁账簿或者拒不提供纳税资料的。

(4)虽设置账簿,但账目混乱或成本资料、收入凭证、费用凭证残缺不全,难以查账的。

(5)发生纳税义务,未按照规定的期限办理纳税申报,经税务机关责令限期申报,逾期仍不申报的。

(6)申报的计税依据明显偏低,又无正当理由的。

特殊行业、特殊类型的纳税人和一定规模以上的纳税人不适用上述办法的,由国家税务总局另行明确。

2. 核定征收的办法

税务机关应根据纳税人具体情况,对核定征收企业所得税的纳税人,核定应税所得率或者核定应纳所得税额。

具有下列情形之一的,核定其应税所得率:

(1)能正确核算(查实)收入总额,但不能正确核算(查实)成本费用总额的。

(2)能正确核算(查实)成本费用总额,但不能正确核算(查实)收入总额的。

(3)通过合理方法,能计算和推定纳税人收入总额或成本费用总额的。

纳税人不属于以上情形的,核定其应纳所得税额。税务机关采用下列方法核定征收企业所得税:

(1)参照当地同类行业或者类似行业中经营规模和收入水平相近的纳税人的税负水平核定。

(2)按照应税收入额或成本费用支出额定率核定。

(3)按照耗用的原材料、燃料、动力等推算或测算核定。

(4)按照其他合理方法核定。

采用上述方法不足以正确核定应纳税所得额或应纳税额的,可以同时采用两种以上的方法核定。采用两种以上方法测算的应纳税额不一致时,可按测算的应纳税额从高核定。

3. 核定征收应纳税额的计算

采用应税所得率方式核定征收企业所得税的,应纳所得税额计算公式如下:

$$应纳所得税额 = 应纳税所得额 \times 适用税率$$
$$应纳税所得额 = 应税收入 \times 应税所得率$$
$$或 \quad 应纳税所得额 = 成本(费用)支出额 \div (1 - 应税所得率) \times 应税所得率$$

公式中的"应税收入"等于收入总额减去不征税收入和免税收入后的余额。

实行应税所得率方式核定征收企业所得税的纳税人,经营多业的,无论其经营项目是否单独核算,均由税务机关根据其主营项目确定适用的应税所得率。

主营项目应为纳税人所有经营项目中,收入总额或者成本(费用)支出额或者耗用原材料、燃料、动力数量所占比重最大的项目。

纳税人的生产经营范围、主营业务发生重大变化,或者应纳税所得额或应纳税额增减变化达到20%的,应及时向税务机关申报调整已确定的应纳税额或应税所得率。

应税所得率的幅度标准按表5-2规定的幅度标准确定。

表 5-2　　　　　　　　　　应税所得率幅度标准

行　业	应税所得率(%)
农、林、牧、渔业	3～10
制造业	5～15
批发和零售贸易业	4～15
交通运输业	7～15
建筑业	8～20
饮食业	8～25
娱乐业	15～30
其他行业	10～30

【例 5-15】

天宇公司 2018 年度自行申报收入 80 万元,成本费用 76 万元,税务机关审查,认为其收入准确,成本费用无法查实,该行业应税所得率为 12%,则该公司当年应纳税所得额为多少?

应纳税所得额=80×12%=9.6(万元)

在上例中,如果税务机关审查,认为其成本费用准确,收入无法查实,则该公司当年应纳税所得额=76÷(1-12%)×12%=10.36(万元)

四　非居民企业应纳税额的计算

对于在中国境内未设立机构、场所的,或者虽设立机构、场所但取得的所得与其所设机构、场所没有实际联系的非居民企业的所得,按照下列方法计算应纳税所得额,然后再按适用的企业所得税税率计算应纳所得税额:

(1)股息、红利等权益性投资收益和利息、租金、特许权使用费所得,以收入全额为应纳税所得额。

(2)转让财产所得,以收入全额减除财产净值后的余额为应纳税所得额。财产净值是指财产的计税基础减除已经按照规定扣除的折旧、折耗、摊销、准备金等后的余额。

(3)其他所得,参照前两项规定的方法计算应纳税所得额。

(4)营业税改征增值税试点中的非居民企业,取得上述规定的相关所得,在计算缴纳企业所得税时,应以不含增值税的收入全额作为应纳税所得额。

任务四　企业所得税的税收优惠

任务情境

山东海洋集团2018年经营业务如下：取得销售收入5 000万元（国库券利息收入200万元），销售成本2 200万元，发生销售费用1 340万元（其中广告费900万元），管理费用960万元（其中业务招待费30万元），财务费用120万元，税金及附加80万元，营业外收入140万元，营业外支出100万元（含通过公益性社会团体向贫困山区捐款60万元，支付税收滞纳金12万元），计入成本、费用中的实发工资总额300万元，拨缴职工工会经费6万元，发生职工福利费支出46万元，职工教育经费10万元，当年购置环保专用设备300万元，已投入使用。

任务要求

1. 请你判断该集团可以享受到哪些税收优惠政策？
2. 请你计算该集团应纳的企业所得税。

税收优惠，是指国家运用税收政策在税收法律、行政法规中规定对某一部分特定企业和课税对象给予减轻或免除税收负担的一种措施。税法规定的企业所得税的税收优惠方式包括免税、减税、加计扣除、抵扣应纳税所得额、加速折旧、减计收入、税额抵免和其他专项优惠政策。企业同时从事适用不同企业所得税待遇项目的，其优惠项目应当单独计算所得，并合理分摊企业的期间费用；没有单独计算的，不得享受企业所得税优惠。

一、企业所得税免征、减征优惠

1.企业的下列所得可以免征、减征企业所得税

（1）企业从事下列项目的所得，免征企业所得税：

①蔬菜、谷物、薯类、油料、豆类、棉花、麻类、糖料、水果、坚果的种植。

②农作物新品种的选育。

③中药材的种植。

④林木的培育和种植。

⑤牲畜、家禽的饲养。

⑥林产品的采集。

⑦灌溉、农产品初加工、兽医、农技推广、农机作业和维修等农、林、牧、渔服务业项目。

⑧远洋捕捞。

（2）企业从事下列项目的所得，减半征收企业所得税：

①花卉、茶以及其他饮料作物和香料作物的种植。

②海水养殖、内陆养殖。

企业从事国家限制和禁止发展的项目，不得享受上述企业所得税优惠。

2.从事国家重点扶持的公共基础设施项目投资经营的所得

国家重点扶持的公共基础设施项目,是指《公共基础设施项目企业所得税优惠目录》中规定的港口码头、机场、铁路、公路、城市公共交通、电力、水利等项目。

企业从事上述规定的国家重点扶持的公共基础设施项目的投资经营所得,自项目取得第一笔生产经营收入所属纳税年度起,第1年至第3年免征企业所得税,第4年至第6年减半征收企业所得税。

企业承包经营、承包建设和内部自建自用上述规定的项目,不得享受上述企业所得税优惠。

依照上述规定享受减免税优惠的项目,在减免税期限内转让的,受让方自受让之日起,可以在剩余期限内享受规定的减免税优惠;减免税期限届满后转让的,受让方不得就该项目重复享受减免税优惠。

企业所得税优惠目录由国务院财政、税务主管部门商国务院有关部门制定,报国务院批准后公布施行。

3.从事符合条件的环境保护、节能节水项目的所得

符合条件的环境保护、节能节水项目,包括公共污水处理、公共垃圾处理、沼气综合开发利用、节能减排技术改造、海水淡化等。项目的具体条件和范围由国务院财政、税务主管部门商国务院有关部门制定,报国务院批准后公布施行。

企业从事符合条件的环境保护、节能节水项目的所得,自项目取得第一笔生产经营收入所属纳税年度起,第1年至第3年免征企业所得税,第4年至第6年减半征收企业所得税。

依照上述规定享受减免税优惠的项目,在减免税期限内转让的,受让方自受让之日起,可以在剩余期限内享受规定的减免税优惠;减免税期限届满后转让的,受让方不得就该项目重复享受减免税优惠。

4.符合条件的技术转让所得

符合条件的技术转让所得免征、减征企业所得税,是指在一个纳税年度内,居民企业技术转让所得不超过500万元的部分,免征企业所得税;超过500万元的部分,减半征收企业所得税。其计算公式为

$$技术转让所得 = 技术转让收入 - 技术转让成本 - 相关税费$$

【例5-16】

隆兴公司是一家居民企业,2018年转让技术取得收入2 000万元,发生成本费用500万元,转让过程中发生税金100万元,计算隆兴公司该项所得应缴纳的企业所得税是多少。

符合条件的技术转让企业享受减税、免税优惠。

隆兴公司该项所得应缴纳的企业所得税=(2 000-500-100-500)×25%×50%=112.5(万元)

5.小型微利企业的税收优惠

符合条件的小型微利企业,减按20%的税率征收企业所得税。符合条件的小型微利企业是指从事国家非限制和禁止行业,年度应纳税所得额不超过300万元,从业人数不

超过300人,资产总额不超过5 000万元等三个条件的企业。

为了进一步支持小型微利企业发展,经国务院批准,自2019年1月1日至2021年12月31日,对小型微利企业年应纳税所得额不超过100万元的部分,减按25%计入应纳税所得额,按20%的税率缴纳企业所得税;对年应纳税所得额超过100万元但不超过300万元的部分,减按50%计入应纳税所得额,按20%的税率缴纳企业所得税。

从业人数,包括与企业建立劳动关系的职工人数和企业接受的劳务派遣用工人数。

从业人数和资产总额指标,应按企业全年的季度平均值确定。具体计算公式如下:

$$季度平均值＝(季初值＋季末值)÷2$$
$$全年的季度平均值＝全年各季度平均值之和÷4$$

年度中间开业或者终止经营活动的,以其实际经营期作为一个纳税年度计算相关指标。

6.国家重点扶持的高新技术企业的税收优惠

国家需要重点扶持的高新技术企业,减按15%的税率征收企业所得税。

国家需要重点扶持的高新技术企业,是指拥有核心自主知识产权,并同时符合下列条件的企业:

(1)拥有核心自主知识产权,是指在中国境内(不含港、澳、台地区)注册的企业,近3年内通过自主研发、受让、受赠、并购等方式,或通过5年以上的独占许可方式,对其主要产品(服务)的核心技术拥有自主知识产权。

(2)产品(服务)属于《国家重点支持的高新技术领域》规定的范围。

(3)研究开发费用占销售收入的比例不低于规定比例。

(4)高新技术产品(服务)收入占企业总收入的比例不低于规定比例。

(5)科技人员占企业职工总数的比例不低于规定比例。

(6)高新技术企业认定管理办法规定的其他条件。

《国家重点支持的高新技术领域》和高新技术企业认定管理办法由国务院科技、财政、税务主管部门商国务院有关部门制定,报国务院批准后公布施行。

二、民族自治地方的税收优惠

民族自治地方的自治机关对本民族自治地方的企业应缴纳的企业所得税中属于地方分享的部分,可以决定减征或者免征。自治州、自治县决定减征或者免征的,须报省、自治区、直辖市人民政府批准。

民族自治地方是指依照《中华人民共和国民族区域自治法》的规定,实行民族区域自治的自治区、自治州、自治县。国家对民族自治地方限制和禁止的行业的企业,不得减征或者免征企业所得税。

三、加计扣除优惠

企业的下列支出,可以在计算应纳税所得额时加计扣除。

1.开发新技术、新产品、新工艺发生的研究开发费用

研究开发费用的加计扣除,是指企业为开发新技术、新产品、新工艺发生的研究开发费用,未形成无形资产计入当期损益的,在按照规定据实扣除的基础上,按照研究开发费用的75%加计扣除;形成无形资产的,按照无形资产成本的175%摊销。

不适用加计扣除的行业有:

(1)烟草制造业。

(2)住宿和餐饮业。

(3)批发和零售业。

(4)房地产业。

(5)租赁和商务服务业。

(6)娱乐业。

(7)财政部和国家税务总局规定的其他行业。

2.安置残疾人员及国家鼓励安置的其他就业人员所支付的工资

企业安置残疾人员所支付的工资的加计扣除,是指企业安置残疾人员的,在按照支付给残疾职工工资据实扣除的基础上,按照支付给残疾职工工资的100%加计扣除。残疾人员的范围适用《中华人民共和国残疾人保障法》的有关规定。企业安置国家鼓励安置的其他就业人员所支付的工资的加计扣除办法,由国务院另行规定。

四 创业投资企业的税收优惠

创业投资企业从事国家需要重点扶持和鼓励的创业投资,可以按投资额的一定比例抵扣应纳税所得额。

抵扣应纳税所得额是指创业投资企业采取股权投资方式投资于未上市的中小高新技术企业2年以上的,可以按照其投资额的70%在股权持有满2年的当年抵扣该创业投资企业的应纳税所得额;当年不足抵扣的,可以在以后纳税年度结转抵扣。

【例5-17】

2016年10月,万盛创业投资公司采取股权投资方式投资新宇企业600万元,新宇企业属于未上市的中型高新技术企业,该项投资一直未收回。2018年12月,该公司的应纳税所得额为1 500万元,计算万盛创业投资公司2018年应缴纳的企业所得税。

该公司2018年应缴纳的企业所得税=(1 500-600×70%)×25%=270(万元)

五 固定资产折旧优惠

企业的固定资产由于技术进步等原因,确需加速折旧的,可以缩短折旧年限或者采取加速折旧的方法。可以采取缩短折旧年限或者加速折旧的方法的固定资产包括:

(1)由于技术进步,产品更新换代较快的固定资产。

(2)常年处于强震动、高腐蚀状态的固定资产。

采取缩短折旧年限方法的,最低折旧年限不得低于前述"资产的税务处理"中所规定折旧年限的60%;采取加速折旧方法的,可以采取双倍余额递减法或者年数总和法。

六 减计收入优惠

企业综合利用资源,生产符合国家产业政策规定的产品所取得的收入,可以在计算应纳税所得额时减计收入。

企业综合利用资源是指企业以《资源综合利用企业所得税优惠目录》规定的资源作为主要原材料,生产国家非限制和禁止并符合国家和行业相关标准的产品取得的收入,减按90%计入收入总额。上述所称原材料占生产产品材料的比例不得低于《资源综合利用企业所得税优惠目录》规定的标准。

企业所得税优惠目录由国务院财政、税务主管部门商国务院有关部门制定,报国务院批准后公布施行。

七 税额抵免优惠

企业购置用于环境保护、节能节水、安全生产等专用设备的投资额,可以按一定比例实行税额抵免。

税额抵免是指企业购置并实际使用《环境保护专用设备企业所得税优惠目录》《节能节水专用设备企业所得税优惠目录》和《安全生产专用设备企业所得税优惠目录》规定的环境保护、节能节水、安全生产等专用设备的,该专用设备的投资额的10%可以从企业当年的应纳税额中抵免;当年不足抵免的,可以在以后5个纳税年度结转抵免。

享受上述企业所得税优惠的企业,应当实际购置并自身实际投入使用上述专用设备;企业购置上述专用设备在5年内转让、出租的,应当停止享受企业所得税优惠,并补缴已经抵免的企业所得税税款。

购置并实际使用的环境保护、节能节水和安全生产专用设备,包括承租方企业以融资租赁方式租入的、并在融资租赁合同中约定租赁期届满时租赁设备所有权转移给承租方企业,且符合规定条件的上述专用设备。凡融资租赁期届满后租赁设备所有权未转移给承租方企业的,承租方企业应停止享受抵免企业所得税优惠,并补缴已经抵免的企业所得税税款。

企业所得税优惠目录由国务院财政、税务主管部门商国务院有关部门制定,报国务院批准后公布施行。

八 非居民企业优惠

非居民企业是指在中国境内未设立机构、场所,或者虽设立机构、场所但取得的所得与机构、场所没有实际联系的企业,其来源于中国境内的所得,减按10%的税率征收企业所得税。

下列所得可以免征企业所得税:
(1)外国政府向中国政府提供贷款取得的利息所得。
(2)国际金融组织向中国政府和居民企业提供优惠贷款取得的利息所得。
(3)经国务院批准的其他所得。

九 西部地区的减免

对设在西部地区以《西部地区鼓励类产业目录》中新增鼓励类产业项目为主营业务,且其当年主营业务收入占企业收入总额70%以上的企业,自2014年10月1日起,可减按15%税率缴纳企业所得税。

任务五　企业所得税的申报与缴纳

任务情境

2019年4月,会计专业应届毕业生小王应聘到长江有限公司财务处,先被安排到报税岗位跟随老业务员熟悉报税业务。此时,正值该公司进行2018年度企业所得税年度汇算清缴工作。

该公司为居民企业,2018年度境内发生的经营业务如下:

(1)取得营业收入4 500万元。

(2)营业成本2 400万元。

(3)发生销售费用850万元(其中广告费500万元),管理费用490万元(其中业务招待费70万元),财务费用100万元。

(4)营业税金210万元。

(5)营业外收入230万元,营业外支出180万元(含通过公益性社会团体向贫困山区捐款80万元,支付税收滞纳金12万元)。

(6)计入成本、费用中的实发工资总额300万元,拨缴职工工会经费16万元,发生职工福利费支出46万元,职工教育经费20万元。

该公司已预缴了2018年企业所得税100万元。

任务要求

1.小王将会学到企业所得税申报的哪些能力?

2.你能直接利用会计利润计算出应纳所得税额吗?

一 企业所得税的纳税申报

企业在纳税年度内无论盈利或者亏损,都应当依照企业所得税法规定的期限,向税务机关报送预缴企业所得税纳税申报表、年度企业所得税纳税申报表、财务会计报告(资产负债表、利润表、现金流量表、所有者权益变动表及相关附表、会计报表附表和财务情况说明书)和税务机关规定应当报送的其他有关资料。企业因不可抗力不能按期办理纳税申报的,可按照《税收征收管理法》及其实施细则的规定,办理延期纳税申报。纳税人采用电子方式办理纳税申报的,应附纸质纳税申报资料。

1.企业所得税的纳税申报资料

纳税人办理纳税申报时,应当如实填写纳税申报表,并根据不同情况相应报送下列有关证件、资料:

(1)会计报表及说明材料。

(2)与纳税有关的合同、协议书。

(3)税控装置的电子报税资料和异地完税凭证。

(4)外出经营活动税收管理证明。
(5)境内或境外公证机构出具的有关证明文件。
(6)税务机关规定应当报送的其他有关证件、资料。

2.企业所得税申报实例

【例5-18】

> 南方工厂为居民企业,纳税人识别号为450292580796448。2018年度发生经营业务如下:全年取得产品销售收入6 200万元;发生产品销售成本4 200万元;其他业务收入500万元;其他业务成本380万元;发生销售费用620万元(其中广告费500万元);取得购买国债的利息收入50万元;缴纳非增值税税金及附加320万元;发生管理费用680万元(其中业务招待费80万元);发生财务费用200万元;取得营业外收入240万元;发生营业外支出210万元(其中公益性捐赠30万元)。本年度实际已预缴所得税额为90万元。南方工厂的纳税申报日期为2019年1月15日,试根据上述资料填报该工厂2018年度纳税申报表。

(1)计算该工厂应纳税收入总额

按照税法规定,国库券利息不征税,该工厂其他收入项目均应纳税。

该工厂2018年度应纳税收入总额=6 200+500+240=6 940(万元)

(2)分析计算可扣除项目金额

①产品销售成本、税金及附加和财务费用可据实扣除,扣除金额=4 200+380+320+200=5 100(万元)

②广告费用支出扣除限额=(6 200+500)×15%=1 005(万元),实际发生的广告费为500万元,准予全部扣除,因此,产品销售费用620万元可以全额扣除。

③业务招待费支出扣除限额=(6 200+500)×5‰=33.5(万元),业务招待费的扣除标准=80×60%=48(万元),超过扣除限额,准予扣除33.5万元。管理费用可扣除额=680-(80-33.5)=633.5(万元)。

④利润总额=(6 200+500+50+240)-(4 200+380+620+320+680+200+210)=380(万元)。

捐赠支出的扣除限额=380×12%=45.6(万元),实际捐款30万元,因此,营业外支出210万元可以全额扣除。

综上,准予扣除项目金额=5 100+620+633.5+210=6 563.5(万元)

(3)计算应纳税所得额

应纳税所得额=应纳税收入总额-准予扣除项目金额=6 940-6 563.5
=376.5(万元)

(4)计算应纳税额

应纳税额=应纳税所得额×税率=376.5×25%=94.125(万元)

(5)计算应补所得税额

应补所得税额=应纳税额-预缴税额=94.125-90=4.125(万元)

3.填制企业所得税纳税申报表

将以上案例分析的相关数据填入纳税申报表,见表5-3。

表 5-3　中华人民共和国企业所得税年度纳税申报表(A 类)(A100000)

行次	类别	项目	金额
1	利润总额计算	一、营业收入(填写 A101010 101020 103000)	67 000 000
2		减:营业成本(填写 A102010 102020 103000)	45 800 000
3		税金及附加	3 200 000
4		销售费用(填写 A104000)	6 200 000
5		管理费用(填写 A104000)	6 800 000
6		财务费用(填写 A104000)	2 000 000
7		资产减值损失	
8		加:公允价值变动收益	
9		投资收益	500 000
10		二、营业利润(1－2－3－4－5－6－7＋8＋9)	3 500 000
11		加:营业外收入(填写 A101010 101020 103000)	2 400 000
12		减:营业外支出(填写 A102010 102020 103000)	2 100 000
13		三、利润总额(10＋11－12)	3 800 000
14	应纳税所得额计算	减:境外所得(填写 A108010)	
15		加:纳税调整增加额(填写 A105000)	465 000
16		减:纳税调整减少额(填写 A105000)	500 000
17		免税、减计收入及加计扣除(填写 A107010)	
18		加:境外应税所得抵减境内亏损(填写 A108000)	
19		四、纳税调整后所得(13－14＋15－16－17＋18)	3 765 000
20		减:所得减免(填写 A107020)	
21		弥补以前年度亏损(填写 A106000)	
22		抵扣应纳税所得额(填写 A107030)	
23		五、应纳税所得额(19－20－21－22)	3 765 000
24	应纳税额计算	税率(25%)	
25		六、应纳所得税额(23×24)	941 250
26		减:减免所得税额(填写 A107040)	
27		抵免所得税额(填写 A107050)	
28		七、应纳税额(25－26－27)	941 250
29		加:境外所得应纳所得税额(填写 A108000)	
30		减:境外所得抵免所得税额(填写 A108000)	
31		八、实际应纳所得税额(28＋29－30)	941 250
32		减:本年累计实际已缴纳的所得税额	900 000
33		九、本年应补(退)所得税额(31－32)	41 250
34		其中:总机构分摊本年应补(退)所得税额(填写 A109000)	
35		财政集中分配本年应补(退)所得税额(填写 A109000)	
36		总机构主体生产经营部门分摊本年应补(退)所得税额(填写 A109000)	

二　企业所得税的缴纳

1.企业所得税的纳税期限

企业所得税按年计征,分月或者分季预缴,年终汇算清缴,多退少补。

纳税年度自公历1月1日起至12月31日止。企业在一个纳税年度中间开业,或者终止经营活动,使该纳税年度的实际经营期不足12个月的,应当以其实际经营期为一个纳税年度。企业依法清算时,应当以清算期间作为一个纳税年度。企业应当在办理注销登记前,就其清算所得向税务机关申报并依法缴纳企业所得税。

企业在年度中间终止经营活动的,应当自实际经营终止之日起60日内,向税务机关办理当期企业所得税汇算清缴。

企业所得税按纳税年度计算,分月或者分季预缴,由税务机关具体核定。企业应当自月份或者季度终了之日起15日内,向税务机关报送预缴企业所得税纳税申报表,并预缴税款。

企业根据《企业所得税法》分月或者分季预缴企业所得税时,应当按照月度或者季度的实际利润额预缴;按照月度或者季度的实际利润额预缴有困难的,可以按照上一纳税年度应纳税所得额的月度或者季度平均额预缴,或者按照经税务机关认可的其他方法预缴。预缴方法一经确定,该纳税年度内不得随意变更。

企业应当自年度终了之日起5个月内,向税务机关报送年度企业所得税纳税申报表,并汇算清缴,结清应缴应退税款。企业在报送企业所得税纳税申报表时,应当按照规定附送财务会计报告和其他有关资料。企业在纳税年度内无论盈利或者亏损,都应当依照企业所得税法规定的期限,向税务机关报送预缴企业所得税纳税申报表、年度企业所得税纳税申报表、财务会计报告和税务机关规定应当报送的其他有关资料。

2.企业所得税的征收缴纳方法

企业所得税征收方法主要有两种:查账征收和核定征收。

(1)查账征收

<u>查账征收,是指税务机关按照纳税人提供的账表所反映的经营情况,依照适用税率计算缴纳税款的方式。该方法适用于财务制度健全,能认真履行纳税义务的单位。</u>

(2)核定征收

核定征收,包括定额征收和核定应税所得率征收两种办法。

定额征收,是指税务机关按照一定的标准、程序和方法,直接核定纳税人年度应纳企业所得税额,由纳税人按规定进行申报缴纳的办法。

核定应税所得率征收,是指税务机关按照规定的标准、程序和方法,预先核定纳税人的应税所得率,由纳税人根据纳税年度内的收入总额或成本费用等项目的实际发生额,按预先核定的应税所得率计算缴纳企业所得税的办法。

3.企业所得税的纳税形式

企业所得税实行按年计征,分月或者分季预缴,年终汇算清缴并结清应缴应退税款的纳税形式。缴纳的企业所得税应当以人民币计算。企业所得以人民币以外的货币计算的,应当折合成人民币计算并缴纳税款。

企业所得以人民币以外的货币计算的,预缴企业所得税时,应当按照月度或者季度最后一日的人民币汇率中间价,折合成人民币计算应纳税所得额。年度终了汇算清缴时,对已经按照月度或者季度预缴税款的,不再重新折合计算,只就该纳税年度内未缴纳企业所得税的部分,按照纳税年度最后一日的人民币汇率中间价,折合成人民币计算应纳税所得额。

经税务机关检查确认,企业少计或者多计相应所得的,应当按照检查确认补税或者退税时的上一个月最后一日的人民币汇率的中间价,将少计或者多计的所得折合成人民币计算应纳税所得额,再计算应补缴或者应退的税款。

4.企业所得税的纳税地点

(1)除税收法律、行政法规另有规定外,居民企业以企业登记注册地为纳税地点;但登记注册地在境外的,以实际管理机构所在地为纳税地点。企业登记注册地是指企业依照国家有关规定登记注册的住所地。

(2)居民企业在中国境内设立不具有法人资格的营业机构的,应当汇总计算并缴纳企业所得税。企业汇总计算并缴纳企业所得税时,应当统一核算应纳税所得额,具体办法由国务院财政、税务主管部门另行制定。

(3)非居民企业取得来源于中国境内的所得,以机构、场所所在地为纳税地点。非居民企业在中国境内设立两个或者两个以上机构、场所的,经税务机关审核批准,可以选择由其主要机构、场所汇总缴纳企业所得税。主要机构、场所应当同时符合下列条件:

①对其他各机构、场所的生产经营活动负有监督管理责任;

②设有完整的账簿、凭证,能够准确反映各机构、场所的收入、成本、费用和盈亏情况。

经税务机关审核批准是指经各机构、场所所在地税务机关的共同上级税务机关审核批准。

非居民企业经批准汇总缴纳企业所得税后,需要增设、合并、迁移、关闭机构或场所以及停止机构或场所业务的,应当事先由负责汇总申报缴纳企业所得税的主要机构、场所向其所在地税务机关报告;需要变更汇总缴纳企业所得税的主要机构、场所的,依照变更规定办理。

(4)非居民企业取得来源于国外不由企业负担的并与其机构、场所没有实际联系的所得,以扣缴义务人所在地为纳税地点。

(5)除国务院另有规定外,企业之间不得合并缴纳企业所得税。

5.企业所得税的汇算清缴

企业所得税的汇算清缴,是指纳税人在纳税年度终了后5个月内,依照税收法律、法规、规章及其他有关企业所得税的规定,自行计算全年应纳税所得额和应纳所得税额;根据月度或季度预缴所得税的数额,确定该年度应补或者应退税额,并填写年度企业所得税纳税申报表,向主管税务机关办理年度企业所得税纳税申报,提供税务机关要求提供的有关资料,结清全年企业所得税税款的行为。

实行查账征收和实行核定应税所得率征收企业所得税的纳税人,无论是否在减税、免税期间,也无论盈利或亏损,都应按照有关规定进行汇算清缴。

实行核定定额征收企业所得税的纳税人,不进行汇算清缴。

纳税人在进行企业所得税汇算清缴时,应按照税收法律、法规和企业所得税的有关规定进行纳税调整。纳税人需要报经税务机关审核、审批的税前扣除、投资抵免、减免税等事项,应按有关规定及时办理。

税务机关受理和办理的纳税人企业所得税审核、审批事项,应符合有关规定。

项目六

个人所得税纳税实务

知识目标

1. 了解个人所得税纳税申报的程序和方法。
2. 掌握个人所得税纳税义务人的类别，个人所得税的征税范围、税率，个人所得税应纳税额的计算。
3. 掌握个人所得税纳税申报表的填制方法。

能力目标

1. 能够正确确定个人所得税的计税依据。
2. 能够计算个人所得税的应纳税额。
3. 能够正确填报个人所得税的纳税申报表。

任务一　认识个人所得税

> **任务情境**
>
> 约翰先生是美国人，其户籍、家庭在英国，于2019年1月1日来华工作，2019年5月31日结束工作离华。
>
> **任务要求**
>
> 请判定约翰先生是居民个人还是非居民个人？

一　什么是个人所得税

个人所得税是对个人（自然人）取得的各项应税所得征收的一种税。《中华人民共和国个人所得税法》（以下简称《个人所得税法》）是1980年9月10日第五届全国人民代表大会第三次会议通过并公布的，多年来通过了七次修改，目前适用的是2018年8月31日第十三届全国人民代表大会常务委员会第五次会议修正的《个人所得税法》，自2019年1月1日起施行。经国务院第四次修订的《中华人民共和国个人所得税法实施条例》，自2019年1月1日起施行。

二　认识个人所得税的纳税人

个人所得税的纳税人，包括中国公民、个体工商业户、个人独资企业、合伙企业投资者、在中国有所得的外籍人员（包括无国籍人员，下同）和香港、澳门、台湾同胞。依据住所和居住时间两个标准，纳税人分为居民个人和非居民个人，分别承担不同的纳税义务。

（一）居民个人

居民个人是指在中国境内有住所，或者无住所而一个纳税年度内在中国境内居住累计满183天的个人。居民个人从中国境内和境外取得的所得，依照个人所得税法规定缴纳个人所得税。

在中国境内有住所，是指因户籍、家庭、经济利益关系而在中国境内习惯性居住。习惯性居住，是指个人因学习、工作、探亲等原因消除后，没有理由在其他地方继续居留时所要回到的地方，而不是指实际居住或在某一特定时期内的居住地。习惯性居住是判定纳税人属于居民个人还是非居民个人的一个重要依据。

纳税年度，自公历1月1日起至12月31日止。

在中国境内无住所的个人，在中国境内居住累计满183天的年度连续不满6年的，经向主管税务机关备案，其来源于中国境外且由境外单位或者个人支付的所得，免予缴纳个人所得税；在中国境内居住累计满183天的任一年度中有一次离境超过30天的，其在中国境内居住累计满183天的年度的连续年限重新起算。

（二）非居民个人

非居民个人是指在中国境内无住所又不居住，或者无住所而一个纳税年度内在中国境内居住不满183天的个人。非居民个人从中国境内取得的所得，依照个人所得税法规定缴纳个人所得税。

在中国境内无住所的个人，在一个纳税年度内在中国境内居住累计不超过90天的，其来源于中国境内的所得，由境外雇主支付并且不由该雇主在中国境内的机构、场所负担的部分，免予缴纳个人所得税。

【例6-1】

下列在中国境内无住所的人员中，属于中国居民个人的是（　　）。
A.外籍个人甲2018年9月1日入境，2019年5月1日离境
B.外籍个人乙来华学习180日
C.外籍个人丙2019年1月1日入境，2019年12月31日离境
D.外籍个人丁2019年1月1日入境，2019年5月20日离境

分析：答案为C。对于在中国境内无住所的，必须在一个纳税年度（1月1日至12月31日），在中国居住满183天，才能被认定为居民个人。因此A、B、D不符合要求。

三 个人所得税的征税对象

个人所得税的征税对象是个人取得的各项应税所得。个人所得税法规定的各项个人所得的范围：

（一）工资、薪金所得

工资、薪金所得，是指个人因任职或者受雇取得的工资、薪金、奖金、年终加薪、劳动分红、津贴、补贴以及与任职或者受雇有关的其他所得。

不属于工资、薪金性质的补贴、津贴，不予征收个人所得税。其主要包括：独生子女补贴，执行公务员工资制度未纳入基本工资总额的补贴、津贴差额和家属成员的副食补贴，托儿补助费，差旅费津贴、误餐补助。其中，误餐补助是指按照财政部规定，个人因公在城区、郊区工作，不能在工作单位或返回就餐的，根据实际误餐顿数，按规定的标准领取的误餐费，单位以误餐补助名义发给职工的补助、津贴，不包括在内。

（二）劳务报酬所得

劳务报酬所得，是指个人从事劳务取得的所得，包括从事设计、装潢、安装、制图、化验、测试、医疗、法律、会计、咨询、讲学、翻译、审稿、书画、雕刻、影视、录音、录像、演出、表演、广告、展览、技术服务、介绍服务、经纪服务、代办服务以及其他劳务取得的所得。

区分"劳务报酬所得"和"工资、薪金所得"项目，主要看是否存在雇佣与被雇佣的关系，工资、薪金所得是个人从事非独立劳动，从所在单位（雇主）领取的报酬，存在雇佣与被雇佣的关系，即在机关、团体学校、部队、企事业单位及其他组织中任职、受雇而取得的报酬。而劳务报酬所得是指个人独立从事某种技艺，独立提供某种劳务而取得的报酬，一般不存在雇佣关系。

(三)稿酬所得

稿酬所得,是指个人因其作品以图书、报刊形式出版、发表而取得的所得。作品包括文学作品,书画作品,摄影作品以及其他作品。作者去世后,财产继承人取得的遗作稿酬,也应征收个人所得税。

(四)特许权使用费所得

特许权使用费所得,是指个人提供专利权、商标权、著作权、非专利技术以及其他特许权的使用权取得的所得。

提供著作权的使用权取得的所得,不包括稿酬所得。对于作者将自己的文字作品手稿原件或复印件公开拍卖(竞价)取得的所得,属于提供著作权的使用所得,应按"特许权使用费所得"项目征收个人所得税。

个人取得特许权的经济赔偿收入,应按"特许权使用费所得"项目缴纳个人所得税,税款由支付赔偿的单位或个人代扣代缴。

编剧从电视剧的制作单位取得的剧本使用费,不再区分剧本的使用方是否为其任职单位,统一按照"特许权使用费所得"项目征收个人所得税。

(五)经营所得

经营所得,是指:

1. 个体工商户从事生产经营活动取得的所得,个人独资企业投资人、合伙企业的个人合伙人来源于境内注册的个人独资企业、合伙企业生产经营的所得。
2. 个人依法从事办学、医疗、咨询以及其他有偿服务活动取得的所得。
3. 个人对企业、事业单位承包经营、承租经营以及转包、转租取得的所得。
4. 个人从事其他生产经营活动取得的所得。

(六)利息、股息、红利所得

利息、股息、红利所得,是指个人拥有债权、股权等而取得的利息、股息、红利所得。其中,利息一般是指存款、贷款和债券的利息。股息、红利是指个人拥有股权取得的公司、企业分红。按照一定的比率派发的每股息金,称为股息。根据公司、企业应分配的超过股息部分的利润,按股派发的红股,称为红利。

个人从公开发行和转让市场取得的上市公司股票,持股期限在1个月以内(含1个月)的,其股息、红利所得全额计入应纳税所得额;持股期限在1个月以上1年以下(含1年)的,暂减按50%计入应纳税所得额。上述所得统一适用20%的税率计征个人所得税。

对个人持有的上市公司限售股,解禁后取得的股息、红利,按照上市公司股息、红利差别化个人所得税政策规定计算纳税,持股时间自解禁之日起计算;解禁前取得的股息、红利继续暂减按50%计入应纳税所得额,适用20%的税率计征个人所得税。

(七)财产租赁所得

财产租赁所得,是指个人出租不动产、机器设备、车船以及其他财产取得的所得。

个人取得的房屋转租收入,属于"财产租赁所得"项目,取得转租收入的个人向房屋出租方支付的租金,凭房屋租赁合同和合法支付凭证,在计算个人所得税时,允许从该项转租收入中扣除。

（八）财产转让所得

财产转让所得，是指个人转让有价证券、股权、合伙企业中的财产份额、不动产、机器设备、车船以及其他财产取得的所得。

鉴于我国证券市场发育还不成熟，目前对股票转让所得暂不征收个人所得税。自2010年1月1日起，对个人转让限售股取得的所得，按照"财产转让所得"项目征收个人所得税。

个人通过招标竞拍或其他方式购置债权以后，通过相关司法或行政程序主张债权而取得的所得，应按照"财产转让所得"项目缴纳个人所得税；个人通过网络收购玩家的虚拟货币，加价后向他人出售取得的收入，应按照"财产转让所得"项目缴纳个人所得税。

（九）偶然所得

偶然所得，是指个人得奖、中奖、中彩以及其他偶然性质的所得。

企业对累积消费达到一定额度的客户，给予额外抽奖机会，个人的获奖所得按照"偶然所得"项目全额缴纳个人所得税。

个人取得单张有奖发票奖金所得超过800元的，应按照"偶然所得"项目全额征收个人所得税。税务机关或其指定的有奖发票兑奖机构，是有奖发票奖金所得个人所得税的扣缴义务人。

个人取得的所得，难以界定应纳税所得项目的，由国务院税务主管部门确定。

居民个人取得上述第（一）项至第（四）项所得，即工资、薪金所得，劳务报酬所得，稿酬所得，特许权使用费所得（以下称综合所得），按纳税年度合并计算个人所得税；非居民个人取得综合所得，按月或者按次分项计算个人所得税。纳税人取得上述第（五）项至第（九）项所得，即经营所得，利息、股息、红利所得，财产租赁所得，财产转让所得，偶然所得，依照个人所得税法规定分别计算个人所得税。

【例6-2】

根据个人所得税法律制度的规定，下列应按"工资、薪金所得"项目征收个人所得税的是（　　）。

A．单位全勤奖
B．参加商场活动中奖
C．出租闲置房屋取得的所得
D．国债利息所得

分析：答案为A。工资、薪金所得，是指个人因任职或受雇而取得的工资、薪金、奖金、年终加薪、劳动分红、津贴、补贴以及与任职或者受雇有关的其他所得。全勤奖属于奖金，应按"工资、薪金所得"项目计征个人所得税。

四、个人所得税所得来源地的确定

判断所得来源地是确定对该项所得是否应该征收个人所得税的重要依据。由于居民个人和非居民个人承担不同的纳税义务，居民个人就其来源于中国境内、境外的所得缴纳个人所得税，负有全面纳税义务；非居民个人仅就其来源于中国境内的所得缴纳个人所得税,负有有限纳税义务。因此,应注意区分来源于中国境内的所得和来源于中国境外的所得。

除国务院财政、税务主管部门另有规定外,下列个人所得,不论支付地点是否在中国境内,均为来源于中国境内的所得:

(1)因任职、受雇、履约等在中国境内提供劳务取得的所得。
(2)将财产出租给承租人在中国境内使用而取得的所得。
(3)许可各种特许权在中国境内使用而取得的所得。
(4)转让中国境内的不动产等财产或者在中国境内转让其他财产取得的所得。
(5)从中国境内企业、事业单位、其他组织以及居民个人取得的利息、股息、红利所得。

【例6-3】

根据个人所得税法律制度的规定,下列个人所得中,不论支付地点是否在境内,均为来源于中国境内所得的有(　　)。
A.转让境内房产取得的所得
B.许可专利权在境内使用取得的所得
C.因任职在境内提供劳务取得的所得
D.将财产出租给承租人在境内使用取得的所得

分析:答案为ABCD。以上选项均属于来源于中国境内的所得。

五　个人所得税税率

(一)居民个人综合所得适用税率

居民个人综合所得适用七级超额累进税率(见表6-1)。

居民个人每一纳税年度内取得的综合所得包括:工资、薪金所得,劳务报酬所得,稿酬所得,特许权使用费所得。

表6-1　　　　　居民个人综合所得个人所得税税率表

级数	全年应纳税所得额	税率(%)	速算扣除数
1	不超过36 000元的	3	0
2	超过36 000元至144 000元的部分	10	2 520
3	超过144 000元至300 000元的部分	20	16 920
4	超过300 000元至420 000元的部分	25	31 920
5	超过420 000元至660 000元的部分	30	52 920
6	超过660 000元至960 000元的部分	35	85 920
7	超过960 000元的部分	45	181 920

注:本表所称全年应纳税所得额,是指居民个人取得综合所得以每一纳税年度收入额减除费用6万元以及专项扣除、专项附加扣除和依法确定的其他扣除后的余额。

(二)非居民个人综合所得适用税率

扣缴义务人向非居民个人支付综合所得时,应当分项按月或者按次代扣代缴税款,适用七级超额累进税率(见表6-2)。非居民个人在一个纳税年度内税款扣缴方法保持不变,达到居民个人条件时,应当告知扣缴义务人基础信息变化情况,年度终了后按照居民个人有关规定办理汇算清缴。

表6-2　　　　　　　　　非居民个人综合所得适用税率表

级数	应纳税所得额	税率(%)	速算扣除数
1	不超过3 000元	3	0
2	超过3 000元至12 000元的部分	10	210
3	超过12 000元至25 000元的部分	20	1 410
4	超过25 000元至35 000元的部分	25	2 660
5	超过35 000元至55 000元的部分	30	4 410
6	超过55 000元至80 000元的部分	35	7 160
7	超过80 000元的部分	45	15 160

(三)经营所得税率

纳税人经营所得适用五级超额累进税率(见表6-3)。

表6-3　　　　　　　　　经营所得个人所得税税率表

级数	全年应纳税所得额	税率(%)	速算扣除数(元)
1	不超过30 000元的	5	0
2	超过30 000元至90 000元的部分	10	1 500
3	超过90 000元至300 000元的部分	20	10 500
4	超过300 000元至500 000元的部分	30	40 500
5	超过500 000元的部分	35	65 500

注:本表所称全年应纳税所得额,是指以每一纳税年度的收入总额减除成本、费用以及损失后的余额。

(四)利息、股息、红利所得,财产租赁所得,财产转让所得和偶然所得税率

利息、股息、红利所得,财产租赁所得,财产转让所得和偶然所得,适用比例税率,税率为20%。

自2001年1月1日起,对个人出租住房取得的所得暂减按10%的税率征收个人所得税。

任务二　应纳税所得额的确定

任务情境

2019年1月，周某在商场举办的有奖销售活动中获得奖金40 000元，周某领奖时支付交通费30元、餐费70元。

任务要求

请帮商场计算周某中奖所获奖金的应纳税所得额。

个人所得税的计税依据是纳税人取得的应纳税所得额。应纳税所得额为个人取得的各项收入减去税法规定的费用扣除金额和减免税收入后的余额。由于个人所得税的应税项目不同，扣除费用标准也各不相同，需要按不同应税项目分项计算。

两个以上的个人共同取得同一项目的收入，应当对每个人取得的收入分别按照个人所得税法的规定计算纳税。

一　个人所得的形式

个人所得的形式，包括现金、实物、有价证券和其他形式的经济利益。所得为实物的，应当按照取得的凭证上所注明的价格计算应纳税所得额，无凭证的实物或者凭证上所注明的价格明显偏低的，参照市场价格核定应纳税所得额；所得为有价证券的，根据票面价格和市场价格核定应纳税所得额；所得为其他形式的经济利益的，参照市场价格核定应纳税所得额。

二　每次收入的确定

个人所得税法对纳税人的征税方法有三种：一是按年计征，如经营所得，居民个人取得的综合所得；二是按月计征，如非居民个人取得的工资、薪金所得；三是按次计征，如利息、股息、红利所得，财产租赁所得，偶然所得和非居民个人取得的劳务报酬所得，稿酬所得，特许权使用费所得。

每次收入的确定：非居民个人取得的劳务报酬所得、稿酬所得、特许权使用费所得，属于一次性收入的，以取得该项收入为一次；属于同一项目连续性收入的，以1个月内取得的收入为一次；财产租赁所得，以1个月内取得的收入为一次；利息、股息、红利所得，以支付利息、股息、红利时取得的收入为一次；偶然所得，以每次取得该项收入为一次。

三　居民个人综合所得应纳税所得额的确定

居民个人的综合所得，以每一纳税年度的收入额减除费用6万元以及专项扣除、专项附加扣除和依法确定的其他扣除后的余额，为应纳税所得额。

工资、薪金所得全额计入收入额，劳务报酬所得、稿酬所得、特许权使用费所得以收入减除20%费用后的余额为收入额。稿酬所得的收入额在扣除20%费用的基础上,再减按70%计算,即稿酬所得的收入额为实际取得稿酬收入的56%。

(一)专项扣除

专项扣除,包括居民个人按照国家规定的范围和标准缴纳的基本养老保险、基本医疗保险、失业保险等社会保险费和住房公积金等。

(二)专项附加扣除

专项附加扣除,是指个人所得税法规定的子女教育、继续教育、大病医疗、住房贷款利息、住房租金、赡养老人支出。

1.子女教育

纳税人的子女接受学前教育和学历教育的相关支出,按照每个子女每月1 000元(每年12 000元)的标准定额扣除。

学前教育包括年满3岁至小学入学前教育。学历教育包括义务教育(小学、初中教育)、高中阶段教育(普通高中、中等职业、技工教育)、高等教育(大学专科、大学本科、硕士研究生、博士研究生教育)。

受教育子女的父母可以选择由其中一方按扣除标准的100%扣除,也可以选择由双方分别按扣除标准的50%扣除,具体扣除方式在一个纳税年度内不能变更。

2.继续教育

纳税人在中国境内接受学历(学位)继续教育的支出,在学历(学位)教育期间按照每月400元(每年4 800元)定额扣除。同一学历(学位)继续教育的扣除期限不能超过48个月。纳税人接受技能人员职业资格继续教育、专业技术人员职业资格继续教育的支出,在取得相关证书的当年,按照3 600元定额扣除。

个人接受本科及以下学历(学位)继续教育,符合税法规定扣除条件的,可以选择由其父母扣除,也可以选择由本人扣除。

3.大病医疗

在一个纳税年度内,纳税人发生的与基本医疗保险相关的医药费用支出,扣除基本医疗保险报销后个人负担(指基本医疗保险目录范围内的自付部分)累计超过15 000元的部分,由纳税人在办理年度汇算清缴时,在80 000元限额内据实扣除。

纳税人发生的医药费用支出可以选择由本人或者其配偶扣除;未成年子女发生的医药费用支出可以选择由其父母一方扣除。纳税人及其配偶、未成年子女发生的医药费用支出,按前述规定分别计算扣除额。

4.住房贷款利息

纳税人本人或者其配偶,单独或者共同使用商业银行或者住房公积金个人住房贷款,为本人或者其配偶购买中国境内住房,发生的首套住房贷款利息支出,在实际发生贷款利息的年度,按照每月1 000元(每年12 000元)的标准定额扣除,扣除期限最长不超过240个月。纳税人只能享受一次首套住房贷款的利息扣除。

首套住房贷款是指购买住房享受首套住房贷款利率的住房贷款。

经夫妻双方约定,可以选择由其中一方扣除,具体扣除方式在一个纳税年度内不能变更。

夫妻双方婚前分别购买住房发生的首套住房贷款,其贷款利息支出,婚后可以选择其中一套购买的住房,由购买方按扣除标准的100%扣除,也可以由夫妻双方对各自购买的住房分别按扣除标准的50%扣除,具体扣除方式在一个纳税年度内不能变更。

5.住房租金

纳税人在主要工作城市没有自有住房而发生的住房租金支出,可以按照以下标准定额扣除:

(1)直辖市、省会(首府)城市、计划单列市以及国务院确定的其他城市,扣除标准为每月1 500元。

(2)除上述所列城市以外,市辖区户籍人口超过100万的城市,扣除标准为每月1 100元(每年13 200元);市辖区户籍人口不超过100万的城市,扣除标准为每月800元(每年9 600元)。

市辖区户籍人口,以国家统计局公布的数据为准。

纳税人的配偶在纳税人的主要工作城市有自有住房的,视同纳税人在主要工作城市有自有住房。

主要工作城市是指纳税人任职受雇的直辖市、计划单列市、副省级城市、地级市(地区、州、盟)全部行政区域范围。纳税人无任职受雇单位的,为受理其综合所得汇算清缴的税务机关所在城市。

夫妻双方主要工作城市相同的,只能由一方扣除住房租金支出。住房租金支出由签订租赁住房合同的承租人扣除。

纳税人及其配偶在一个纳税年度内不得同时分别享受住房贷款利息和住房租金专项附加扣除。

6.赡养老人

纳税人赡养一位及以上被赡养人的赡养支出,统一按照以下标准定额扣除:

纳税人为独生子女的,按照每月2 000元(每年24 000元)的标准定额扣除;纳税人为非独生子女的,由其与兄弟姐妹分摊每月2 000元(每年24 000元)的扣除额度,每人分摊的额度最高不得超过每月1 000元(每年12 000元)。可以由赡养人均摊或者约定分摊,也可以由被赡养人指定分摊。约定或者指定分摊的须签订书面分摊协议,指定分摊优先于约定分摊。具体分摊方式和额度在一个纳税年度内不能变更。

被赡养人是指年满60岁的父母,以及子女均已去世的年满60岁的祖父母、外祖父母。

(三)依法确定的其他扣除

综合所得应纳税所得额的计算中所称的"依法确定的其他扣除",包括个人缴付符合国家规定的企业年金、职业年金,个人购买符合国家规定的商业健康保险、税收递延型商业养老保险的支出,以及国务院规定可以扣除的其他项目。

专项扣除、专项附加扣除和依法确定的其他扣除,以居民个人一个纳税年度的应纳税所得额为限额,一个纳税年度扣除不完的,不得结转以后年度扣除。

【例 6-4】

根据个人所得税法律制度的规定,下列属于专项附加扣除的有(　　)。

A.赡养老人

B.基本医疗保险

C.基本养老保险

D.大病医疗

分析:答案为 AD。选项 BC 属于专项扣除。

四、非居民个人综合所得应纳税所得额的确定

扣缴义务人向非居民个人支付综合所得时,应当分项按以下方法按月或者按次代扣代缴个人所得税。非居民个人的工资、薪金所得,以每月收入额减除费用 5 000 元后的余额为应纳税所得额;劳务报酬所得、稿酬所得、特许权使用费所得,以每次收入额为应纳税所得额。

五、经营所得应纳税所得额的确定

经营所得,以每一纳税年度的收入总额减除成本、费用以及损失后的余额,为应纳税所得额。

成本、费用,是指在生产经营活动中发生的各项直接支出和分配计入成本的间接费用以及销售费用、管理费用、财务费用;损失,是指在生产经营活动中发生的固定资产和存货的盘亏、毁损、报废损失,转让财产损失,坏账损失,自然灾害等不可抗力因素造成的损失以及其他损失。

取得经营所得的个人,没有综合所得的,计算其每一纳税年度的应纳税所得额时,应当减除费用 6 万元、专项扣除、专项附加扣除以及依法确定的其他扣除。其中,专项附加扣除在办理汇算清缴时减除。

从事生产经营活动,未提供完整、准确的纳税资料,不能正确计算应纳税所得额的,由主管税务机关核定应纳税所得额或者应纳税额。

(一)个体工商户应纳税所得额的确定

个体工商户应纳税所得额的计算,以权责发生制为原则,属于当期的收入和费用,不论款项是否收付,均作为当期的收入和费用;不属于当期的收入和费用,即使款项已经在当期收付,也不作为当期的收入和费用。财政部、国家税务总局另有规定的除外。基本规定如下:

1.计税基本规定

(1)个体工商户的生产经营所得,以每一纳税年度的收入总额,减除成本、费用、税金、损失、其他支出以及允许弥补以前年度亏损后的余额,为应纳税所得额。

(2)个体工商户从事生产经营以及与生产经营有关的活动(以下简称生产经营)取得的货币形式和非货币形式的各项收入,为收入总额。包括:销售货物收入、提供劳务收

入、转让财产收入、利息收入、租金收入、接受捐赠收入、其他收入。

（3）成本，是指个体工商户在生产经营活动中发生的销售成本、销货成本、业务支出以及其他耗费。

（4）费用，是指个体工商户在生产经营活动中发生的销售费用、管理费用和财务费用，已经计入成本的有关费用除外。

（5）税金，是指个体工商户在生产经营活动中发生的除个人所得税和允许抵扣的增值税以外的各项税金及其附加。

（6）损失，是指个体工商户在生产经营活动中发生的固定资产和存货的盘亏、毁损、报废损失，转让财产损失，坏账损失，自然灾害等不可抗力因素造成的损失以及其他损失。

（7）其他支出，是指除成本、费用、税金、损失外，个体工商户在生产经营活动中发生的与生产经营活动有关的、合理的支出。

（8）个体工商户发生的支出应当区分收益性支出和资本性支出。收益性支出在发生当期直接扣除；而资本性支出应当分期扣除或者计入有关资产成本，不得在发生当期直接扣除。

（9）个体工商户不得扣除的支出如下：
①个人所得税税款。
②税收滞纳金。
③罚金、罚款和被没收财物的损失。
④不符合扣除规定的捐赠支出。
⑤赞助支出。
⑥用于个人和家庭的支出。
⑦与取得生产经营收入无关的其他支出。
⑧国家税务总局规定不准扣除的支出。

（10）个体工商户在生产经营活动中，应当分别核算生产经营费用和个人、家庭费用。对于生产经营与个人、家庭生活混用难以分清的费用，其40%视为与生产经营有关费用，准予扣除。

（11）个体工商户纳税年度发生的亏损，准予向以后年度结转，用以后年度的生产经营所得弥补，但结转年限最长不得超过5年。亏损，是指个体工商户按照本办法规定计算的应纳税所得额小于0的数额。

（12）个体工商户使用或销售存货，按照规定计算的存货成本，准予在计算应纳税所得额时扣除。

（13）个体工商户转让资产，该项资产的净值，准予在计算应纳税所得额时扣除。

（14）个体工商户与企业联营而分得的利润，按"利息、股息、红利所得"项目征收个人所得税。

（15）个体工商户和从事生产经营的个人，取得与生产经营活动无关的各项应税所得，应按规定分别计算征收个人所得税。

2.扣除项目及标准

（1）个体工商户实际支付给从业人员的、合理的工资、薪金支出，准予扣除。

个体工商户业主的费用扣除标准,确定为 60 000 元每年,其工资、薪金支出不得税前扣除。

(2)个体工商户按照国务院有关主管部门或省级人民政府规定的范围和标准为其业主和从业人员缴纳的基本养老保险费、基本医疗保险费、失业保险费、生育保险费、工伤保险费和住房公积金,准予扣除。

个体工商户为从业人员缴纳的补充养老保险费、补充医疗保险费,分别在不超过从业人员工资总额 5% 标准内的部分据实扣除,超过部分不得扣除。

个体工商户业主缴纳的补充养老保险费、补充医疗保险费,以当地(地级市)上年度社会平均工资的 3 倍为计算基数,分别在不超过该计算基数 5% 标准内的部分据实扣除,超过部分不得扣除。

(3)除个体工商户依照国家有关规定为特殊工种从业人员支付的人身安全保险费和财政部、国家税务总局规定可以扣除的其他商业保险费外,个体工商户业主或者从业人员支付的商业保险费,不得扣除。

(4)个体工商户在生产经营活动中发生的合理的不需要资本化的借款费用,准予扣除。

(5)个体工商户在生产经营活动中发生的下列利息支出,准予扣除:

①向金融企业借款的利息支出。

②向非金融企业和个人借款的利息支出,不超过按照金融企业同期同类贷款利率计算的数额的部分。

(6)个体工商户在货币交易中,以及纳税年度终了时将人民币以外的货币性资产、负债按照期末即期人民币汇率中间价折算为人民币时产生的汇兑损失,除已经计入有关资产成本部分外,准予扣除。

(7)个体工商户向当地工会组织拨缴的工会经费、实际发生的职工福利费支出、职工教育经费支出分别在工资、薪金总额的 2%、14%、2.5% 的标准内据实扣除。

(8)个体工商户发生的与生产经营活动有关的业务招待费,按照实际发生额的 60% 扣除,但最高不得超过当年销售(营业)收入的 5‰。

(9)个体工商户每一纳税年度发生的与其生产经营活动直接相关的广告费和业务宣传费不超过当年销售(营业)收入 15% 的部分,可以据实扣除;超过部分,准予在以后纳税年度结转扣除。

(10)个体工商户代其从业人员或者他人负担的税款,不得税前扣除。

(11)个体工商户按照规定缴纳的摊位费、行政性收费、协会会费等,按实际发生数额扣除。

(12)个体工商户根据生产经营活动的需要租入固定资产支付的租赁费,按照以下方法扣除:

①以经营租赁方式租入固定资产发生的租赁费支出,按照租赁期限均匀扣除。

②以融资租赁方式租入固定资产发生的租赁费支出,按照规定构成融资租入固定资产价值的部分应当提取折旧费用,分期扣除。

(13)个体工商户参加财产保险,按照规定缴纳的保险费,准予扣除。

（14）个体工商户发生的合理的劳动保护支出，准予扣除。

（15）个体工商户自申请营业执照之日起至生产经营之日止所发生符合个人所得税法规定的费用，除为取得固定资产、无形资产的支出，以及应计入资产价值的汇兑损益、利息支出外，作为开办费，个体工商户可以选择在开始生产经营的当年一次性扣除，也可以自生产经营月份起在不短于3年期限内摊销扣除，但一经选定，不得改变。

开始生产经营之日为个体工商户取得第一笔销售（营业）收入的日期。

（16）个体工商户通过公益性社会团体或者县级以上人民政府及其部门，用于《中华人民共和国公益事业捐赠法》规定的公益事业的捐赠，捐赠额不超过其应纳税所得额30%的部分可以据实扣除。

个体工商户直接对受益人的捐赠不得扣除。财政部、国家税务总局规定可以全额在税前扣除的捐赠支出项目，按有关规定执行。

（17）个人所得税法所称赞助支出，是指个体工商户发生的与生产经营活动无关的各种非广告性质支出。

（18）个体工商户研究开发新产品、新技术、新工艺所发生的开发费用，以及研究开发新产品、新技术而购置单台价值在10万元以下的测试仪器和试验性装置的购置费准予直接扣除；单台价值在10万元以上（含10万元）的测试仪器和试验性装置按固定资产管理，不得在当期直接扣除。

【例6-5】

个体工商户张某2018年度取得营业收入200万元，当年发生业务宣传费25万元，上年度结转未扣除的业务宣传费15万元。已知业务宣传费不得超过当年营业收入15%的部分，准予扣除，个体工商户张某在计算当年个人所得税应纳税所得额时，允许扣除的业务宣传费金额为（　　）万元。

A.30　　　　B.25　　　　C.40　　　　D.15

分析：答案为A。

（1）个体工商户每一纳税年度发生的与其生产经营活动直接相关的广告费和业务宣传费不超过当年销售（营业）收入15%的部分，可以据实扣除；超过部分，准予在以后纳税年度结转扣除；

（2）200×15%=30万元<25+15=40万元，按照限额扣除，即允许扣除的业务宣传费金额为30万元。

（二）经营所得应纳税所得额的其他规定

个人独资企业的投资者以全部生产经营所得为应纳税所得额；合伙企业的投资者按照合伙企业的全部生产经营所得和合伙协议约定的分配比例，确定应纳税所得额，合伙协议没有约定分配比例的，以全部生产经营所得和合伙人数量，平均计算每个投资者的应纳税所得额。

上述所称生产经营所得，包括企业分配给投资者个人的所得和企业当年留存的所得（利润）。

对个体工商户业主、个人独资企业和合伙企业自然人投资者的生产经营所得依法计征个人所得税时,个体工商户业主、个人独资企业和合伙企业自然人投资者本人的费用扣除标准统一确定为 60 000 元每年。

对企事业单位的承包经营、承租经营所得,以每一纳税年度的收入总额,减除必要费用后的余额,为应纳税所得额。每一纳税年度的收入总额,是指纳税人按照承包经营、承租经营合同规定分得的经营利润和工资、薪金性质的所得;减除必要费用,是指按年减除 60 000 元。

六、财产租赁所得应纳税所得额的确定

财产租赁所得一般以个人每次取得的收入,定额或定率减除规定费用后的余额为应纳税额所得额。每次收入不超过 4 000 元,定额减除费用 800 元;每次收入 4 000 元以上,定率减除 20%的费用,其余额为应纳税所得额。财产租赁所得,以 1 个月内取得的收入为一次。

在确定财产租赁的应纳税所得额时,纳税人在出租财产过程中缴纳的税金和教育费附加,可持完税(缴款)凭证,从其财产租赁收入中扣除。准予扣除的项目除了规定费用和有关税、费外,还有能提供有效、准确的凭证,证明由纳税人负担的该出租财产实际开支的修缮费用。允许扣除的修缮费用,以每次 800 元为限。一次扣除不完的,准予下次继续扣除,直至扣完为止。

个人出租财产取得的财产租赁收入,在计算缴纳个人所得税时,应依次扣除下列费用:

(1)财产租赁过程中缴纳的税金和国家能源交通重点建设基金、国家预算调节基金、教育费附加。

(2)由纳税人负担的该出租财产实际开支的修缮费用。

(3)税法规定的费用扣除标准。

财产租赁所得应纳税所得额的计算公式如下:

(1)每次(月)收入不超过 4 000 元的:

> 应纳税所得额=每次(月)收入额-准予扣除项目-修缮费用(800 元为限)-800

(2)每次(月)收入超过 4 000 元的:

> 应纳税所得额=[每次(月)收入额-准予扣除项目-修缮费用(800 元为限)]×(1-20%)

七、财产转让所得应纳税所得额的确定

财产转让所得,以一次转让财产的收入额减除财产原值和合理费用后的余额,为应纳税所得额。

财产原值的确定方法如下:

(1)有价证券,为买入价以及买入时按照规定交纳的有关费用。

(2)建筑物,为建造费或者购进价格以及其他有关费用。

(3)土地使用权,为取得土地使用权所支付的金额、开发土地的费用以及其他有关费用。

(4)机器设备、车船,为购进价格、运输费、安装费以及其他有关费用。

(5)其他财产,参照上述规定的方法确定财产原值。

纳税人未提供完整、准确的财产原值凭证,不能按照上述规定的方法确定财产原值的,由主管税务机关核定财产原值。

上述所称合理费用,是指卖出财产时按照规定支付的有关税费。个人转让房屋的个人所得税应税收入不含增值税,其取得房屋时,所支付价款中包含的增值税计入财产原值,计算转让所得时可扣除的税费,不包括本次转让缴纳的增值税。

八 利息、股息、红利所得应纳税所得额的确定

利息、股息、红利所得,以每次收入额为应纳税所得额,不得扣除费用。

九 偶然所得应纳税所得额的确定

偶然所得,以每次收入额为应纳税所得额,不得扣除费用。

任务三 个人所得税应纳税额的计算

任务情境

2019年7月,王某出租住房取得不含增值税租金收入3 000元,房屋租赁过程中缴纳的可以税前扣除的相关税费120元,支付出租房屋维修费1 000元。

任务要求

请计算王某当月出租住房应缴纳的个人所得税。

依照个人所得税法规定的税率和费用扣除标准,各项所得的应纳税额,应分别计算如下。

一 居民个人综合所得应纳税额的计算

居民个人综合所得应纳税额的计算公式为

应纳税额=应纳税所得额×适用税率-速算扣除数=(年综合收入额-60 000-专项扣除-专项附加扣除-依法确定的其他扣除)×适用税率-速算扣除数

【例 6-6】

居民个人李某为独生子女,按规定缴纳社会保险费和住房公积金后,2019 年共取得含税工资 20 万元,劳务报酬 2 万元,稿酬 1 万元。李某有两个子女,夫妻双方约定由李某一人扣除子女教育费,李某的父母均已年过 60 岁。计算李某当年应缴纳的个人所得税。

分析:全年应纳税所得额 = 200 000 + 20 000 × (1 − 20%) + 10 000 × (1 − 20%) × 70% − 60 000 − 12 000 × 2 − 24 000
= 221 600 − 108 000 = 113 600(元)

应纳税额 = 113 600 × 10% − 2 520 = 8 840(元)

二 非居民个人综合所得应纳税额的计算

扣缴义务人向非居民个人支付综合所得时,应当分项按月或者按次代扣代缴个人所得税。

非居民个人综合所得应纳税额的计算公式为

应纳税额 = 应纳税所得额 × 税率 − 速算扣除数

【例 6-7】

非居民个人约翰取得劳务报酬所得 20 000 元,计算支付单位为其代扣代缴的个人所得税。

分析:应纳税所得额 = 20 000 − 20 000 × 20% = 16 000(元)
应扣缴税额 = 16 000 × 20% − 1 410 = 1 790(元)

三 经营所得应纳税额的计算

个人工商户的生产经营所得应纳税额的计算公式为

应纳税额 = 全年应纳税所得额 × 适用税率 − 速算扣除数 = (全年收入总额 − 成本、费用、损失、其他支出及以前年度亏损) × 适用税率 − 速算扣除数

对企事业单位的承包经营、承租经营所得应纳税额的计算公式为

应纳税额 = 全年应纳税所得额 × 适用税率 − 速算扣除数
= (纳税年度的收入总额 − 必要费用) × 适用税率 − 速算扣除数

【例 6-8】

某诊所系个体工商户,账证健全。2019 年 12 月,取得经营收入 420 000 元,准予扣除的当月成本、费用及相关税金共计 351 600 元,1—11 月累计应纳税所得额 88 400 元(未扣除业主费用减除标准),1—11 月累计预缴个人所得税 10 200 元。

除经营所得外,业主没有其他收入,且2019年全年均享受赡养老人这一专项附加扣除,不考虑专项扣除和符合税法规定的其他扣除。计算该个体工商户2019年度汇算清缴时应申请的个人所得税退税额。

分析:全年应纳税所得额=420 000−351 600+88 400−60 000−24 000
　　　　　　　　=72 800(元)
全年应纳税额=72 800×10%−1 500=5 780(元)
应申请退税额=10 200−5 780=4 420(元)

四 财产租赁所得应纳税额的计算

财产租赁所得适用20%的比例税率,但对个人按市场价格出租的居民住房取得的所得,自2001年1月1日起暂减按10%的税率征收个人所得税。

财产租赁所得应纳税额的计算公式如下:

(1)每次(月)收入不超过4 000元的:

应纳税额=应纳税所得额×适用税率=[每次(月)收入额−准予扣除项目−修缮费用(800元为限)−800]×适用税率

(2)每次(月)收入超过4 000元的:

应纳税额=应纳税所得额×适用税率=[每次(月)收入额−准予扣除项目−修缮费用(800元为限)]×(1−20%)×适用税率

【例6-9】

居民刘某于2018年第一季度将其自有房屋出租给他人居住,每月取得租金1 000元。1月份房屋水管破裂,支付维修费100元。计算刘某租赁房屋每月应缴纳的个人所得税。

分析:财产租赁所得的应纳税额按月分次计算。因每次收入不超过4 000元,所以定额减除费用800元,维修费用可以扣除。自2001年1月1日起,个人按市价出租的居民住房暂减按10%的税率征收个人所得税。

1月份应纳税额=(1 000−100−800)×10%=10(元)
2月份应纳税额=(1 000−800)×10%=20(元)
3月份应纳税额=(1 000−800)×10%=20(元)

五 财产转让所得应纳税额的计算

1.财产转让所得的一般计算方法

财产转让所得适用20%的比例税率,应纳税额的计算公式为

应纳税额=应纳税所得额×适用税率=(每次收入额−财产原值−合理费用)×20%

2.个人销售无偿受赠不动产应纳税额的计算

受赠人转让受赠房屋的,以其转让受赠房屋的收入减除原捐赠人取得该房屋的实际购置成本,以及赠予和转让过程中受赠人支付的相关税费后的余额,为受赠人的应纳税所得额,依法计征个人所得税。受赠人转让受赠房屋价格明显偏低且无正当理由的,税务机关可以依据该房屋的市场评估价格或其他合理方式确定的价格,核定其转让收入。

【例 6-10】

2019 年 5 月,居民张某购入某公司三年期债券 10 份,每份 1 000 元,手续费等相关费用 100 元。6 月购买同一种债券 12 份,每份 1 050 元。8 月出售 15 份该债券,每份 1 200 元,同时支付相关费用 150 元。计算张某应缴纳的个人所得税。

分析:由于该债券每次购买价格不同,因而确定财产原值时应使用加权平均法。

财产原值=[(10×1 000+12×1 050)+100]÷22×15=15 477.27(元)

合理费用扣除额=150(元)

应纳税所得额=1 200×15-(15 477.27+150)=2 372.73(元)

应纳税额=2 372.73×20%=474.55(元)

【例 6-11】

2019 年 8 月,居民周某将一套住房转让给他人,取得转让收入 150 000 元,并按规定支付相关费用 2 000 元,该住房购买原价为 100 000 元。计算周某应缴纳的个人所得税。

分析:房产的买入价即房产原值。

应纳税所得额=150 000-100 000-2 000=48 000(元)

应纳税额=48 000×20%=9 600(元)

六、利息、股息、红利所得应纳税额的计算

利息、股息、红利所得适用 20% 的比例税率,应纳税额的计算公式为

应纳税额=应纳税所得额×20%=每次收入额×20%

【例 6-12】

2019 年,王明取得全年红利收入 4 000 元,计算其应缴纳的个人所得税。

分析:应纳税额=4 000×20%=800(元)

七、偶然所得应纳税额的计算

偶然所得以每次收入额适用 20% 的比例税率,应纳税额的计算公式为

应纳税额＝应纳税所得额×20％＝每次收入额×20％

八、个人所得税的特殊计税方法

1.涉及捐赠扣除的计税方法

个人将其所得对教育、扶贫、济困等公益慈善事业进行捐赠,捐赠额未超过纳税人申报的应纳税所得额30％的部分,可以从其应纳税所得额中扣除。国务院规定对公益慈善事业捐赠实行全额税前扣除的,从其规定。个人将其所得对教育、扶贫、济困等公益慈善事业进行捐赠,是指个人将其所得通过中国境内的公益性社会组织、国家机关向教育、扶贫、济困等公益慈善事业的捐赠。应纳税所得额,是指计算扣除捐赠额之前的应纳税所得额。

个人通过非营利性的社会团体和国家机关向红十字事业的捐赠,在计算缴纳个人所得税时,准予在税前的所得额中全额扣除;个人通过非营利性的社会团体和国家机关向农村义务教育的捐赠,在计算缴纳个人所得税时,准予在税前的所得额中全额扣除;个人通过非营利性的社会团体和国家机关对公益性青少年活动场所的捐赠,在计算缴纳个人所得税时,准予在税前的所得额中全额扣除;个人通过非营利性的社会团体和政府部门向福利性、非营利性老年服务机构捐赠,通过中国宋庆龄基金会等6家单位、中国医药卫生事业发展基金会、中国教育发展基金会、中国老龄事业发展基金会等8家单位、中华健康快车基金会等5家单位用于公益性救济性的捐赠,符合相关条件的,准予在缴纳个人所得税税前全额扣除。

2.境外已纳税款抵免的计税方法

为了避免发生重复征税,我国税法规定,居民个人从中国境外取得的所得,可以从其应纳税额中抵免已在境外缴纳的个人所得税税额,但抵免额不得超过该纳税人境外所得依照个人所得税法规定计算的应纳税额。

已在境外缴纳的个人所得税税额,是指居民个人来源于中国境外的所得,依照该所得来源国家(地区)的法律应当缴纳并且实际已经缴纳的所得税税额。

纳税人境外所得依照个人所得税法规定计算的应纳税额,是居民个人抵免已在境外缴纳的综合所得、经营所得以及其他所得的所得税税额的限额(以下简称抵免限额)。除国务院财政、税务主管部门另有规定外,来源于中国境外一个国家(地区)的综合所得抵免限额、经营所得抵免限额以及其他所得抵免限额之和,为来源于该国家(地区)所得的抵免限额。

居民个人在中国境外一个国家(地区)实际已经缴纳的个人所得税税额,低于依照个人所得税法规定计算出的来源于该国家(地区)所得的抵免限额,应当在中国缴纳差额部分的税款;超过该国家(地区)所得的抵免限额,其超过部分不得在本纳税年度的应纳税额中抵免,但是可以在以后纳税年度的该国家(地区)所得的抵免限额的余额中补扣,补扣期限最长不得超过5年。

居民个人申请抵免已在境外缴纳的个人所得税税额,应当提供境外税务机关出具的税款所属年度的有关纳税凭证。

任务四　个人所得税的税收优惠

任务情境

2018年9月，退休职工张某取得退休工资4 000元，出租店铺取得租金6 000元，发表一篇论文取得稿酬1 000元，提供技术咨询取得的一次性报酬2 000元。

任务要求

请判断张某哪些所得能够享受个人所得税的免税政策。

一　免征个人所得税的优惠

下列各项个人所得，免征个人所得税：

1. 省级人民政府、国务院部委和中国人民解放军军以上单位，以及外国组织、国际组织颁发的科学、教育、技术、文化、卫生、体育、环境保护等方面的奖金。

2. 国债利息和国家发行的金融债券利息。国债利息，是指个人持有中华人民共和国财政部发行的债券而取得的利息；国家发行的金融债券利息，是指个人持有经国务院批准发行的金融债券而取得的利息。

3. 按照国家统一规定发给的补贴、津贴。按照国家统一规定发给的补贴、津贴，是指按照国务院规定发给的政府特殊津贴、院士津贴，以及国务院规定免予缴纳个人所得税的其他补贴、津贴。

4. 福利费、抚恤金、救济金。福利费，是指根据国家有关规定，从企业、事业单位、国家机关、社会组织提留的福利费或者工会经费中支付给个人的生活补助费；救济金，是指各级人民政府民政部门支付给个人的生活困难补助费。

5. 保险赔款。

6. 军人的转业费、复员费、退役金。

7. 按照国家统一规定发给干部、职工的安家费、退职费、基本养老金或者退休费、离休费、离休生活补助费。

8. 依照有关法律规定应予免税的各国驻华使馆、领事馆的外交代表、领事官员和其他人员的所得。该所得，是指依照《中华人民共和国外交特权与豁免条例》和《中华人民共和国领事特权与豁免条例》规定免税的所得。

9. 中国政府参加的国际公约、签订的协议中规定免税的所得。

10. 国务院规定的其他免税所得。

二　减征个人所得税的优惠

有下列情形之一的，可以减征个人所得税，具体幅度和期限，由省、自治区、直辖市人民政府规定，并报同级人民代表大会常务委员会备案：

(1)残疾、孤老人员和烈属的所得。
(2)因自然灾害遭受重大损失的。
国务院可以规定其他减税情形,但需报全国人民代表大会常务委员会备案。

三 暂免征收个人所得税的优惠

根据《财政部、国家税务总局关于个人所得税若干政策问题的通知》和有关文件的规定,对下列所得暂免征收个人所得税:

(1)外籍个人从外商投资企业取得的股息、红利所得。
(2)凡符合下列条件之一的外籍专家取得的工资、薪金所得,可免征个人所得税:
①根据世界银行专项贷款协议,由世界银行直接派往我国工作的外国专家。
②联合国组织直接派往我国工作的专家。
③为联合国援助项目来华工作的专家。
④援助国派往我国专为该国无偿援助项目工作的专家。
⑤根据两国政府签订的文化交流项目来华工作2年以内的文教专家,其工资、薪金所得由该国负担的。
⑥根据我国大专院校国际交流项目来华工作2年以内的文教专家,其工资、薪金所得由该国负担的。
⑦通过民间科研协定来华工作的专家,其工资、薪金所得由该国政府机构负担的。
(3)个人转让上市公司股票取得的所得。
(4)个人举报、协查各种违法犯罪行为而获得的奖金。
(5)个人办理代扣代缴手续,按规定取得的扣缴手续费。
(6)个人转让自用5年以上,并且是家庭唯一生活用房取得的所得。
(7)对个人购买福利彩票、赈灾彩票、体育彩票,一次中奖收入在1万元以下(含1万元)的,暂免征收个人所得税;超过1万元的,全额征收个人所得税。
(8)个人取得单张有奖发票奖金所得不超过800元(含800元)的,暂免征收个人所得税。
(9)达到离休、退休年龄,但确因工作需要,适当延长离休、退休年龄的高级专家(享受国家发放的政府特殊津贴的专家、学者),其在延长离休、退休期间的工资、薪金所得,视同离休、退休工资,免征个人所得税。
(10)个人领取原提存的住房公积金、基本医疗保险金、基本养老保险金以及失业保险金,免予征收个人所得税。
(11)对工伤职工及其近亲属按照《工伤保险条例》规定取得的工伤保险待遇,免征个人所得税。
(12)自2008年10月9日起,对居民储蓄存款利息,暂免征收个人所得税。
(13)个人从公开发行和转让市场取得的上市公司股票,持股期限超过1年的,股息、红利所得暂免征收个人所得税。个人从公开发行和转让市场取得的上市公司股票,持股期限在1个月以内(含1个月)的,其股息、红利所得全额计入应纳税所得额;持股期限在1个月以上1年以下(含1年)的,暂减按50%计入应纳税所得额。上述所得统一适用20%的税率计征个人所得税。

（14）个体工商户、个人独资企业和合伙企业或个人从事种植业、养殖业、饲养业、捕捞业取得的所得，暂不征收个人所得税。

【例6-13】
2019年9月，退休职工张某取得的下列收入中，免征个人所得税的是（　　）。
A．退休工资4 000元
B．出租店铺取得租金6 000元
C．发表一篇论文取得稿酬1 000元
D．提供技术咨询取得一次性报酬2 000元

分析：答案为A。退休工资属于免税项目。

任务五　个人所得税的征收管理

任务情境

赵某兴办宏发个人独资企业，2019年相关财务资料如下：
（1）向非金融企业借款200万元用于生产经营，期限1年，利率8%，利息支出16万元均已计入财务费用。
（2）实发合理工资中包括赵某工资6万元，雇员工资20万元。
（3）实际发生雇员职工教育经费支出0.8万元。
（4）营业外支出中包括行政罚款3万元，合同违约金4万元。
（5）赵某2019年3月以个人名义购入境内上市公司股票，同年9月出售，持有期间取得股息1.9万元；从境内非上市公司取得股息0.7万元。

任务要求

请帮赵某办理个人所得税纳税申报。

个人所得税的纳税办法，有全员全额扣缴申报纳税和自行申报纳税两种。

一　全员全额扣缴申报纳税

扣缴义务人向个人支付应税款项时，应当依法办理全员全额扣缴申报，即依照个人所得税法规定预扣或代扣税款，按时缴库，并专项记载备查。

全员全额扣缴申报，是指扣缴义务人应当在代扣税款的次月15日内，向主管税务机关报送其支付所得的所有个人的有关信息、支付所得数额、扣除事项和数额、扣缴税款的具体数额和总额以及其他相关涉税信息资料。

（一）扣缴义务人和代扣预扣税款的范围

扣缴义务人，是指向个人支付所得的单位或者个人。实行个人所得税全员全额扣缴

申报的应税所得包括：

1. 工资、薪金所得。
2. 劳务报酬所得。
3. 稿酬所得。
4. 特许权使用费所得。
5. 利息、股息、红利所得。
6. 财产租赁所得。
7. 财产转让所得。
8. 偶然所得。

（二）不同项目所得扣缴方法

1.居民个人工资、薪金所得预扣预缴税额的计算

扣缴义务人向居民个人支付工资、薪金所得时，应当按照累计预扣法计算预扣税款，并按月办理扣缴申报。

累计预扣法，是指扣缴义务人在一个纳税年度内预扣预缴税款时，以纳税人在本单位截至当前月份工资、薪金所得累计收入减除累计免税收入、累计减除费用、累计专项扣除、累计专项附加扣除和累计依法确定的其他扣除后的余额为累计预扣预缴应纳税所得额，适用居民个人工资、薪金所得预扣预缴率表（见表6-4），计算累计应预扣预缴税额，再减除累计减免税额和累计已预扣预缴税额，其余额为本期应预扣预缴税额。余额为负值时，暂不退税。纳税年度终了后余额仍为负值时，由纳税人通过办理综合所得年度汇算清缴，税款多退少补。

具体计算公式如下：

> 本期应预扣预缴税额＝（累计预扣预缴应纳税所得额×预扣率－速算扣除数）－累计减免税额－累计已预扣预缴税额
>
> 累计预扣预缴应纳税所得额＝累计收入－累计免税收入－累计减除费用－累计专项扣除－累计专项附加扣除－累计依法确定的其他扣除

其中，累计减除费用按照5 000元每月乘以纳税人当年截至本月在本单位的任职受雇月份数计算。

表6-4　　　　　居民个人工资、薪金所得预扣预缴率表

级数	累计预扣预缴应纳税所得额	预扣率（%）	速算扣除数
1	不超过36 000元	3	0
2	超过36 000元至144 000元的部分	10	2 520
3	超过144 000元至300 000元的部分	20	16 920
4	超过300 000元至420 000元的部分	25	31 920
5	超过420 000元至660 000元的部分	30	52 920
6	超过660 000元至960 000元的部分	35	85 920
7	超过960 000元的部分	45	181 920

居民个人向扣缴义务人提供有关信息并依法要求办理专项附加扣除的，扣缴义务人

应当按照规定在工资、薪金所得按月预扣预缴税款时予以扣除,不得拒绝。

年度预扣预缴税额与年度应纳税额不一致的,由居民个人于次年3月1日至6月30日向主管税务机关办理综合所得年度汇算清缴,税款多退少补。

【例6-14】

张峰为居民个人,2019年1月,张峰取得工资、奖金等20 000元,当月三险一金合计为2 000元,专项附加扣除4 000元。2月—12月:张峰每月取得工资、奖金等18 000元,每月三险一金合计为2 000元,每月专项附加扣除4 000元。计算1—12月单位为张峰预扣预缴的个人所得税。

分析:

1月应纳税所得额=20 000-5 000-2 000-4 000=9 000(元)

1月预扣预缴税款=9 000×3%-0=270(元)

2月累计应纳税所得额=(20 000+18 000)-5 000×2-2 000×2-4 000×2
=16 000(元)

2月应预扣预缴税款=(16 000×3%-0)-270=210(元)

按照同样的方法,计算得出张峰全年工资、薪金的累计预扣预缴:

月份	工资、薪金	减除费用	专项扣除	专项附加扣除	其他法定扣除	累计应纳税所得额	税率	累计预扣预缴税款	本月预扣预缴税款
1	20 000	5 000	2 000	4 000	0	9 000	3%	270	270
2	18 000	5 000	2 000	4 000	0	16 000	3%	480	210
3	18 000	5 000	2 000	4 000	0	23 000	3%	690	210
4	18 000	5 000	2 000	4 000	0	30 000	3%	900	210
5	18 000	5 000	2 000	4 000	0	37 000	10%	1 180	280
6	18 000	5 000	2 000	4 000	0	44 000	10%	1 880	700
7	18 000	5 000	2 000	4 000	0	51 000	10%	2 580	700
8	18 000	5 000	2 000	4 000	0	58 000	10%	3 280	700
9	18 000	5 000	2 000	4 000	0	65 000	10%	3 980	700
10	18 000	5 000	2 000	4 000	0	72 000	10%	4 680	700
11	18 000	5 000	2 000	4 000	0	79 000	10%	5 380	700
12	18 000	5 000	2 000	4 000	0	86 000	10%	6 080	700
合计	218 000	60 000	24 000	48 000	0				

2.居民个人劳务报酬所得、稿酬所得、特许权使用费所得预扣预缴税额的计算

扣缴义务人向居民个人支付劳务报酬所得、稿酬所得、特许权使用费所得时,应按以下办法按次或者按月预扣预缴税款:

(1)劳务报酬所得、稿酬所得、特许权使用费所得以收入减除费用后的余额为收入额。其中,稿酬所得的收入额减按70%计算。

(2)减除费用:预扣预缴税款时,劳务报酬所得、稿酬所得、特许权使用费所得每次收入不超4 000元的,减除费用按800元计算;每次收入4 000元以上的,减除费用按收入的20%计算。

(3)应纳税所得额:劳务报酬所得、稿酬所得、特许权使用费所得,以每次收入额为预扣预缴应纳税所得额,计算应预扣预缴税额。劳务报酬所得适用居民个人劳务报酬所得预扣预缴率表(见表6-5),稿酬所得、特许权使用费所得适用20%的比例预扣率。

(4)预扣预缴税额计算公式为

> 劳务报酬所得应预扣预缴税额=预扣预缴应纳税所得额×预扣率—速算扣除数
> 稿酬所得、特许权使用费所得应预扣预缴税额=预扣预缴应纳税所得额×20%

表6-5 居民个人劳务报酬所得预扣预缴率表

级数	预扣预缴应纳税所得额	预扣率(%)	速算扣除数
1	不超过20 000元	20	0
2	超过20 000元至50 000元的部分	30	2 000
3	超过50 000元的部分	40	7 000

居民个人办理年度综合所得汇算清缴时,应当依法计算劳务报酬所得、稿酬所得、特许权使用费所得的收入额,并入年度综合所得计算应纳税额,税款多退少补。

【例6-15】

承【例6-14】2019年,张峰除工资、薪金外(假定专项附加扣除每月均已扣除),还有其他收入:5月,为某公司举行为期一个月的培训服务,取得培训费30 000元;7月,在某晚报上发表一篇小说,取得稿酬10 000元。

分析:

5月,为某公司举行为期一个月的培训服务,取得培训费30 000元:

应预扣预缴税额=(30 000—30 000×20%)×30%—2 000=5 200(元)

7月,在某晚报上发表一篇小说,取得稿酬10 000元:

应预扣预缴税额=(10 000—10 000×20%)×70%×20%=1 120(元)

3.非居民个人综合所得预扣预缴税额的计算

非居民个人取得综合所得,有扣缴义务人的,由扣缴义务人按月或者按次代扣代缴税款,不办理汇算清缴。

扣缴义务人向非居民个人支付综合所得时,应当按照以下办法按月或者按次代扣代缴税款:

(1)非居民个人的工资、薪金所得,以每月收入额减除费用5 000元后的余额为应纳税所得额。

(2)劳务报酬所得、稿酬所得、特许权使用费所得,以每次收入额为应纳税所得额,适用非居民个人综合所得税率表(见表6-2),计算应纳税额。劳务报酬所得、稿酬所得、特许权使用费所得以收入减除20%费用后的余额为收入额,其中,稿酬所得的收入额减按70%计算。

(3)税款扣缴计算公式为

$$应预扣预缴税额 = 应纳税所得额 \times 税率 - 速算扣除数$$

非居民个人的税款扣除方法在一个纳税年度内保持不变,达到居民个人条件时,应当告知扣缴义务人基础信息变化情况,年度终了后按照居民个人有关规定办理汇算清缴。

4. 扣缴义务人支付利息、股息、红利所得,财产租赁所得,财产转让所得或者偶然所得时,应当依法按次或者按月代扣代缴税款

纳税人需要享受税收协定待遇的,应当在取得应税所得时主动向扣缴义务人提出,并提交相关信息、资料,扣缴义务人代扣代缴税款时,按照享受税收协定待遇有关办法办理。

扣缴义务人未将扣缴的税款解缴入库的,不影响纳税人按照规定申请退税,税务机关应当凭纳税人提供的有关资料办理退税。

【例6-16】
非居民个人汤姆取得稿酬所得10 000元,计算支付单位为其代扣代缴的个人所得税。

分析:应纳税所得额 = 10 000 × (1 - 20%) × 70% = 5 600(元)
应扣缴税额 = 5 600 × 10% - 210 = 350(元)

(三)代扣代缴期限

扣缴义务人每月或者每次预扣、代扣的税款,应当在次月15日内缴入国库,并向税务机关报送《个人所得税扣缴申报表》。

扣缴义务人首次向纳税人支付所得时,应当按照纳税人提供的纳税人识别号等基础信息,填写《个人所得税基础信息表(A表)》,并于次月扣缴申报时向税务机关报送。

扣缴义务人对纳税人向其报告的相关基础信息变化情况,应当于次月扣缴申报时向税务机关报送。

二、自行申报纳税

自行申报纳税,是指由纳税人自行在税法规定的纳税期限内,向税务机关申报取得的应税所得项目和数额,如实填写《个人所得税纳税申报表》,并按照税法规定计算应纳税额,据此缴纳个人所得税的一种方法。

(一)纳税人应当依法办理纳税申报

存在下列情形之一的,纳税人应当依法办理纳税申报:
1. 取得综合所得需要办理汇算清缴。
2. 取得应税所得没有扣缴义务人。
3. 取得应税所得,扣缴义务人未扣缴税款。
4. 取得境外所得。
5. 因移居境外注销中国户籍。

6.非居民个人在中国境内从两处以上取得工资、薪金所得。

7.国务院规定的其他情形。

(二)取得综合所得需要办理汇算清缴的纳税申报

取得综合所得且符合下列情形之一的纳税人,应当依法办理汇算清缴:

1.从两处以上取得综合所得,且综合所得年收入额减除专项扣除后的余额超过6万元。

2.取得劳务报酬所得、稿酬所得、特许权使用费所得中的一项或者多项所得,且综合所得年收入额减除专项扣除的余额超过6万元。

3.纳税年度内预缴税额低于应纳税额。

4.纳税人申请退税。

需要办理汇算清缴的纳税人,应当在取得所得的次年3月1日至6月30日内,向任职、受雇单位所在地主管税务机关办理纳税申报,并报送《个人所得税年度自行纳税申报表》。纳税人有两处以上任职、受雇单位的,选择向其中一处任职、受雇单位所在地主管税务机关办理纳税申报;纳税人没有任职、受雇单位的,向户籍所在地或者经常居住地主管税务机关办理纳税申报。

纳税人办理综合所得汇算清缴,应当准备与收入、专项扣除、专项附加扣除、依法确定的其他扣除、捐赠、享受税收优惠等相关的资料,并按规定留存备查或报送。

【例6-17】

承【例6-15】2019年,张峰还发生了大病医疗费用,其中,自费部分35 000元。计算张峰年度汇算清缴时应补或者应退的个人所得税。

分析:张峰发生大病医疗费用,其中,自费部分35 000元,年度汇算清缴时允许专项附加扣除20 000(35 000-15 000)元。

汇算清缴时综合所得应纳税所得额=218 000+30 000×(1-20%)+10 000×
(1-20%)×70%-60 000-24 000-
48 000-20 000
=95 600(元)

应纳税额=95 600×10%-2 520=7 040(元)

应补退税额=7 040-6 080-5 200-1 120=-5 360(元)

(三)取得经营所得的纳税申报

个体工商户业主、个人独资企业投资者、合伙企业合伙人、承包承租经营者个人以及其他从事生产经营活动的个人取得经营所得,按年计算个人所得税,由纳税人在月度或季度终了后15日内,向经营管理所在地主管税务机关办理预缴纳税申报,并报送《个人所得税经营所得纳税申报表(A表)》。在取得经营所得的次年3月31日前,向经营管理所在地主管税务机关办理汇算清缴,并报送《个人所得税经营所得纳税申报表(B表)》。从两处以上取得经营所得的,选择向其中一处经营管理所在地主管税务机关办理年度汇总申报,并报送《个人所得税经营所得纳税申报表(C表)》。

（四）取得应税所得，扣缴义务人未扣缴税款的纳税申报

纳税人取得应税所得，扣缴义务人未扣缴税款的，应当根据下列情形办理纳税申报：

1. 居民个人取得综合所得的，且符合前述情形的，应当依法办理汇算清缴。

2. 非居民个人取得综合所得的，应当在取得所得的次年6月30日前，向扣缴义务人所在地主管税务机关办理纳税申报，并报送《个人所得税自行纳税申报表（A表）》。有两个以上扣缴义务人均未扣缴税款的，选择向其中一个扣缴义务人所在地主管税务机关办理纳税申报。非居民个人在次年6月30日前离境（临时离境除外）的，应当在离境前办理纳税申报。

3. 纳税人取得利息、股息、红利所得，财产租赁所得，财产转让所得和偶然所得的，应当在取得所得的次年6月30日前，按相关规定向主管税务机关办理纳税申报，并报送《个人所得税自行纳税申报表（A表）》。

税务机关通知限期缴纳的，纳税人应当按照期限缴纳税款。纳税人取得应税所得没有扣缴义务人的，应当在取得所得的次月15日内向税务机关报送纳税申报表，并缴纳税款。

（五）取得境外所得的纳税申报

居民个人从中国境外取得所得的，应当在取得所得的次年3月1日至6月30日内，向中国境内任职、受雇单位所在地主管税务机关办理纳税申报；在中国境内没有任职、受雇单位的，向户籍所在地或中国境内经常居住地主管税务机关办理纳税申报；户籍所在地与中国境内经常居住地不一致的，选择其中一地主管税务机关办理纳税申报；在中国境内没有户籍的，向中国境内经常居住地主管税务机关办理纳税申报。

（六）因移居境外注销中国户籍的纳税申报

纳税人因移居境外注销中国户籍的，应当在申请注销中国户籍前，向户籍所在地主管税务机关办理纳税申报，进行税款清算。

（七）非居民个人在中国境内从两处以上取得工资、薪金所得的纳税申报

非居民个人在中国境内从两处以上取得工资、薪金所得的，应当在取得所得的次月15日内，向其中一处任职、受雇单位所在地主管税务机关办理纳税申报，并报送《个人所得税自行纳税申报表（A表）》。

（八）纳税申报方式

纳税人可以采用远程办税端、邮寄等方式申报，也可以直接到主管税务机关申报。

（九）其他有关问题

纳税人办理自行纳税申报时，应当一并报送税务机关要求报送的其他有关资料。首次申报或者个人基础信息发生变化的，还应报送《个人所得税基础信息表（B表）》。

纳税人在办理纳税申报时需要享受税收协定待遇的，按照享受税收协定待遇有关办法办理。

任务六　个人所得税的申报与缴纳

一　个人所得税纳税申报案例

2019 年 2 月,苏州达信科技有限公司发放 2019 年 1 月员工的工资、薪金,预扣预缴工资、薪金所得的个人所得税,并填制《个人所得税扣缴申报表》(见表 6-6)。相关资料如下:

资料 1:

扣缴义务单位基本信息:

公司名称:苏州达信科技有限公司

纳税人识别号:452096438926297

电话:0512－56699101

邮编:215000

公司地址:江苏省苏州市吴中区金山路 338 号

资料 2:

员工基础信息表

工号	姓名	性别	身份证号	联系电话	任职日期	任职受雇从业类型
001	张　伟	男	320508198606260851	15090082808	2016-06-20	雇员
002	李大刚	男	320101197506260019	15134245504	2016-02-13	雇员
003	王　薇	女	350301199307170228	15124008944	2017-04-12	雇员

资料 3:

2019 年 1 月份工资、薪金计算发放表

工号	姓名	应发工资合计	基本养老保险金	基本医疗保险金	失业保险金	住房公积金	代扣个人所得税	实发工资
001	张　伟	12 000	244	61	15	600		
002	李大刚	17 000	244	61	15	1 000		
003	王　薇	6 650	244	61	15	300		

备注:

(1)张伟专项附加扣除信息如下:现居苏州,已婚,育有一儿一女,儿子于 2018 年 9 月进入小学二年级,女儿于 2018 年 9 月进入幼儿园中班。2015 年,合同借款人张伟购买位于苏州的商品房,办理纯公积金贷款 30 年,于 2015 年 10 月 10 日首次还款,2016 年取得房屋所有权证。子女教育方面张伟与妻子各按 50% 的比例进行扣除,住房贷款由张伟一人全额扣除。

(2)李大刚专项附加扣除信息如下:现居杭州,已婚,育有一子,儿子于 2018 年 9 月进入大三,妻子是全职太太,故子女教育由李大刚一人全额扣除;李大刚有兄弟两人,共同赡养 65 岁的母亲,李大刚与弟弟商定赡养老人费用按照规定进行平均分摊。

(3)王薇专项附加扣除信息如下:单身一人在苏州工作,租房居住,租赁时间为 2018 年 6 月—2019 年 6 月,出租房类型为个人。

个人所得税扣缴申报表

表6-6

税款所属期：　年　月　日至　年　月　日

扣缴义务人名称：

扣缴义务人纳税人识别号（统一社会信用代码）：□□□□□□□□□□□□□□□□□□

金额单位：元（列至角分）

序号	姓名	身份证件类型	身份证件号码	纳税人识别号	是否为非居民个人	所得项目	本月（次）情况															累计情况								税款计算					备注
							收入额计算			专项扣除				其他扣除					累计收入额	累计减除费用	累计专项扣除	累计专项附加扣除					减按计税比例	准予扣除的捐赠额	应纳税所得额	税率/预扣率	速算扣除数	应纳税额	减免税额	已缴税额	应补/退税额	
							收入	费用	免税收入	减除费用	基本养老保险费	基本医疗保险费	失业保险费	住房公积金	年金	商业健康保险	税延养老保险	财产原值	允许扣除的税费	其他				子女教育	赡养老人	住房贷款利息	住房租金	继续教育	累计其他扣除									
1	2	3	4	5	6	7	8	9	10	11	12	13	14	15	16	17	18	19	20	21	22	23	24	25	26	27	28	29	30	31	32	33	34	35	36	37	38	39	40
合计																																							

谨声明：本扣缴申报表是根据国家税收法律法规及相关规定填报的，是真实的、可靠的、完整的。

扣缴义务人（签章）：

　　　　　　　　　　年　月　日

代理机构签章：

代理机构统一社会信用代码：

经办人签字：

经办人身份证件号码：

受理人：

受理税务机关（章）：

受理日期：　年　月　日

知识链接

《个人所得税扣缴申报表》填表说明

一、适用范围

本表适用于扣缴义务人向居民个人支付综合所得的个人所得税全员全额预扣预缴申报;向非居民个人支付综合所得的个人所得税全员全额扣缴申报;以及向纳税人(居民个人和非居民个人)支付利息、股息、红利所得,财产租赁所得,财产转让所得和偶然所得的个人所得税全员全额扣缴申报。

二、申报期限

扣缴义务人应当在每月或者每次预扣、代扣税款的次月15日内,将已扣税款缴入国库,并向税务机关报送本表。

三、各栏次填写说明

(一)表头项目

1."税款所属期":填写扣缴义务人预扣、代扣税款当月的第1日至最后1日。如:2019年3月20日发放工资时代扣的税款,税款所属期填写"2019年3月1日至2019年3月31日"。

2."扣缴义务人名称":填写扣缴义务人的法定名称(全称)。

3."扣缴义务人纳税人识别号(统一社会信用代码)":填写扣缴义务人的纳税人识别号或统一社会信用代码。

(二)表内各栏

1.第2列"姓名":填写纳税人姓名。

2.第3列"身份证件类型":填写纳税人有效的身份证件名称。中国公民有中华人民共和国居民身份证的,填写居民身份证;没有居民身份证的,填写中华人民共和国护照、港澳居民来往内地通行证或港澳居民居住证、台湾居民通行证或台湾居民居住证、外国人永久居留身份证、外国人工作许可证或护照等。

3.第4列"身份证件号码":填写纳税人有效身份证件上载明的证件号码。

4.第5列"纳税人识别号":有中国公民身份证件号码的,填写中华人民共和国居民身份证上载明的"公民身份号码";没有中国公民身份证件号码的,填写税务机关赋予的纳税人识别号。

5.第6列"是否为非居民个人":纳税人为居民个人的填"否";纳税人为非居民个人的,根据合同、任职期限、预期工作时间等不同情况,填写"是,且不超过90天"或者"是,且超过90天不超过183天"。不填默认为"否"。

其中,纳税人为非居民个人的,填写"是,且不超过90天"的,当年在境内实际居住超过90天的次月15日内,填写"是,且超过90天不超过183天"。

6.第7列"所得项目":填写纳税人取得的《个人所得税法》第二条规定的应税所得项目名称。同一纳税人取得多项或多次所得的,应分行填写。

7.第8~21列"本月(次)情况":填写扣缴义务人当月(次)支付给纳税人的所得,以及按规定各所得项目当月(次)可扣除的减除费用、专项扣除、其他扣除等。

其中,工资、薪金所得预扣预缴个人所得税时扣除的专项附加扣除,按照纳税年度内纳税人在该任职受雇单位截至当月可享受的各专项附加扣除项目的扣除总额,填写至"累计情况"中第25~29列相应栏,本月情况中则无须填写。

(1)"收入额计算":包含"收入""费用""免税收入"。收入额=第8列-第9列-第10列。

①第8列"收入":填写当月(次)扣缴义务人支付给纳税人所得的总额。

②第9列"费用":取得劳务报酬、稿酬、特许权使用费时填写,取得其他各项所得时无须填写本列。居民个人取得上述所得,每次收入不超过4 000元的,费用填写"800"元;每次收入4 000元以上的,费用按收入的20%填写。非居民个人取得劳务报酬、稿酬、特许权使用费,费用按收入的20%填写。

③第10列"免税收入":填写纳税人各所得项目收入总额中,包含的税法规定的免税收入金额。其中,税法规定"稿酬所得的收入额减按70%计算",对稿酬所得的收入额减计的30%部分,填入本列。

(2)第11列"减除费用":按税法规定的减除费用标准填写。例如,2019年纳税人取得工资、薪金所得按月申报时,填写5 000元。纳税人取得财产租赁所得,每次收入不超过4 000元的,填写800元;每次收入4 000元以上的,按收入的20%填写。

(3)第12~15列"专项扣除":分别填写按规定允许扣除的基本养老保险费、基本医疗保险费、失业保险费、住房公积金(以下简称三险一金)的金额。

(4)第16~21列"其他扣除":分别填写按规定允许扣除的项目金额。

8.第22~30列"累计情况":本栏适用于居民个人取得工资、薪金所得,保险营销员、证券经纪人取得佣金收入等按规定采取累计预扣预缴税款时填报。

(1)第22列"累计收入额":填写本纳税年度截至当前月份,扣缴义务人支付给纳税人的工资、薪金所得,或者支付给保险营销员、证券经纪人的劳务报酬所得的累计收入额。

(2)第23列"累计减除费用":按照5 000元每月乘以纳税人当年在本单位任职受雇或者从业的月份数计算。

(3)第24列"累计专项扣除":填写本年度截至当前月份,按规定允许扣除的"三险一金"的累计金额。

(4)第25~29列"累计专项附加扣除":分别填写截至当前月份,纳税人按规定可享受的子女教育、赡养老人、住房贷款利息或住房租金、继续教育扣除的累计金额。大病医疗扣除由纳税人在年度汇算清缴时办理,此处无须填报。

(5)第30列"累计其他扣除":填写本年度截至当前月份,按规定允许扣除的年金(包括企业年金、职业年金)、商业健康保险、税延养老保险及其他扣除项目的累计金额。

9.第31列"减按计税比例":填写按规定实行应纳税所得额减计税收优惠的减计比例。无减计规定的,可不填,系统默认为100%。例如,某项税收政策实行减按60%计入应纳税所得额,则本列填60%。

10.第32列"准予扣除的捐赠额":是指按照税法及相关法规、政策规定,可在税前扣除的捐赠额。

11.第33~39列"税款计算":填写扣缴义务人当月扣缴个人所得税款的计算情况。

(1)第33列"应纳税所得额":根据相关列次计算填报。

①居民个人取得工资、薪金所得,填写累计收入额减除累计减除费用、累计专项扣除、累计专项附加扣除、累计其他扣除后的余额。

②非居民个人取得工资、薪金所得,填写收入额减去减除费用后的余额。

③居民个人或非居民个人取得劳务报酬所得、稿酬所得、特许权使用费所得,填写本月(次)收入额减除可以扣除的税费后的余额。

保险营销员、证券经纪人取得的佣金收入,填写累计收入额减除累计减除费用、累计其他扣除后的余额。

④居民个人或非居民个人取得利息、股息、红利所得和偶然所得,填写本月(次)收入额。

⑤居民个人或非居民个人取得财产租赁所得,填写本月(次)收入额减除允许扣除的费用、其他扣除后的余额。

⑥居民个人或非居民个人取得财产转让所得,填写本月(次)收入额减除财产原值、允许扣除的税费后的余额。

其中,适用"减按计税比例"的所得项目,其应纳税所得额按上述方法计算后乘以减按计税比例的金额填报。

按照税法及相关法规、政策规定,可以在税前扣除的捐赠额,按上述方法计算后从应纳税所得额中扣除。

(2)第34~35列"税率/预扣率""速算扣除数":填写各所得项目按规定适用的税率(或预扣率)和速算扣除数。没有速算扣除数的,则不填。

(3)第36列"应纳税额":根据相关列次计算填报。第36列=第33列×第34列-第35列。

(4)第37列"减免税额":填写符合税法规定可减免的税额,并附报《个人所得税减免税事项报告表》。居民个人工资、薪金所得,以及保险营销员、证券经纪人取得佣金收入,填写本年度累计减免税额;居民个人取得工资、薪金以外的所得或非居民个人取得各项所得,填写本月(次)减免税额。

(5)第38列"已缴税额":填写本年或本月(次)纳税人同一所得项目,已由扣缴义务人实际扣缴的税款金额。

(6)第39列"应补/退税额":根据相关列次计算填报。第39列=第36列-第37列-第38列。

四、其他事项说明

以纸质方式报送本表的,应当一式两份,扣缴义务人、税务机关各留存一份。

项目七

关税纳税实务

知识目标

1. 掌握关税的纳税人和征税对象。
2. 掌握关税应纳税额的计算。

能力目标

1. 能够确定关税的征税范围。
2. 能够计算关税的完税价格和关税税额。

任务一 认识关税

任务情境

某进出口公司2019年6月份进口小轿车300辆,每辆货价为75 000元,该批小轿车运抵我国上海港起卸前的包装、运输、保险和其他劳务费用共计150 000元,小轿车的关税税率为15%。

任务要求

1. 该批小轿车的完税价格是如何确定的?
2. 请计算该批小轿车的应纳关税税额。

关税法是指国家制定的调整关税征收与缴纳权利义务关系的法律规范。我国现行关税法律规范以全国人民代表大会于2000年7月修正颁布的《中华人民共和国海关法》(以下简称《海关法》)为法律依据,以国务院于2003年11月发布的《中华人民共和国进出口关税条例》(以下简称《进出口关税条例》),以及由国务院关税税则委员会审定并报国务院批准,作为条例组成部分的《中华人民共和国进出口关税税则》(以下简称《海关进出口税则》)和《中华人民共和国海关入境旅客行李物品和个人邮递物品征收进口税办法》为基本法规,由负责关税政策制定和征收管理的主管部门依据基本法规拟定的管理办法和实施细则为主要内容。

一 什么是关税

关税是海关依法对进出境货物、物品征收的一种税。"境"指关境,它又称"海关境域"或"关税领域",是国家《海关法》全面实施的领域。通常情况下,关境和国境是一致的,包括国家全部的领土、领海、领空。但当某一国家在国境内设立了自由港、自由贸易区时,这些区域就进出口关税而言处在关境之外,这时国家的关境小于国境。根据《中华人民共和国香港特别行政区基本法》和《中华人民共和国澳门特别行政区基本法》,香港和澳门保持自由港地位,为我国单独的关税地区,即单独关境区。单独关境区不完全适用该国海关法律、法规,而是实施单独的海关管理制度。

二 关税的纳税人及征税对象

(一)关税的纳税人

进口货物的收货人、出口货物的发货人,进出境物品的所有人,是关税的纳税人。进出口货物的收、发货人是依法取得对外贸易经营权,并进口或者出口货物的法人或者其他社会团体。进出境物品的所有人包括该物品的所有人和推定为所有人的人。

一般情况下,对于携带进境的物品,推定其携带人为所有人;对分离运输的行李,推定相应的进出境旅客为所有人;对以邮递方式进境的物品,推定其收件人为所有人;以邮递或其他运输方式出境的物品,推定其寄件人或托运人为所有人。

(二)关税的征税对象

关税的征税对象是准许进出境的货物和物品。货物是指贸易性商品;物品是指入境旅客随身携带的行李物品、个人邮递物品,各种运输工具上的服务人员携带进口的自用物品、馈赠物品以及其他方式进境的个人物品。

三 进出口税则

(一)进出口税则概况

进出口税则是一国政府根据国家关税政策和经济政策,通过一定的立法程序制定公布实施的进出口货物和物品应税的关税税率表。进出口税则以税率表为主体,通常还包括实施税则的法令、使用税则的有关说明和附录等。《海关进出口税则》是我国海关凭以征收关税的法律依据,也是我国关税政策的具体体现。我国现行税则包括《进出口关税条例》《税率适用说明》《海关进口税则》《海关出口税则》及《进口商品从量税、复合税、滑准税税目税率表》《进口商品关税配额税目税率表》《进口商品税则暂定税率表》《出口商品税则暂定税率表》《非全税目信息技术产品税率表》等附录。

税率表作为税则主体,包括税则商品分类目录和税率栏两大部分。税则商品分类目录是把种类繁多的商品加以综合,按照其不同特点分门别类地简化成数量有限的商品类目,分别编号按序排列,称为税则号列,并逐号列出该号中应列入的商品名称。商品分类的原则即归类规则,包括归类总规则和各类、章、目的具体注释。税率栏是按商品分类目录逐项定出的税率栏目。我国现行进口税则为四栏税率,出口税则为一栏税率。从1992年1月起,我国开始实施以《商品名称及编码协调制度》为基础的进出口税则,适应了国内改革开放和对外经济贸易发展的需要。

(二)税则归类

税则归类,就是按照税则的规定,将每项具体进出口商品按其特性在税则中找出其最适合的某一个税号,以便确定其适用的税率,计算关税税负。税则归类错误会导致关税的多征或少征,影响关税作用的发挥。因此,税则归类关系到关税政策的正确贯彻。税则归类一般按以下步骤进行:

1.了解需要归类的具体进出口商品的构成、材料属性、成分组成、特性、用途和功能。

2.查找有关商品在税则中拟归的类、章及税号。对于原材料性质的货品,应首先考虑按其属性归类;对于制成品,应首先考虑按其用途归类。

3.将考虑采用的有关类、章及税号进行比较,筛选出最为合适的税号。在比较、筛选时,首先看类、章的注释有无具体描述归类对象或其类似品,已具体描述的,按类、章的规定办理;其次是查阅《HS注释》,确切地了解有关类、章及税号范围。

4.通过以上方法也难以确定的税则归类商品,可运用归类总规则的有关条款来确定其税号。如进口地海关无法解决的税则归类问题,应报海关总署明确。

(三)关税税率

1.进口关税税率

(1)税率设置与适用

在我国加入世界贸易组织(以下简称WTO)之前,我国进口税则设有两栏税率,即普通税率和优惠税率。对原产于与我国未订有关税互惠协议的国家或者地区的进口货物,按照普通税率征税;对原产于与我国订有关税互惠协议的国家或者地区的进口货物,按照优惠税率征税。在我国加入WTO之后,为履行我国加入WTO关税减让谈判中承诺的有关义务,享有WTO成员应有的权利,自2002年1月1日起,我国进口税则设有最惠国税率、协定税率、特惠税率、普通税率、关税配额税率等,使进口货物在一定期限内可以实行暂定税率。

最惠国税率适用原产于与我国共同适用最惠国待遇条款的WTO成员方或地区的进口货物,或原产于与我国签订有相互给予最惠国待遇条款的双边贸易协定的国家或地区的进口货物,以及原产于我国境内的进口货物。协定税率适用原产于我国参加的含有关税优惠条款的区域性贸易协定有关缔约方的进口货物。特惠税率适用原产于与我国签订有特殊优惠关税协定的国家或地区的进口货物。普通税率适用于原产于上述国家或地区以外的其他国家或地区的进口货物。按照普通税率征税的进口货物,经国务院关税税则委员会特别批准,可以适用最惠国税率。适用最惠国税率、协定税率、特惠税率的国家或地区名单,由国务院关税税则委员会决定,报国务院批准后执行。

(2)税率种类

按征税关税的标准,可以分成从价税、从量税、复合税、选择税、滑准税。

①从价税。从价税是一种最常见的关税计税标准。它是以货物的价格或者价值为征税标准,以应征税额占货物价格或者价值的百分比为税率,价格越高,税额越高。货物进口时,以此税率和海关审定的实际进口货物完税价格相乘计算应征税额。目前,我国海关计征关税的标准主要是从价税。

②从量税。从量税是以货物的数量、重量、体积、容量等计量单位为计税标准,以每计量单位货物的应征税额为税率。我国目前对原油、啤酒和胶卷等进口商品征收从量税。

③复合税。复合税又称混合税,即订立从价、从量两种税率,随着完税价格和进口数量而变化,征收时两种税率合并计征。它是对某种进口货物混合使用从价税和从量税的一种关税计征标准。我国目前仅对录像机、放像机、摄像机、数字照相机和摄录一体机等进口商品征收复合税。

④选择税。选择税是对一种进口商品同时设有从价税和从量税两种税率,但征税时选择其税额较高的一种征税。

⑤滑准税。滑准税是根据货物的不同价格适用不同税率的一类特殊的从价关税。它是一种关税税率随进口货物价格由高至低而由低至高设置计征关税的方法。简单地讲,就是进口货物的价格越高,其进口关税税率越低,进口商品的价格越低,其进口关税税率越高。滑准税的特点是可保持实行滑准税商品的国内市场价格的相对稳定,而不受国际市场价格波动的影响。

(3)暂定税率与关税配额税率

根据经济发展的需要,国家对部分进口原材料、零部件、农药原药和中间体、乐器及生产设备实行暂定税率。《进出口关税条例》规定,适用最惠国税率的进口货物有暂定税率的,应当适用暂定税率;适用特惠税率、协定税率的进口货物有暂定税率的,应当从低适用税率;适用普通税率的进口货物,不适用暂定税率。同时,对部分进口农产品和化肥产品实行关税配额,即一定数量内的上述进口商品适用税率较低的配额内税率,超出该数量的进口商品适用税率较高的配额外税率。现行税则对700多个税目进口商品实行了暂定税率,对小麦、玉米等7种农产品和尿素等3种化肥产品实行关税配额管理。

2. 出口关税税率

我国出口税则为一栏税率,即出口税率。我国仅对少数资源性产品及易于竞相杀价、盲目出口、需要规范出口秩序的半制成品征收出口关税。现行税则对100余种商品计征出口关税,主要是鳗鱼苗、部分有色金属矿砂及其精矿、生锑、磷、氯钽酸钾、苯、山羊板皮、部分铁合金、钢铁废碎料、铜和铝原料及其制品、镍锭、锌锭、锑锭。但对上述范围内的部分商品实行0~25%的暂定税率,此外,根据需要对其他200多种商品征收暂定税率。与进口暂定税率一样,出口暂定税率优先适用于出口税则中规定的出口税率。

3. 特别关税

特别关税包括报复性关税、反倾销税与反补贴税、保障性关税。征收特别关税的货物、适用国别、税率、期限和征收办法,由国务院关税税则委员会决定,海关总署负责实施。

4. 税率的运用

进出口货物,应当按照税则规定的归类原则归入合适的税号,并按照适用的税率征税。我国《进出口关税条例》和《中华人民共和国海关进出口货物征税管理办法》(以下简称《进出口货物征税管理办法》)对税率的运用做出了明确规定,具体如下:

(1)进出口货物,应当适用海关接受该货物申报进口或者出口之日实施的税率。

(2)进口货物到达前,经海关核准先行申报的,应当适用装载该货物的运输工具申报进境之日实施的税率。

(3)进口转关运输货物,应当适用指运地海关接受该货物申报进口之日实施的税率;货物运抵指运地前,经海关核准先行申报的,应当适用装载该货物的运输工具抵达指运地之日实施的税率。

(4)出口转关运输货物,应当适用启运地海关接受该货物申报出口之日实施的税率。

(5)经海关批准,实行集中申报的进出口货物,应当适用每次货物进出口时海关接受该货物申报之日实施的税率。

(6)因超过规定期限未申报而由海关依法变卖的进口货物,其税款计征应当适用装载该货物的运输工具申报进境之日实施的税率。

(7)因纳税义务人违反规定需要追征税款的进出口货物,应当适用违反规定的行为发生之日实施的税率;行为发生之日不能确定的,适用海关发现该行为之日实施的税率。

(8)已申报进境并放行的保税货物、减免税货物、租赁货物或者已申报进出境并放行的暂时进出境货物,有下列情形之一需缴纳税款的,应当适用海关接受纳税义务人再次填写报关单申报办理纳税及有关手续之日实施的税率：
①保税货物经批准不复运出境的。
②保税仓储货物转入国内市场销售的。
③减免税货物经批准转让或者移作他用的。
④可暂不缴纳税款的暂时进出境货物，经批准不复运出境或者进境的。
⑤租赁进口货物，分期缴纳税款的。
(9)补征和退还进出口货物关税，应当按照前述规定确定适用的税率。

任务二　关税应纳税额的计算

任务情境

某化妆品生产企业为增值税一般纳税人，2019年6月进口一批散装化妆品，支付给国外的货价为120万元、相关税费为10万元、卖方佣金为2万元、运抵我国海关前的运杂费和保险费为18万元。该化妆品进口关税税率为6%。

任务要求

请计算当期应缴纳的关税。

一　原产地规定

确定进境货物原产地的主要目的在于正确运用进口税则的各栏税率，对产自不同国家或地区的进口货物适用不同的关税税率。我国原产地规定基本上采用了全部产地生产标准和实质性加工标准两种国际上通用的原产地标准。

（一）全部产地生产标准

全部产地生产标准是指进口货物完全在一个国家内生产或制造，生产国或制造国即该货物的原产国。完全在一国生产或制造的进口货物包括：
(1)在该国领土或领海内开采的矿产品。
(2)在该国领土上收获或采集的植物产品。
(3)在该国领土上出生或由该国饲养的活动物及从其所得产品。
(4)在该国领土上狩猎或捕捞所得的产品。
(5)在该国的船只上卸下的海洋捕捞物，以及由该国船只在海上取得的其他产品。
(6)在该国加工船上加工上述第(5)项所列物品所得的产品。
(7)在该国收集的只适用于做再加工制造的废碎料和废旧物品。
(8)在该国完全使用上述第(1)项至第(7)项所列产品加工成的制成品。

（二）实质性加工标准

实质性加工标准是适用于确定有两个或两个以上国家参与生产的产品的原产国的标准，其基本含义是：经过几个国家加工、制造的进口货物，以最后一个对货物进行经济

上可以视为实质性加工的国家作为有关货物的原产国。"实质性加工"是指产品加工后，在进出口税则中四位数税号一级的税则归类已经有了改变，或者加工增值部分所占新产品总值的比例已超过30%及以上。

(三)其他

对机器、仪器、器材或车辆所用零件、部件、配件、备件及工具，如与主件同时进口且数量合理的，其原产地按主件的原产地确定，分别进口的则按各自的原产地确定。

二、关税完税价格

《海关法》规定，进出口货物的完税价格，由海关以该货物的成交价格为基础审查确定。成交价格不能确定时，完税价格由海关依法估定。自我国加入WTO后，我国海关已全面实施《世界贸易组织估价协定》，遵循客观、公平、统一的估价原则，并依据2014年2月1日起实施的《中华人民共和国海关审定进出口货物完税价格办法》(以下简称《完税价格办法》)，审定进出口货物的完税价格。

(一)进口货物的完税价格

根据《海关法》规定，进口货物的完税价格包括货物的货价、货物运抵我国境内输入地点起卸前的运输及其相关费用、保险费。进口货物完税价格的确定方法，大致可以划分为两类，一类是以进口货物的成交价格为基础进行调整，从而确定进口货物完税价格的估价方法(以下称为成交价格估价方法)，另一类则是在进口货物的成交价格不符合规定条件，或者成交价格不能确定的情况下，海关用以审查确定进口货物完税价格的估价方法(以下称海关估价方法)。

1.成交价格估价方法

进口货物的成交价格，是指卖方向我国境内销售该货物时，买方为进口该货物向卖方实付、应付的，并且按照《完税价格办法》有关规定调整后的价款总额，包括直接支付的价款和间接支付的价款。

(1)进口货物的成交价格应当符合的条件：

①对买方处置或者使用进口货物不予限制，但是法律、行政法规规定实施的限制、对货物销售地域的限制和对货物价格无实质性影响的限制除外。

②进口货物的价格不得受到使该货物成交价格无法确定的条件或者因素的影响。

③卖方不得直接或者间接获得因买方销售、处置或者使用进口货物而产生的任何收益，或者虽然有收益，但是能够按照《完税价格方法》的规定做出调整。

④买卖双方之间没有特殊关系，或者虽然有特殊关系，但是按照规定未对成交价格产生影响。

(2)应计入完税价格的调整项目。采用成交价格估价方法，以成交价格为基础审查确定进口货物的完税价格时，未包括在该货物实付、应付价格中的下列费用或者价值应当计入完税价格：

①由买方负担的除购货佣金以外的佣金和经纪费，"购货佣金"指买方为购买进口货物向自己的采购代理人支付的劳务费用，"经纪费"指买方为购买进口货物向代表买卖双

方利益的经纪人支付的劳务费用。

②由买方负担的与该货物视为一体的容器费用。

③由买方负担的包装材料费用和包装劳务费用。

④与该货物的生产和向中华人民共和国境内销售有关的,由买方以免费或者低于成本的方式提供并可以按适当比例分摊的料件、工具、模具、消耗材料及类似货物的价款,以及在境外开发、设计等相关服务的费用。

⑤与该货物有关并作为卖方向我国销售该货物的一项条件,应当由买方向卖方或者有关方直接或间接支付的特许权使用费。"特许权使用费"是指进口货物的买方为取得知识产权权利人及权利人有效授权人关于专利权、商标权、专有技术、著作权、分销权或者销售权的许可或者转让而支付的费用。

⑥卖方直接或间接从买方对该货物进口后转售、处置或使用所得中获得的收益。

(3)不计入完税价格的调整项目。进口货物的价款中单独列明的下列税收、费用,不计入该货物的完税价格:

①厂房、机械或者设备等货物进口后发生的建设、安装、装配、维修或者技术援助费用,但是保修费用除外。

②进口货物运抵中华人民共和国境内输入地点起卸后,发生的运输及其相关费用、保险费。

③进口关税、进口环节海关代征税及其他国内税。

④为在境内复制进口货物而支付的费用。

⑤境内外技术培训及境外考察费用。

⑥同时符合下列条件的利息费用:利息费用是买方为购买进口货物而融资所产生的;有书面融资协议的;利息费用单独列明的;纳税义务人可以证明有关利率不高于在融资当时当地此类交易通常应当具有的利率水平,且没有融资安排的相同或者类似进口货物的价格与进口货物的实付、应付价格非常接近的。

2.进口货物海关估价方法

进口货物的成交价格不符合规定条件或者成交价格不能确定的,海关经了解有关情况,并且与纳税义务人进行价格磋商后,依次以相同货物成交价格估价方法、类似货物成交价格估价方法、倒扣价格估价方法、计算价格估价方法及其他合理方法审查确定该货物的完税价格。纳税义务人向海关提供有关资料后,可以提出申请,颠倒倒扣价格方法和计算价格方法的适用次序。

(1)相同货物成交价格估价方法。相同货物成交价格估价方法,是指海关以与进口货物同时或者大约同时向中华人民共和国境内销售的相同货物的成交价格为基础,审查确定进口货物的完税价格的估价方法。

①按照该方法审查确定进口货物的完税价格时,应使用与该货物具有相同商业水平且进口数量基本一致的相同货物的成交价格。使用上述价格时,应当以客观量化的数据资料,对该货物与相同货物之间由于运输距离和运输方式不同,而在成本和其他费用方面产生的差异进行调整。在没有上述的相同货物的成交价格的情况下,可以使用不同商

业水平或不同进口数量的相同货物的成交价格。使用上述价格时,应当以客观量化的数据资料,对因商业水平、进口数量、运输距离和运输方式不同,而在价格、成本和其他费用方面产生的差异做出调整。

②按照该方法审查确定进口货物的完税价格时,应当首先使用同一生产商生产的相同货物的成交价格;没有同一生产商生产的相同货物的成交价格的,可以使用同一生产国或者地区其他生产商生产的相同货物的成交价格;如果有多个相同货物的成交价格,应当以最低的成交价格为基础审查确定进口货物的完税价格。

上述"相同货物",是指与进口货物在同一国家或地区生产的,在物理性质、质量和信誉等所有方面都相同的货物,但是表面的微小差异允许存在。"大约同时"是指海关接受货物申报之日的大约同时,最长不应当超过前后 45 日。按照倒扣价格法审查确定进口货物的完税价格时,如果进口货物、相同或者类似货物没有在海关接受进口货物申报之日前后 45 日内在境内销售,可以将在境内销售的时间延长至接受货物申报之日前后 90 日内(下同)。

(2)类似货物成交价格估价方法。类似货物成交价格估价方法,是指海关以与进口货物同时或者大约同时向中华人民共和国境内销售的类似货物的成交价格为基础,审查确定进口货物的完税价格的估价方法。

①按照该方法审查确定进口货物的完税价格时,应当使用与该货物具有相同商业水平且进口数量基本一致的类似货物的成交价格。使用上述价格时,应当以客观量化的数据资料,对该货物与类似货物之间由于运输距离和运输方式不同,而在成本和其他费用方面产生的差异进行调整。在没有前述的类似货物的成交价格的情况下,可以使用不同商业水平或者不同进口数量的类似货物的成交价格。使用上述价格时,应当以客观量化的数据资料,对因商业水平、进口数量、运输距离和运输方式不同而在价格、成本和其他费用方面产生的差异做出调整。

②按照该方法审查确定进口货物的完税价格时,应当首先使用同一生产商生产的类似货物的成交价格;没有同一生产商生产的类似货物的成交价格的,可以使用同一生产国或者地区其他生产商生产的类似货物的成交价格;如果有多个类似货物的成交价格,应当以最低的成交价格为基础审查确定进口货物的完税价格。

"类似货物"是指与进口货物在同一国家或地区生产的,虽然不是在所有方面都相同,但是却具有相似的特征、相似的组成材料、同样的功能,并且在商业中可以互换的货物。

(3)倒扣价格估价方法。倒扣价格估价方法,是指海关以进口货物、相同或类似进口货物在境内的销售价格为基础,扣除境内发生的有关费用后,审查确定进口货物完税价格的估价方法。该销售价格应当同时符合下列条件:在该货物进口的同时或大约同时,将该货物、相同或者类似进口货物在境内销售的价格;按照货物进口时的状态销售的价格;在境内第一销售环节销售的价格;向境内无特殊关系方销售的价格;按照该价格销售的货物合计销售总量最大。

按照倒扣价格估计方法审查确定进口货物完税价格时,下列各项应当扣除:

①同等级或同种类货物在境内第一销售环节销售时,通常的利润和一般费用(包括直接费用和间接费用)及通常支付的佣金。

②货物运抵境内输入地点起卸后的运输及其相关费用、保险费。

③进口关税、进口环节海关代征税及其他国内税。

(4)计算价格估价方法。计算价格估价方法,是指海关以下列各项的总和为基础,审查确定进口货物完税价格的估价方法。

①生产该货物所使用的料件成本和加工费用。

②向境内销售同等级或同种类货物通常的利润和一般费用(包括直接费用和间接费用)。

③该货物运抵境内输入地点起卸前的运输及相关费用、保险费。

按照上述规定审查确定进口货物的完税价格时,海关在征得境外生产商同意并且提前通知有关国家或者地区政府后,可以在境外核实该企业提供的有关资料。

(5)合理方法。合理方法,是指当海关不能根据成交价格估价方法、相同货物成交价格估价方法、类似货物成交价格估价方法、倒扣价格估价方法和计算价格估价方法确定完税价格时,海关遵循客观、公平、统一的原则,以客观量化的数据资料为基础审查确定进口货物完税价格的估价方法。

海关在采用合理方法确定进口货物的完税价格时,不得使用以下价格:境内生产的货物在境内的销售价格;可供选择的价格中较高的价格;货物在出口地市场的销售价格;以计算价格方法规定之外的价值或费用计算的相同或者类似货物的价格;出口到第三国或地区的货物的销售价格;最低限价或武断、虚构的价格。

(二)进口货物完税价格中的运输及相关费用、保险费的计算

进口货物的运输及其相关费用,应当按照由买方实际支付或者应当支付的费用计算。如果进口货物的运输及其相关费用无法确定,海关应当按照该货物进口同期的正常运输成本审查确定。

运输工具作为进口货物,利用自身动力进境的,海关在审查确定完税价格时,不再另行计入运输及其相关费用。

进口货物的保险费,应当按照实际支付的费用计算。如果进口货物的保险费无法确定或者未实际发生,海关应当按照"货价加运费"两者总额的3‰计算保险费,其计算公式如下:

保险费=(货价+运费)×3‰

邮运进口的货物,应当以邮费作为运输及其相关费用、保险费。

(三)出口货物的完税价格

1.以成交价格为基础的完税价格

出口货物的完税价格,由海关以该货物的成交价格为基础审查确定,并应包括货物运至我国境内输出地点装载前的运输及其相关费用、保险费。

出口货物的成交价格,是指该货物出口销售时,卖方为出口该货物应当向买方直接收取和间接收取的价款总额。下列税收、费用不计入出口货物的完税价格:

(1)出口关税。

(2)在货物价款中单独列明的货物运至我国境内输出地点装载后的运输及其相关费用、保险费。

2.出口货物海关估价方法

出口货物的成交价格不能确定时,海关经了解有关情况,并且与纳税义务人进行价格磋商后,依次以下列价格审查确定该货物的完税价格:

①同时或大约同时向同一国家或地区出口的相同货物的成交价格。

②同时或大约同时向同一国家或地区出口的类似货物的成交价格。

③根据境内生产相同或类似货物的成本、利润和一般费用(包括直接费用和间接费用)、境内发生的运输及其相关费用、保险费计算所得的价格。

④按照合理方法估定的价格。

三 关税应纳税额的计算

1.从价税应纳税额的计算

关税税额＝应税进(出)口货物数量×单位完税价格×税率

一般货物在进口环节要缴纳进口增值税,如果属于消费税的征税范围还要缴纳进口环节消费税,其组成计税价格的计算公式如下:

(1)如果进口货物不需要缴纳消费税,则组成计税价格的计算公式为

组成计税价格＝关税的完税价格＋关税

(2)如果进口货物需要缴纳消费税,则组成计税价格的计算公式为

组成计税价格＝关税的完税价格＋关税＋消费税

组成计税价格＝(关税的完税价格＋关税)÷(1－消费税税率)

或　组成计税价格＝(关税完税价格＋关税＋进口数量×单位税额)÷(1－比例税率)

【例7-1】

某市大型商贸公司为增值税一般纳税人,2019年6月进口一批高档化妆品,支付国外买价220万元,支付运抵我国入关前的运输费用20万元、装卸费用和保险费11万元,支付海关地再运往商贸公司的运输费8万元、装卸费用和保险费3万元。假定该高档化妆品进口关税税率为20%,消费税税率为15%,增值税税率为13%,计算该公司高档化妆品进口环节应缴纳的关税、消费税和增值税。

关税税额＝关税完税价格×关税税率

关税完税价格＝220＋20＋11＝251(万元)

应纳关税税额＝251×20%＝50.2(万元)

组成计税价格＝(关税完税价格＋关税)÷(1－消费税税率)

组成计税价格＝(251＋50.2)÷(1－15%)＝354.35 万元

应缴纳的消费税＝354.35×15%＝53.15 万元

应缴纳的增值税＝354.35×13%＝46.07 万元

2.从量税应纳税额的计算

$$关税税额 = 应税进（出）口货物数量 \times 单位货物税额$$

3.复合税应纳税额的计算

$$关税税额 = 应税进（出）口货物数量 \times 单位货物税额 + 应税进（出）口货物数量 \times 单位完税价格 \times 税率$$

4.滑准税应纳税额的计算

$$关税税额 = 应税进（出）口货物数量 \times 单位完税价格 \times 滑准税税率$$

现行税则《进（出）口商品从量税、复合税、滑准税税目税率表》后注明了滑准税税率的计算公式，该公式是一个与应税进（出）口货物完税价格相关的取整函数。

任务三　关税的税收优惠及征收管理

任务情境

国内某高校从美国购入一台先进的设备用于科研项目，该设备目前在中国尚无生产。

任务要求

1.购入该设备可以享受哪些税收优惠政策？
2.该设备需要缴纳关税吗？

一、关税减免规定

关税减免是对某些纳税人和征税对象给予鼓励和照顾的一种特殊调节手段，它使关税政策工作兼顾了普遍性和特殊性、原则性和灵活性。因此，关税减免是贯彻国家关税政策的一项重要措施。关税减免分为法定减免税、特定减免税、暂时免税和临时减免税。根据《海关法》规定，除法定减免税外的其他减免税均由国务院决定。减征关税在我国加入WTO之前，以税则规定的税率为基准；在我国加入WTO之后，以最惠国税率或者普通税率为基准。

（一）法定减免税

法定减免税是指税法中明确列出的减税或免税。符合税法规定可予减免税的进出口货物，纳税人无须提出申请，海关可按规定直接予以减免税。海关对法定减免税货物一般不进行后续管理。

我国《海关法》和《进出口关税条例》明确规定，下列货物、物品予以减免关税：
1.关税税额在人民币50元以下的一票货物，可免征关税。
2.无商业价值的广告品和货样，可免征关税。
3.外国政府、国际组织无偿赠送的物资，可免征关税。

4.进出境运输工具装载的途中必需的燃料、物料和饮食用品,可免征关税。

5.在海关放行前损失的货物,可免征关税。

6.在海关放行前遭受损坏的货物,可以根据海关认定的受损程度减征关税。

7.我国缔约或者参加的国家条约规定减征、免征关税的货物、物品,按照规定予以减免关税。

8.法律规定减征、免征关税的其他货物、物品。

(二)特定减免税

特定减免税也称政策性减免税,是指在法定减免税之外,国家按照国际通行规则和我国实际情况,制定发布的有关进出口货物减免关税的政策。特定减免货物一般有地区、企业和用途的限制,海关需要进行后续管理,也需要进行减免税的统计。

现行的特定减免税主要包括对科教用品、残疾人专用品、慈善捐赠物资、加工贸易产品和边境贸易进口物资等的减免关税规定。

(三)暂时免税

暂时进境或者暂时出境的下列货物,在进境或者出境时,纳税人向海关缴纳相当于应纳税款的保证金或者提供其他担保的,可以暂不缴纳关税,并应当自进境或者出境之日起6个月内复运出境或者复运进境,需要延长复运出境或者复运进境期限的,纳税人应当根据海关总署的规定,向海关办理延期手续:

1.在展览会、交易会、会议及类似活动中展示或者使用的货物。

2.文化、体育交流活动中使用的表演、比赛用品。

3.进行新闻报道或者摄制电影、电视节目使用的仪器、设备及用品。

4.开展科研、教学、医疗活动使用的仪器设备及用品。

5.在上述第1项至第4项所列活动中使用的交通工具及特种车辆。

6.货样。

7.供安装、调试、检测设备时使用的仪器、工具。

8.盛放货物的容器。

9.其他用于非商业目的的货物。

上述所列暂时进境货物在规定的期限内未复运出境的,或者暂时出境货物在规定的期限内未复运进境的,海关应当依法征收关税。

上述所列可以暂时免征关税范围以外的其他暂时进境货物,应当按照该货物的完税价格和其在境内滞留时间与折旧时间的比例计算征收进口关税。具体办法由海关总署规定。

(四)临时减免税

临时减免税是指以上法定和特定减免税以外的其他减免税,即由国务院根据《海关法》对某个单位、某类商品、某个项目或某批进出口货物的特殊情况,给予特别照顾,一案一批,专文下达的减免税。一般有单位、品种、期限、金额或数量等限制,不能比照执行。

我国已加入WTO,为遵循统一、规范、公平、公开的原则,有利于统一税法、公平税负、平等竞争,国家严格控制减免税,一般不办理个案临时性减免税,对特定减免税也在逐步规范、清理,对不符合国际惯例的税收优惠政策将逐步予以废止。

二 关税的征收管理

(一)关税缴纳

进口货物的纳税人应当自运输工具申报进境之日起 14 日内,出口货物的纳税人除海关特准的外,应当在货物运抵海关监管区后、装货的 24 小时以前,向货物进(出)境地海关申报,海关根据税则归类和完税价格计算应缴纳的关税和进口环节代征税,并填发税收缴款书。纳税人应当自海关填发税收缴款书之日起 15 日内,向指定银行缴纳税款。若关税缴纳期限届满日遇星期六、星期日等休息日或者法定节假日,则关税缴纳期限顺延至休息日或者法定节假日之后的第一个工作日。为方便纳税人,经申请且海关同意,进(出)口货物的纳税人可以在设有海关的指运地(启运地)办理海关申报、纳税手续。

关税纳税人因不可抗力或者在国家税收政策调整的情形下,不能按期缴纳税款的,经依法提供税款担保后,可以延期缴纳税款,但最长不得超过 6 个月。

(二)关税的强制执行

纳税人未在关税缴纳期限内缴纳税款,即构成关税滞纳。为保证海关征收关税决定的有效执行和国家财政收入的及时入库,《海关法》赋予海关对滞纳关税的纳税人强制执行的权利。强制执行措施主要有两类:

1.征收关税滞纳金。滞纳金自关税缴纳期限届满滞纳之日起,至纳税人缴纳关税之日止,按滞纳税款万分之五的比例按日征收,周末或法定假日不予扣除。其计算公式为

关税滞纳金金额=滞纳关税税额×滞纳金征收比率×滞纳天数

2.强制征收。如纳税人自缴纳税款期限届满之日起 3 个月仍未缴纳税款,经直属海关关长或者其授权的隶属海关关长批准,海关可以采取强制扣缴、变价抵缴等强制措施。强制扣缴即海关书面通知纳税人开户银行或者其他金融机构从其存款中扣缴税款。变价抵缴即海关将纳税人的应税货物依法变卖,或者扣留并依法变卖其价值相当于应纳税款的货物或者其他财产,以变卖所得抵缴税款。

(三)关税退还

关税退还是指关税纳税人按海关核定的税额缴纳关税后,因某种原因,海关将实际征收多于应当征收的税额(称为溢征关税)退还给原纳税人的一种行政行为。

根据《海关法》和《进出口关税条例》规定,海关多征的税款,海关发现后应当立即退还纳税人;纳税人发现多缴税款的,自缴纳税款之日起 1 年内,可以以书面形式要求海关退还多缴的税款,并加算银行同期活期存款利息。海关应当自受理退税申请之日起 30 日内,查实并通知纳税人办理退还手续。此外,有下列情形之一的,纳税人自缴纳税款之日起 1 年内,可以申请退还关税,并应以书面形式向海关说明理由,提供原缴款凭证及相关资料:

1.已征进口关税的货物,因品质或者规格原因,原状退货复运出境的。

2.已征出口关税的货物,因品质或者规格原因,原状退货复运进境的,并已重新缴纳因出口而退还的国内环节有关税收的。

3.已征出口关税的货物,因故未装运出口,申报退关的。

海关应当自受理退税申请之日起30日内查实,并通知纳税人办理退还手续,纳税人应当自收到通知之日起3个月内办理有关退税手续。前述第1项和第2项规定强调的是,"因货物品质或者规格原因,原状复运进境或者出境的",如果属于其他原因,且不能以原状复运进境或者出境,不能退税。

(四)关税补征和追征

关税补征和追征是海关在关税纳税人按海关核定的税额缴纳关税后,发现实际征收税额少于应当征收的税额(称为短征关税)时,责令纳税人补缴所差税款的一种行政行为。《海关法》根据短征关税的原因,将海关征收原短征关税的行为分为追征和补征两种。由于纳税人违反海关规定造成短征关税的,称为追征;非纳税人违反海关规定造成短征关税的,称为补征。区分关税追征和补征是为了区别不同情况适用不同的征收时效,超过时效规定的期限,海关就丧失了追补关税的权力。

根据《海关法》和《进出口关税条例》规定,进出境货物和物品放行后,海关发现少征或者漏征税款,应当自缴纳税款或者货物、物品放行之日起1年内,向纳税人补征税款。因纳税人违反规定而造成的少征或者漏征的税款,海关可以自纳税人缴纳税款或者货物、物品放行之日起3年以内追征,并从缴纳税款或者货物、物品放行之日起按日加收少征或者漏征税款的万分之五的滞纳金。海关发现其监管货物是因纳税人违反规定造成少征或者漏征税款的,应当自纳税人应缴纳税款之日起3年内追征税款,并从应缴纳税款之日起按日加收少征或者漏征税款万分之五的滞纳金。

(五)关税纳税争议的处理

为保护纳税人的合法权益,我国《海关法》和《进出口关税条例》都规定了纳税人对海关确定的进出口货物的征税、减税、补税或者退税等有异议时,有提出申诉的权利。在纳税人同海关发生纳税争议时,可以向海关申请复议,但同时应当在规定期限内按海关核定的税额缴纳关税,逾期则构成滞纳,海关有权按规定采取强制执行措施。

纳税争议的内容一般为,进出境货物和物品的纳税人对海关在原产地认定、税则归类、税率或汇率适用、完税价格确定、关税减征、免征、追征、补征和退还等征税行为是否合法或适当,是否侵害了纳税人的合法权益,而对海关征收关税的行为表示异议。

纳税争议的申诉程序:纳税人自海关填发税款缴款书之日起60日内,向原征税海关的上一级海关提出复议申请。逾期申请复议的,海关不予受理。海关行政复议机关应当自受理复议申请之日起60日内做出复议决定,并以复议决定书的形式正式答复纳税人。纳税人对海关复议决定仍然不服的,可以自收到复议决定书之日起15日内,向人民法院提起诉讼。

项目八

其他税种纳税实务

知识目标

1. 掌握资源税、城镇土地使用税、耕地占用税、土地增值税、房产税、契税、车船税、车辆购置税、印花税的纳税人、征税范围及税率。
2. 掌握资源税、城镇土地使用税、耕地占用税、土地增值税、房产税、契税、车船税、车辆购置税、印花税的计算及纳税申报。

能力目标

1. 能够计算资源税、城镇土地使用税、耕地占用税、土地增值税、房产税、契税、车船税、车辆购置税、印花税的税额。
2. 能够对资源税、城镇土地使用税、耕地占用税、土地增值税、房产税、契税、车船税、车辆购置税、印花税进行纳税申报。

任务一　资源税纳税实务

任务情境

某油田为增值税一般纳税人，2019年6月业务情况如下：

(1) 月初库存原油 50 000 吨，本月生产原油 40 000 吨，本期发出 50 000 吨，其中对外销售 40 000 吨，取得不含税销售额 100 万元。

(2) 企业开采原油过程中用于加热、修井自用原油 500 吨，非生产自用原油 9 500 吨。

(3) 伴采天然气 100 000 立方米，当月销售 80 000 立方米，取得不含税销售额 40 万元，其余 20 000 立方米全部由油田自用。

(4) 购进煤炭一批，取得专用发票注明价款 20 万元、税款 2.6 万元。入库后，80% 投入生产，其余部分用于职工幼儿园冬季取暖。

任务要求

根据税法规定，计算该油田应缴纳的资源税税款。

一、什么是资源税

我国现行资源税是为了调节资源开发过程中的级差收入，以自然资源为课税对象征收的一种税。1984 年 9 月 18 日国务院颁布了《中华人民共和国资源税条例(草案)》，从当年 10 月 1 日起对原油、天然气、煤炭三种资源征收资源税。1993 年 12 月 25 日国务院颁布了《中华人民共和国资源税暂行条例》，并于 1994 年 1 月 1 日起施行。财政部于 1993 年 12 月 30 日颁布了《中华人民共和国资源税暂行条例实施细则》，在原有征收范围基础之上，将金属矿产品和其他非金属矿产品纳入征收范围，并取消了盐税，将盐作为资源税的一个税目，纳入资源税的征税范围。

2011 年 9 月 30 日，国务院修改了《中华人民共和国资源税暂行条例》《中华人民共和国对外合作开采海洋石油资源条例》和《中华人民共和国对外合作开采陆上石油资源条例》，修改决定将于 2011 年 11 月 1 日起施行。自 2014 年 12 月 1 日起，经国务院批准，为促进资源节约集约利用和环境保护，规范资源税费制度，实施煤炭资源税从价计征改革，同时清理相关收费基金，并同时调整原油、天然气资源税相关政策。2016 年 5 月 9 日，财政部、国家税务总局发布《关于全面推进资源税改革的通知》。此次改革目标为清费立税、实施矿产资源从价计征。此次资源税改革与水资源税试点改革自 2016 年 7 月 1 日起实施。2018 年 3 月 30 日，国家税务总局发布《资源税征收管理规程》的公告进一步规范资源税征收管理。

项目八　其他税种纳税实务

二　资源税的纳税人、征税范围和税率

(一)资源税的纳税人

资源税的纳税人是指在中华人民共和国领域及管辖海域开采本条例规定的矿产品或者生产盐的单位和个人。具体包括国有企业、集体企业、私有企业、股份制企业、外商投资企业、外国企业及外籍人员、其他企业和行政单位、事业单位、军事单位、社会团体、其他单位、个体经营者及其他个人。但是,进口应税资源产品的单位或个人则不在纳税人的范围。

(二)资源税的征税范围

目前,我国资源税的征税范围仅限于矿产品和盐。通过改革,逐步对水、森林、草场、滩涂等自然资源开征资源税。具体包括:

(1)原油,是指开采的天然原油,不包括人造原油。

(2)天然气,是指专门开采的或与原油同时开采的天然气,不包括煤矿伴生的天然气。

(3)煤炭,是指原煤,不包括洗煤、选煤及其他煤炭制品。

(4)其他非金属矿原矿,是指上述所列产品和井矿盐以外的非金属矿原矿。

(5)黑色金属矿原矿和有色金属矿原矿,是指纳税义务人开采后自用或销售的,用于直接入炉冶炼或作为主产品先入选精矿,再制造人工矿,最终入炉冶炼的金属矿原矿。

(6)海盐,纳税人开采或者生产应税产品,自用于连续生产应税消费品的,不缴纳资源税;自用于其他方面的,视同销售,缴纳资源税。

各税目的征税对象包括原矿、精矿(或原矿加工品,下同)、金锭、氯化钠初级产品。对未列举名称的其他矿产品,省级人民政府可对本地区主要矿产品按矿种设定税目,对其余矿产品按类别设定税目,并按其销售的主要形态(如原矿、精矿)确定征税对象。

未列举名称的其他的非金属矿原矿和其他有色金属矿原矿,由省、自治区、直辖市人民政府决定征收或暂缓征收资源税,并报财政部和国家税务总局备案。

(三)资源税的税率

现行资源税 主要实行从价计征,还有部分税目实行从量计征。

1.自2014年12月1日起,煤炭资源税税率为2%～10%,具体适用税率由省级人民政府确定。

2.自2014年12月1日起,原油、天然气资源税税率为6%。

3.自2015年5月1日起,稀土、钨、钼资源税实行从价定率计征。

①轻稀土按地区执行不同的适用税率,其中,内蒙古为11.5%、四川为9.5%、山东为7.5%;中重稀土资源税适用税率为27%。

②钨资源税适用税率为6.5%。

③钼资源税适用税率为11%。

4.自2016年7月1日起,对《资源税税目税率幅度表》(见表8-1)中列举名称的21种资源品目和未列举名称的其他金属矿实行从价计征。

5.对《资源税税目税率幅度表》中未列举名称的其他非金属矿产品,按照从价计征为

主、从量计征为辅的原则,由省级人民政府确定计征方式。见表8-1。

对《资源税税目税率幅度表》中列举名称的资源品目,由省级人民政府在规定的税率幅度内提出具体适用税率建议,报财政部、国家税务总局确定核准。

对未列举名称的其他金属和非金属矿产品,由省级人民政府根据实际情况确定具体税目和适用税率,报财政部、国家税务总局备案。

表8-1　　　　　　　　　　　资源税税目税率幅度表

序号	税目		征税对象	税率幅度
1	金属矿	铁矿	精矿	1%~6%
2		金矿	金锭	1%~4%
3		铜矿	精矿	2%~8%
4		铝土矿	原矿	3%~9%
5		铅锌矿	精矿	2%~6%
6		镍矿	精矿	2%~6%
7		锡矿	精矿	2%~6%
8		未列举名称的其他金属矿产品	原矿或精矿	税率不超过20%
9	非金属矿	石墨	精矿	3%~10%
10		硅藻土	精矿	1%~6%
11		高岭土	原矿	1%~6%
12		萤石	精矿	1%~6%
13		石灰石	原矿	1%~6%
14		硫铁矿	精矿	1%~6%
15		磷矿	原矿	3%~8%
16		氯化钾	精矿	3%~8%
17		硫酸钾	精矿	6%~12%
18		井矿盐	氯化钠初级产品	1%~6%
19		湖盐	氯化钠初级产品	1%~6%
20		提取地下卤水晒制的盐	氯化钠初级产品	3%~15%
21		煤层(成)气	原矿	1%~2%
22		黏土、砂石	原矿	每吨或立方米0.1元~5元
23		未列举名称的其他非金属矿产品	原矿或精矿	从量税率每吨或立方米不超过30元;从价税率不超过20%
24		海盐	氯化钠初级产品	1%~5%

注:①铝土矿包括耐火级矾土、研磨级矾土等高铝黏土。

②氯化钠初级产品是指井矿盐、湖盐原盐、提取地下卤水晒制的盐和海盐原盐,包括固体和液体形态的初级产品。

③海盐是指海水晒制的盐,不包括提取地下卤水晒制的盐。

省级人民政府在提出和确定适用税率时,要结合当前矿产企业实际生产经营情况,遵循改革前后税费平移原则,充分考虑企业负担能力。

纳税义务人开采或者生产不同税目应税产品的,应分别核算不同税目应税产品的销售额或者销售数量;未分别核算或者不能准确提供不同税目应税产品的销售额或者销售数量的,从高适用税率。

为促进共伴生矿的综合利用,纳税人开采销售共伴生矿,共伴生矿与主矿产品销售额分开核算的,对共伴生矿暂不计征资源税;没有分开核算的,共伴生矿按主矿产品的税目和适用税率计征资源税。财政部、国家税务总局另有规定的,从其规定。

三 资源税应纳税额的计算

(一)一般计税方法

资源税的应纳税额,按照从价定率或者从量定额的办法,分别以应税产品的销售额乘以纳税人具体适用的比例税率或者以应税产品的销售数量乘以纳税人具体适用的定额税率计算。

1. 从价定率计算

(1)销售额的一般规定

$$应纳税额 = 应税产品的销售额 \times 适用的比例税率$$

销售额是指纳税人销售应税产品向购买方收取的全部价款和价外费用,但不包括增值税销项税额和运杂费用。

运杂费用是指应税产品从坑口或洗选(加工)地到车站、码头或购买方指定地点的运输费用、建设基金以及随运销产生的装卸、仓储、港杂费用。运杂费用应与销售额分别核算,凡未取得相应凭据或不能与销售额分别核算的,应当一并计征资源税。

对同时符合以下条件的运杂费用,纳税人在计算应税产品计税销售额时,可予以扣减:

①包含在应税产品销售收入中。

②属于纳税人销售应税产品环节发生的运杂费用,具体是指运送应税产品从坑口或者洗选(加工)地到车站、码头或者购买方指定地点的运杂费用。

③取得相关运杂费用发票或者其他合法有效凭据。

④将运杂费用与计税销售额分别进行核算。

纳税人扣减的运杂费用明显偏高导致应税产品价格偏低且无正当理由的,主管税务机关可以合理调整计税价格。

(2)销售额的特殊规定

计税销售额或者销售数量,包括应税产品实际销售和视同销售两部分。视同销售包括以下情形:

纳税人以自采原矿直接加工为非应税产品的,视同原矿销售;

纳税人以自采原矿洗选(加工)后的精矿连续生产非应税产品的,视同精矿销售;

以应税产品投资、分配、抵债、赠与、以物易物等,视同应税产品销售。

①纳税人申报的应税产品销售额明显偏低并且无正当理由的,有视同销售应税产品行为而无销售额的,除财政部、国家税务总局另有规定外,按下列顺序确定销售额:

a.按纳税人最近时期同类产品的平均销售价格确定;

b.按其他纳税人最近时期同类产品的平均销售价格确定;

c.按应税产品组成计税价格确定。

$$组成计税价格 = 成本 \times (1 + 成本利润率) \div (1 - 资源税税率)$$

公式中的成本是指应税产品的实际生产成本。公式中的成本利润率由省、自治区、直

辖市税务机关确定。

按后续加工非应税产品销售价格,减去后续加工环节的成本利润后确定;

按其他合理方法确定。

②纳税人开采应税产品由其关联单位对外销售的,按关联单位的销售额征收资源税。

③纳税人既有对外销售应税产品,又有将应税产品自用于除连续生产应税产品以外的其他方面的,则自用的这部分应税产品,按纳税人对外销售应税产品的平均价格计算销售额征收资源税。

④纳税人将其开采的应税产品直接出口的,按其离岸价格(不含增值税)计算销售额征收资源税。

(3)销售数量

销售数量,包括纳税人开采或者生产应税产品的实际销售数量和视同销售的自用数量。

纳税人不能准确提供应税产品销售数量的,以应税产品的产量或者主管税务机关确定的折算比换算成的数量为计征资源税的销售数量。

为公平原矿与精矿之间的税负,对同一种应税产品,征税对象为精矿的,纳税人销售原矿时,应将原矿销售额换算为精矿销售额缴纳资源税;征税对象为原矿的,纳税人销售自采原矿加工的精矿,应将精矿销售额折算为原矿销售额缴纳资源税。

原矿销售额与精矿销售额在换算原则上应通过原矿售价、精矿售价和选矿比计算,此方法称为市场法:

> 精矿销售额＝原矿销售额×换算比
> 换算比＝同类精矿单位价格÷(原矿单位价格×选矿比)
> 选矿比＝加工精矿耗用的原矿数量÷精矿数量

此外,原矿销售额与精矿销售额的换算也可通过原矿销售额、加工环节平均成本和利润计算,此方法称为成本法:

> 精矿销售额＝原矿销售额＋原矿加工为精矿的成本×(1＋成本利润率)

金矿以标准金锭为征税对象,纳税人销售金原矿、金精矿的,应比照上述规定将其销售额换算为金锭销售额缴纳资源税。

换算比或折算率应按简便可行、公平合理的原则,由省级财税部门确定,并报财政部、国家税务总局备案。

(4)应纳税额

> 征税对象为精矿的应纳税额＝精矿销售额×适用税率
> 其中: 精矿销售额＝精矿销售数量×单位价格
> 征税对象为原矿的应纳税额＝原矿销售额×适用税率
> 其中: 原矿销售额＝原矿销售数量×单位价格

【例8-1】

某铜矿开采单位2019年6月销售铜矿石原矿10 000吨,售价5 600元/吨;销售精矿4 000吨,售价35 800元/吨。已知选矿比为5∶1,该铜矿石所在省的铜矿资源税税率为4%。请根据上述资料,计算该单位2019年6月的应纳资源税税额。

铜矿的征税对象为精矿,而该单位不仅销售精矿,还销售原矿,所以应先将原矿销售额折算成精矿销售额,再计算应纳税额。

依据以下换算公式:

精矿销售额=原矿销售额×换算比

换算比=同类精矿单位价格÷(原矿单位价格×选矿比)

得出:

换算比=35 800÷(5600×5)=1.28

精矿销售额=5 600×10 000×1.28=71 600 000(元)

销售原矿应纳资源税=71 600 000×4%=2 864 000(元)

销售精矿应纳资源税=35 800×4 000×4%=5 728 000(元)

该单位2019年6月的应纳资源税=2 864 000+5 728 000=8 592 000(元)

【例8-2】

某石灰石生产企业2019年6月生产销售石灰石原矿5 000吨,每吨售价60元。已知该省石灰石的资源税税率为2%,计算该企业2019年6月应纳的资源税。

石灰石资源税的征税对象为原矿,以此作为课税依据。该企业2019年6月应纳资源税税额:

应纳资源税税额=5 000×60×2%=6 000(元)

2.从量定额计算

资源税经过一系列的改革,到现在就剩下黏土、砂石及未列举名称的其他非金属矿产品实行从量定额计征资源税。

从量定额计征资源税时,其计算公式为

应纳税额=课税数量×单位税额

【例8-3】

某砂石开采企业2019年6月销售砂石1 000立方米,其适用的单位税额为3元/立方米,请问该企业2019年6月应缴纳多少资源税?

根据资源税的规定,纳税义务人开采或生产应税产品用于销售的,以销售量为课税量。所以该企业2019年6月应纳资源税税额:

应纳资源税税额=1 000×3=3 000(元)

(二)特殊情况销售额的确定

1.纳税人开采或者生产应税产品自用于连续生产应税产品的,不缴纳资源税;自用于其他方面的,视同销售,依法缴纳资源税。

2.纳税人自产自用应税产品(指用于非生产项目和生产非应税产品),因无法准确提供移送使用量而采取折算比换算课税数量办法的,具体规定如下:

(1)煤炭。对于连续加工前无法正确计算原煤移送使用量的,可按加工产品的综合

回收率,将加工产品实际销量和自用量折算成原煤数量作为课税数量。

(2)金属和非金属矿产品原矿。无法准确掌握纳税人移送使用原矿数量的,可将其精矿按选矿比折算成原矿数量作为课税数量。

$$选矿比＝基期精矿数量÷基期耗用原矿数量$$

3.原油中的稠油、高凝油与稀油划分不清或不易划分的,一律按原油的数量课税。

4.以液体盐加工固体盐的。

纳税人以液体盐加工固体盐,按固体盐税额征税,以加工的固体盐数量为课税数量。如果纳税人以外购的液体盐加工固体盐,其加工固体盐所耗用液体盐的已纳税额准予在其应纳固体盐税额中抵扣。

金属和非金属矿产品原矿,因无法准确掌握纳税义务人移送使用原矿数量的,可将其精矿按选矿比折算成原矿数量,以此作为课税依据。

【例8-4】

假设某石油开采企业2019年6月开采原油20万吨,其中用于加热、修井的原油1万吨,用于本企业管理部门使用的原油为1万吨,其余原油全部以每吨4 500元的价格销售。已知原油适用的税率为销售额的6%。计算该石油企业该月应纳的资源税税额。

加热、修井的原油免税;自用于管理部门的视同销售,于移送使用时纳税。

当月应纳的资源税＝(20－1)×4 500×6%＝5 130(万元)

四　资源税的减免税项目

1.开采原油过程中用于加热、修井的原油免税。

2.对油田范围内运输稠油过程中用于加热的原油、天然气免征资源税。

3.对稠油、高凝油和高含硫天然气资源税减征40%。

4.对三次采油资源税减征30%。

5.对低丰度油气田资源税暂减征20%。

6.对深水油气田资源税减征30%。

7.纳税义务人开采或者生产应税产品过程中,因意外事故或者自然灾害等原因遭受重大损失的,由省、自治区、直辖市人民政府酌情决定减税或者免税。

8.纳税人开采或者生产应税产品,自用于连续生产应税产品的,不缴纳资源税;自用于其他方面的,视同销售,依法缴纳资源税。

9.对依法在建筑物下、铁路下、水体下通过充填开采方式采出的矿产资源,资源税减征50%。

10.对实际开采年限在15年以上的衰竭期矿山开采的矿产资源,资源税减征30%。

11.对在2016年7月1日前已按原矿销量缴纳过资源税的尾矿、废渣、废水、废石、废气等实行再利用,从中提取的矿产品,不再缴纳资源税。

12.对衰竭期煤矿开采的煤炭,资源税减征30%。

13.对充填开采置换出来的煤炭,资源税减征50%。

纳税人开采的煤炭,同时符合上述减税情形的,纳税人只能选择其中一项执行,不能叠加适用。

纳税义务人的减税、免税项目,应当单独核算课税数量;未单独核算或者不能准确提供数量的,不予减税或免税。应注意,资源税仅对在中国境内开采或生产应税产品的单位和个人征收,对进口的矿产品和盐不征收资源税。由于对进口应税产品不征收资源税,相应的对出口应税产品也不免征或退还已纳资源税,所以,资源税也具有"进口不征,出口不退"的规则。

知识链接

河北省试点征收水资源税

据党中央、国务院决策部署,自2016年7月1日起在河北省实施水资源税改革试点。

水资源税的征税对象为地表水和地下水。地表水是陆地表面上动态水和静态水的总称,包括江、河、湖泊(含水库)、雪山融水等水资源。地下水是埋藏在地表以下各种形式的水资源。

水资源税实行从量计征。应纳税额计算公式如下:

应纳税额＝取水口所在地税额标准×实际取用水量

水力发电和火力发电贯流式取用水量按照实际发电量确定。

五 资源税的征收管理

(一)纳税义务发生时间

1.纳税人销售应税产品,其纳税义务发生时间为收讫销售款或者取得索取销售款凭据的当天。

2.纳税人自产自用应税产品,其纳税义务发生时间为移送使用应税产品的当天。

3.扣缴义务人代扣代缴税款义务发生时间,为支付首笔货款或者开具应支付货款凭据的当天。

资源税在应税产品的销售或自用环节计算缴纳。以自采原矿加工精矿产品的,在原矿移送使用时不缴纳资源税,在精矿销售或自用时缴纳资源税。

纳税人以自采原矿加工金锭的,在金锭销售或自用时缴纳资源税。纳税人销售自采原矿或者自采原矿加工的金精矿、粗金,在原矿或者金精矿、粗金销售时缴纳资源税,在移送使用时不缴纳资源税。

(二)纳税期限

资源税纳税期限为1日、3日、5日、10日、15日或者1个月,纳税义务人的纳税期限由主管税务机关根据实际情况具体核定。不能按固定期限计算纳税的,可以按次计算纳税。

以1个月为一期纳税的,自期满之日起15日内申报纳税;以1日、3日、5日、10日和

15日为一期纳税的,自期满之日起5日内预缴税款,于次月15日内申报纳税并结清上月税款。

(三)纳税地点

1.资源税的纳税地点为应税产品的开采地(或者生产地)。

2.对跨省开采资源税应税产品的单位,其下属单位与核算单位不在同一省、自治区、直辖市的,对其开采的应税矿产品,在开采地(或者生产地)纳税。

3.纳税义务人在本省、自治区、直辖市范围内开采或者生产应税产品,其纳税地点需要调整的,由省、自治区、直辖市税务机关决定。

4.扣缴义务人代扣代缴的资源税,应当向收购地主管税务机关缴纳。

六 资源税的纳税申报

资源税按月缴纳,申报纳税期限为月份终了后15日内。纳税人应如实填写《资源税纳税申报表》。办理电子申报的纳税人登录当地地方税务局电子申报系统办理申报纳税;未办理电子申报的纳税人到主管地方税务机关办理申报纳税。

(一)纳税申报资料

1.《资源税纳税申报表》。

2.附报资料。通常包括资源产品生产、销售明细账,以及主管税务机关要求报送的其他资料。

(二)纳税申报表样式

本申报表适用于资源税纳税人填报。一式两份,一份由税务机关盖章后收回作为纳税人的申报凭证,一份报送税务机关。

详见资源税纳税申报案例填好的《资源税纳税申报表》。

(三)资源税纳税申报案例

胜利油田为一家国有企业,是增值税一般纳税人,基本资料如下:

营业地址:通海县郊区北雀路49号;统一社会信用代码:450292580796438000;

代码:96438;法定代表人:李立本;单位电话:5535985;开户银行:工行北雀支行;账号:22446684;会计主管:安丽莹;出纳:赵晶。

2019年6月提供的资源税计税资料如下:

2019年6月16日销售给龙山冶炼厂原油100吨,销售收入为450 000元;天然气200千立方米,销售收入为527 500元,银行通知款到并已入账。该企业的税收缴款书号为(02)773392,并于2019年7月8日进行纳税申报。

请根据上述资料填写《资源税纳税申报表》。

(四)资源税纳税申报案例分析

原油销售应纳资源税＝450 000×6‰＝27 000(元)

天然气销售应纳资源税＝527 500×6‰＝31 650(元)

本期合计应纳资源税＝27 000＋31 650＝58 650(元)

(五)填制《资源税纳税申报表》

根据上述分析资料,将案例分析的相关数据填入《资源税纳税申报表》,见表8-2。

表 8-2 资源税纳税申报表

税款所属时间:自 2019 年 6 月 1 日至 2019 年 6 月 30 日

纳税人识别号(统一社会信用代码):｜4｜5｜0｜2｜9｜2｜5｜8｜0｜7｜9｜6｜4｜3｜8｜0｜0｜0｜

纳税人名称:胜利油田　　　　　　　　　　　　　　　　　　　金额单位:元(列至角分)

本期是否适用增值税小规模纳税人减征政策(减免性质代码:06049901)					是□　否□			减征比例(%)			
税目	子目	折算率或换算比	计量单位	计税销售量	计税销售额	适用税率	本期应纳税额	本期减免税额	本期增值税小规模纳税人减征额	本期已缴税额	本期应补(退)税额
1	2	3	4	5	6	7	8①=6×7 8②=5×7	9	10	11	12=8-9-10-11
原油					450 000	6%	27 000				27 000
天然气					527 500	6%	31 650				31 650
合　计	—	—			97 750	—	58 650				58 650

谨声明:本纳税申报表是根据国家税收法律法规及相关规定填报的,是真实的、可靠的、完整的。

　　　　　　　　　　　　　　　　　　　　　　　纳税人(签章):　　　　　　　年　月　日

经办人: 经办人身份证号: 代理机构签章: 代理机构统一社会信用代码:	受理人: 受理税务机关(章): 受理日期:　　年　月　日

任务二　城镇土地使用税纳税实务

任务情境

黄河实业有限责任公司是一家大型生产企业,地处黄河路 26 号,主要生产 A、B 两种产品。公司 2018 年 12 月账面实际拥有土地面积 25 000 平方米,经税务机关核定,公司自办医院用地 800 平方米,公司无偿提供给当地派出所两间平房使用,占地 210 平方米,且这些用地与公司其他用地明确区分,当地政府规定的城镇土地使用税为 2.5 元/平方米,并采取按年计征,分半年缴纳方式征收。

任务要求

1.计算该公司 2018 年应纳城镇土地使用税。
2.填报 2018 年城镇土地使用税纳税申报表。

一、什么是城镇土地使用税

城镇土地使用税，是指国家对在城市、县城、建制镇和工矿区范围内使用土地的单位和个人，按其实际占用的土地面积分等定额征收的一种税。

城镇土地使用税，就其性质来说，属于一种级差资源税。开征城镇土地使用税有利于通过经济手段，加强对土地的管理，变土地的无偿使用为有偿使用，促进土地合理利用，提高土地使用效益；适当调节不同地区、不同地段之间的土地级差收入，促进企业加强经济核算、理顺国家与土地使用者之间的分配关系。

二、城镇土地使用税的纳税人、征税范围和税率

（一）城镇土地使用税的纳税人

城镇土地使用税的纳税人，是指承担缴纳城镇土地使用税义务的所有单位和个人。具体包括：

（1）拥有土地使用权的单位和个人。

（2）拥有土地使用权的单位和个人不在土地所在地的，其土地的代管人或实际使用人为纳税人。

（3）土地使用权属未确定或权属纠纷未解决的，其实际使用人为纳税人。

（4）土地使用权共有的，共有各方都是纳税人，由共有各方分别纳税。

（二）城镇土地使用税的征税范围

城镇土地使用税的征税范围，包括城市、县城、建制镇、工矿区内的国家所有和集体所有的土地。城市是指经国务院批准设立的市，包括市区和郊区；县城是指县人民政府所在地的城镇；建制镇是指经省、自治区、直辖市人民政府批准设立的建制镇，其征税范围为镇人民政府所在地；工矿区是指工商业比较发达，人口比较集中，符合国务院规定的建制镇标准并经省、自治区、直辖市人民政府批准的大中型工矿企业所在地。

对城市、县城、建制镇和工矿区的具体征税范围的确定，权限下放给省、自治区、直辖市人民政府具体划定。

建立在城市、县城、建制镇和工矿区以外的工矿企业不需缴纳城镇土地使用税。

自 2007 年 1 月 1 日起，以出让或转让方式有偿取得土地使用权的，应由受让方从合同约定交付土地时间的次月起缴纳城镇土地使用税；合同未约定交付土地时间的，由受让方从合同签订的次月起缴纳城镇土地使用税。

在城镇土地使用税征收范围内经营采摘、观光农业的单位和个人，其直接用于采摘、观光的种植、养殖、饲养的土地，根据《中华人民共和国城镇土地使用税暂行条例》第六条中"直接用于农、林、牧、渔业的生产用地"的规定，免征城镇土地使用税。

在城镇土地使用税征收范围内，利用林场土地兴建度假村等休闲娱乐场所的，其经营、办公和生活用地，应按规定征收城镇土地使用税。

（三）城镇土地使用税的税率

城镇土地使用税采用定额税率，即采用有幅度的差别税额，按大、中、小城市和县城、建制镇、工矿区分别规定每平方米土地使用税年应纳税额。见表8-3。

表8-3　　　　　　　　　　　城镇土地使用税税率表

级　别	人口/人	税额/（元/平方米）
大城市	50万以上	1.5～30
中等城市	20万～50万	1.2～24
小城市	20万以下	0.9～18
县城、建制镇、工矿区		0.6～12

（1）各省、自治区、直辖市人民政府，应当在表8-3所列税额幅度内，根据市政建设状况、经济繁荣程度等条件，确定所辖地区的适用税额幅度。经济落后地区土地使用税的适用税额标准可以适当降低，但降低额不得超过表8-3规定最低税额的30%。经济发达地区土地使用税的适用税额标准可以适当提高，但须报经财政部批准。

（2）市、县人民政府应当根据实际情况，将本地区土地划分为若干等级，在省、自治区、直辖市人民政府确定的税额幅度内，制定相应的适用税额标准，报省、自治区、直辖市人民政府批准执行。

三　城镇土地使用税的计税依据和应纳税额的计算

（一）城镇土地使用税的计税依据

城镇土地使用税以纳税人实际占用的土地面积为计税依据。纳税人实际占用的土地面积以房地产管理部门核发的土地使用证书与确认的土地面积为准，尚未核发土地使用证书的，应由纳税义务人据实申报土地面积，据以纳税，待核发土地使用证书以后再做调整。

（二）城镇土地使用税应纳税额的计算

城镇土地使用税的应纳税额可以通过纳税义务人实际占用的土地面积乘以该土地所在地段的适用税额求得。其计算公式为

全年应纳税额＝计税土地面积×适用税额

【例8-5】

某小城市购物中心实行统一核算，土地使用证上载明，该企业实际占用土地情况为：中心店占地8 200平方米，一分店占地3 600平方米，二分店占地5 800平方米，企业仓库占地6 300平方米。经税务机关确认，该企业所占用土地分别适用市政府确定的以下税额：中心店位于一等土地地段，每平方米年税额7元；一分店位于二等土地地段，每平方米年税额5元；二分店位于三等土地地段，每平方米年税额4元；仓库位于五等土地地段，每平方米年税额1元。计算该购物中心年应纳城镇土地使用税税额。

中心店占地应纳税额＝8 200×7＝57 400(元)
一分店占地应纳税额＝3 600×5＝18 000(元)
二分店占地应纳税额＝5 800×4＝23 200(元)
仓库占地应纳税额＝6 300×1＝6 300(元)
该购物中心年应纳税额＝57 400＋18 000＋23 200＋6 300＝104 900(元)

四 城镇土地使用税的税收优惠

(一)减免城镇土地使用税的基本规定

1. 国家机关、人民团体、军队自用的土地。
2. 由国家财政部门拨付事业经费的单位自用的土地。
3. 宗教寺庙、公园、名胜古迹自用的土地。

以上单位的生产、经营用地和其他非办公用地不属于免税范围,应按规定缴纳城镇土地使用税,如公园附设的影剧院、饮食部、照相馆等。

4. 市政街道、广场、绿化地带等公共用地。
5. 直接用于农、林、牧、渔业的生产用地。
6. 经批准开山填海整治的土地和改造的废弃土地,从使用的月份起免缴土地使用税5～10年。
7. 下列石油天然气生产建设用地暂免征收城镇土地使用税:(1)地质勘探、钻井、井下作业、油气田地面工程等施工临时用地;(2)企业厂区以外的铁路专用线、公路及输油(气、水)管道用地;(3)油气长输管线用地。
8. 在城市、县城、建制镇以外工矿区内的消防、防洪排涝、防风、防沙设施用地,暂免征收城镇土地使用税。
9. 国家机关、军队、人民团体、财政补助事业单位、居民委员会、村民委员会拥有的体育场馆,用于体育活动的房产、土地,免征城镇土地使用税。
10. 经费自理事业单位、体育社会团体、体育基金会、体育类民办非企业单位拥有并运营管理的体育场馆,同时符合下列条件的,其用于体育活动的土地,免征城镇土地使用税:

(1)向社会开放,用于满足公众体育活动需要。
(2)体育场馆取得的收入主要用于场馆的维护、管理和事业发展。
(3)拥有体育场馆的体育社会团体、体育基金会及体育类民办非企业单位,除当年新设立或登记的以外,前一年度登记管理机关的检查结论为"合格"。

11. 企业拥有并运营管理的大型体育场馆,其用于体育活动的土地,减半征收城镇土地使用税。

享受上述税收优惠体育场馆的运动场地用于体育活动的天数不得低于全年自然天数的70%。

12. 自2016年1月1日起至2018年12月31日止,对农村饮水安全工程运营管理单位自用的土地免征城镇土地使用税。对既向城镇居民供水,又向农村居民供水的饮水工程运营管理单位,依据向农村居民供水量占总供水量的比例免征城镇土地使用税。无法提供具体比例或所提供数据不实的,不得享受上述税收优惠政策。

13.自2016年1月1日起至2018年12月31日止,对公共租赁住房建设期间用地及公共租赁住房建成后占地免征城镇土地使用税。

14.对棚户区改造安置住房建设用地免征城镇土地使用税。

15.对政府为鲁甸地区受灾居民组织建设的安居房建设用地免征城镇土地使用税。

16.由财政部另行规定免税的能源、交通、水利设施用地和其他用地。

此外,个人所有的居住房屋及院落用地,房产管理部门在房租调整改革前经租的居民住房用地,免税单位职工家属的宿舍用地,集体和个人举办的各类学校、医院、托儿所、幼儿园用地等的征免税,由各省、自治区、直辖市税务局确定。

(二)减免城镇土地使用税的特殊规定

1.免税单位与纳税单位之间无偿使用的土地

对免税单位无偿使用纳税单位的土地,免征城镇土地使用税;对纳税单位无偿使用免税单位的土地,纳税单位应照章缴纳城镇土地使用税。

2.房地产开发公司开发建造商品房的用地

房地产开发公司开发建造商品房的用地,除经批准开发建设经济适用房的用地外,对各类房地产开发用地一律不得减免城镇土地使用税。

3.城镇内的集贸市场(农贸市场)用地

城镇内的集贸市场(农贸市场)用地,按规定应征收城镇土地使用税。为了促进集贸市场的发展及照顾各地的不同情况,各省、自治区、直辖市税务局可根据具体情况,自行确定征收或免征城镇土地使用税。

4.搬迁企业的用地

企业搬迁后原场地不使用的,免征城镇土地使用税。免征税额由企业在申报缴纳城镇土地使用税时自行计算扣除,并在申报表附表或备注栏中做相应说明。

企业按上述规定暂免征收城镇土地使用税的土地开始使用时,应从使用的次月起自行计算和申报缴纳城镇土地使用税。

5.企业的绿化用地

对企业厂区(包括生产、办公及生活区)以内的绿化用地,应照章征收城镇土地使用税,厂区以外的公共绿化用地和向社会开放的公园用地,暂免征收城镇土地使用税。

6.老年服务机构自用的土地

对政府部门和企事业单位、社会团体以及个人等社会力量兴办的福利性、非营利性的老年服务机构自用的土地,暂免城镇土地使用税。

7.安置残疾人的单位

对在一个纳税年度内月平均实际安置残疾人就业人数占单位在职职工总数的比例高于25%(含25%)且实际安置残疾人人数高于10人(含10人)的单位,可减征或免征该年度城镇土地使用税。

五 城镇土地使用税的征收管理

(一)纳税期限

城镇土地使用税实行按年计算、分期缴纳的征收方法。具体缴纳期限由省、自治区、直辖市人民政府确定。

(二)纳税义务发生时间

1.纳税义务人购置新建的商品房,自房屋交付使用之次月起,缴纳城镇土地使用税。

2.纳税义务人购置存量房,自办理房屋权属转移、变更登记手续,房地产权属登记机关签发权属证书次月起,缴纳城镇土地使用税。

3.纳税义务人出租、出借房产,自交付出租、出借房产次月起,缴纳城镇土地使用税。

4.房地产开发企业自用、出租、出借本企业建造的商品房,自房屋使用或交付使用次月起,缴纳城镇土地使用税。

5.纳税义务人新征用的耕地,自批准征用之日起满1年时开始缴纳城镇土地使用税。

6.纳税义务人新征用的非耕地,自批准征用次月起缴纳城镇土地使用税。

7.通过招标、拍卖、挂牌方式取得的建设用地,不属于新征用的耕地,从合同约定交付土地时间的次月起缴纳城镇土地使用税;合同未约定交付土地时间的,从合同签订的次月起缴纳城镇土地使用税。

(三)纳税申报与纳税地点

纳税义务人应依照当地税务机关规定的期限,填写《城镇土地使用税纳税申报表》,将其占用土地的权属、位置、用途、面积和税务机关规定的其他内容,据实向当地税务机关办理纳税申报登记,并提供有关证明文件。

城镇土地使用税的纳税地点为土地所在地,由土地所在地的地方税务机关负责征收。纳税义务人使用的土地不属于同一省、自治区、直辖市管辖的,由纳税义务人分别向土地所在地的税务机关缴纳土地使用税;在同一省、自治区、直辖市管辖范围内,纳税义务人跨地区使用的土地,其纳税地点由各省、自治区、直辖市地方税务局确定。

六 城镇土地使用税的纳税申报

城镇土地使用税按月缴纳的,申报纳税期限为月份终了后10日内;按季或半年缴纳的,申报纳税期限为季度或半年终了后15日内。办理电子申报的纳税人登录当地地方税务局电子申报系统办理申报纳税;未办理电子申报的纳税人到主管地方税务机关办理申报纳税。如实填写《城镇土地使用税纳税申报表》。

(一)纳税申报资料

1.《城镇土地使用税纳税申报表》。

2.附报资料。通常包括房地产证明及评估资料、固定资产账以及主管税务机关要求报送的其他资料。

表 8-4

城镇土地使用税纳税申报表

税款所属期：自 2019 年 1 月 1 日至 2019 年 3 月 31 日

金额单位：元（列至角分）；面积单位：平方米

纳税人识别号（统一社会信用代码）：| 4 | 5 | 0 | 2 | 9 | 2 | 5 | 8 | 0 | 7 | 9 | 6 | 4 | 4 | 8 | 0 | 0 | 0 |

纳税人名称：兴和商场

本期是否适用增值税小规模纳税人减征政策（减免性质代码：10049901）	□是 ☑否		
本期适用增值税小规模纳税人减征政策起始时间		年	月
本期适用增值税小规模纳税人减征政策终止时间		年	月

联系人：　　　　联系方式：

土地编号	宗地的地号	土地等级	税额标准	土地总面积	所属期起	所属期止	本期应纳税额	本期减免税额	本期增值税小规模纳税人减征额	减征比例（%）	本期已缴税额	本期应补（退）税额
*		Ⅰ	5	10 000	2019年1月	2019年3月	12 500					12 500
*		Ⅱ	3	3 000	2019年1月	2019年3月	2 250					2 250
*												
*												
*												
*												
*												
合计			*		*	*	147 500					147 500

谨声明：本纳税申报表是根据国家税收法律法规及相关规定填报的，是真实的、可靠的、完整的。

纳税人（签章）：

经办人：　　　　　　　　　　　　　　　　　　　　　　　　受理人：
经办人身份证号：　　　　　　　　　　　　　　　　　　　　受理税务机关（章）：
代理机构签章：　　　　　　　　　　　　　　　　　　　　　受理日期：　年　月　日
代理机构统一社会信用代码：

　年　月　日

（二）纳税申报表样式

本申报表适用于城镇土地使用税纳税人填报。一式两份，一份由税务机关盖章后收回作为纳税人的申报凭证，一份报送税务机关。详见城镇土地使用税纳税申报案例中的《城镇土地使用税纳税申报表》。

（三）城镇土地使用税纳税申报案例

兴和商场为一家国有商业企业，是增值税一般纳税人，基本资料如下：

营业地址：通海县岭南区朱雀路49号；统一社会信用代码：450292580796448000；代码：96448；法定代表人：李立山；单位电话：5535988；开户银行：工行岭南支行；账号：2234668-4；会计主管：安丽娜；出纳：赵燕。

兴和商场2019年占地面积为13 000平方米，其中坐落在一级地段的商场占地面积为10 000平方米，坐落在二级地段的商品库房占地面积为3 000平方米，计算该单位年应纳城镇土地使用税税额。该市城镇土地使用税税额标准为：一级地段5元/平方米，二级地段3元/平方米。该企业按季进行城镇土地使用税的纳税申报，并于2019年4月8日对本企业第一季度的城镇土地使用税进行了纳税申报。

请根据上述资料填写《城镇土地使用税纳税申报表》。

（四）城镇土地使用税申报案例分析

一级地段城镇土地使用税本季应纳税额＝5×10 000÷4＝12 500（元）

二级地段城镇土地使用税＝3×3 000÷4＝2 250（元）

本年度应纳城镇土地使用税＝12 500＋2 250＝14 750（元）

（五）填制《城镇土地使用税纳税申报表》

根据上述分析资料，将案例分析的相关数据填入《城镇土地使用税纳税申报表》，见表8-4。

任务三 耕地占用税纳税实务

任务情境

甲县2019年按批次申请用地1 000亩，其中耕地700亩，其他农用地300亩。因该批次用地尚未确定具体用地人，所以，由县国土部门代表政府统一办理了农用地转用批准文件。

任务要求

此时该如何认定纳税人？

一 什么是耕地占用税

耕地占用税是对占用耕地建房或从事非农业建设的单位或个人,就其实际占用耕地面积征收的一种税。这对于保护国土资源,促进农业可持续发展,强化耕地管理以及保护农民的切身利益等,都具有十分重要的意义。

二 耕地占用税的纳税人、征税范围和税率

(一)耕地占用税的纳税人

耕地占用税的纳税人是在中华人民共和国境内占用应税土地建房或者从事非农业建设的单位或者个人。

所称单位,包括国有企业、集体企业、私营企业、股份制企业、外商投资企业、外国企业以及其他企业和事业单位、社会团体、国家机关、部队以及其他单位;所称个人,包括个体工商户以及其他个人。

经申请批准占用应税土地的,纳税人为农用地转用审批文件中标明的建设用地人;农用地转用审批文件中未标明建设用地人的,纳税人为用地申请人。未经批准占用应税土地的,纳税人为实际用地人。城市和村庄、集镇建设用地审批中,按土地利用年度计划分批次批准的农用地转用审批,批准文件中未标明建设用地人且用地申请人为各级人民政府的,由同级土地储备中心履行耕地占用税申报纳税义务;没有设立土地储备中心的,由国土资源管理部门或政府委托的其他部门履行耕地占用税申报纳税义务。

因污染、取土、采矿塌陷等损毁应税土地的,由造成损毁的单位或者个人缴纳耕地占用税。超过2年未恢复土地原状的,已征税款不予退还。

(二)耕地占用税的征税范围

耕地占用税的征税范围包括纳税义务人为建房或从事其他非农业建设而占用的国家所有和集体所有的耕地。具体包括:

(1)耕地。指用于种植农作物的土地。

(2)园地。指果园、茶园、其他园地。

(3)林地、牧草地、农田水利用地、养殖水面以及渔业水域滩涂等其他农用地。

林地,包括有林地、灌木林地、疏林地、未成林地、迹地、苗圃等,不包括居民点内部的绿化林木用地,铁路、公路征地范围内的林木用地,以及河流、沟渠的护堤林用地。

牧草地,包括天然牧草地、人工牧草地。

农田水利用地,包括农田排灌沟渠及相应附属设施用地。

养殖水面,包括人工开挖或者天然形成的用于水产养殖的河流水面、湖泊水面、水库水面、坑塘水面及相应附属设施用地。

渔业水域滩涂,包括专门用于种植或者养殖水生动植物的海水潮浸地带和滩地。

(4)草地、苇田。

草地,是指用于农业生产并已由相关行政主管部门发放使用权证的草地。

苇田,是指用于种植芦苇并定期进行人工养护管理的苇田。

以下占用土地行为不征收耕地占用税:

(1)农田水利占用耕地的。

(2)建设直接为农业生产服务的生产设施占用林地、牧草地、农田水利用地、养殖水面以及渔业水域滩涂等其他农用地的。

(3)农村居民经批准搬迁,原宅基地恢复耕种,凡新建住宅占用耕地不超过原宅基地面积的。

(三)耕地占用税的税率

我国耕地占用税税率采用地区差别定额税率,税额规定如下:

(1)人均耕地不超过1亩的地区(以县级行政区域为单位,下同),每平方米为10元至50元。

(2)人均耕地超过1亩但不超过2亩的地区,每平方米为8元至40元。

(3)人均耕地超过2亩但不超过3亩的地区,每平方米为6元至30元。

(4)人均耕地超过3亩的地区,每平方米为5元至25元。

经济特区、经济技术开发区和经济发达且人均耕地特别少的地区,适用税额可以适当提高,但是提高的部分最高不得超过上述规定的适用税额的50%。

国务院财政、税务主管部门根据人均耕地面积和经济发展情况确定各省、自治区、直辖市的平均税额,见表8-5。

表8-5　　　　　各省、自治区、直辖市耕地占用税平均税额

地　区	每平方米平均税额(元)
上海	45
北京	40
天津	35
江苏、浙江、福建、广东	30
辽宁、湖北、湖南	25
河北、安徽、江西、山东、河南、重庆、四川	22.5
广西、海南、贵州、云南、陕西	20
陕西、吉林、黑龙江	17.5
内蒙古、西藏、甘肃、青海、宁夏、新疆	12.5

三　耕地占用税应纳税额的计算

(一)计税依据

耕地占用税以纳税人占用的耕地面积为计税依据,以每平方米为计税单位,按照规定的适用税额一次性征收。

(二)应纳税额的计算

耕地占用税以纳税人实际占用的耕地面积为计税依据,以每平方米土地为计税单位,按适用的定额税率计税。其计算公式为

应纳税额＝实际占用耕地面积(平方米)×适用定额税率

【例 8-6】

某市一家企业经批准占用 6 000 平方米耕地用于工业建设,所占耕地适用的定额税率为 25 元/平方米。计算该企业的应纳耕地占用税。

应纳税额＝6 000×25＝150 000(元)

四 耕地占用税的税收优惠

(一)免征耕地占用税

1. 军事设施占用应税土地。
2. 学校、幼儿园、养老院、医院占用应税土地。

(二)减征耕地占用税

1. 铁路线路、公路线路、飞机场跑道、停机坪、港口、航道占用耕地,减按每平方米 2 元的税额征收耕地占用税。

根据实际需要,国务院财政、税务主管部门商国务院有关部门并报国务院批准后,可以对前款规定的情形免征或者减征耕地占用税。

2. 农村居民占用耕地新建住宅,按照当地适用税额减半征收耕地占用税。

农村烈士家属、残疾军人、鳏寡孤独以及革命老根据地、少数民族聚居区和边远贫困山区生活困难的农村居民,在规定用地标准以内新建住宅缴纳耕地占用税确有困难的,经所在地乡(镇)人民政府审核,报经县级人民政府批准后,可以免征或者减征耕地占用税。

3. 农村烈士家属、残疾军人、鳏寡孤独以及革命老根据地、少数民族聚居区和边远贫困山区生活困难的农村居民,在规定用地标准以内新建住宅缴纳耕地占用税确有困难的,经所在地乡(镇)人民政府审核,报经县级人民政府批准后,可以免征或者减征耕地占用税。

免征或者减征耕地占用税后,纳税人改变原占地用途,不再属于免征或者减征耕地占用税情形的,应当按照当地适用税额补缴耕地占用税。

五 耕地占用税的征收管理

耕地占用税由地方税务机关负责征收。

土地管理部门在通知单位或者个人办理占用耕地手续时,应当同时通知耕地所在地同级地方税务机关。

经批准占用耕地的,耕地占用税纳税义务发生时间为纳税人收到土地管理部门办理占用农用地手续通知的当天;未经批准占用应税土地的,耕地占用税纳税义务发生时间为纳税人实际占地的当天。

已享受减免税的应税土地改变用途,不再属于减免税范围的,耕地占用税纳税义务发生时间为纳税人改变土地用途的当天。

耕地占用税原则上在应税土地所在地进行纳税申报。涉及集中征收、跨地区占地需要调整纳税地点的,由省地税机关确定。

表 8-6

耕地占用税纳税申报表

纳税人识别号（统一社会信用代码）：□□□□□□□□□□□□□□□□□□

纳税人名称：

金额单位：元（列至角分）；面积单位：平方米

耕地占用信息	项目（批次）名称		批准占地部门			
	占地位置		占地用途		批准占地文号	
	经批准占地面积		实际占地面积		经济开发区	□是 □否
	本期是否适用增值税小规模纳税人减征政策（减免性质代码：14049901）			□是 □否	税额提高比例（%）	

计税信息	项目 类别	计税面积	其中：		适用税额	计征税额	减免性质代码	减征比例（%）	减税税额	免税税额	本期增值税小规模纳税人减征额	已缴税额	批准日期	占地日期	应缴税额
			减税面积	免税面积											
	总计														
	耕地（基本农田）														
	耕地（非基本农田）														
	园地														
	林地														
	牧草地														
	农田水利用地														
	养殖水面														
	渔业水域滩涂														
	草地														
	苇田														
	其他类型土地														

谨声明：本纳税申报表是根据国家税收法律法规及相关规定填报的，是真实的、可靠的、完整的。

纳税人（签章）：

经办人：
经办人身份证号：
代理机构签章：
代理机构统一社会信用代码：

受理人：
受理税务机关（章）：
受理日期：　年　月　日

年　月　日

220

项目八 其他税种纳税实务

耕地占用税纳税人依照税收法律法规及相关规定,应在获准占用应税土地收到土地管理部门的通知之日起30日内向主管地税机关申报缴纳耕地占用税;未经批准占用应税土地的纳税人,应在实际占地之日起30日内申报缴纳耕地占用税。

占用林地、牧草地、农田水利用地、养殖水面以及渔业水域滩涂等其他农用地建房或者从事非农业建设的,适用税额可以适当低于当地占用耕地的适用税额,具体适用税额按照各省、自治区、直辖市人民政府的规定执行。

耕地占用税纳税申报表表单样式见表8-6。

任务四　土地增值税纳税实务

任务情境

某县房地产开发企业于2018年12月签订土地转让合同,以转让方式取得2万平方米土地,其取得土地使用权购置原价1 000万元,取得土地证书后,该房地产公司在2019年对此地块进行三通一平建设,开支土地三通一平费用250万元,并在当年签订合同,将三通一平后此地块的1/5转让给另一家企业,转让收入600万元。

任务要求

请你计算该企业转让土地使用权应缴纳的土地增值税。

一、什么是土地增值税

土地增值税,是对转让国有土地使用权、地上建筑物及其附着物并取得收入的单位和个人,就其取得的增值额征收的一种税。我国开征土地增值税的主要目的是:适应改革开放的新形势,增强国家对房地产开发和房地产市场的调控力度;抑制炒买炒卖土地投机获取暴利的行为;规范国家参与土地增值收益的分配方式,增加国家财政收入。

国务院于1993年12月13日制定颁布了《中华人民共和国土地增值税暂行条例》,并于1994年1月1日起施行。1995年1月27日,财政部颁布了《中华人民共和国土地增值税暂行条例实施细则》(以下简称《实施细则》),即日起施行。

二、土地增值税的纳税人、征税范围和税率

(一)土地增值税的纳税人

土地增值税的纳税人为转让国有土地使用权、地上的建筑物及其附着物并取得收入的单位和个人。

按照《实施细则》的规定,所称的单位是指各类企业单位、事业单位、国家机关和社会团体及其他组织;所称的个人包括个体经营者。由此看来,土地增值税的纳税义务人的范围十分广泛。只要是产生了应

微课20

土地增值税的核算和纳税申报

纳税行为,不论其行为主体是法人还是自然人,不论其是内资企业还是外资企业,也不论是中国公民还是外籍个人,都是土地增值税的纳税义务人。

(二)土地增值税的征税范围

土地增值税的征税范围包括:

(1)转让国有土地使用权。

(2)地上的建筑物及其附着物连同国有土地使用权一并转让。所称国有土地,是指按国家法律规定属于国家所有的土地;所称地上建筑物,是指建于国有土地上的一切建筑物,包括地上地下的各种附属设施;所称附着物,是指附着于土地上的不能移动、一经移动即遭损坏的物品。

在实际工作中,准确界定土地增值税的征税范围十分重要。可以根据以下几个标准判定:

(1)转让土地使用权的土地是否为国有土地。转让国有土地使用权,征土地增值税;转让集体所有制土地,应先在有关部门办理(或补办)土地征用或出让手续,使之变为国有土地才可转让,并纳入土地增值税的征税范围。自行转让集体土地是一种违法行为。

(2)土地使用权、地上建筑物及其附着物是否发生产权转让。转让房地产产权的征税,未转让的(如出租)不征税。而国有土地使用权的出让不征土地增值税。

(3)是否取得转让收入。房地产的权属虽转让,但未取得收入的行为(如房产的继承),尽管房地产的权属发生了变更,但权属人并没有取得收入,因此,不纳入土地增值税的征税范围。

只有上述三个标准同时具备时,才属于土地增值税的征税范围。土地使用权出让是指土地使用者在政府垄断的土地一级市场,通过支付土地出让金等相关费用而获得一定年限的土地使用权的行为;土地使用权转让是指土地使用者通过出让等形式取得土地使用权后,在土地二级市场上将土地再转让的行为。

无论是单独转让国有土地使用权,还是房屋产权与国有土地使用权一并转让,只要取得收入,均属于土地增值税的征税范围。

土地增值税征税范围的具体情况判定如下:

(1)以出售方式转让国有土地使用权、地上建筑物及附着物的,包括出售国有土地使用权的;取得国有土地使用权并进行房屋开发建造后出售的以及存量房地产买卖的。因同时符合上述三个标准,所以属于土地增值税的征税范围。

(2)以继承、赠与方式转让房地产的。只发生房地产产权转让,没有因为权属转让而取得相应的收入,不纳入征税范围。

(3)房地产的出租。虽取得收入,但没有发生产权转让,不纳入征税范围。

(4)房地产的抵押。在抵押期间不征收土地增值税,待抵押期满后,视该房地产是否转移占有来确定是否征收土地增值税,对于以房地产抵债而发生权属转让的,应列入征税范围。

(5)房地产的交换。单位之间换房,有收入的属于征税范围,但对个人之间互换自有居住用房地产的,经当地税务机关核实,可以免征。

(6)合作建房。建成后按比例分房自用的,暂免征税;建成后转让的,应征收土地增值税。

(7)房地产的代建房行为。房地产中的代建房行为因无权属转移可不纳税;房地产的重估增值不属于征税范围;国家收回房地产权及市政搬迁免征土地增值税。对于房地产开发公司而言,虽然取得了收入,但没有发生房地产权属的转移,其收入属于劳务收入,不属于土地增值税的征税范围。

(8)房地产的重新评估。国有企业在清产核资时,对房地产价值进行重新评估而使其升值,因没有发生房地产权属转移,也未取得收入,故不属于土地增值税的征税范围。

(三)土地增值税的税率

土地增值税实行四级超率累进税率,见表8-7。

表 8-7　　　　　　　　　　土地增值税税率表

级数	增值额与扣除项目金额的比率/%	税率/%	速算扣除率/%
1	不超过50%的部分	30	0
2	50%～100%的部分	40	5
3	100%～200%的部分	50	15
4	超过200%的部分	60	35

三 土地增值税的计税依据和应纳税额的计算

(一)计税依据

土地增值税的计税依据是纳税人转让房地产所取得的增值额,即纳税人转让房地产取得的应税收入减除法定扣除项目金额后的余额。

1.转让房地产取得的应税收入的确定

纳税人转让房地产取得的应税收入,包括转让房地产的全部价款及有关的经济收益。从收入的形式来看,包括货币收入、实物收入和其他收入。

(1)**货币收入**是指纳税义务人转让房地产而取得的现金、银行存款、支票、银行本票、汇票等各种信用票据和国库券、金融债券、企业债券、股票等有价证券。货币收入一般比较容易确定。

(2)**实物收入**是指纳税义务人转让房地产而取得的各种实物形态的收入,如钢材、水泥等建材,房屋、土地等不动产等。一般要对这些实物形态的财产进行估价。

(3)**其他收入**是指纳税义务人转让房地产而取得的无形资产收入或具有财产价值的权利,如专利权、商标权、著作权、专有技术使用权、土地使用权、商誉权等。这种类型的收入需要进行专门的评估。

2.法定扣除项目金额的确定

准予纳税人从转让收入额中减除的扣除项目包括以下几项:

(1)取得土地使用权所支付的金额

①纳税人为取得土地使用权所支付的地价款。如果是以协议、招标、拍卖等出让方式取得土地使用权的,地价款为纳税义务人所支付的土地出让金;如果是以行政划拨方式取得土地使用权的,地价款为按照国家有关规定补缴的土地出让金;如果是以转让方式取得土地使用权的,地价款为向原土地使用权人实际支付的地价款。

②纳税人在取得土地使用权时按国家统一规定缴纳的有关费用。它是指纳税人在取得土地使用权过程中为办理有关手续,按国家统一规定缴纳的有关登记、过户手续费契税。

(2)房地产开发成本

房地产开发成本是指纳税人房地产开发项目实际发生的成本,包括土地征用及拆迁补偿费、前期工程费、建筑安装工程费、基础设施费、公共配套设施费、开发间接费用等。

营业税改征增值税后,土地增值税纳税人接受建筑安装服务取得的增值税发票,应按照《国家税务总局关于全面推开营业税改征增值税试点有关税收征收管理事项的公告》(国家税务总局公告2016年第23号)规定,在发票的备注栏注明建筑服务发生地县(市、区)名称及项目名称,否则不得计入土地增值税扣除项目金额。

(3)房地产开发费用

房地产开发费用是指与房地产开发项目有关的销售费用、管理费用和财务费用。具体计算扣除的标准为:

①纳税人能够按转让房地产项目计算分摊利息支出,并能提供金融机构贷款证明的,允许扣除的房地产开发费用为

$$扣除额 \leqslant 利息 + (取得土地使用权所支付的金额 + 房地产开发成本) \times 5\%$$

②纳税人不能按转让房地产项目计算分摊利息支出或不能提供金融机构贷款证明的,其允许扣除的房地产开发费用为

$$扣除额 \leqslant (取得土地使用权所支付的金额 + 房地产开发成本) \times 10\%$$

③上述利息支出允许按实扣除,但最高不能超过按商业银行同类同期贷款利率计算的金额。利息的上浮幅度按国家的有关规定执行,超过上浮幅度的部分不允许扣除。对于超过贷款期限的利息部分和加罚的利息不允许扣除。

(4)旧房及建筑物的评估价格及有关规定

旧房及建筑物的评估价格是指在转让已使用的房屋及建筑物时,由政府批准设立的房地产评估机构评定的重置成本价乘以成新度折扣率后的价格,即

$$评估价格 = 重置成本价 \times 成新度折扣率$$

评估价格须经当地税务机关确认。

①关于旧房转让时的扣除计算问题

营业税改征增值税后,纳税人转让旧房及建筑物,凡不能取得评估价格,但能提供购房发票的,扣除项目金额按照下列方法计算:

提供的购房凭据为营业税改征增值税前取得的营业税发票的,按照发票所载金额(不扣减营业税)并从购买年度起至转让年度止每年加计5%计算。

提供的购房凭据为营业税改征增值税后取得的增值税普通发票的,按照发票所载价税合计金额从购买年度起至转让年度止每年加计5%计算。

提供的购房发票为营业税改征增值税后取得的增值税专用发票的,按照发票所载不含增值税金额加上不允许抵扣的增值税进项税额之和,并从购买年度起至转让年度止每年加计5%计算。

②旧房及建筑物需要评估的几种情形

A.出售旧房及建筑物；

B.隐瞒、虚报房地产成交价格的；

C.提供扣除项目金额不实的；

D.转让房地产的成交价格低于房地产评估价格,又无正当理由的。

(5)与转让房地产有关的税金

与转让房地产有关的税金是指在转让房地产时缴纳的城市维护建设税和印花税。教育费附加也可以视同税金扣除。

需要明确的是,房地产开发企业按照《施工、房地产开发企业财务制度》的有关规定,其在转让时缴纳的印花税应列入管理费用,故在此不允许扣除。其他纳税人缴纳的印花税允许在此扣除。

营业税改征增值税后,房地产开发企业实际缴纳的城市维护建设税、教育费附加,凡能够按清算项目准确计算的,允许据实扣除。凡不能按清算项目准确计算的,则按该清算项目预缴增值税时实际缴纳的城市维护建设税、教育费附加扣除。

(6)财政部规定的其他扣除项目

从事房地产开发的纳税人,可按取得土地使用权所支付的金额和房地产开发成本两项金额之和,加计20%扣除。

3.土地增值额的计算

纳税人转让房地产所取得的收入减除规定的扣除项目金额后的余额为土地增值额,其计算公式为

$$土地增值额＝房地产转让收入－扣除项目金额$$

纳税人有下列情形之一的,按照房地产评估价格计算征收:隐瞒、虚报房地产成交价格的;提供扣除项目不实的;转让房地产的成交价格低于房地产评估价格,又无正当理由的。所说的"房地产评估价格"是指由政府批准设立的房地产评估机构根据相同地段、同类房地产进行综合评定的价格。

(二)应纳税额的计算

根据《土地增值税暂行条例》规定,土地增值税按照纳税人转让房地产所取得的土地增值额和规定的税率计算征收。其计算公式为

$$应纳土地增值税税额＝\sum(每级距的土地增值额\times 适用税率)$$

在实际工作中,分步计算比较烦琐,一般可以采用速算扣除法计算。即

$$应纳土地增值税税额＝土地增值额\times 适用税率－扣除项目金额\times 速算扣除系数$$

具体公式如下:

(1)土地增值额未超过扣除项目金额50%

$$土地增值税税额＝土地增值额\times 30\%$$

(2)土地增值额超过扣除项目金额50%,未超过100%

$$土地增值税税额＝土地增值额\times 40\%－扣除项目金额\times 5\%$$

(3) 土地增值额超过扣除项目金额100%,未超过200%

土地增值税税额＝土地增值额×50%－扣除项目金额×15%

(4) 土地增值额超过扣除项目金额200%

土地增值税税额＝土地增值额×60%－扣除项目金额×35%

其中,5%、15%、35%分别为二级、三级、四级土地的速算扣除系数。

【例8-7】

某公司转让房地产所取得的收入为320万元,经税务机关确认的扣除项目金额为80万元,试计算该公司应缴纳土地增值税的税额。

第一种方法,按《土地增值税暂行条例》规定的方法计算。
(1) 计算土地增值额。
土地增值额＝320－80＝240(万元)
(2) 计算土地增值额与扣除项目金额之比。
土地增值额与扣除项目金额之比＝240÷80×100%＝300%
可见,土地增值额超过扣除项目金额200%,分别适用30%、40%、50%和60%四级税率。
(3) 分别计算各级次土地增值税税额。
① 土地增值额未超过扣除项目金额50%的部分,适用30%的税率。
这部分土地增值额＝80×50%＝40(万元)
应纳的土地增值税税额＝40×30%＝12(万元)
② 土地增值额超过扣除项目金额50%,未超过扣除项目金额100%的部分,适用40%的税率。
这部分土地增值额＝80×(100%－50%)＝40(万元)
应纳的土地增值税税额＝40×40%＝16(万元)
③ 土地增值额超过扣除项目金额100%,未超过扣除项目金额200%的部分,适用50%的税率。
这部分土地增值额＝80×(200%－100%)＝80(万元)
应纳的土地增值税税额＝80×50%＝40(万元)
④ 土地增值额超过扣除项目金额200%的部分,适用60%的税率。
这部分土地增值额＝240－(80×200%)＝80(万元)
应纳的土地增值税税额＝80×60%＝48(万元)
(4) 将各级的土地增值税税额相加。
税额合计＝12＋16＋40＋48＝116(万元)
第二种方法,按《土地增值税暂行条例实施细则》规定的速算扣除法计算。
(1) 计算土地增值额。
土地增值额＝320－80＝240(万元)
(2) 计算土地增值额与扣除项目金额之比。
土地增值额与扣除项目金额之比＝240÷80×100%＝300%＞200%
(3) 计算土地增值税税额。
应纳土地增值税税额＝240×60%－80×35%＝116(万元)

四 土地增值税的税收优惠

(一)建造普通标准住宅的税收优惠

纳税人建造普通标准住宅出售,增值额未超过扣除项目金额20%的,免征土地增值税;增值额超过扣除项目金额20%的,应就其全部增值额按规定计税。

其中,普通标准住宅是指按所在地一般民用住宅标准建造的居用住宅。高级公寓、别墅、度假村等不属于普通标准住宅。普通标准住宅与其他住宅的具体划分界限在2005年5月31日以前由各省、自治区、直辖市人民政府规定。2005年6月1日起,普通标准住宅应同时满足下列条件:住宅小区建筑容积率在1.0以上;单套建筑面积在120平方米以下;实际成交价格低于同级别土地上住房平均交易价格1.2倍以下。各省、自治区、直辖市根据实际情况,制定本地区享受优惠政策普通住房具体标准。允许单套建筑面积和价格标准适当浮动,但向上浮动的比例不得超过上述标准的20%。

对于纳税人既建普通标准住宅又进行其他房地产开发的,应分别核算增值额。不分别核算或不能准确核算增值额的,其建造的普通标准住宅不能适用上述免税规定。

(二)国家征用、收回的房地产的税收优惠

因国家建设需要依法征用、收回的房地产,免征土地增值税。具体是指因城市实施规划、国家建设需要而被政府批准征用的房地产或收回的土地使用权。因城市实施规划、国家建设需要而搬迁,由纳税人自行转让原房地产的,比照有关规定免征土地增值税。

(三)个人转让房地产税收优惠

自2008年11月1日起,对居民个人转让住房一律免征土地增值税。

(四)其他税收优惠

1. 企事业单位、社会团体以及其他组织转让旧房作为廉租住房、经济适用房且增值额未超过扣除项目金额20%的,免征土地增值税。

2. 企事业单位、社会团体以及其他组织转让旧房作为改造安置住房房源且增值额未超过扣除项目金额20%的,免征土地增值税。

3. 按照《中华人民共和国公司法》的规定,非公司制企业整体改制为有限责任公司或者股份有限公司,有限责任公司(股份有限公司)整体改制为股份有限公司(有限责任公司)。对改制前的企业将国有土地使用权、地上的建筑物及其附着物(以下称房地产)转移、变更到改制后的企业,暂不征土地增值税。

4. 按照法律规定或者合同约定,两个或两个以上企业合并为一个企业,且原企业投资主体存续的,对原企业将房地产转移、变更到合并后的企业,暂不征土地增值税。

5. 按照法律规定或者合同约定,企业分设为两个或两个以上与原企业投资主体相同的企业,对原企业将房地产转移、变更到分立后的企业,暂不征土地增值税。

6. 单位、个人在改制重组时以房地产作价入股进行投资,对其将房地产转移、变更到被投资的企业,暂不征土地增值税。

上述改制重组有关土地增值税政策不适用于房地产转移任意一方为房地产开发企业的情形,执行期限为2018年1月1日至2020年12月31日。

五 土地增值税的征收管理

（一）纳税申报

1.土地增值税的纳税人应在转让房地产合同签订后的7日内，向房地产所在地主管税务机关办理纳税申报，并向税务机关提交房屋及建筑物产权、土地使用权证书、土地转让、房产买卖合同、房地产评估报告及其他与转让房地产有关的资料。纳税义务人因经常发生房地产转让而难以在每次转让后申报的，经税务机关审核同意后，可以按月或按季定期进行纳税申报，具体期限由主管税务机关根据情况确定。

2.纳税人在项目全部竣工结算前转让房地产取得的收入可以预征土地增值税，具体办法由各省、自治区、直辖市地方税务局根据当地情况制定。对于纳税人预售房地产所取得的收入，凡当地税务机关规定预征土地增值税的，纳税人应当到主管税务机关办理纳税申报，并按规定比例预缴，待办理决算后，多退少补；凡当地税务机关规定不预征土地增值税的，也应在取得收入时先到税务机关登记或备案。

（二）纳税地点

土地增值税的纳税人应向房地产所在地主管税务机关办理纳税申报，并在税务机关核定的期限内缴纳土地增值税。所说的"房地产所在地"，是指房地产的坐落地。纳税人转让的房地产坐落在两个或两个以上地区的，应按房地产所在地分别申报纳税。

在实际工作中，纳税地点的确定又可分为以下两种情况：

（1）纳税人是法人的，当转让的房地产坐落地与其机构所在地或经营所在地一致时，在办理税务登记的原管辖税务机关申报即可；当转让的房地产坐落地与其机构所在地或经营所在地不一致时，则应在房地产坐落地税务机关申报纳税。

（2）纳税人是自然人的，当转让的房地产坐落地与其居住所在地一致时，在其居住所在地税务机关申报纳税；当转让的房地产坐落地与其居住所在地不一致时，在办理过户手续所在地税务机关申报纳税。

六 土地增值税的纳税申报

房地产开发企业按月或按季预缴土地增值税的，申报纳税期限为月份或季度终了后10日内；非房地产开发企业按次缴纳土地增值税的，申报纳税期限为房地产转让合同签订之日起7日内。纳税人在项目全部竣工结算前转让房地产取得的收入可以预缴土地增值税。办理电子申报的纳税人登录当地地方税务局电子申报系统办理申报纳税；未办理电子申报的纳税人到主管地方税务机关办理申报纳税。如实填写《土地增值税纳税申报表》。

（一）纳税申报资料

1.《土地增值税纳税申报表》。

2.附报资料。通常包括向税务机关提交房屋及建筑物产权、土地使用权证书、土地转让、房产买卖合同、房地产评估报告及其他与转让房地产有关的资料以及主管税务机关要求报送的其他资料。

（二）纳税申报表样式

本申报表适用于土地增值税纳税人填报。一式两份，一份由税务机关盖章后收回作为纳税人的申报凭证，一份报送税务机关。详见土地增值税纳税申报案例填好的《土地增值税纳税申报表》。

(三)土地增值税纳税申报案例

凯兴公司是一家国有房地产开发企业,基本资料如下:

营业地址:通海县西岭区雀乡路49号;统一社会信用代码:450292580796458;代码:96458;法定代表人:李立军;单位电话:5535998;开户银行:工行西岭支行;账号:2224668-4;会计主管:安丽云;出纳:赵杰。

2019年5月20日,公司出售写字楼一幢,共取得转让收入5 000万元,公司按税法规定缴纳了增值税238万元,城市维护建设税16.66万元,教育费附加7.14万元。已知该公司为取得土地使用权而支付的地价款和按国家统一规定缴纳的有关费用为500万元;投入的房地产开发成本为1 500万元,房地产开发费用中的利息支出为120万元(能够按转让房地产项目计算分摊并提供金融机构证明),比按商业银行同类同期贷款利率计算的利息多出10万元。公司所在地政府规定的其他房地产开发费用的计算扣除比例为5%。计算该公司转让此楼应缴纳的土地增值税税额。该公司的税收缴款书号为(02)773382,并于2019年6月8日进行纳税申报。

请根据上述资料填写《土地增值税纳税申报表》。

(四)土地增值税申报案例分析

(1)确定转让房地产的收入5 000万元。
(2)确定转让房地产的扣除项目金额:
①取得土地使用权所支付的金额为500万元;
②房地产开发成本=1 500(万元);
③房地产开发费用=(120-10)+(500+1 500)×5%=210(万元);
④城市维护建设税=238×7%=16.66(万元);
⑤教育费附加=238×3%=7.14(万元);
⑥从事房地产开发的加计扣除=(500+1 500)×20%=400(万元);
转让房地产的扣除项目金额=500+1 500+210+16.66+7.14+400=2 633.8(万元)。
(3)转让房地产的增值额=5 000-2 633.8=2 366.2(万元)。
(4)增值额与扣除项目金额的比率=2 366.2÷2 633.8=89.84%。
(5)应纳土地增值税税额=2 366.2×40%-2 633.8×5%=814.79(万元)。

(五)填制《土地增值税纳税申报表》

根据上述分析资料,将案例分析的相关数据填入《土地增值税纳税申报表》,见表8-8。

表8-8　　　　　　　　土地增值税纳税申报表(二)
(从事房地产开发的纳税人清算适用)

税款所属时间:2019年5月1日至2019年5月31日　　　　填表日期:2019年6月8日
金额单位:元(列至角分)　　　　　　　　　　　　　　　　面积单位:平方米
纳税人识别号 |4|5|0|2|9|2|5|8|0|7|9|6|4|5|8|0|0|0|

纳税人名称	凯兴公司	项目名称		项目编号		项目地址	
业别		经济性质		纳税人地址		邮政编码	
开户银行	工行西岭银行	银行账号	2224668-4	主管部门		电话	
清算方式是否为核定征收						否	

229

(续表)

项 目	行次	金额 普通住宅	非普通住宅	其他类型房地产
一、转让房地产收入总额 1＝2＋3＋4	1	50 000 000		
其中　货币收入	2	50 000 000		
实物收入	3			
其他收入	4			
二、扣除项目金额合计 5＝6＋7＋14＋17＋20	5	26 273 740		
1.取得土地使用权所支付的金额	6	5 000 000		
2.房地产开发成本 7＝8＋9＋10＋11＋12＋13	7	15 000 000		
其中　土地征用及拆迁补偿费	8			
前期工程费	9			
建筑安装工程费	10			
基础设施费	11			
公共配套设施费	12			
开发间接费用	13			
3.房地产开发费用 14＝15＋16	14	2 100 000		
其中　利息支出	15	1 100 000		
其他房地产开发费用	16	1 000 000		
4.与转让房地产有关的税金等 17＝18＋19	17			
其中　城市维护建设税	18	166 600		
教育费附加	19	7 140		
5.财政部规定的其他扣除项目	20	4 000 000		
三、增值额 21＝1－5	21	23 726 260		
四、增值额与扣除项目之比(%)22＝21÷5	22	90.30		
五、适用税率(核定征收率)(%)	23	40		
六、速算扣除系数(%)	24	5		
七、应缴土地增值税税额 25＝21×23－5×24	25	8 176 817		
八、减免税额(减免性质代码:)	26			
九、已缴土地增值税税额	27			
十、应补(退)土地增值税税额 28＝25－26－27	28			

授权代理人	(如果你已委托代理申报人，请填写下列资料) 　　为代理一切税务事宜，现授权＿＿＿＿＿＿＿(地址)＿＿＿＿＿＿＿为本纳税人的代理申报人，任何与本报表有关的来往文件都可寄与此人。 　　　　　　　　　授权人签字：＿＿＿＿＿＿＿	纳税人声明	此纳税申报表是根据《中华人民共和国土地增值税暂行条例》及其《实施细则》的规定填报的，是真实的、可靠的、完整的。 　　　　　　　　　声明人签字：＿＿＿＿＿＿＿
纳税人公章	法人代表签章　李立军	经办人员(代理申报人)签章　赵杰	备注

任务五 房产税纳税实务

任务情境

张龙和张虎是兄弟俩,哥哥张龙在农村务农,弟弟张虎在省城做生意。2019年1月张龙在村里盖了一楼房对外出租,每年租金6 000元;同年5月份,张虎在省城的桃园小区购买了一处房产用来出租,每年租金12 000元。桃园小区所在地的地方税务局税收管理员要求张虎缴纳房产税。张虎很纳闷:我哥哥从未交过房产税,自己也从未听说过出租房子要交房产税,为什么要我缴纳呢?

任务要求

如果你是该辖区的税收管理员,你该如何答复呢?

一、什么是房产税

房产税是以城市、县城、建制镇和工矿区的房产为征税对象,依据房产价格或房产租金收入向房产所有人或经营人征收的一种税。开征房产税的目的在于:运用税收杠杆,加强对房屋的管理,提高房屋使用效率,配合国家房产政策的调整,合理调节房产所有人和经营人的收入,为城镇建设积累资金。现行房产税的基本规范,是1986年9月15日国务院颁布的《中华人民共和国房产税暂行条例》(以下简称《房产税暂行条例》),同年10月1日起正式实施。

微课21 房产税的过去、现在和未来

二、房产税的纳税人、征税范围和税率

(一)房产税的纳税人

房产税的纳税人是征税范围内的房屋的产权所有人,包括国家所有和集体、个人所有房屋的产权所有人、承典人、代管人和使用人四类,具体规定如下:

(1)产权属于国家所有的,由经营管理的单位缴纳;产权属于集体和个人的,由集体和个人缴纳。

(2)房屋产权出典的,由承典人缴纳。

(3)房屋产权所有人、承典人不在房产所在地的,由房产代管人或者使用人纳税。产权所有人,简称产权人、业主、房东,是指拥有房产的单位和个人,即房产的使用、收益、出卖、赠送等权利归其所有;承典人是指以押金形式并付出一定费用,在一定的期限内享有房屋的使用权、收益权的人。

(4)产权未确定或租典纠纷未解决的,亦由房产代管人或者使用人纳税。代管人是指接受产权所有人、承典人的委托代为管理房屋或虽未受委托而在事实上已代管房屋的人;使用人是直接使用房屋的人。

(5)无租使用其他房产的问题。纳税单位或个人无租使用房产管理部门、免税单位及纳税单位的房产,应由使用人代为缴纳房产税。

(6)对出租房产,租赁双方签订的租赁合同约定有免收租金期限的,免收租金期间由

产权所有人按照房产原值缴纳房产税。

自2009年1月1日起,外商投资企业、外国企业和外国人经营的房产也适用房产税。

(二)房产税的征税范围

房产税的征税对象是房产,即有屋面和围护结构(有墙或两边有柱),能够遮风避雨、可供人们在其中生产、学习、工作、娱乐、居住或储藏物资的场所。

房产税的征税范围是在城市、县城、建制镇、工矿区内的房产,在其他地区的房产不征房产税。其中:

(1)城市是指经国务院批准设立的市,其征税范围为市区、郊区和市辖县县城,不包括农村。

(2)县城是指县人民政府所在地的地区。

(3)建制镇是指经省、自治区、直辖市人民政府批准设立的建制镇。

(4)工矿区是指工商业比较发达、人口比较集中,符合国务院规定的建制镇标准,但还未设立建制镇的大中型工矿企业所在地,工矿区必须经省、自治区、直辖市人民政府划定。

(三)房产税的税率

现行房产税采用的是比例税率。具体有两种税率:

(1)按房产原值一次减除10%～30%后的余值计征的,税率为1.2%。

(2)按房产出租的租金收入计征的,税率为12%。

对于个人出租的普通居民住房,按照每月租金收入的4%征收房产税;自2008年3月1日起,对个人出租住房,不区分用途,按4%的税率征收房产税。对企事业单位、社会团体及其他组织按市场价格向个人出租用于居住的住房,减按4%征收房产税。

三 房产税的计税依据和应纳税额的计算

(一)房产税的计税依据

房产税的计税依据是房产的计税价值或房产的租金收入。按照房产计税价值征收的,称为从价计征;按照房产租金收入征收的,称为从租计征。

1.从价计征

《房产税暂行条例》规定,房产税依照房产原值一次减除10%～30%后的余值计算缴纳。具体减除幅度由各省、自治区、直辖市人民政府确定。

(1)房产原值是指纳税人按照会计制度规定,在账簿"固定资产"科目中记载的房屋原价。自2009年1月1日起,对依照房产原值计税的房产,不论是否记载在会计账簿固定资产科目中,均应按照房屋原价计算缴纳房产税。房屋原价应根据国家有关会计制度规定进行核算。房产原值应包括与房屋不可分割的各种附属设备或一般不单独计价的配套设施。纳税义务人对原有房屋进行改、扩建的,要相应增加房屋的原值。

(2)房产余值是房产的原值减除规定比例后的剩余价值。

需要注意的是:

对投资联营的房产,在计征房产税时应予以区别对待。对于以房产投资联营,投资者参与投资利润分红,共担风险的,按房产余值作为计税依据计征房产税;以房产投资,收取固定收入,不承担联营风险的,实际是以联营名义取得房产租金,由出租方按租金收入计缴房产税。

对融资租赁房屋的情况,融资租赁实际是一种变相的分期付款购买固定资产的形式,在计征房产税时应以房产余值计算征收,至于租赁期内房产税的纳税义务人,由当地税务机关根据实际情况确定。

自2006年1月1日起,凡以房屋为载体,不可随意移动的附属设备和配套设施,无论会计上如何记账核算,都应计入房产原值,计征房产税。对更换房屋附属设备和配套设施的,计入房产原值时可扣减相应价值。

自2007年1月1日起,对居民住宅区内业主共有的经营性房产,由实际经营(包括自营和出租)的代管人或使用人缴纳房产税。其中自营的,依照房产原值减除10%~30%后的余值计征,没有房产原值或不能将业主共有房产与其他房产的原值准确划分开的,由房产所在地主管税务机关参照同类房产核定房产原值;出租的,依照租金收入计征。

2.从租计征

房产出租的,以房产租金收入为房产税的计税依据。

所谓房产租金收入,是指房屋产权所有人出租房产使用权所得的报酬,包括货币收入和实物收入。如果是以劳务或者其他形式为报酬抵付房租收入的,应根据当地同类房产的租金水平,确定一个标准租金额从租计征。

(二)房产税应纳税额的计算

(1)从价计征房产税的计算。从价计征是按房产原值减除一定比例后的余值计征的。计算公式为

$$应纳税额 = 应税房产原值 \times (1 - 扣除比例) \times 1.2\%$$

(2)从租计征房产税的计算。从租计征是按房产租金收入计征的。计算公式为

$$应纳税额 = 租金收入 \times 12\%(或4\%)$$

【例8-8】

某企业某年度上半年共有房产原值4 000万元,7月1日起将原值200万元的一座仓库出租给某商场存放货物,租期1年,每月租金收入1.5万元。8月10日对委托施工单位建设的生产车间办理验收手续,由在建工程转入固定资产原值500万元(房产税的扣除比例为20%)。计算其本年度的应纳房产税。

(1)房产原值扣除出租部分后再扣除20%从价计税。

房产按计税余值计税 = (4 000 - 200) × (1 - 20%) × 1.2% = 36.48(万元)

(2)下半年出租房产,上半年按计税余值及6个月使用期计税。

上半年按计税余值计税 = 200 × (1 - 20%) × 1.2% ÷ 12 × 6 = 0.96(万元)

(3)出租房产按6个月计税。

按租金收入计税 = 1.5 × 6 × 12% = 1.08(万元)

(4)在建工程完工转入房产应自办理验收手续次月起计税,共4个月。

在建工程完工转入房产计税 = 500 × (1 - 20%) × 1.2% ÷ 12 × 4 = 1.6(万元)

应纳房产税合计 = 36.48 + 0.96 + 1.08 + 1.6 = 40.12(万元)

四 房产税的税收优惠

根据《房产税暂行条例》以及细则等有关规定,下列房产免征房产税:

(1)国家机关、人民团体、军队自用的房产。

(2)由国家财政部门拨付事业经费的单位(包括差额预算管理的事业单位、中国人民银行总行机关、由主管工会拨付或差额补贴工会经费的全额预算单位或差额预算单位)自用的房产。

(3)宗教寺庙、公园(文化宫)、名胜古迹自用的房产。

(4)个人所有非营业用的房产,主要是指居民住房,不管面积多少一律免征房产税;对个人拥有的营业用房或者出租的房产,应征房产税。

(5)经财政部和国家税务总局批准免税的其他房产。主要有:

①经有关部门(房管部门)鉴定,已经毁损、不堪居住,并停止使用的房屋或危房。

②房屋大修停用半年以上,经纳税义务人申请,税务机关审核批准,在大修期间免征房产税。

③企业办的各类学校、医院、托儿所、幼儿园自用的房产,免征房产税。

④在基建工地为基建工地服务的各种工棚、材料棚、休息棚和办公室、食堂、茶炉房、汽车房等临时性房屋,在施工期间,免征房产税;但工程结束后,施工企业将这些临时性房屋交还或估价转让给基建单位的,应从基建单位接受的次月起,照章征税。

⑤纳税单位与免税单位共同使用的房屋,按各自使用的部分划分,分别征收或免征房产税。

⑥老年服务机构自用的房产暂免征收房产税。

⑦对高校学生公寓免征房产税。

⑧国家机关、军队、人民团体、财政补助事业单位、居民委员会、村民委员会拥有的体育场馆,用于体育活动的房产免征房产税。

⑨经费自理事业单位、体育社会团体、体育基金会、体育类民办非企业单位拥有并运营管理的体育场馆,同时符合下列条件的,其用于体育活动的房产免征房产税:

a.向社会开放,用于满足公众体育活动需要;

b.体育场馆取得的收入主要用于场馆的维护、管理和事业发展;

c.拥有体育场馆的体育社会团体、体育基金会及体育类民办非企业单位,除当年新设立或登记的以外,前一年度登记管理机关的检查结论为"合格"。

⑩企业拥有并运营管理的大型体育场馆,其用于体育活动的房产,减半征收房产税。

享受上述税收优惠体育场馆的运动场地用于体育活动的天数不得低于全年自然天数的70%。

五 房产税的征收管理

1.房产税纳税义务发生时间

(1)纳税人将原有房产用于生产经营,从生产经营当月起,缴纳房产税。

(2)纳税人将自行新建房屋用于生产经营,从建成之次月起,缴纳房产税。

(3)纳税人委托施工企业建设的房屋,从办理验收手续之次月起,缴纳房产税。纳税义务人在办理手续前,即已使用或出租、出借的,从当月起,缴纳房产税。

(4)纳税人购置新建的商品房,自房屋交付使用之次月起,缴纳房产税。

（5）纳税人购置存量房，自办理房屋权属转移、变更登记手续，从房地产权属登记机关签发权属证书之次月起，缴纳房产税。

（6）纳税人出租、出借房产，从交付出租、出借房产之次月起，缴纳房产税。

（7）房地产开发企业自用、出租、出借本企业建造的商品房，自房屋使用或交付使用之次月起，缴纳房产税。

2.房产税的纳税期限

房产税按年征收，分期缴纳。具体纳税期限由各省、自治区、直辖市人民政府确定。

3.房产税的纳税地点

房产税在房产所在地缴纳。房产不在同一地方的纳税人，应按房产的坐落地点，分别向房产所在地主管税务机关缴纳房产税。

知识链接

房产税"靴子"首落上海和重庆

房产税一直被认为是楼市调控的一大利器，是楼市调控未落下的那只"靴子"。2011年1月28日，经国务院授权后，重庆市、上海市同时宣布试点征收房产税，意味着我国房产税改革大幕正式开启，标志着房产税对调节财富分配将发挥更大的作用。

按照上海市的规定，房产税的征收对象为上海居民家庭新购第二套及以上住房和非上海居民家庭的新购住房。计算标准为减去人均60平方米后，按住房市场交易价格的70%缴纳房产税，适用税率分别为0.4%和0.6%两档。重庆市则规定，个人拥有的独栋商品住宅和新购价格达到一定标准的高档住房需缴纳房产税，适用税率分别为0.5%、1%和1.2%三档。征收的房产税主要用于保障房建设。

任务六 契税纳税实务

任务情境

李先生于2019年6月4日签订购房合同，房子单价6 000元/平方米，总价70万元。黄先生在2019年6月9日购买了个人的第一套房，面积为90平方米，合同日期为6月9日。他们不知道自己办理房产证时应该如何缴纳契税。

任务要求

你能帮李先生和黄先生完成契税的缴纳吗？

一、什么是契税

契税是以所有权发生转移变动的不动产为征税对象,向产权承受人征收的一种财产税。就是说,只要发生转移土地、房屋权属的行为,就要依据当事人所订的契约,按不动产价值的一定比例,向产权承受人征收一次性税收。

契税在我国历史悠久,最早起源于东晋的"估税"。新中国成立以后,废止了旧中国的契税。1950年4月政务院颁布了《契税暂行条例》,沿用了40多年。为适应我国房地产业政策实行的住房商品化、住房制度改革和土地所有权与使用权分离的新情况,建立稳定的房地产交易秩序,发挥税收的调节作用,增加财政收入,1997年7月7日,国务院重新颁布了《中华人民共和国契税暂行条例》(以下简称《契税暂行条例》),并于同年10月1日起开始实施。

二、契税的纳税人、征税范围和税率

(一)契税的纳税人

《契税暂行条例》的规定:凡在我国境内转移土地、房屋权属,承受的单位和个人为契税的纳税人。境内是指中华人民共和国实际税收行政管辖范围内。土地、房屋权属是指土地使用权和房屋所有权。承受是指以受让、购买、受赠、交换等方式取得土地、房屋权属的行为。单位是指企业单位、事业单位、国家机关、军事单位和社会团体以及其他组织。个人是指个体经营者及其他个人,包括中国公民和外籍人员。

(二)契税的征税范围

根据《契税暂行条例》的规定,契税的征税对象为境内转移的土地使用权和房屋权属。具体为:

(1)国有土地使用权出让,是指土地使用者向国家交付土地使用权出让费用,国家将国有土地使用权在一定年限内让予土地使用者的行为。

(2)土地使用权转让,是指土地使用者以出售、赠与、交换或者其他方式将土地使用权转移给其他单位和个人的行为(不包括农村集体土地承包经营权的转移)。

(3)房屋买卖,是指房屋所有者将其房屋出售,由承受者交付货币、实物、无形资产或者其他经济利益的行为,包括以房产抵债或实物交换房屋,以房产作投资或作股权转让,买房拆料或翻建新房,均应照章征税。

(4)房屋赠与,是指房屋所有者将其房屋无偿转让给受赠者的行为。房屋赠与缴纳契税的前提是产权无纠纷,赠与人和受赠人双方自愿。

(5)房屋交换,是指房屋所有者之间相互交换房屋的行为。房屋产权相互交换,双方交换价值相等,免交契税,办理免征契税手续。其价值不等的,按超出部分由支付差价方缴纳契税。

(三)契税的税率

由于我国经济发展不平衡,各地经济差别较大,所以契税实行3%～5%的幅度税率。契税的适用税率,由各省、自治区、直辖市人民政府在规定的幅度内按照本地区的实际情况确定,并报财政部和国家税务总局备案。

三 契税应纳税额的计算

(一)契税的计税依据

契税的计税依据为不动产的价格。土地、房屋权属转移方式不同,定价方法也不同,具体计税依据如下:

(1)土地使用权出售、房屋买卖的计税依据为成交价格,包括承受者应支付的货币、实物、无形资产或其他经济利益。

(2)土地使用权赠与、房屋赠与的计税依据,由征收机关参照土地使用权出售、房屋买卖的市场价格核定。

(3)土地使用权交换、房屋交换的计税依据为所交换的土地使用权、房屋的价格的差额。

(4)出让土地使用权的,其契税计税价格为承受人为取得该土地使用权而支付的全部经济利益。

(5)房屋买卖的契税计税价格为房屋买卖合同的总价款,买卖装修的房屋,装修费用应包括在内。

上述成交价格明显低于市场价格并且无正当理由的,或者所交换土地使用权、房屋的价格的差额明显不合理并且无正当理由的,由征收机关参照市场价格核定。

(二)契税应纳税额的计算

契税应纳税额,依照《契税暂行条例》规定的税率和计税依据计算征收。计算公式为

$$应纳税额 = 计税依据 \times 税率$$

【例 8-9】

居民王某有两套住房,将一套出售给居民李某,成交价为 100 万元;将另一套住房与居民张某住房交换,并支付差价款 4 万。试计算王某、李某、张某相关行为应缴纳的契税(假定税率为 5%)。

(1)王某应缴纳契税 = 40 000 × 5% = 2 000(元)

(2)李某应缴纳契税 = 1 000 000 × 5% = 50 000(元)

(3)张某不缴纳契税。

【例 8-10】

王某与陈某签订房屋买卖合同,双方约定,王某将 100 平方米的住房和 15 平方米的门市房以 26 万元的价格转让给陈某,经地税局人员认定住宅单价为每平方米 2 000 元,门市房单价为每平方米 4 000 元,该地门市房适用的契税税率为 4%,该住宅适用的契税税率为 1.5%,陈某应缴纳的契税为多少元?

应纳税额 = 100 × 2 000 × 1.5% + 15 × 4 000 × 4% = 5 400(元)

四 契税的税收优惠

(一)契税税收优惠的一般规定

根据《契税暂行条例》的规定,契税的减税、免税具体包括:

(1)国家机关、事业单位、社会团体、军事单位承受土地、房屋用于办公、教学、医疗、科研和军事设施的,免征契税。用于办公的是指办公室(楼)以及其他直接用于办公的土地、房屋。用于教学的是指教室(教学楼)以及其他直接用于教学的土地、房屋。用于医疗的是指门诊部以及其他直接用于医疗的土地、房屋。用于科研的是指科学试验的场所以及其他直接用于科研的土地、房屋。用于军事设施的是指:

①地上和地下的军事指挥作战工程。

②军用的机场、港口、码头。

③军用的库房、营区、训练场、试验场。

④军用的通信、导航、观测台站。

⑤其他直接用于军事设施的土地、房屋。

本条所称其他直接用于办公、教学、医疗、科研的以及其他直接用于军事设施的土地、房屋的具体范围,由各省、自治区、直辖市人民政府确定。

对事业单位承受土地、房屋免征契税应同时符合两个条件:一是纳税义务人必须是按《事业单位财务规则》进行财务核算的事业单位;二是所承受的土地、房屋必须用于办公、教学、医疗、科研项目。凡不符合上述两个条件的,一律照章征收契税。

(2)城镇职工按规定第一次购买公有住房,免征契税。此项规定仅限于第一次,并且经县以上人民政府批准在国家规定标准面积以内购买的公有住房。

(3)因不可抗力灭失住房而重新购买住房的,酌情减免。不可抗力是指自然灾害、战争等不能预见、不可避免,且不能克服的客观情况。

(4)土地、房屋被县级以上人民政府征用、占用后,重新承受土地、房屋权属的,由省级人民政府确定是否减免。

(5)承受荒山、荒沟、荒丘、荒滩土地使用权,并用于农、林、牧、渔业生产的,免征契税。

(6)经外交部确认,依照我国有关法律规定以及我国缔结或参加的双边和多边条约或协定,应当予以免税的外国驻华使馆、领事馆、联合国驻华机构及其外交代表、领事官员和其他外交人员承受土地、房屋权属,免征契税。

(7)对国有控股公司以部分资产投资组建新公司,且该国有控股公司占新公司股份85%以上的,对新公司承受该国有控股公司的土地、房屋权属免征契税。

(二)税收优惠的特殊规定

(1)对个人购买家庭唯一住房(家庭成员范围包括购房人、配偶以及未成年子女,下同),面积为90平方米及以下的,减按1%的税率征收契税;面积为90平方米以上的,减按1.5%的税率征收契税。对个人购买家庭第二套改善性住房,面积为90平方米及以下的,减按1%的税率征收契税;面积为90平方米以上的,减按2%的税率征收契税。

(2)在婚姻关系存续期间,房屋、土地权属原归夫妻一方所有,变更为夫妻双方共有或另一方所有的,或者房屋、土地权属归夫妻双方共有,变更为其中一方所有的,或者房屋、土地权属原归夫妻双方共有,双方约定、变更共有份额的,免征契税。

五 契税的征收管理

(一)纳税义务发生的时间

纳税人签订土地、房屋权属转移合同的当天,或者取得其他具有土地、房屋权属转移合同性质凭证的当天为纳税义务发生时间。具有土地、房屋权属转移合同性质凭证,是指具有合同效力的契约、协议、合同、单据、确认书以及由省、自治区、直辖市人民政府确定的其他凭证。

(二)纳税期限

纳税人应当自纳税义务发生之日起10日内,向土地、房屋所在地的契税征收机关办理纳税申报,并在契税征收机关核定的期限内缴纳税款,索取完税凭证。

纳税人出具契税完税凭证,土地管理部门、房地产管理部门才能给予办理变更登记手续。

(三)征收地点

契税在土地、房屋所在地的征收机关缴纳。

(四)征收机关

契税征收机关为土地、房产所在地的财政机关或者地方税务机关。具体征收机关由省、自治区、直辖市人民政府确定。土地管理部门、房地产管理部门应当向契税征收机关提供有关资料,并协助征收机关依法征收契税。国家税务总局决定,各级征收机关要在2004年12月31日前停止代征委托,直接征收契税。

六 业务分析

房产税和契税申报与缴纳

房产税按月缴纳的,申报纳税期限为月份终了后10日内;按季或半年缴纳的,申报纳税期限为季度或半年终了后15日内;契税纳税人应在转让房地产合同签订后的10日内,向房地产所在地主管税务机关办理纳税申报。办理电子申报的纳税人登录当地方税务局电子申报系统办理申报纳税;未办理电子申报的纳税人到主管地方税务机关办理申报纳税。如实填写《房产税纳税申报表》和《契税纳税申报表》。

(一)纳税申报资料

1.《房产税纳税申报表》《契税纳税申报表》。

2.附报资料。

房产税附报资料通常包括房地产证明及评估资料、固定资产账以及主管税务机关要求报送的其他资料;契税附报资料通常要向税务机关提交房屋及建筑物产权、土地使用权证书,土地转让、房屋买卖合同、房地产评估报告及其他与转让房地产有关的资料,以及主管税务机关要求报送的其他资料。

(二)纳税申报表样式

《房产税纳税申报表》适用于房产税纳税人填报。一式两份,一份纳税人留存,一份税务机关留存。

《房产税纳税申报表》适用于中国境内房产税纳税人填报。

$$\text{从价计征房产税的本期应纳税额} = (\text{房产原值} - \text{出租房产原值}) \times \text{计税比例} \times \text{税率} \div 12 \times \text{计税月份数}$$

$$\text{从价计征房产税的本期应补(退)税额} = \text{本期应纳税额} - \text{本期减免税额} - \text{本期已缴税额}$$

$$\text{从租计征房产税的本期应纳税额} = \text{本期应税租金收入} \times \text{适用税率}$$

$$\text{从租计征房产税的本期应补(退)税额} = \text{本期应纳税额} - \text{本期已缴税额}$$

《契税纳税申报表》适用于在中国境内承受土地、房屋权属的单位和个人。纳税人应当在签订土地、房屋权属转移合同或者取得其他具有土地、房屋权属转移合同性质凭证后10日内,向土地、房屋所在地契税征收机关填报《契税纳税申报表》,申报纳税。

(1)纳税人识别号:是税务机关为纳税人确定的识别号,即税务登记证号码。承受方、转让方是单位的,填写税务登记号;没有税务登记号的,填写组织机构代码。承受方、转让方是个人的,填写本人有效身份证件号。

(2)承受方及转让方名称:承受方、转让方是党政机关、企事业单位的,应按照国家人事、民政部门批准设立或者工商部门注册登记的全称填写;承受方、转让方是自然人的,应按照本人有效身份证件上标注的姓名填写。

(3)登记注册类型:承受方、转让方是企业的填写此栏。根据国家统计局《关于划分企业登记注册类型的规定》填写。

(4)所属行业:承受方、转让方是党政机关、企事业单位的填写此栏。根据《国民经济行业分类》(GB/T4754－2011)填写。

(5)联系人:填写单位法定代表人或纳税人本人姓名;联系方式:填写常用联系电话及通讯地址。

(6)合同签订时间:指承受方与转让方签订土地、房屋转移合同的当日,或者承受方取得其他具有土地、房屋转移合同性质凭证的当日。

(7)土地、房屋坐落地址:土地使用权转移,应填写土地坐落地址及地号;房屋权属转移,应同时填写土地坐落地址(含地号)和房屋坐落地址。

(8)权属转移对象:分土地、房屋两类一级指标;房屋下的二级指标设增量房和存量房;增量房和存量房下的三级指标均设普通商品住房、非普通商品住房、保障性住房、其他住房和非住房。

(9)权属转移方式:房产按"1.房屋买卖、2.房屋赠与、3.房屋交换、4.房屋作价入股、5.其他"填写;土地按"1.国有土地使用权出让、2.土地使用权出售、3.土地使用权赠与、4.土地使用权交换、5.土地使用权作价入股、6.其他"填写。

(10)用途:土地按"1.居住用地、2.商业用地、3.工业用地、4.综合用地、5.其他用地"填写;住房按"居住"填写;非住房按"1.居住、2.商业、3.办公、4.商住、5.附属建筑、6.工业、7.其他"填写。

(11)权属转移面积:按土地、房屋权属转移合同确定的面积填写。

(12)成交价格:按土地、房屋权属转移合同确定的价格(包括承受者应交付的货币、实物、无形资产或者其他经济利益,折算成人民币金额)填写。拆迁安置(包括房屋交换)的计税价格,以实际支付的金额填写。成交单价:单位面积的成交价格。

(13)税率:3%～5%,根据各省市确定的适用税率填写。90平方米及以下家庭唯一普通住房税率为1%,90平方米以上家庭唯一普通住房减半征收;其他按适用税率执行。

(14)住房:按国家规划部门规划的房产用途或房产证上标注的房产用途填写,商住房等混合用途房产不列为住房。

(15)普通住房:指符合各地按照《建设部 发展改革委 财政部 国土资源部 人民银行 税务总局 银监会关于做好稳定住房价格工作的意见》(国办发〔2005〕26号)规定制定的

本地普通住房标准的住房。

(16)评估价格,是指依据一定的评估方法对房地产所做的客观合理估价。按照"存量房交易计税价格评估系统"评估的价格或评估机构出具的评估价格填写。

(17)计税价格,是指由征收机关按照《中华人民共和国契税暂行条例》第四条"成交价格明显低于市场价格并且无正当理由的,由征收机关参照市场价格核定"的规定确定的成交价格、差价或者核定价格。

(18)减免性质代码:按国家税务总局最新制发的《减免性质及分类表》中的最细项代码填写。

(19)计征税额＝计税价格×适用税率,实际应纳税额＝计征税额－减免税额。
(见案例中填好的《房产税纳税申报表》和《契税纳税申报表》)

(三)房产税和契税纳税申报案例

兴顺公司为一家国有企业,是增值税一般纳税人,基本资料如下:

营业地址:石家庄市高新区湘江路49号;统一社会信用代码:452092580796468000;代码:96468;法定代表人:李立军;单位电话:5535968;开户银行:工行岭关支行;账号:2244668-4;会计主管:安丽红;出纳:赵瑞。

该公司2018年拥有两栋房产,一栋用于本企业生产经营,其房产的原值为1 200万元;另一栋出租给一家商店,该栋楼的房产原值为1 100万元,2018年共收取租金150万元。2018年1月28日与房天房地产开发有限责任公司(房地产开发企业)签订了"双包代建"合同。合同中约定,由开发商办理建设项目规划许可证、准建证、土地使用证、房屋质量鉴定书等手续,且一切费用由开发商负担,最后由开发商协助办理房屋所有权证;2018年12月28日兴顺公司拿到产权证后按地价与房价之和向开发商一次性付款,共计400万元(每平方米5 000元,认定为门市房)。当地规定门市房契税税率为1.5%,请计算该公司2018年全年应缴纳的房产税和契税税额(河北省房产税的扣除率为30%,实行按年征收,每半年缴纳一次。上半年三月份征收,下半年九月份征收。每次征期为一个月)。该公司于2018年3月8日进行上半年房产税纳税申报,于2019年1月5日进行了契税纳税申报。

请根据上述资料填写房产税纳税申报表。

(四)房产税和契税纳税申报案例分析

全年从价计征的房产税税额＝1 200×(1－30%)×1.2%＝10.08(万元)

全年从租计征的房产税税额＝150×12%＝18(万元)

全年应纳房产税税额＝10.08＋18＝28.08(万元)

河北省房产税实行按年征收,每半年缴纳一次。上半年三月份征收,下半年九月份征收。每次征期为一个月。

上半年应纳房产税税额＝28.08÷2＝14.04(万元)

应纳契税税额＝400×1.5%＝6(万元)

将以上申报案例分析的资料填入《房产税(城市房地产税)纳税申报表》(表8-9)和《契税纳税申报表》(表8-10)。

表 8-9

房产税纳税申报表

税款所属期：自 2018 年 1 月 1 日至 2018 年 6 月 30 日

纳税人识别号（统一社会信用代码）：4 5 0 2 9 2 5 8 0 7 9 6 4 6 8 0 0 0

纳税人名称：兴顺公司

小规模纳税人减征政策（减免性质代码：08049901）

本期是否适用增值税小规模纳税人减征政策　□是　☑否

本期适用增值税小规模纳税人减征政策起始时间　　年　月

本期适用增值税小规模纳税人减征政策终止时间　　年　月

金额单位：元（列至角分）；面积单位：平方米

一、从价计征房产税

房产编号	房产原值	其中：出租房产原值	计税比例	税率	所属期起	所属期止	本期应纳税额	本期减免税额	本期增值税小规模纳税人减征额	减征比例(%)	本期已缴税额	本期应补（退）税额
1	12 000 000	*	70%	1.2%	2018年1月	2018年6月	50 400					50 400
2	*											
3	*											
4	*											
5	*											
6	*											
7	*											
8	*											
9	*											
10	*											
合计		*	*	*			50 400					50 400

二、从租计征房产税

	本期申报租金收入	税率	本期应纳税额	本期减免税额	本期增值税小规模纳税人减征额	本期已缴税额	本期应补（退）税额
1	750 000	12%	90 000				90 000
2							
3							
合计		*	90 000				90 000

谨声明：本纳税申报表是根据国家税收法律法规及相关规定填报的，是真实的、可靠的、完整的。

纳税人（签章）：　　　　　　　　　　　　　　　　　　　　年　月　日

经办人：
经办人身份证号：
代理机构签章：
代理机构统一社会信用代码：

受理人：
受理税务机关（章）：
受理日期：　　年　月　日

契税纳税申报表

表 8-10

填表日期：2019 年 1 月 5 日　　　　　　　　　　　　　　　　　　　金额单位：元（列至角分）；面积单位：平方米

纳税人识别号：4 5 0 2 9 2 5 8 0 7 9 6 4 6 8 0 0 0

承受方信息	名　称	兴顺公司			□单位　□个人
	登记注册类型		所属行业		
	身份证照类型		联系人		联系方式
转让方信息	名　称	房天房地产开发有限责任公司			□单位　□个人
	纳税人识别号		登记注册类型		所属行业
	身份证照类型		身份证照号码		联系人
	合同签订日期		土地房屋坐落地址		联系方式
土地房屋权属转移信息	权属转移方式	设立下拉列框	用途	设立下拉列框	权属转移对象　家庭唯一普通住房 设立下拉列框 * □90 平方米以上 □90 平方米及以下
	权属转移面积	800	成交价格	4 000 000	成交单价　5 000
	评估价格		计税价格	4 000 000	税率　1.5%
税款征收信息	计征税额	60 000	减免税额		应纳税额　60 000

以下由纳税人填写：

纳税人声明	此纳税申报表是根据《中华人民共和国契税暂行条例》和国家有关税收规定填报的，是真实的、可靠的、完整的。
纳税人签章	代理人签章　　　　　　　　　　　代理人身份证号

以下由税务机关填写：

受理人	受理日期　　年　月　日	受理税务机关签章

本表一式两份，一份纳税人留存，一份税务机关留存。

任务七　车船税纳税实务

任务情境

江苏省南京市的赵先生今年已经四十多岁了,他的儿子小赵今年特意买了一辆雪佛兰来孝敬辛苦一生的父亲,索性一下子把车险和车船税都交齐了,之后把手续给了赵先生,并嘱咐他每年按时缴纳车险和车船税,赵先生突然问道:"车船税?车船税是什么意思啊?开车还要交税?"这个问题可问懵了小赵。

任务要求

请你以税收管理员的身份解答老赵提出的问题。

一　什么是车船税

车船税是对在中华人民共和国境内属于《中华人民共和国车船税法》中《车船税税目税额表》所规定的的车辆、船舶(以下简称车船)的所有人或者管理人征收的一种税。我国对车船征税始于20世纪40年代,其目的是促使纳税人提高车船使用效率,督促纳税人合理利用车船;通过税收手段开辟财源、集中财力,缓解发展交通运输事业资金短缺的矛盾,以此加强对车船的管理。

车船税现行的主要法律依据是国务院颁布并于2007年1月1日起实施的《中华人民共和国车船税暂行条例》。2011年2月25日,第十一届全国人大常委会第十九次会议通过了《中华人民共和国车船税法》(以下简称《车船税法》),自2012年1月1日起施行。作为我国首部由暂行条例上升为法律的税法和第一部地方税法、财产税法,《车船税法》的颁布体现了税收法定原则,意味着我国地方税体系逐步得到健全和完善。

二　车船税的纳税人、征税范围和税率

(一)车船税的纳税人

车船税的纳税人是指在我国境内车船的所有者或管理者。

(二)车船税的征税范围

车船税的征税范围是指依法应当在我国车船管理部门登记的车船(除免税的车船外),包括应税车辆和应税船舶。

(1)车辆为机动车,即依靠燃油、电力等能源作为动力运行的车辆,包括乘用车、商用客车、商用货车、挂车、无轨电车、摩托车、专项作业车等。

(2)船舶为机动船舶、非机动船舶和游艇。

机动船舶是指依靠燃料等能源作为动力运行的船舶,包括客轮、货船、气垫船、拖船等;非机动驳船是指依靠其他力量运行的驳船。

境内单位和个人租入外国籍船舶的,不征收车船税。境内单位和个人将船舶出租到

境外的,应依法征收车船税。

纯电动、燃料电池乘用车不属于车船税征收范围。

在机场、港口以及其他企业内部场所行使或者作业的车船,应当缴纳车船税。

(三)车船税的税率

车船税实行定额税率,即对应税车船规定单位固定税额。车船税的单位税额,采取幅度税额,各省、自治区、直辖市人民政府可在国家规定的幅度范围(见表 8-11)内,结合本地区的实际情况,规定本地区的单位税额。

表 8-11　　　　　　　　　　车船税税目税额表

税目		计税单位	年基准税额	备注
1.乘用车[按发动机汽缸容量(排气量)分档]	1.0 升(含)以下的	每辆	60 元至 360 元	核定载客人数 9 人(含)以下
	1.0 升以上至 1.6 升(含)的		300 元至 540 元	
	1.6 升以上至 2.0 升(含)的		360 元至 660 元	
	2.0 升以上至 2.5 升(含)的		660 元至 1 200 元	
	2.5 升以上至 3.0 升(含)的		1 200 元至 2 400 元	
	3.0 升以上至 4.0 升(含)的		2 400 元至 3 600 元	
	4.0 升以上的		3 600 元至 5 400 元	
2.商用车客车		每辆	480 元至 1 440 元	核定载客人数 9 人以上,包括电车
3.商用车货车		整备质量每吨	16 元至 120 元	包括半挂牵引车、三轮汽车和低速载货汽车等
4.挂车		整备质量每吨	按照货车税额 50%计算	
5.其他车辆专用作业车		整备质量每吨	16 元至 120 元	不包括拖拉机
6.其他车辆轮式专用机械车		整备质量每吨	16 元至 120 元	不包括拖拉机
7.摩托车		每辆	36 元至 180 元	
8.机动船舶	净吨位≤200 吨	净吨位每吨	3 元	拖船、非机动驳船分别按照机动船税额的 50%计算。拖船按照发动机功率每 1 千瓦折合净吨位 0.67 吨计算
	200 吨<净吨位≤2 000 吨		4 元	
	2 000 吨<净吨位≤10 000 吨		5 元	
	净吨位>10 000 吨		6 元	
9.游艇	艇身长度≤10 米	艇身长度每米	600 元	辅助动力帆艇每米 600 元
	10 米<艇身长度≤18 米		900 元	
	18 米<艇身长度≤30 米		1 300 元	
	艇身长度>30 米		2 000 元	

对于车船税额的确定,还要注意以下规定:

(1)车辆整备质量尾数不超过 0.5 吨的,按照 0.5 吨计算;超过 0.5 吨的,按照 1 吨计算。整备质量不超过 1 吨的车辆,按照 1 吨计算。船舶净吨位尾数不超过 0.5 吨的,不予计算;超过 0.5 吨的,按照 1 吨计算。净吨位不超过 1 吨的船舶,按照 1 吨计算。

(2)拖船按照发动机功率每 2 马力折合净吨位 1 吨计算征收车船税。

(3)挂车整备质量每吨按照货车税额的 50%计算。

三 车船税应纳税额的计算

(一)计税依据

1.纳税人在购买机动车交通事故强制保险时,应当向扣缴义务人提供地方税务机关出具的本年度车船税的完税凭证或者减免税证明。不能提供相应凭证或证明的,应当在购买保险时按照当地税务机关核定的车船税税额标准计算缴纳车船税。

2.车船税计税依据涉及的载客人数、排气量、整备质量、净吨位、马力等计税标准,以车船管理部门核发的车船登记证书或者行驶证书相应项目所载数额为准;纳税人未按照规定到车船管理部门办理登记手续的,计税标准以车船出厂时的合格证书或进口时的相应凭证所载数额为准;不能提供出厂时的证明或进口凭证的,由主管税务机关根据车船自身的状况并参照同类车船核定。

3.车船税按其征税对象的性质,计税标准分别为辆、整备质量每吨、净吨位、米。

(1)按"辆"征收,主要适用于乘用车、商用车客车、摩托车。

(2)按"整备质量每吨"征收,主要适用于货车、挂车、专用作业车、轮式专用机械车。

(3)按"净吨位"征收,主要适用于机动船舶。

(4)按"长度"征收,主要适用于游艇。

(二)应纳税额的计算

车船税实行从量定额征税方法,计算公式为

$$应纳税额=计税依据\times 适用税率$$

新车船购置当年的应纳税额自发生纳税义务的当月起按月计算。计算公式为

$$应纳税额=年应纳税额\div 12\times 应纳税月数$$

【例8-11】

某海运公司拥有船舶2艘,净吨位分别为200.5吨、180.7吨,另有100马力的拖船5艘。已知:净吨位小于或者等于200吨的,每吨3元;净吨位为201吨至2 000吨的,每吨4元。请计算该公司每年应纳的车船税税额。

该公司每年应纳车船税税额=200×3+181×3+100÷2×3×50‰×5
=1 518(元)

四 车船税的税收优惠

(一)法定减免

1.非机动车(不包括非机动驳船)是指以人力或者畜力驱动的车辆,以及符合国家有关标准的残疾人机动轮椅车、电动自行车等车辆。非机动船是指自身没有动力装置,依靠外力驱动的船舶。

2.拖拉机。

3.捕捞、养殖渔船。

4.军队、武警专用车船。

5.警用车船。
6.对节约能源、使用新能源的车船可以减征或免征车船税。
7.外国驻华使领馆、国际组织驻华机构按照规定享有豁免权的车船。
8.对受严重自然灾害影响纳税困难以及有其他特殊原因确需减、免税的,可以减征或免征车船税。

(二)特定减免

1.对尚未在车辆管理部门办理登记,属于应减免税的新购置车辆,可向税务机关申请、审批取得减免税证明。在办理车辆交通事故强制保险时已缴纳车船税的新购置车辆,在办理车辆登记手续后可向税务机关提出减免税申请,经审批符合减免税条件的应退还纳税人多缴的税款。

2.省、自治区、直辖市人民政府可根据当地实际情况,对城市、农村公共交通车船给以定期减税、免税。

3.对节约能源车船,减半征收车船税。

4.对使用新能源车船,免征车船税。

五 车船税的征收管理

(一)纳税地点

车船税由地方税务机关负责征收,纳税地点由省、自治区、直辖市人民政府根据当地实际情况确定。跨省、自治区、直辖市使用的车船,纳税地点为车船的登记地。保险机构应当在收取机动车第三者责任强制保险费时依法代收车船税,并将注明已收税款信息的机动车第三者责任强制保险单及保费发票作为代收税款凭证。纳税人在购买机动车交通事故责任强制保险时缴纳车船税的,不再向地方税务机关申报纳税。

(二)纳税义务发生时间

车船税的纳税义务发生时间为取得车船所有权或者管理权的当月。纳税人未按规定到车船管理部门办理应税车船登记手续的,以车船购置发票开具时间所在的当月作为车船税纳税义务发生时间。对未办理应税车船登记手续且无法提供车船购置发票的,由主管地方税务机关核定纳税义务发生时间。

(三)纳税期限

车船税按年申报缴纳。纳税人具体申报纳税期限由省、自治区、直辖市人民政府确定。由扣缴义务人代收代缴机动车船税的,纳税人应当在购买机动车交通事故责任强制保险的同时缴纳车船税。纳税人在购买机动车交通事故责任强制保险时缴纳车船税的,不再向地方税务机关申报纳税。

知识链接

整备质量的含义

"整备质量",即俗称的"空车重量"。所谓汽车的整备质量是指汽车按出厂技术条件装备完整(如备胎、工具等安装齐备)及各种油水添满后的重量。这是汽车的一个重要设计指标,它与汽车的设计水平、制造水平以及工业化水平密切相关。

同等车型条件下,谁的设计方法优化,生产水平优越,工业化水平高,谁的整备质量就会下降。

六 车船税的纳税申报

申报流程:不需投保"交强险"的机动车和船舶的车船税到主管地税务机关申报缴纳;投保"交强险"机动车由保险机构在销售"交强险"时代收代缴。

申报时限:不需投保"交强险"的机动车和船舶的车船税,在会计年度内到主管地税务机关申报缴纳;投保"交强险"机动车由保险机构在销售"交强险"时代收代缴车船税,纳税期限为购买"交强险"的当日。

(一)车船税纳税申报资料

纳税人在办理交强险时应向车船税扣缴义务人提供以下资料:

(1)含有纳税人信息和机动车辆信息的投保单。

(2)机动车行驶证原件及复印件。

(3)办理税务登记证的单位应提供税务登记证副本及复印件。

(4)新购置机动车尚未登记的,提供机动车购置发票复印件、出厂合格证明或进口凭证。

(5)前次车辆完税证明资料。

(6)已完税的机动车,提供纳税人主管地税务机关出具的完税凭证及车船税纳税申报表附表原件和复印件,免税的机动车提供纳税人主管地税务机关出具的车船税免税证明和复印件。

(二)车船税纳税申报表样式

车船税纳税申报表样式见案例中填好的《车船税纳税申报表》(表8-12)。

(三)车船税纳税申报案例

兴联公司是一家运输公司,基本资料如下:

营业地址:银海市岭南区金桥路50号;统一社会信用代码:450292580796465000;代码:96465;法定代表人:李立善;单位电话:5535955;开户银行:工行岭南关支行;账号:2244558-4;会计主管:安丽莹;出纳:赵健。

2019年初该公司拥有载货汽车(整备质量每辆4吨)51辆,2019年3月10日新购入小型载客汽车4辆(每辆核定载客人数40人)。请计算该公司2019年全年应缴纳的车船税税额(该公司所在省规定载货汽车年纳税额,整备质量每吨60元;载客汽车年纳税额,每辆480元)。

(四)车船税纳税申报案例分析

机动车的所有人或者管理人在进行车险的投保时,同时缴纳车船税,由保险公司代缴,期限一年。

应纳车船税税额=51×4×60+4×480=14 160(元)

(五)《车船税纳税申报表》(表8-12)。

表 8-12

车船税纳税申报表

税款所属期限：自 2019 年 1 月 1 日至 2019 年 12 月 31 日　　填表日期：2019 年 3 月 15 日　　金额单位：元（列至角分）

纳税人识别号：| 4 | 5 | 0 | 2 | 9 | 2 | 5 | 8 | 0 | 7 | 9 | 6 | 4 | 6 | 5 | 0 | 0 | 0 |

纳税人名称	兴联公司				纳税人身份证照类型				
纳税人身份证号码									
联系人	赵健				居住（单位）地址	银海市岭南区金桥路 50 号			
					联系方式	5535955			

序号	(车辆)号牌号码/(船舶)登记号码	车船识别代码（车架号/船舶识别号）	征收品目	计税单位	计税单位的数量	单位税额	年应缴税额	本年减免税额	减免性质代码	减免税证明号	当年应缴税额	本年已缴税额	本期年应补(退)税额
	1	2	3	4	5	6	7=5*6	8	9	10	11=7-8	12	13=11-12
1			商用车货车	吨	204	60	12 240				12 240		12 240
2			商用车客车	辆	4	480	1 920				1 920		1 920
合计			—	—	55	—	14 160		—	—	14 160		14 160

申报车辆总数（辆）：　　　申报船舶总数（艘）：

以下由申报人填写

纳税人声明	此纳税申报表是根据《中华人民共和国车船税法》和国家有关税收规定填报的，是真实的、可靠的、完整的。		
纳税人签章		代理人签章	

以下由税务机关填写

受理人		受理日期		代理人身份证号	
				受理税务机关（签章）	

本表一式两份，一份纳税人留存，一份税务机关留存。

任务八　车辆购置税纳税实务

任务情境

张小姐于2019年7月购置了一辆大众朗逸小轿车自用。支付了购车款120 000元（含增值税），购买专用工具支付了2 000元，车辆装饰费8 000元，各项价款由汽车专营店统一开具了"机动车销售统一发票"，合计金额130 000元。

任务要求

1. 张小姐应该缴纳的车辆购置税是多少？
2. 发票的开具对张小姐有利吗？为什么？

一、什么是车辆购置税

车辆购置税是对在中华人民共和国境内购置汽车、有轨电车、汽车挂车、排气量超过一百五十毫升的摩托车（以下统称应税车辆）的单位和个人征收的一种税。2018年12月29日，中华人民共和国第十三届全国人民代表大会常务委员会第七次会议通过了《中华人民共和国车辆购置税法》（以下简称《车辆购置税法》），从2019年7月1日起施行。

二、车辆购置税的纳税人、征税范围和税率

（一）车辆购置税的纳税人

根据《车辆购置税法》规定，在我国境内购置应税车辆的单位和个人，为车辆购置税的纳税人。所称购置，包括购买、进口、自产、受赠、获奖或者以其他方式取得并自用应税车辆的行为。

（二）车辆购置税的征税范围

车辆购置税以列举的车辆为征税对象，征收范围包括汽车、有轨电车、汽车挂车、排气量超过一百五十毫升的摩托车。

地铁、轻轨等城市轨道交通车辆，装载机、平地机、挖掘机、推土机等轮式专用机械车，以及起重机（吊车）、叉车、电动摩托车，不属于应税车辆。

（三）车辆购置税的税率

车辆购置税的税率为10%。

三、车辆购置税应纳税额的计算

（一）车辆购置税的计税依据

车辆购置税的应纳税额按照应税车辆的计税价格乘以税率计算。

1.纳税人购买自用的应税车辆的计税价格,为纳税人实际支付给销售者的全部价款,不包括增值税税款。

2.纳税人进口自用的应税车辆的计税价格,为关税完税价格加上关税和消费税。

3.纳税人自产自用的应税车辆的计税价格,按照纳税人生产的同类应税车辆的销售价格确定,不包括增值税税款。

4.纳税人以受赠、获奖或者其他方式取得自用的应税车辆的计税价格,按照购置应税车辆时相关凭证载明的价格确定,不包括增值税税款。

(二)车辆购置税应纳税额的计算

车辆购置税实行从价定率的办法计算应纳税额。其计算公式为

$$应纳税额=计税价格×税率$$

1.购买自用应税车辆应纳税额的计算

纳税人购买自用应税车辆实际支付给销售者的全部价款,依据纳税人购买应税车辆时相关凭证载明的价格确定,不包括增值税税款。

【例8-12】

刘某2019年7月从某汽车厂购买小汽车供自己使用,支付了含增值税价款在内的款项226 000元,另支付临时牌照费500元、代收保险费1 000元,支付购买工具和零配件价款3 000元、车辆装饰费1 350元。计算刘某应纳车辆购置税额。

计税价格=(226 000÷(1+13%))=200 000(元)
应纳税额=200 000×10%=20 000(元)

2.进口自用应税车辆应纳税额的计算

纳税人进口自用应税车辆,是指纳税人直接从境外进口或者委托代理进口自用的应税车辆,不包括在境内购买的进口车辆。

$$应纳税额=(关税完税价格+关税+消费税)×税率$$

3.其他自用车辆应纳税额的计算

纳税人自产自用应税车辆的计税价格,按照同类应税车辆(即车辆配置序列号相同的车辆)的销售价格确定,不包括增值税税款;没有同类应税车辆销售价格的,按照组成计税价格确定。组成计税价格计算公式如下:

$$组成计税价格=成本×(1+成本利润率)$$

属于应征消费税的应税车辆,其组成计税价格中应加计消费税税额。

上述公式中的成本利润率,由国家税务总局各省、自治区、直辖市和计划单列市税务局确定。

4.特殊情形下应税车辆应纳税额的计算

(1)已经办理免税、减税手续的车辆因转让、改变用途等原因不再属于免税、减税范

围的,纳税人、纳税义务发生时间、应纳税额按以下规定执行:
发生转让行为的,受让人为车辆购置税纳税人;未发生转让行为的,车辆所有人为车辆购置税纳税人。纳税义务发生时间为车辆转让或者改变用途等情形发生之日。

应纳税额计算公式如下:

$$应纳税额 = 初次办理纳税申报时确定的计税价格 \times (1 - 使用年限 \times 10\%) \times 10\% - 已纳税额$$

应纳税额不得为负数。

(2)已征车辆购置税的车辆退回车辆生产或销售企业,纳税人申请退还车辆购置税的,应退税额计算公式如下:

$$应退税额 = 已纳税额 \times (1 - 使用年限 \times 10\%)$$

应退税额不得为负数。

使用年限的计算方法是,自纳税人缴纳税款之日起,至申请退税之日止。

四、车辆购置税的税收优惠

1. 依照法律规定应当予以免税的外国驻华使馆、领事馆和国际组织驻华机构及其有关人员自用的车辆。
2. 中国人民解放军和中国人民武装警察部队列入装备订货计划的车辆。
3. 悬挂应急救援专用号牌的国家综合性消防救援车辆。
4. 设有固定装置的非运输专用作业车辆。
5. 城市公交企业购置的公共汽电车辆。
6. 根据国民经济和社会发展的需要,国务院可以规定减征或者其他免征车辆购置税的情形,报全国人民代表大会常务委员会备案。

五、车辆购置税的征收管理

(一)纳税申报

车辆购置税实行一车一申报制度。纳税人办理纳税申报时应如实填写《车辆购置税纳税申报表》。

(二)纳税义务发生时间

1. 购买自用应税车辆的纳税义务发生时间为购买之日,即车辆相关价格凭证的开具日期。
2. 进口自用应税车辆的纳税义务发生时间为进口之日,即《海关进口增值税专用缴款书》或者其他有效凭证的开具日期。
3. 自产、受赠、获奖或者以其他方式取得并自用应税车辆的纳税义务发生时间为取得之日,即合同、法律文书或者其他有效凭证的生效或者开具日期。

(三)纳税地点

纳税人应到下列地点办理车辆购置税纳税申报:(1)需要办理车辆登记的,向车辆登记地的主管税务机关申报纳税;(2)不需要办理车辆登记的,单位纳税人向其机构所在地的主管税务机关申报纳税,个人纳税人向其户籍所在地或者经常居住地的主管税务机关申报纳税。

(四)纳税期限

纳税人应当自纳税义发生之日起60日内申报缴纳车辆购置税。

任务九　印花税纳税实务

任务情境

2019年6月,税务稽查人员对某公司2018年下半年的印花税缴纳情况进行检查。通过与公司的座谈会,实地检查各类印花税凭证,了解到该公司购销环节均不订立书面合同,因此从未申报缴纳印花税。财会人员很困惑:没有签订合同也要按规定贴花吗?

任务要求

请你以税务稽查人员的身份为该公司的财会人员讲解印花税的有关规定。

知识链接

印花税的起源

公元1624年,荷兰政府发生经济危机,财政困难。当时执掌政权的统治者为了解决财政上的需要,拟提出要用增加税收的办法来解决支出的困难,但又怕人民反对,便要求政府的大臣们出谋献策。众大臣议来议去,就是想不出两全其美的妙法来。于是,荷兰的统治阶级就采用公开招标办法,以重赏来寻求新税设计方案,谋求敛财之妙策。印花税,就是从千万个应征者设计的方案中精选出来的"杰作"。可见,印花税的产生较之其他税种,更具有传奇色彩。

印花税的设计者可谓独具匠心。他观察到人们在日常生活中使用契约、借贷凭证之类的单据很多,所以,一旦征税,税源将很大;而且,人们还有一个心理,认为凭证单据上由政府盖个印,就成为合法凭证,在诉讼时可以有法律保障,因而对于缴纳印花税也乐于接受。正是这样,印花税被资产阶级经济学家誉为税负轻微、税源畅旺、手续简便、成本低廉的"良税"。英国的哥尔柏(Kolebe)说过:"税收这种技术,就是拔最多的鹅毛,听最少的鹅叫"。印花税就是具有"听最少鹅叫"的税种。

一 什么是印花税

印花税是对经济活动和经济交往中书立、使用、领受具有法律效力的应税凭证的单位和个人征收的一种行为税。凡发生书立、使用、领受应税凭证行为,就必须依照印花税法的有关规定履行纳税义务。印花税具有下列特点:

1.征税范围广泛

凡税法列举的合同或具有合同性质的凭证、产权转移书据、营业账簿及权利、许可证照等,都必须依法纳税。印花税的应税凭证共有五大类13个税目,涉及经济活动的各个方面。

2.税率低,税负轻

印花税最高税率为3‰,最低税率为0.05‰;按定额税率征税的,每件5元。

3.纳税人自行完税

纳税人在书立、使用、领受应税凭证、发生纳税义务时,应自行计算其应纳税额购买印花税票,并一次足额粘贴在应税凭证上,并自行注销或划销。

二 印花税的纳税人、征税范围和税率

(一)印花税的纳税人

印花税的纳税人,是在中国境内书立、使用、领受印花税法所列举的凭证并应依法履行纳税义务的单位和个人。包括国内各类企业、事业、机关、团体、部队以及中外合资企业、合作企业、外资企业、外国公司和其他经济组织及其在华机构等单位和个人。

上述单位和个人,按照书立、使用、领受应税凭证的不同,可以分别确定为立合同人、立据人、立账簿人、领受人和使用人五种。

1.立合同人

立合同人是指合同的当事人。所谓当事人,是指对凭证有直接权利义务关系的单位和个人,但不包括合同的担保人、证人、鉴定人。各类合同和具有合同性质的凭证的纳税义务人是立合同人。所谓具有合同性质的凭证,是指具有合同效力的协议、契约、合约、单据、确认书及其他各种名称的凭证。

当事人的代理人有代理纳税的义务,其与纳税义务人负有同等的税收法律义务和责任。

2.立据人

产权转移书据的纳税人是立据人。

3.立账簿人

营业账簿的纳税人是立账簿人。所谓立账簿人,是指设立并使用营业账簿的单位和个人。

4.领受人

权利、许可证照的纳税人是领受人。所谓领受人,是指领取或接受并持有该项凭证的单位和个人。

5.使用人

在国外书立、领受,但在国内使用的应税凭证,其纳税人是使用人。

对应税凭证,凡由两方或两方以上当事人共同书立的,其当事人各方都是印花税的纳税义务人,应分别就其所持凭证的计税金额履行纳税义务。

(二)印花税的征税范围

印花税共13个税目,具体征税范围归纳为以下几项:

(1)购销、加工承揽、建设工程勘察设计、建筑安装工程承包、财产租赁、货物运输、仓储保管、借款、财产保险、技术合同或具有合同性质的凭证。

(2)产权转移书据:产权转移书据包括财产所有权和版权、商标专用权、专利权、专有技术使用权等转移书据。

(3)营业账簿:营业账簿包括单位和个人记载生产经营活动的财务会计核算账簿。营业账簿按其反映内容不同,可分为记载资金的账簿和其他账簿。

(4)权利许可证照:权利许可证照包括政府部门发的房屋产权证、工商营业执照、商标注册证、专利证、土地使用证等。

(5)经财政部确定征税的其他凭证:印花税的征税范围采用正列举法,按列举税目征税。现实经济生活中的凭证名称虽然各异,但不论以何种形式或名称书立,只要其性质属于列举征税的范围,均应依法纳税。

印花税的征税范围还包括在境外书立、领受但在我国境内使用且具有法律效力、受我国法律保护的凭证。

(三)印花税的税率

印花税的税率有两种形式,即比例税率和定额税率。

1.比例税率

在印花税的税目中,对各类合同及合同性质的凭证、产权转移书据、营业账簿中记载资金的账簿等,采用比例税率。现行印花税的比例税率分为四档:分别是0.05‰、0.3‰、0.5‰、1‰,见表8-13。

表8-13　　　　　　　　　　印花税税目税率表

税目	征税范围	税率	纳税人	说明
购销合同	供应、预购、采购、购销结合及协作、调剂、补偿、易货等合同	按购销金额的0.3‰贴花	立合同人(双方)	
加工承揽合同	加工、定做、修缮、修理、印刷、广告、测绘、测试等合同	按加工或承揽收入的0.5‰贴花	立合同人(双方)	
建设工程勘察设计合同	勘察、设计合同	按收取费用的0.5‰贴花	立合同人(双方)	
建筑安装工程承包合同	建筑、安装工程承包合同	按承包金额的0.3‰贴花	立合同人(双方)	

(续表)

税　目	征税范围	税　率	纳税人	说　明
财产租赁合同	租赁房屋、船舶、飞机、机动车辆、机械、器具、设备等合同	按租赁金额的1‰贴花	立合同人(双方)	税额不足1元的,按1元贴花
货物运输合同	民用航空运输、铁路运输、海上运输、内河运输、公路运输和联运合同	按运输费用的0.5‰贴花	立合同人(双方)	单据作为合同使用的,按合同贴花
仓储保管合同	仓储、保管合同	按仓储保管费用的1‰贴花	立合同人(双方)	仓单、栈单作为合同使用的,按合同贴花
借款合同	银行及其他金融组织和借款人(不包括银行同业拆借)所签订的借款合同	按借款金额的0.05‰贴花	立合同人(双方)	单据作为合同使用的,按合同贴花
财产保险合同	财产、责任、保证、信用等保险合同	按保险费收入的1‰贴花	立合同人(双方)	
技术合同	技术开发、转让、咨询、服务等合同	按所载金额的0.3‰贴花	立合同人(双方)	
产权转移书据	财产所有权和版权、商标专用权、专利权、专有技术使用权等转移书据	按所记载金额的0.5‰贴花	立据人(双方)	股权转让书据按所载金额的1‰贴花
营业账簿	生产、经营用账册	记载资金的账簿,按实收资本和资本公积金合计金额的0.5‰贴花,其他账簿按件贴花5元	立账簿人(单方)	
权利、许可证照	政府部门发给的房屋产权证、工商营业执照、商标注册证、专利证、土地使用证	按件贴花5元	领受人(单方)	

2. 定额税率

在印花税的税目中,"权利、许可证照"和"营业账簿"税目中的其他账簿,适用定额税率,均为按件贴花,税额为5元。这样规定,主要是考虑到上述应税凭证有的是无法计算金额的,如权利、许可证照;有的虽载有金额,但以其作为计税依据又明显不合理,如其他账簿。采用定额税率,便于纳税义务人缴纳和税务机关征管。

三 印花税应纳税额的计算

(一)印花税的计税依据

计税依据的特殊规定主要有:

印花税的计税依据为各种应税凭证上记载的计税金额。具体规定如下:

1.合同或具有合同性质的凭证,以凭证所载金额作为计税依据。具体包括购销金额、加工或承揽收入金额、建筑勘察设计收取费用、建筑安装工程承包金额、财产租赁金额、运输费金额、仓储保管费用、借款金额、保险费金额等。

(1)加工承揽合同的计税依据是加工或承揽收入的金额。具体规定:

①对于由受托方提供原材料的加工、定做合同,凡在合同中分别记载加工费金额和原材料金额的,应分别按"加工承揽合同""购销合同"计税,两项税额之和,即为合同应贴印花;若合同中未分别记载,则应就全部金额依照加工承揽合同计税贴花。

②对于由委托方提供主要材料或原料,受托方只提供辅助材料的加工合同,无论加工费和辅助材料金额是否分别记载,均以辅助材料与加工费的合计数,依照加工承揽合同计税贴花。对委托方提供的主要材料或原料金额不计税贴花。

(2)财产租赁合同的计税依据为租赁金额。经计算,税额不足1元的,按1元贴花。

(3)货物运输合同的计税依据为取得的运输费金额(运费收入),不包括所运货物的金额、装卸费和保险费等。

(4)借款合同的计税依据为借款金额。针对实际借贷活动中不同的借款形式,税法规定了不同的计税方法:

①凡是一项信贷业务既签订贷款合同,又一次或分次填开借据的,只以借款合同所载金额为计税依据计税贴花;凡是只填开借据并作为合同使用的,应以借据所载金额为计税依据计税贴花。

②借贷双方签订的流动资金周转性借款合同,一般按年(期)签订,规定最高限额,借款人在规定的期限和最高限额内随借随还。为避免加重借贷双方的负担,对这类合同只以其规定的最高限额为计税依据,在签订时贴花一次,在限额内随借随还不签订新合同的,不再另贴印花。

③对借款方以财产作抵押,从贷款方取得一定数量抵押贷款的合同,应按借款合同贴花;在借款方因无力偿还借款而将抵押财产转移给贷款方时,应再就双方书立的产权书据,按产权转移书据的有关规定计税贴花。

④对开展融资租赁业务签订的融资租赁合同(含融资性售后回租),统一按照其所载明的租金总额依照"借款合同"税目计税贴花。在融资性售后回租业务中,对承租人、出租人因出售租赁资产及购回租赁资产所签订的合同,不征收印花税。

⑤在贷款业务中,如果贷方系由若干银行组成的银团,银团各方均承担一定的贷款数额。借款合同由借款方与银团各方共同书立,各执一份合同正本。对这类合同借款方与银团各方应分别在所执的合同正本上,按各自的借款金额计税贴花。

⑥在基本建筑贷款中,如果按年度用款计划分年签订借款合同,在最后一年按总概算签订借款总合同,且总合同的借款金额包括各个分合同的借款金额的,应按分合同分别贴花,最后签订的总合同,只就借款总额扣除分合同借款金额后的余额计税贴花。

(5)技术合同的计税依据为合同所载的价款、报酬或使用费。为了鼓励技术研究开发,对技术开发合同,只就合同所载的报酬金额计税,研究开发经费不作为计税依据。单对合同约定按研究开发经费一定比例作为报酬的,应按一定比例的报酬金额贴花。

2.营业账簿中记载资金的账簿,以"实收资本"与"资本公积"两项的合计金额为其计

税依据。

3.记载金额的房屋产权证、工商营业执照、专利证等权利、许可证照以及营业账簿中的其他账簿,以凭证或账簿的件数作为计税依据。

(二)计税依据的特殊规定

1.上述凭证以金额、收入、费用作为计税依据的,应当全额计税,不得进行任何扣除。

2.同一凭证,载有两个或两个以上经济事项的适用不同税目税率,如分别记载金额的,应分别计算应纳税额,相加后按合计税额贴花;如未分别记载金额的,按税率高的计税贴花。

3.按金额比例贴花的应税凭证,未标明金额的,应按照凭证所载数量及国家牌价计算金额;没有国家牌价的,按市场价格计算金额,然后按规定税率计算应纳税额。

4.应税凭证所载金额为外国货币的,应按照凭证书立当日国家外汇管理局公布的外汇牌价折合成人民币,然后计算应纳税额。

5.应纳税额不足1角的,免纳印花税;1角以上的,其税额尾数不满5分的不计,满5分的按1角计算。

6.有些合同,在签订时无法确定计税金额,如技术转让合同中的转让收入是按销售收入的一定比例收取或是按实现利润分成的,财产租赁合同只是规定了月(天)租金标准而无租赁期限的。对这类合同,可在签订时先按定额5元贴花,以后结算时再按实际金额计税,补贴印花。

7.应税合同在签订时纳税义务即已产生,应计算应纳税额并贴花。所以,不论合同是否兑现或是否按期兑现,均应贴花。对已履行并贴花的合同,所载金额与合同履行后实际结算金额不一致的,只要双方未修改合同金额,一般不再办理完税手续。

8.对有经营收入的事业单位,凡属于由国家财政拨付事业经费、实行差额预算管理的单位,其记载经营业务的账簿,按其他账簿定额贴花,不记载经营业务的账簿不贴花;凡属于经费来源实行自收自支的单位,其营业账簿,应对记载资金的账簿和其他账簿分别计算应纳税额。

跨地区经营的分支机构使用的营业账簿,应由各分支机构于其所在地计算贴花。对上级单位核拨资金的分支机构,其记载资金的账簿按核拨的账面资金额计税贴花,其他账簿按定额贴花;对上级单位不核拨资金的分支机构,只就其他账簿按件定额贴花。为避免对同一资金重复计税贴花,上级单位记载资金的账簿,应按扣除拨给下属机构资金数额后的其余部分计税贴花。企业发生分立、合并和联营等变更后,凡依法办理法人登记的新企业所设立的资金账簿,应于启用时计税贴花;凡无须重新进行法人登记的企业原有资金账簿,已贴印花继续有效。

9.商品购销活动中,采用以货换货方式进行商品交易签订的合同,是反映既购又销双重经济行为的合同。对此,应按合同所载的购、销合计金额计税贴花。合同未列明金额的,应按合同所载购、销数量依照国家牌价或者市场价格计算应纳税额。

10.施工单位将自己承包的建设项目,分包或者转包给其他施工单位所签订的分包合同或者转包合同,应按新的分包合同或转包合同所载金额计算应纳税额。

11.我国对股票交易征收印花税,始于深圳和上海两地证券交易。现行印花税法规定:股份制试点企业向社会公开发行的股票,因购买、继承、赠与所书立的股权转让书据,均以书立时证券市场当日实际成交价格计算金额,由立据双方当事人分别按1‰的税率缴纳印花税。

12.对国内各种形式的货物联运,凡在起运地统一结算全程运费的,应以全程运费作为计税依据,由起运地运费结算双方缴纳印花税;凡分程结算运费的,应以分程的运费作为计税依据,分别由办理运费结算的各方缴纳印花税。对国际货运,凡由我国运输企业运输的,不论在我国境内、境外起运或中转分程运输,我国运输企业所持的一份运费结算凭证,均按本程运费计算应纳税额;托运方所持的一份运输结算凭证,按全程运费计算应纳税额。由外国运输企业运输进出口货物的,外国运输企业所持的一份运费结算凭证免纳印花税;托运方所持的一份运费结算凭证应缴纳印花税。国际货运运费结算凭证在国外办理的,应在凭证转回我国境内时按规定缴纳印花税。

(三)印花税应纳税额的计算

印花税纳税义务人的应纳税额,根据应纳税凭证的性质,分别按比例税率或者定额税率计算,其计算公式为

$$应纳税额＝应税凭证计税金额（或应税凭证件数）\times 适用税率$$

四 印花税的税收优惠

印花税的税收优惠政策主要有:

(一)对已缴纳印花税的凭证的副本、抄本免税,但视同正本使用的,则应另贴印花。

(二)对财产所有人将财产赠给政府、社会福利单位、学校所书立的书据免税。

(三)对国家指定的收购部门与村民委员会、农民个人书立的农副产品收购合同免税。

(四)对无息、贴息贷款合同免税。

(五)对外国政府或者国际组织向我国政府及国家金融机构提供优惠贷款所书立的合同免税。

(六)对房地产管理部门与个人签订的用于生活居住的租赁合同免税。

(七)对农牧业保险合同免税。

(八)对下列特殊货运合同免税:军事物资运输凭证、抢险救灾物资运输凭证、新建铁路的工程临管线运输凭证。

(九)企业改制过程中有关印花税的征免税的规定。

1.资金账簿的印花税。实行公司制改造的企业在改制过程中成立的新企业(重新办理法人登记的),其新启用的资金账簿所记载的资金或因企业建立资本纽带关系而增加的资金,凡原已贴花的部分可不再贴花,未贴花的部分和以后新增加的资金按规定贴花。

以合并或分立方式成立的新企业,其启用的资金账簿记载的资金,凡原已贴花的部分可不再贴花,未贴花的部分和以后新增加的资金按规定贴花。

企业债权转股权新增加的资金按规定贴花;企业改制中经评估增加的资金按规定贴花;企业其他会计科目记载的资金转为实收资本或资本公积的资金按规定贴花。

2.各类应税合同的印花税。企业改制前签订但尚未履行完的各类应税合同,改制后需要变更执行主体的,对仅改变执行主体、其余条款未做变动且改制前已贴花的,不再贴花。

3.产权转移书据的印花税。企业因改制签订的产权转移书据免予贴花。

(十)对中国华融资产管理股份有限公司改制过程中资产评估增值转增资本金涉及的印花税予以免征。

(十一)对改造安置住房经营管理单位、开发商与改造安置住房相关的印花税以及购买安置住房的个人涉及的印花税予以免征。

(十二)自2018年1月1日至2020年12月31日,对金融机构与小型、微型企业签订的借款合同免征印花税。

(十三)自2018年5月1日起,对按万分之五税率贴花的资金账簿减半征收印花税,对按件贴花五元的其他账簿免征印花税。

五 印花税的征收管理

(一)印花税的纳税环节

印花税应当在书立或领受时贴花。具体是指,在合同签订时、账簿启用时和证照领受时贴花。如果合同是在国外签订,并且不便在国外贴花的,应在将合同带入境时办理贴花纳税手续。

(二)印花税的税款征收

1.纳税办法

纳税人不论采用哪一种纳税办法,均应对纳税凭证妥善保存。印花税应税凭证的法定保管年限为10年。

印花税采取以下三种纳税办法:

(1)自行贴花的纳税办法

纳税义务人在书立、领受或使用应税凭证时,应当自行计算应纳税额,自行购买印花税票,自行一次贴足印花税票并加以注销或划销,即通常所说的"三自"(自算、自购、自贴销)纳税办法。

一般适用于应税凭证较少或同一种凭证缴纳税款次数较少的纳税义务人。

(2)汇贴或汇缴的纳税办法

汇贴或汇缴的纳税方法,一般适用于应纳税额较大或者贴花次数频繁的纳税义务人。

一份凭证应纳税额超过500元的,应向当地税务机关申请填写缴款书或者完税凭证,将其中一联粘贴在凭证上或者由税务机关在凭证上加注完税标记代替贴花,即通常所说的"汇贴"办法。对同一种类应税凭证,需要频繁贴花的,纳税义务人应当向当地税务机关申请按期汇总缴纳印花税。税务机关对核准汇总缴纳印花税的单位,应当发给汇缴许可证。汇总缴纳的期限由当地税务机关确定,但最长不得超过1个月。

(3)委托代征办法

委托代征办法主要是通过税务机关的委托,经由发放或者办理应纳税凭证的单位代为征收印花税税款。税务机关应与代征单位签订代征委托书。所谓发放或者办理应纳税凭证的单位,是指发放权利、许可证照的单位和办理凭证的鉴证、公证及其他有关事项的单位。如按照印花税法规定,工商行政管理机关核发各类营业执照和商标注册证的同时,负责代售印花税票,征收印花税税款,并监督领受单位或个人负责贴花。税务机关委托工商行政管理机关代售印花税票,按代售金额的5%的比例支付代售手续费。

印花税法规定,发放或者办理应纳税凭证的单位,负有监督纳税人依法纳税的义务,具体是指对以下纳税事项监督:

①应纳税凭证是否已粘贴印花。

②粘贴的印花是否足额。

③粘贴的印花是否按规定注销。

对未完成以上纳税手续的,应督促纳税人当场完成。

2.纳税地点

印花税一般实行就地纳税。对于全国性商品物资订货会(包括展销会、交易会等)上所签订合同应缴纳的印花税,由纳税人回其所在地后及时办理贴花完税手续;对地方主办、不涉及省际关系的订货会、展销会上所签合同的印花税,其纳税地点由各省、自治区、直辖市人民政府自行确定。

我国印花税票为有价证券。面额有人民币1角、2角、5角、1元、2元、5元、10元、50元、100元9种。

(三)印花税的违章处罚

纳税人有下列行为之一的,由税务机关根据情节轻重予以处罚:

1.在应纳税凭证上未贴或少贴印花税票的,或者已粘贴在应税凭证上的印花税票未注销或未划销的,由税务机关追缴其不缴或少缴的税款、滞纳金,并处不缴或少缴的税款50%以上、5倍以下的罚款。

2.已贴用的印花税票揭下重用造成未缴或少缴印花税款的,由税务机关追缴其不缴或少缴的税款、滞纳金,并处不缴或少缴的税款50%以上、5倍以下的罚款;构成犯罪的,依法追究刑事责任。

3.伪造印花税票的,由税务机关责令改正,处以2 000元以上10 000元以下的罚款;情节严重的,处以10 000元以上50 000元以下的罚款;构成犯罪的,依法追究刑事责任。

4.按期汇总缴纳印花税的纳税人,超过税务机关核定的纳税期限,未缴或少缴印花税款的,由税务机关追缴其不缴或少缴的税款、滞纳金,并处不缴或少缴的税款50%以上、5倍以下的罚款;情节严重的,同时撤销其汇缴许可证;构成犯罪的,依法追究刑事责任。

5.纳税人发生下列行为之一的,由税务机关责令限期改正,处以2 000元以下的罚款;情节严重的,处以2 000元以上10 000元以下的罚款。

①凡汇总缴纳印花税的凭证,未加注税务机关指定的汇缴戳记、编号并装订成册,未

将已贴印花或者缴款书的一联黏附册后、盖章注销、保存备查。

②纳税人未对纳税凭证妥善保存。

六 印花税的纳税申报与缴纳

印花税实行汇总缴纳的,纳税期限为一个月,应在次月 10 日前到主管地方税务机关申报缴纳印花税。印花税实行核定征收的,纳税期限为一个月,纳税人应在次月 10 日前到主管地方税务机关申报缴纳印花税;税额较小的,经主管地方税务机关确定,可将纳税期限延长至一个季度或半年。对于实行印花税"三自"纳税的纳税人,应于书立或领受应税凭证时贴花。

办理电子申报的纳税人登录当地地方税务局电子申报系统办理申报纳税;未办理电子申报的纳税人到主管地方税务机关办理申报纳税。

1. 印花税纳税申报资料

如实填写《印花税纳税申报表》。

2. 印花税纳税申报表样式

见印花税纳税申报案例中填好的《印花税纳税申报表》。

3. 印花税纳税申报案例

兴惠公司为一家国有小汽车生产企业,是增值税一般纳税人,基本资料如下:

营业地址:燕海市洲南区清桥路 52 号;统一社会信用代码:452092580796468000;代码:96468;法定代表人:李立宏;单位电话:5535968;开户银行:工行岭洲南支行;账号:2244668-4;会计主管:安丽梅;出纳:赵秀。

2019 年 6 月企业实收资本增加 10 000 万元,启用其他账簿 8 本。生产经营情况如下:

(1)取得汽车销售合同金额共计 6 000 万元,国库券利息收入 10 万元,其他业务收入(仓库租赁收入)合同金额 400 万元。

(2)购进除轮胎外的其他原材料 1 000 万元,购进轮胎 500 万元,购销货物运费支出合同金额合计 80 万元。

4. 印花税纳税申报案例分析

汽车销售合同印花税 = 6 000 × 10 000 × 0.3‰ = 18 000(元)

仓库租赁合同印花税 = 400 × 10 000 × 1‰ = 4 000(元)

营业账簿印花税 = 10 000 × 10 000 × 0.5‰ × (1 − 50%) = 25 000(元)

购进其他原料合同印花税 = 1 000 × 10 000 × 0.3‰ = 3 000(元)

购进轮胎合同印花税 = 500 × 10 000 × 0.3‰ = 1 500(元)

运输合同印花税 = 80 × 10 000 × 0.5‰ = 400(元)

合计应纳印花税 = 18 000 + 4 000 + 25 000 + 3 000 + 1 500 + 400 = 51 900(元)

5. 印花税纳税申报案例纳税申报表的填写

《印花税纳税申报表》见表 8-14。

表8-14

印花税纳税申报表

税款所属期限：自2019年6月1日至2019年6月30日　　　填表日期：2019年7月15日　　　金额单位：元（列至角分）

纳税人识别号：4 5 0 2 9 2 5 8 0 7 9 6 4 3 8 0 0 0

纳税人信息	名称	兴惠公司					
	登记注册类型			所属行业		□单位 □个人	
	身份证件号码			联系方式		5535968	

应税凭证名称	计税金额或件数 1	核定征收		适用税率 4	本期应纳税额 5=1×4 或 5=2×4 或 5=1×3×4	本期已缴税额 6	减免性质代码 7	本期减免税额 8	本期应补（退）税额 9=5-6-8
		核定依据 2	核定比例 3						
购销合同	75 000 000			0.3‰	22 500				22 500
加工承揽合同				0.5‰					
建设工程勘察设计合同				0.5‰					
建筑安装工程承包合同				0.3‰					
财产租赁合同	4 000 000			1‰	4 000				4 000
货物运输合同	800 000			0.5‰	400				400
仓储保管合同				1‰					
借款合同				0.05‰					
财产保险合同				1‰					
技术合同				0.3‰					
产权转移书据	100 000 000			0.5‰	50 000			25 000	25 000
营业账簿（记载资金的账簿）	8			5	40			40	0
营业账簿（其他账簿）				5					
权利、许可证照				—					
合计	—			—	79 640			25 040	51 900

以下由纳税人填写：

纳税人声明：此纳税申报表是根据《中华人民共和国印花税暂行条例》和国家有关税收规定填报的，是真实的、可靠的、完整的。

纳税人签章　　　　　　代理人签章　　　　　　代理人身份证号

以下由税务机关填写：

受理人　　　　　　受理日期　　年　月　日　　受理税务机关签章

任务十　环境保护税纳税实务

任务情境

黄河实业有限责任公司是一家大型钢铁生产企业,主要生产各种钢铁产品。公司在2019年6月向大气直接排放二氧化硫、氟化物各10千克,一氧化碳、氯化氢各100千克,假设大气污染物每污染当量税额按环境保护税税目税额表最低标准1.2元计算,该企业只有一个排放口。

任务要求

请计算该公司10月大气污染物应缴纳的环境保护税。

一　什么是环境保护税

环境保护税是指国家对直接向环境排放应税污染物的企业事业单位和其他生产经营者征收的一种税。

近年来,迫于严峻的环境形势,环境治理正从单一的行政手段向多元化手段并用看齐。开征环境保护税是为了保护和改善环境,减少污染物排放,推进生态文明建设。《中华人民共和国环境保护税法》已由中华人民共和国第十二届全国人民代表大会常务委员会第二十五次会议于2016年12月25日通过,自2018年1月1日起施行。

二　环境保护税的纳税人、征税对象和税率

(一)环境保护税的纳税人

环境保护税的纳税人是指在中华人民共和国领域和中华人民共和国管辖的其他海域,直接向环境排放应税污染物的企业事业单位和其他生产经营者。

有下列情形之一的,不属于直接向环境排放污染物,不缴纳相应污染物的环境保护税:

1.企业事业单位和其他生产经营者向依法设立的污水集中处理、生活垃圾集中处理场所排放应税污染物的;

2.企业事业单位和其他生产经营者在符合国家和地方环境保护标准的设施、场所贮存或者处置固体废物的。

依法设立的城乡污水集中处理、生活垃圾集中处理场所超过国家和地方规定的排放标准向环境排放应税污染物的,应当缴纳环境保护税。

企业事业单位和其他生产经营者贮存或者处置固体废物不符合国家和地方环境保护标准的,应当缴纳环境保护税。

城乡污水集中处理场所是指为社会公众提供生活污水处理服务的场所,不包括为工业园区、开发区等工业聚集区域内的企业事业单位和其他生产经营者提供污水处理服务的场所,以及企业事业单位和其他生产经营者自建自用的污水处理场所。

达到省级人民政府确定的规模标准并且有污染物排放口的畜禽养殖场,应当依法缴纳环境保护税;依法对畜禽养殖废弃物进行综合利用和无害化处理的,不属于直接向环境排放污染物,不缴纳环境保护税。

(二)环境保护税的征税对象和税率

环境保护税的征税对象是指《中华人民共和国环境保护税法》所附《环境保护税税目税额表》(表 8-15)、《应税污染物和当量值表》(表 8-16)规定的大气污染物、水污染物、固体废物和噪声。

表 8-15　　　　　　　　　　　　环境保护税税目税额表

税目		计税单位	税额	备注
大气污染物		每污染当量	1.2 元至 12 元	
水污染物		每污染当量	1.4 元至 14 元	
固体废物	煤矸石	每吨	5 元	
	尾矿	每吨	15 元	
	危险废物	每吨	1 000 元	
	冶炼渣、粉煤灰、炉渣、其他固体废物(含半固态、液态废物)	每吨	25 元	
噪声	工业噪声	超标 1~3 分贝	每月 350 元	1.一个单位边界上有多处噪声超标,根据最高一处超标声级计算应纳税额;当沿边界长度超过 100 米有两处以上噪声超标时,按照两个单位计算应纳税额。 2.一个单位有不同地点作业场所的,应当分别计算应纳税额,合并计征。 3.昼、夜均超标的环境噪声,昼、夜分别计算应纳税额,累计计征。 4.声源一个月内超标不足 15 天的,减半计算应纳税额。 5.夜间频繁突发和夜间偶然突发厂界超标噪声,按等效声级和峰值噪声两种指标中超标分贝值高的一项计算应纳税额。
		超标 4~6 分贝	每月 700 元	
		超标 7~9 分贝	每月 1 400 元	
		超标 10~12 分贝	每月 2 800 元	
		超标 13~15 分贝	每月 5 600 元	
		超标 16 分贝以上	每月 11 200 元	

表 8-16　　　　　　　　　　　　应税污染物和当量值表

一、第一类水污染物污染当量值

污染物	污染当量值(千克)	污染物	污染当量值(千克)
1.总汞	0.000 5	6.总铅	0.025
2.总镉	0.005	7.总镍	0.025
3.总铬	0.04	8.苯并(a)芘	0.000 000 3
4.六价铬	0.02	9.总铍	0.01
5.总砷	0.02	10.总银	0.02

二、第二类水污染物污染当量值

污染物	污染当量值（千克）	备注
11.悬浮物（SS）	4	同一排放口中的化学需氧量、生化需氧量和总有机碳，只征收一项。
12.生化需氧量（BOD_5）	0.5	
13.化学需氧量（CODcr）	1	
14.总有机碳（TOC）	0.49	
15.石油类	0.1	
16.动植物油	0.16	
17.挥发酚	0.08	
18.总氰化物	0.05	
19.硫化物	0.125	
20.氨氮	0.8	
21.氟化物	0.5	
22.甲醛	0.125	
23.苯胺类	0.2	
24.硝基苯类	0.2	
25.阴离子表面活性剂（LAS）	0.2	
26.总铜	0.1	
27.总锌	0.2	
28.总锰	0.2	
29.彩色显影剂（CD-2）	0.2	
30.总磷	0.25	
31.单质磷（以P计）	0.05	
32.有机磷农药（以P计）	0.05	
33.乐果	0.05	
34.甲基对硫磷	0.05	
35.马拉硫磷	0.05	
36.对硫磷	0.05	
37.五氯酚及五氯酚钠（以五氯酚计）	0.25	
38.三氯甲烷	0.04	
39.可吸附有机卤化物（AOX）以Cl计	0.25	
40.四氯化碳	0.04	
41.三氯乙烯	0.04	
42.四氯乙烯	0.02	
43.苯	0.02	
44.甲苯	0.02	
45.乙苯	0.02	
46.邻－二甲苯	0.02	
47.对－二甲苯	0.02	

(续表)

污染物	污染当量值(千克)	备注
48.间—二甲苯	0.02	
49.氯苯	0.02	
50.邻二氯苯	0.02	
51.对二氯苯	0.02	
52.对硝基氯苯	0.02	
53.2,4-二硝基氯苯	0.02	
54.苯酚	0.02	
55.间-甲酚	0.02	
56.2,4-二氯酚	0.02	
57. 2,4,6-三氯酚	0.02	
58.邻苯二甲酸二丁酯	0.02	
59.邻苯二甲酸二辛酯	0.02	
60.丙烯腈	0.125	
61.总硒	0.02	

三、PH值、色度、大肠菌群数、余氯量水污染物污染当量值

污染物		污染当量值	备注
1.PH值	1.0~1,13~14	0.06 吨污水	PH值为5~6指大于等于5,小于6;PH值为9~10指大于9,小于等于10,其余类推。
	2.1~2,12~13	0.125 吨污水	
	3.2~3,11~12	0.25 吨污水	
	4.3~4,10~11	0.5 吨污水	
	5.4~5,9~10	1 吨污水	
	6.5~6	5 吨污水	
2.色度		5 吨水·倍	
3.大肠菌群数(超标)		3.3 吨污水	大肠菌群数和余氯量只征收一项
4.余氯量(用氯消毒的医院废水)		3.3 吨污水	

四、禽畜养殖业、小型企业和第三产业水污染物污染当量值

(本表仅适用于计算无法进行实际监测或者物料衡算的禽畜养殖业、小型企业和第三产业等小型排污者的水污染物污染当量数)

类型		污染当量值	备注
禽畜养殖场	1.牛	0.1 头	仅对存栏规模大于50头牛、500头猪、5 000羽鸡鸭等的禽畜养殖场征收。
	2.猪	1 头	
	3.鸡、鸭等家禽	30 羽	
4.小型企业		1.8 吨污水	
5.饮食娱乐服务业		0.5 吨污水	
6.医院	消毒	0.14 床	医院病床数大于20张的,按照本表计算污染当量数。
		2.8 吨污水	
	不消毒	0.07 床	
		1.4 吨污水	

五、大气污染物污染当量值

污染物	污染当量值(千克)	污染物	污染当量值(千克)
1.二氧化硫	0.95	23.二甲苯	0.27
2.氮氧化物	0.95	24.苯并(a)芘	0.000 002
3.一氧化碳	16.7	25.甲醛	0.09
4.氯气	0.34	26.乙醛	0.45
5.氯化氢	10.75	27.丙烯醛	0.06
6.氟化物	0.87	28.甲醇	0.67
7.氰化氢	0.005	29.酚类	0.35
8.硫酸雾	0.6	30.沥青烟	0.19
9.铬酸雾	0.000 7	31.苯胺类	0.21
10.汞及其化合物	0.000 1	32.氯苯类	0.72
11.一般性粉尘	4	33.硝基苯	0.17
12.石棉尘	0.53	34.丙烯腈	0.22
13.玻璃棉尘	2.13	35.氯乙烯	0.55
14.碳黑尘	0.59	36.光气	0.04
15.铅及其化合物	0.02	37.硫化氢	0.29
16.镉及其化合物	0.03	38.氨	9.09
17.铍及其化合物	0.000 4	39.三甲胺	0.32
18.镍及其化合物	0.13	40.甲硫醇	0.04
19.锡及其化合物	0.27	41.甲硫醚	0.28
20.烟尘	2.18	42.二甲二硫	0.28
21.苯	0.05	43.苯乙烯	25
22.甲苯	0.18	44.二硫化碳	20

三 环境保护税的计税依据和应纳税额的计算

(一)应税污染物的排放量

应税大气污染物、水污染物、固体废物的排放量和噪声的分贝数,按照下列方法和顺序计算:

1.纳税人安装使用符合国家规定和监测规范的污染物自动监测设备的,按照污染物自动监测数据计算。

2.纳税人未安装使用污染物自动监测设备的,按照监测机构出具的符合国家有关规定和监测规范的监测数据计算。

3.因排放污染物种类多等原因不具备监测条件的,按照国务院环境保护主管部门规定的排污系数、物料衡算方法计算。

4.不能按照上述所说的第1~3项规定的方法计算的,按照省、自治区、直辖市人民政府环境保护主管部门规定的抽样测算的方法核定计算。

属于上述第 2 项规定情形的纳税人,自行对污染物进行监测所获取的监测数据,符合国家有关规定和监测规范的,视同监测机构出具的监测数据。

纳税人有下列情形之一的,以其当期应税大气污染物、水污染物的产生量作为污染物的排放量:

1. 未依法安装使用污染物自动监测设备或者未将污染物自动监测设备与环境保护主管部门的监控设备联网。
2. 损毁或者擅自移动、改变污染物自动监测设备。
3. 篡改、伪造污染物监测数据。
4. 通过暗管、渗井、渗坑、灌注或者稀释排放以及不正常运行防治污染设施等方式违法排放应税污染物。
5. 进行虚假纳税申报。

应税固体废物的计税依据,按照固体废物的排放量确定。固体废物的排放量为当期应税固体废物的产生量减去当期应税固体废物的贮存量、处置量和综合利用量的余额。固体废物的贮存量、处置量是指在符合国家和地方环境保护标准的设施、场所贮存或者处置的固体废物数量;固体废物的综合利用量是指按照国务院发展改革、工业和信息化主管部门关于资源综合利用要求以及国家和地方环境保护标准进行综合利用的固体废物数量。

纳税人有下列情形之一的,以其当期应税固体废物的产生量作为固体废物的排放量:

1. 非法倾倒应税固体废物。
2. 进行虚假纳税申报。

(二)污染当量

污染当量是指根据污染物或者污染排放活动对环境的有害程度以及处理的技术经济性,衡量不同污染物对环境污染的综合性指标或者计量单位。每种应税大气污染物、水污染物的具体污染当量值,依照《应税污染物和当量值表》执行。

(三)环境保护税的计税依据

1. 应税大气污染物按照污染物排放量折合的污染当量数确定。
2. 应税水污染物按照污染物排放量折合的污染当量数确定。
3. 应税固体废物按照固体废物的排放量确定。
4. 应税噪声按照超过国家规定标准的分贝数确定。

应税大气污染物、水污染物的污染当量数,以该污染物的排放量除以该污染物的污染当量值计算。

每一排放口或者没有排放口的应税大气污染物,按照污染当量数从大到小排序,对前三项污染物征收环境保护税。

每一排放口的应税水污染物,按照《应税污染物和当量值表》,区分第一类水污染物和其他类水污染物,按照污染当量数从大到小排序,对第一类水污染物按照前五项征收环境保护税,对其他类水污染物按照前三项征收环境保护税。

从两个以上排放口排放应税污染物的,对每一排放口排放的应税污染物分别计算征

收环境保护税;纳税人持有排污许可证的,其污染物排放口按照排污许可证载明的污染物排放口确定。

省、自治区、直辖市人民政府根据本地区污染物减排的特殊需要,可以增加同一排放口征收环境保护税的应税污染物项目数,报同级人民代表大会常务委员会决定,并报全国人民代表大会常务委员会和国务院备案。

【例8-13】

河北省沧州青县B企业2019年6月向水体直接排放第一类水污染物总汞、总镉、总铬、六价铬、总砷、总铅各1千克。排放其他类水污染物悬浮物(SS)、生化需氧量、总有机碳、氨氮、挥发酚各20千克。已知:第一类水污染物的污染当量值分别为0.000 5、0.005、0.04、0.02、0.02、0.025;第二类水污染物的污染当量值分别为4、0.5、0.49、0.8、0.08(单位:千克)。

要求:计算B企业2019年6月水污染物的污染当量数。

分析:

第一类水污染物的污染当量数并排序

总汞:1÷0.000 5=2 000

总镉:1÷0.005=200

总铬:1÷0.04=25

六价铬:1÷0.02=50

总砷:1÷0.02=50

总铅:1÷0.025=40

总汞(2 000)＞总镉(200)＞六价铬(50)=总砷(50)＞总铅(40)＞总铬(25)

第二类水污染物的污染当量数及其排序

悬浮物(SS):20÷4=5

生化需氧量:20÷0.5=40

总有机碳:20÷0.49=40.82

氨氮:20÷0.8=25

挥发酚:20÷0.08=250

挥发酚(250)＞总有机碳(40.82)＞生化需氧量(40)＞氨氮(25)＞悬浮物(SS)(5)

因在《应税污染物和当量值表》中,对同一排放口中的化学需氧量、生化需氧量和总有机碳,只征收一项,按三者中污染当量数最高的一项收取。因此,其他类水污染物按照挥发酚、总有机碳、氨氮征收环境保护税。

(四)环境保护税应纳税额的计算

环境保护税应纳税额按照下列方法计算:

1.应税大气污染物的应纳税额为污染当量数乘以具体适用税额。
2.应税水污染物的应纳税额为污染当量数乘以具体适用税额。
3.应税固体废物的应纳税额为固体废物排放量乘以具体适用税额。
4.应税噪声的应纳税额为超过国家规定标准的分贝数对应的具体适用税额。

【例8-14】

河北省沧州青县A企业2019年6月向大气中排放二氧化硫10千克,氮氧化物20千克,一氧化碳300千克,汞及其化合物1千克。相应污染物的污染当量值分别为0.95千克、0.95千克、16.7千克和0.0001千克;已知该地区大气污染物环境保护税单位税额为4.8元/当量。

A企业只有一个排放口,计算该企业2019年6月大气污染物的污染当量,并求出该企业2019年6月应纳环境保护税税额。

分析:

1. 各污染物的污染当量数

二氧化硫:10÷0.95＝10.53

氮氧化物:20÷0.95＝21.05

一氧化碳:300÷16.7＝17.96

汞及其化合物:1÷0.0001＝10 000

2. 按污染当量数排序

汞及其化合物(10 000)＞氮氧化物(21.05)＞一氧化碳(17.96)＞二氧化硫(10.53)

根据《中华人民共和国环境保护税法》规定,每一排放口的应税大气污染物,按照污染当量数从大到小排序,对前三项污染物征收环境保护税。因此,A企业应就汞及其化合物、氮氧化物、一氧化碳三种大气污染物缴纳环境保护税。

汞及其化合物:10 000×4.8＝48 000元

氮氧化物:21.05×4.8＝101.04元

一氧化碳:17.96×4.8＝86.21元

该企业2019年6月应纳环境保护税税额＝48 000＋101.04＋86.21＝48 187.25元。

【例8-15】

河北省沧州青县B企业2019年6月向水体直接排放第一类水污染物总汞、总镉、总铬、六价铬、总砷、总铅各1千克。排放其他类水污染物悬浮物(SS)、生化需氧量、总有机碳、氨氮、挥发酚各20千克。已知:第一类水污染物的污染当量值分别为0.0005、0.005、0.04、0.02、0.02、0.025;第二类水污染物的污染当量值分别为4、0.5、0.49、0.8、0.08(单位:千克),该地区水污染物适用税额为每污染当量5.6元。

计算B企业2019年6月水污染物应缴纳的环境保护税。

分析:

第一类水污染物的污染当量数及其排序

总汞:1÷0.0005＝2 000

总镉:1÷0.005＝2 00

总铬:1÷0.04＝25

六价铬:1÷0.02＝50

总砷:1÷0.02＝50

总铅:1÷0.025＝40

总汞(2 000)＞总镉(200)＞六价铬(50)＝总砷(50)＞总铅(40)＞总铬(25)

根据规定,只对第一类水污染物按照前五项征收环境保护税。因此,第一类水污染物应纳税额计算如下:

总汞:2000×5.6＝11200元
总镉:2000×5.6＝11200元
六价铬:50×5.6＝280元
总砷:50×5.6＝280元
总铅:40×5.6＝224元

第二类水污染物的污染当量数及其排序

悬浮物(SS):20÷4＝5
生化需氧量:20÷0.5＝40
总有机碳:20÷0.49＝40.82
氨氮:20÷0.8＝25
挥发酚:20÷0.08＝250

挥发酚(250)＞总有机碳(40.82)＞生化需氧量(40)＞氨氮(25)＞悬浮物(SS)(5)

根据规定,对其他类水污染物按照前三项征收环境保护税。同时,《应税污染物和当量值表》中,对同一排放口中的化学需氧量、生化需氧量和总有机碳,只征收一项,按三者中污染当量数最高的一项收取。因此,其他类水污染物按照挥发酚、总有机碳、氨氮征收环境保护税。因此,其他类水污染物应纳税额计算如下:

挥发酚:250×5.6＝1 400元
总有机碳:40.82×5.6＝228.60元
氨氮:25×5.6＝140元

【例8-16】

甲省C企业2019年6月产生煤矸石100吨,其中综合利用的煤矸石20吨(符合国家和地方环境保护标准),在符合国家和地方环境保护标准的设施贮存30吨,计算C企业2019年6月煤矸石应缴纳的环境保护税。

应缴纳的环境保护税＝(100－20－30)×5＝250(元)

四 环境保护税的税收优惠

存在下列情形之一的,暂予免征环境保护税:

1.农业生产(不包括规模化养殖)排放应税污染物的。

2.机动车、铁路机车、非道路移动机械、船舶和航空器等流动污染源排放应税污染物的。

3.依法设立的城乡污水集中处理、生活垃圾集中处理场所排放相应应税污染物,不超过国家和地方规定的排放标准的。

4.纳税人综合利用的固体废物,符合国家和地方环境保护标准的。
5.国务院批准免税的其他情形。

纳税人排放应税大气污染物或者水污染物的浓度值低于国家和地方规定的污染物排放标准百分之三十的,减按百分之七十五征收环境保护税。纳税人排放应税大气污染物或者水污染物的浓度值低于国家和地方规定的污染物排放标准百分之五十的,减按百分之五十征收环境保护税。

【例 8-17】

某火力发电厂是环境保护税纳税人,该厂仅有 1 个废气排放口,该企业使用符合规范的在线监测仪器监测二氧化硫。检测数据显示,2019 年 6 月份,该排放口共排放大气污染物 1 000 万立方米,其中,应税污染物浓度:二氧化硫 120 mg/m^3(当月监测最高浓度为 140 mg/m^3);氮氧化物 40 mg/m^3(监测机构监测)。(按照 GB 13223—2001 的排放标准限值,二氧化硫为 200 mg/m^3,氮氧化物为 100 mg/m^3;该厂所在省的大气污染物税率为 1.2 元/污染当量)。试计算该企业应缴纳的环境保护税。

分析:

该企业 6 月份二氧化硫的排放量=1 000×120÷100=1 200 千克

该企业 6 月份氮氧化物的排放量=1 000×40÷100=400 千克

该企业二氧化硫的污染当量=1 200÷0.95=1 263.16

该企业氮氧化物的污染当量=400÷0.95=421.05

根据规定,纳税人排放应税大气污染物或者水污染物的浓度值低于国家和地方规定的污染物排放标准百分之三十的,减按百分之七十五征收环境保护税。

(200−120)/200=40%

减免:1 263.16×1.2×25%=378.95 元

(100−40)/100=60%

减免:421.05×1.2×50%=252.63 元

火力发电厂 2019 年 6 月份应缴纳的环境保护税:

1 263.16×1.2+421.05×1.2−378.95−252.63=1 389.47 元

五 环境保护税的征收管理

环境保护税实行"企业申报、税务征收、环保监管、政府协调、信息共享"的征管模式。

1.企业申报

纳税人应当向应税污染物排放地的税务机关申报缴纳环境保护税。纳税人跨区域排放应税污染物,税务机关对税收征收管辖有争议的,由争议各方按照有利于征收管理的原则协商解决;不能协商一致的,报请共同的上级税务机关决定。

纳税义务发生时间为纳税人排放应税污染物的当日。纳税人申报缴纳时,应当向税务机关报送所排放应税污染物的种类、数量,大气污染物、水污染物的浓度值,以及税务

机关根据实际需要要求纳税人报送的其他纳税资料。

环境保护税按月计算,按季申报缴纳。不能按固定期限计算缴纳的,可以按次申报缴纳。

纳税人按季申报缴纳的,应当自季度终了之日起十五日内,向税务机关办理纳税申报并缴纳税款。

纳税人按次申报缴纳的,应当自纳税义务发生之日起十五日内,向税务机关办理纳税申报并缴纳税款。

纳税人应当依法如实办理纳税申报,对申报的真实性和完整性承担责任。纳税人应当按照税收征收管理的有关规定,妥善保管应税污染物监测和管理的有关资料。

纳税人从事海洋工程向中华人民共和国管辖海域排放应税大气污染物、水污染物或者固体废物,申报缴纳环境保护税的具体办法,由国务院税务主管部门会同国务院海洋主管部门规定。

2.税务征收

环境保护税由税务机关依照有关规定征收管理。税务机关应当将纳税人的纳税申报数据资料与环境保护主管部门交送的相关数据资料进行比对。

税务机关发现纳税人的纳税申报数据资料异常或者纳税人未按照规定期限办理纳税申报的,可以提请环境保护主管部门进行复核,环境保护主管部门应当自收到税务机关的数据资料之日起十五日内,向税务机关出具复核意见。税务机关应当按照环境保护主管部门复核的数据资料调整纳税人的应纳税额。

税务机关应当依据环境保护主管部门交送的排污单位信息进行纳税人识别。在环境保护主管部门交送的排污单位信息中没有对应信息的纳税人时,由税务机关在纳税人首次办理环境保护税纳税申报时进行纳税人识别,并将相关信息交送环境保护主管部门。

3.环保监管

环保监管是指环境保护主管部门依照有关规定负责对污染物的监测管理。税务机关、环境保护主管部门应当无偿为纳税人提供与缴纳环境保护税有关的辅导、培训和咨询服务。税务机关依法实施环境保护税的税务检查,环境保护主管部门应予以配合。

4.政府协调

县级以上地方人民政府应当建立税务机关、环境保护主管部门和其他相关单位分工协作工作机制,加强环境保护税征收管理,保障税款及时足额入库。

5.信息共享

环境保护主管部门和税务机关应当建立涉税信息共享平台和工作配合机制。国务院税务、环境保护主管部门制定涉税信息共享平台技术标准以及数据采集、存储、传输、查询和使用规范。

环境保护主管部门应当将排污单位的排污许可、污染物排放数据、环境违法和受行政处罚情况等环境保护相关信息,定期交送税务机关。

税务机关应当将纳税人的纳税申报、税款入库、减免税额、欠缴税款以及风险疑点等环境保护税涉税信息,定期交送环境保护主管部门。

环境保护主管部门应当通过涉税信息共享平台向税务机关交送在环境保护监督管理中获取的下列信息：

(1)排污单位的名称、统一社会信用代码以及污染物排放口、排放污染物种类等基本信息。

(2)排污单位的污染物排放数据(包括污染物排放量以及大气污染物、水污染物的浓度值等数据)。

(3)排污单位环境违法和受行政处罚情况。

(4)对税务机关提请复核的纳税人的纳税申报数据资料异常或者纳税人未按照规定期限办理纳税申报的复核意见。

(5)与税务机关商定交送的其他信息。

税务机关应当通过涉税信息共享平台向环境保护主管部门交送下列环境保护税涉税信息：

(1)纳税人基本信息。

(2)纳税申报信息。

(3)税款入库、减免税额、欠缴税款以及风险疑点等信息。

(4)纳税人涉税违法和受行政处罚情况。

(5)纳税人的纳税申报数据资料异常或者纳税人未按照规定期限办理纳税申报的信息。

(6)与环境保护主管部门商定交送的其他信息。

六 环境保护税的纳税申报

环境保护税按月计算，按季申报缴纳。不能按固定期限计算缴纳的，可以按次申报缴纳。纳税人按季申报缴纳的，应当自季度终了之日起十五日内，向税务机关办理纳税申报并缴纳税款。纳税人按次申报缴纳的，应当自纳税义务发生之日起十五日内，向税务机关办理纳税申报并缴纳税款。办理电子申报的纳税人登录当地税务局电子申报系统办理申报纳税，如实填写《环境保护税纳税申报表》。

(一)纳税申报资料

《环境保护税纳税申报表》分为 A 类申报表和 B 类申报表。A 类申报表包括 1 张主表和 5 张附表，适用于通过自动监测、监测机构监测、排污系数和物料衡算法计算污染物排放量的纳税人，享受减免税优惠的纳税人还需要填报减免税相关附表进行申报。B 类申报表适用于除 A 类申报之外的其他纳税人，包括按次申报的纳税人。

(二)环境保护税纳税申报案例

某省火力发电厂是环境保护税纳税人，基本情况如下：

营业地址：某市某县学苑支路 49 号；

统一社会信用代码：450292580796438000；

法定代表人：李沧青；

单位电话：5535985；

开户银行:中国工商银行学苑支行;
账号:22446684;
会计主管:安丽莹;
出纳:赵晶。

2019年4月份涉及的环境保护税资料如下:

该厂仅有1个废气排放口,该企业使用符合规范的在线监测仪器监测二氧化硫。检测数据显示,2019年4月份,该排放口共排放大气污染物1 000万立方米。其中,应税污染物浓度:二氧化硫 120 mg/m³(当月监测最高浓度为 140 mg/m³);氮氧化物 40 mg/m³(监测机构监测)。(按照GB 13223—2001的排放标准限值,二氧化硫为 200 mg/m³,氮氧化物为 100 mg/m³;该厂所在省的大气污染物税率为1.2元/污染当量)。

请根据上述资料填写环境保护税相关纳税申报表。

(三)环境保护税纳税申报案例分析

该企业4月份二氧化硫的排放量=1 000×120÷100=1 200 千克

该企业4月份氮氧化物的排放量=1 000×40÷100=400 千克

该企业二氧化硫的污染当量=1 200÷0.95=1 263.16

该企业氮氧化物的污染当量=400÷0.95=421.05

根据规定,纳税人排放应税大气污染物或者水污染物的浓度值低于国家和地方规定的污染物排放标准百分之三十的,减按百分之七十五征收环境保护税。

(200−120)/200=40%

减免:1 263.16×1.2×25%=378.95 元

(100−40)/100=60%

减免:421.05×1.2×50%=252.63 元

火力发电厂2019年4月份应缴纳的环境保护税:

1 263.16×1.2+421.05×1.2−378.95−252.63=1 389.47 元

(四)填制环境保护税按月计算报表(大气污染物适用)

根据上述资料分析,将相关数据填入环境保护税按月计算报表(表8-17)(大气污染物适用)及环境保护税减免税明细计算报表(表8-18)中。

火力发电厂在2019年5月份和6月份继续根据实际排污情况填报环境保护税按月计算报表(大气污染物适用)及环境保护税减免税明细计算报表,随后申报系统根据这三个月份的环境保护税按月计算报表(大气污染物适用)及环境保护税减免税明细计算报表自动生成环境保护税纳税申报表(A类),无需填写表中内容。

表 8-17

环境保护税按月计算报表（大气污染物适用）

税款所属期：2019年4月1日至2019年4月30日

纳税人名称：某省火力发电厂　　统一社会信用代码/纳税人识别号：450292580796438000

*月份	*税源编号	*排放口名称	*污染物名称	*污染物排放量计算方法	监测计算 废气排放量（万标立方米）	监测计算 实测浓度值（毫克/标立方米）	排污系数计算 计算基数	排污系数计算 产污系数	排污系数计算 排污系数	排污系数计算 污染物单位	*污染物排放量（千克）	*污染当量值（千克）	*污染当量数
(1)	(2)	(3)	(4)	(5)	(6)	(7)	(8)	(9)	(10)	(11)	(12)=(6)×(7)÷100 (12)=(8)×(9)×N (12)=(8)×(10)×N	(13)	(14)=(12)÷(13)
1		1#大气排放口	二氧化硫	自动监测	1 000	120					1 200	0.95	1 263.16
1		1#大气排放口	氮氧化物	监测机构监测	1 000	40					400	0.95	421.05

表 8-18 环境保护税减免税明细计算报表

税款所属期：2019年4月1日至2019年4月30日

纳税人名称：某省火力发电厂　　统一社会信用代码(纳税人识别号)：45029258079643800

金额单位：元(列至角分)

*月份	税源编号	*排放口名称	*税目	*污染物名称	*污染物排放量计算方法	监测数据				污染物排放量(千克)	*减免性质代码(减免项目名称)	*污染当量数或综合利用量	*单位税额	*本期减免税额
						月均浓度(毫克/升、毫克/标立方米)	最高浓度(毫克/升、毫克/标立方米)	执行标准	标准浓度值(毫克/升、毫克/标立方米)					
(1)	(2)	(3)	(4)	(5)	(6)	(7)	(8)	(9)	(10)	(11)	(12)	(13)	(14)	(15)=(13)×(14)×N
1		1#大气排放口	大气污染物	二氧化硫	自动监测	120	140	GB13223—2001	200	1 200	16 064 006	1 263.16	1.2	378.95
1		1#大气排放口	大气污染物	氮氧化物	检测机构监测	40	40	GB13223—2001	100	400	16 064 007	421.05	1.2	252.63

278

项目九

税收征管与行政法制

知识目标

1. 了解税务机关、纳税人、扣缴义务人的权利和义务。
2. 了解税务管理的内容、税务行政处罚的程序。
3. 掌握发票的管理和使用。
4. 掌握税务行政复议的受案范围。

能力目标

1. 能够进行税务登记。
2. 能够正确管理和使用发票。
3. 能够对不同的税种进行分类。
4. 能够按照正常的程序申请税务行政复议、提起税务行政诉讼或要求税务行政赔偿。

任务一　认识税收征收管理

任务情境

张某与朋友到某市一家高档酒店就餐,消费金额为 2 012 元。当他结账索要发票时,该酒店拒开发票,只开具了一张消费小票,并且提出如果要正式发票,必须支付消费金额 5.5% 的税金。如果不开发票,则有精美的小礼物赠送或只支付 2 000 元即可。张某在多次索要发票未果的情况下,遂向当地税务机关投诉。经查,这家酒店经常在顾客消费后,以种种理由不给顾客开具正式发票。税务机关责令其限期改正,并对该酒店的违法行为处以 2 000 元的罚款。

任务要求

1. 你了解发票开具的相关规定吗?
2. 税务机关的处罚是否合理?

税收征收管理是指在税务机关征税过程中所发生的税收管理、税款征收、纳税检查和税收违章行为的法律责任等。税收征收管理法律制度是国家税法体系的重要组成部分。税收征收管理法律制度的基本规范,是《中华人民共和国税收征收管理法》(以下简称《征管法》)。现行《征管法》是 2001 年 5 月 1 日起施行的,并经过三次修正,最后一次修正是 2015 年 4 月 4 日第十二届全国代表大会常务委员会第十四次会议通过的。

一、了解税收征管法的主要内容

《征管法》的立法目的是加强税收征收管理,规范税收征收和缴纳行为,保障国家税收收入,保护纳税义务人的合法权益,促进经济和社会发展。其适用范围是由税务机关征收的各种税收的征收管理行为,目前还有一部分费用由税务机关征收,如教育费附加等并不适用本法。《征管法》的遵守主体包括税务行政主体(税务机关)和税务行政管理相对人(纳税义务人、扣缴义务人和其他有关单位和部门等)。《征管法》的主要内容是设定了相关主体的权利和义务。

(一)税务机关和税务人员的权利和义务

1.税务机关和税务人员的权利

(1)负责税收征收管理工作。

(2)税务机关依法执行职务,任何单位和个人不得阻挠。

2.税务机关和税务人员的义务

(1)税务机关应当广泛宣传税收法律、行政法规,普及纳税知识,无偿地为纳税义务人提供纳税咨询服务。

(2)税务机关应当加强队伍建设,提高税务人员的政治业务素质。

(3)税务机关、税务人员必须秉公执法、忠于职守、清正廉洁、礼貌待人、文明服务,尊重和保护纳税义务人、扣缴义务人的权利,依法接受监督。

(4)税务人员不得索贿受贿、徇私舞弊、玩忽职守,不征或者少征应征税款;不得滥用职权多征或者故意刁难纳税义务人和扣缴义务人。

(5)各级税务机关应当建立、健全内部制约和监督管理制度。

(6)上级税务机关应当对下级税务机关的执法活动依法进行监督。

(7)各级税务机关应当对其工作人员执行法律、行政法规和廉洁自律准则的情况进行监督检查。

(8)税务机关负责征收、管理、稽查、行政复议的人员的职责应当明确,并相互分离、相互制约。

(9)收到检举的机关和负责查处的机关应当为检举人保密。税务机关应当按照规定对检举人给予奖励。

(10)税务人员在核定应纳税额、调整税收定额、进行税务检查、实施税务行政处罚、办理税务行政复议时,与纳税义务人、扣缴义务人或者其法定代表人、直接责任人有以下关系之一的,应当回避:夫妻关系、直接血亲关系、三代以内旁系血亲关系、近姻亲关系、可能影响公正执法的其他利益关系。

(二)纳税义务人、扣缴义务人的权利和义务

1.纳税义务人、扣缴义务人的权利

(1)纳税义务人、扣缴义务人有权向税务机关了解国家税收法律、行政法规的规定以及与纳税程序有关的情况。

(2)纳税义务人、扣缴义务人有权要求税务机关为纳税义务人、扣缴义务人的情况保密。税务机关应当为纳税义务人、扣缴义务人的情况保密。纳税义务人、扣缴义务人的违法行为不属于保密范围。

(3)纳税义务人依法享有申请减税、免税、退税的权利。

(4)纳税义务人、扣缴义务人对税务机关所做出的决定,享有陈述权、申辩权并依法享有申请行政复议、提起行政诉讼、请求国家赔偿等权利。

(5)纳税义务人、扣缴义务人有权控告和检举税务机关、税务人员的违法违纪行为。

2.纳税义务人、扣缴义务人的义务

(1)纳税义务人、扣缴义务人必须依照法律、行政法规的规定缴纳税款、代扣代缴税款、代收代缴税款。

(2)纳税义务人、扣缴义务人和其他有关单位应当按照国家有关规定如实向税务机关提供与纳税义务人和扣缴义务人代扣代缴、代收代缴税款有关的信息。

(3)纳税义务人、扣缴义务人和其他有关单位应当接受税务机关依法进行的税务检查。

(三)地方各级人民政府、有关部门和单位的权利和义务

1.地方各级人民政府、有关部门和单位的权利

(1)地方各级人民政府应当依法加强对本行政区域内税收征收管理工作的领导和协调,支持税务机关依法执行职务,依照法定税率计算税额,依法征收税款。

(2)各有关部门和单位应当支持、协助税务机关依法执行职务。

(3)任何单位和个人都有权检举违反税收法律、行政法规的行为。

2.地方各级人民政府、有关部门和单位的义务

(1)任何机关、单位和个人不得违反法律、行政法规的规定,擅自做出税收开征、停征以及减税、免税、退税、补税和其他与税收法律、行政法规相抵触的决定。

(2)收到违反法律、行政法规行为检举的机关和负责查处的机关应当为检举人保密。

二 税务管理的内容

税务管理的内容主要包括税务登记和账簿、凭证管理。

(一)税务登记

税务登记又称纳税登记,是税务机关对纳税义务人的生产经营活动进行登记并据此对纳税义务人实施税务管理的一种法定制度,是税务机关对纳税义务人实施税收管理的首要环节和基础工作,也是征纳税双方法律关系成立的依据和证明。

1."五证合一、一照一码"登记

"五证合一、一照一码"登记制度,是指企业分别由工商行政管理部门核发工商营业执照、质量技术监督部门核发组织机构代码证、税务部门核发税务登记证、劳动保障行政部门核发的社会保险登记证和统计部门核发的统计登记证,改为一次申请、由工商行政管理部门核发一个加载法人和其他组织统一社会信用代码营业执照的登记制度。从2015年10月1日起,营业执照、组织机构代码证和社会登记证"三证合一",而从2016年10月1日起正式实施"五证合一、一照一码"登记制度,在更大范围、更深层次实现信息共享和业务协同,巩固和扩大"三证合一"登记制度改革成果。

"五证合一、一照一码"登记制度是在"三证合一"工作机制及技术方案的基础上,全面实行"一套材料、一表登记、一窗受理"的工作模式,申请人办理企业注册登记时只需填写"一张表格",向"一个窗口"提交"一套资料"。登记部门直接核发加载统一社会信用代码的营业执照,相关信息在全国企业信用信息公示系统公示,并归集至全国信用信息共享平台。企业不再另行办理社会保险登记证和统计登记证。

已按照"三证合一"登记模式领取加载统一社会信用代码营业执照的企业,不需要重新申请办理"五证合一"登记,由登记机关将相关登记信息发送至社会保险经办机构、统计机构等单位。企业原证照有效期满、申请变更登记或者申请换发营业执照的,登记机关换发加载统一社会信用代码的营业执照。取消社会保险登记证和统计登记证的定期验证和换证制度,改为企业按规定自行向工商部门报送年度报告并向社会公示,年度报告要通过全国企业信用信息公示系统向社会保险经办机构、统计机构等单位开放共享。没有发放和已经取消统计登记证的地方通过与统计机构信息共享的方式做好衔接。

需要明确的是,"五证合一"登记制度改革并非是将税务登记取消了,税务登记的法律地位仍然存在,只是政府简政放权将此环节改为由工商行政管理部门"一口受理",核发一个加载法人和其他组织统一社会信用代码营业执照,这个营业执照在税务机关完成信息补录后具备税务登记证的法律地位和作用。

新设立企业、农民专业合作社领取由工商行政管理部门核发加载法人和其他组织统一社会信用代码的营业执照后，无需再次进行税务登记，不再领取税务登记证。企业办理涉税事宜时，在完成补充信息采集后，凭加载统一代码的营业执照可代替税务登记证使用。

个体工商户实施营业执照和税务登记证"两证整合"登记制度。"两证整合"登记制度是指将个体工商户登记时一次申请，分别由工商行政管理部门核发营业执照、税务部门核发税务登记证，改为一次申请、由工商行政管理部门核发一个营业执照的登记制度。通过个体工商户"两证整合"登记制度，实现公民只需填写"一张表"，向"一个窗口"提交"一套资料"即可办理个体工商户工商及税务登记，由工商行政管理部门核发一个加载法人和其他组织统一社会信用代码的营业执照。该营业执照具有原营业执照和税务登记证的功能，税务部门不再发放税务登记证。工商行政管理部门赋码后，将统一社会信用代码和相关信息按规定期限回传统一代码数据库，实现工商、税务部门的个体工商户数据信息实时共享。个体工商户的电子登记档案与纸质登记档案具有同等法律效力。

黑龙江、上海、福建、湖北省（市）为试点地区，自2016年10月1日起实施个体工商户"两证整合"登记制度，工商行政管理部门向新开业个体工商户发放加载统一社会信用代码的营业执照。其他27个省（自治区、直辖市）及5五个计划单列市自2016年12月1日起实施个体工商户"两证整合"登记制度。

对2016年12月1日前成立的个体工商户申请办理变更登记或换照的，换发加载统一社会信用代码的营业执照。暂未取得加载统一社会信用代码营业执照的个体工商户，其营业执照和税务登记证继续有效。

除以上情形外，其他税务登记按照原有法律制度执行。

过渡期间，未换发"五证合一、一照一码"营业执照的企业原税务登记证件继续有效，如企业申请注销，税务机关按原规定办理。

新的"五证合一"办证模式，采取"一表申请、一窗受理、并联审批、一份证照"的流程：首先，办证人持工商网报系统申请审核通过后，打印《新设立企业五证合一登记申请表》，携带其他纸质资料，前往大厅"多证合一"窗口受理；其次，窗口核对信息、资料无误后，将信息导入工商准入系统，生成工商注册号，并在"五证合一"打证平台生成各部门号码，补录相关信息，同时，窗口专人将企业材料扫描，与《工商企业注册登记联办流转申请表》传递至质监、国税、地税、社保、统计五个部门，由这五个部门分别完成后台信息录入；最后打印出载有一个证号的营业执照。办证模式的创新，大幅度地缩短了办证时限，企业只需等待两个工作日即可办理。

2.变更税务登记

变更税务登记是指纳税人办理税务登记后，需要对原登记内容进行更改，而向税务机关申报办理的税务登记。其适用范围主要有以下几种：改变名称；改变法人代表；改变经济性质；增设或撤销分支机构；改变住所或经营地点（涉及主管税务机关变更的办理注销登记）；改变生产、经营范围或经营方式；增减注册资本；改变隶属关系；改变生产经营期限；改变开户银行和账号；改变生产经营权属以及改变其他税务登记内容。

领取"一照一码"营业执照的企业生产经营地、财务负责人、核算方式三项信息由企

业登记机关在新设时采集。在企业经营过程中,上述信息发生变化的,企业应向主管税务机关申请变更,不向工商登记部门申请变更。除上述三项信息外,企业在登记机关新设时采集的信息发生变更的,均由企业向工商登记部门申请变更。对于税务机关在后续管理中采集的其他必要涉税基础信息发生变更的,企业直接向税务机关申请变更即可。

未领取"一照一码"营业执照的企业申请变更登记或者申请换发营业执照的,税务机关应告知企业在登记机关申请变更,并换发载有统一社会信用代码的营业执照。原税务登记证由企业登记机关收缴、存档。企业"财务负责人""核算方式""经营地址"三项信息发生变化的,应直接向税务机关申请变更。

其他机关批准设立的未列入"一照一码"登记范围主体的变更事项,按照以下业务规程操作:

纳税人税务登记内容发生变化的,应当向原税务登记机关申报办理变更税务登记,报送材料有《变更税务登记表》、工商营业执照原件及复印件、纳税人变更登记内容的有关证明文件原件和复印件以及税务登记证件。

税务登记情形发生变化,但不涉及改变税务登记证件内容的纳税人,向原主管税务机关办理变更税务登记,报送材料为《变更税务登记表》、纳税人变更登记内容的有关证明文件原件及复印件。

纳税人已在工商行政管理机关办理变更登记的,应当自工商行政管理机关变更登记之日起30日内,向原税务机关申报办理变更税务登记。

纳税人按照规定不需要在工商行政管理机关办理变更登记,或者其变更登记的内容与工商登记内容无关的,应当自税务登记内容实际发生变化之日起30日内,或者自有关机关批准或者宣布变更之日起30日内,到原税务登记机关申报办理变更税务登记。

3. 停业、复业税务登记

实行定期定额征收方式的个体工商户需要停业的,应当在停业前向税务机关申报办理停业登记。纳税人的停业期不得超过一年。

纳税人在申报办理停业登记时,应如实填写停业申请登记表,说明停业理由、停业期限、停业前的纳税情况和发票的领、用、存情况,并结清应纳税款、滞纳金、罚款。税务机关应收存其税务登记证件及副本、发票领购簿、未使用完的发票和其他税务证件。

纳税人在停业期间发生纳税义务的,应当按照税收法律、行政法规的规定申报缴纳税款。

纳税人应当于恢复生产经营之前,向税务机关申报办理复业登记,如实填写《停业复业(提前复业)报告书》,领回并启用税务登记证件、发票领购簿及其停业前领购的发票。

纳税人停业期满不能及时恢复生产经营的,应当在停业期满前到税务机关办理延长停业登记,并如实填写《停业复业报告书》。

4. 注销税务登记

已实行"五证合一、一照一码"登记模式的企业办理注销登记,须先向税务主管机关申报清税,填写《清税申报表》。企业向税务主管机关提出清税申报,税务机关受理后应限时办理。清税完毕后税务机关向纳税人出具清税证明并将信息共享到交换平台。

未换发"五证合一、一照一码"营业执照的企业申请注销登记按照以下规程操作:

纳税人发生解散、破产、撤销以及其他情形，依法终止纳税义务的，应当在向工商行政管理机关或者其他机关办理注销登记前，持有关证件和资料向原税务登记机关申报办理注销税务登记。按规定不需要在工商行政管理机关或者其他机关办理注册登记的，应当自有关机关批准或者宣告终止之日起15日内，持有关证件和资料向原税务登记机关申报办理注销税务登记。

纳税人被工商行政管理机关吊销营业执照或者被其他机关予以撤销登记的，应当自营业执照被吊销或者被撤销登记之日起15日内，向原税务登记机关申报办理注销税务登记。

纳税人因住所、经营地点变动，涉及改变税务登记机关的，应当在向工商行政管理机关或者其他机关申请办理变更、注销登记前，或者住所、经营地点变动前，持有关证件和资料，向原税务登记机关申报办理注销税务登记，并自注销税务登记之日起30日内，向迁达地税务机关申报办理税务登记。

境外企业在中国境内承包建筑、安装、装配、勘探工程和提供劳务的，应当在项目完工、离开中国前15日内，持有关证件和资料，向原税务登记机关申报办理注销税务登记。

纳税人办理注销税务登记前，应当向税务机关提交相关证明文件和资料，结清应纳税款、多退（免）税款、滞纳金和罚款，缴销发票、税务登记证件和其他税务证件，经税务机关核准后，办理注销税务登记手续。

5.跨区域涉税事项报验管理

纳税人跨区域经营前不再开具相关证明，改为填报《跨区域涉税事项报告表》。纳税人跨省（自治区、直辖市和计划单列市）临时从事生产经营活动的，不再开具《外出经营活动税收管理证明》，改向机构所在地的税务机关填报《跨区域涉税事项报告表》。纳税人在省（自治区、直辖市和计划单列市）内跨县（市）临时从事生产经营活动的，是否实施跨区域涉税事项报验管理由各省（自治区、直辖市和计划单列市）税务机关自行确定。

取消跨区域涉税事项报验管理的固定有效期。税务机关不再按照180天设置报验管理的固定有效期，改将跨区域经营合同执行期限作为有效期限。合同延期的，纳税人可向经营地或机构所在地的税务机关办理报验管理有效期限延期手续。

实行跨区域涉税事项报验管理信息电子化。跨区域报验管理事项的报告、报验、延期、反馈等信息，通过信息系统在机构所在地和经营地的税务机关之间传递，机构所在地的税务机关与经营地的税务机关之间均要实时共享相关信息。

（二）账簿、凭证管理

账簿、凭证是税务机关对纳税义务人、扣缴义务人计征税款以及确认其是否履行纳税义务的重要依据。加强账簿、凭证管理，目的在于促使纳税义务人如实反映生产经营情况，保证国家税收的正确计征，预防和打击偷逃税等违法行为。纳税义务人、扣缴义务人应当按照有关法律、法规和财政、税务主管部门的规定设置账簿，依法核算。

1.账簿、凭证管理

（1）设置账簿的范围

《征管法》及其实施细则规定，凡从事生产经营的纳税义务人、扣缴义务人应自领取营业执照之日起15日内按照国家有关规定设置账簿。

生产经营规模小又确无建账能力的纳税人,可以聘请经批准从事会计代理记账业务的专业机构或者财会人员代为建账和办理账务。扣缴义务人应当在法定扣缴义务发生之日起 10 日内,按照所代扣、代收的税种,分别设置代扣代缴、代收代缴税款账簿。

纳税义务人、扣缴义务人会计制度健全,能够通过电子计算机正确、完整计算其收入或者所得的,其电子计算机储存和输出的会计记录,可以视同会计账簿,但是应当打印成书面记录并完整保存;会计制度不健全,不能通过电子计算机正确、完整计算其收入或者所得的,应当建立总账和与纳税或者代扣代缴、代收代缴税款有关的其他账簿。

(2)财务会计制度管理

《征管法》及其实施细则规定,从事生产经营的纳税人应当自领取税务登记证件之日起 15 日内,将其财务、会计制度或者财务、会计处理办法报送主管税务机关备案。纳税人使用计算机记账的,应当在使用前将会计电算化系统的会计核算软件、使用说明书及有关资料报送主管税务机关备案。纳税人建立的会计电算化系统应当符合国家有关规定,并能正确、完整核算其收入或者所得。

(3)会计档案保管

从事生产经营保管的纳税义务人、扣缴义务人必须按照国务院财政、税务主管部门规定的保管期限保管账簿、记账凭证、完税凭证、发票、出口凭证及其他有关资料(法律、行政法规另有规定的除外)。账簿、会计凭证、报表、完税凭证及其他有关纳税资料应当保存 10 年;但是,法律、行政法规另有规定的除外。账簿、记账凭证、完税凭证及其他有关资料不得伪造、变造或者擅自损毁。

2.发票管理和使用

发票是会计核算的原始凭证,也是税务稽查的重要依据。《征管法》规定,税务机关是发票的主管机关,负责发票的印制、领购、开具、取得、保管、检查、缴销的管理和监督。

(1)发票的印制

增值税专用发票由国务院税务主管部门指定的企业印制;其他发票,按照国务院税务主管部门的规定,分别由各省、自治区、直辖市税务局指定的企业印制。禁止私印、伪造、变造发票,禁止非法制造发票防伪专用品,禁止伪造发票监制章。

(2)发票的领购

根据现行规定,依法办理税务登记的纳税义务人,在领取税务登记证件后,应向税务机关申请领购发票。申请领购发票的单位和个人,应当提出购票申请,提供经办人身份证明、税务登记证件或者其他有关证明以及财务印章或者发票专用章的印模,经主管税务机关审核后,发给发票领购簿。领购发票的单位和个人凭发票领购簿核准的种类、数量以及购票方式,向主管税务机关领购发票。需要临时使用发票的单位和个人,可以直接向税务机关办理。

临时到外地(指省、自治区、直辖市以外,下同)从事经营活动的单位和个人,应当凭所在地税务机关的证明,向经营地税务机关申请领购经营地的发票。对外地来本辖区从事临时经营活动的单位和个人申请领购发票的,税务机关可以要求其提供保证人或者根据所领购发票的票面限额及数量缴纳不超过 10 000 元的保证金,并限期缴销发票。按期缴销发票的,解除保证人的担保义务或者退还保证金;未按期缴销发票的,由保证人或者以保证金承担法律责任。保证人是指在中国境内具有担保能力的公民、法人或者其他经济组织。增值税专用发票只限于增值税一般纳税义务人领购使用。

(3)发票的开具和保管

单位、个人在购销商品、提供或者接受经营服务以及从事其他经营活动中,应当按照规定开具、使用、取得发票。普通发票的开具、使用和取得,应注意以下几点(增值税专用发票开具、使用、取得的管理,按增值税有关规定办理):销货方按规定填开发票;购买方按规定索取发票;发票要全联一次填写;发票不得跨省、直辖市、自治区使用;发票限于领购单位和个人在本省、自治区、直辖市内开具;发票领购单位未经批准不得跨规定使用区域携带、邮寄、运输空白发票,禁止携带、邮寄或者运输空白发票出入境;开具发票要加盖财务印章或发票专用章;开具发票后,如发生销货退回需开红字发票的,必须收回原发票并注明"作废"字样或取得对方有效证明;发生销售折让的,在收回原发票并证明"作废"后,重新开具发票。

任何单位和个人不得转借、转让、代开发票,禁止倒买倒卖发票、发票监制章和发票防伪专用品。开具发票的单位和个人必须建立严格的发票保管制度,包括专人保管制度、专库保管制度、专账登记制度、保管交接制度和定期盘点制度。要定期向主管税务机关报告发票使用情况。已开具的发票存根联和发票登记簿应当保存5年。

(4)发票的检查

对发票进行检查,是税务机关的职权之一。税务机关在发票的检查中,具有以下职权:

①检查印制、领购、开具、取得和保管发票的情况。

②调出发票查验。

③查阅、复制与发票有关的凭证、资料。

④向当事人各方询问与发票有关的问题和情况。

⑤在查处发票案件时,对与案件有关的情况和资料,可以记录、录音、录像、照相和复制。

⑥对被检查人在境外取得的与纳税有关的收条或者凭证有疑义的,可以要求其提供境外公证机构或者注册会计师的确认证明。

⑦在发票检查中需要核对发票存根联与发票填写情况时,可向持有发票或者发票存根联的单位发出《发票填写情况核对卡》;有关单位应在接到税务机关《发票填写情况核对卡》后15日内如实填写有关情况报告。

(5)发票的缴销

发票的缴销包括发票收缴和发票销毁。**发票收缴**是指用票单位和个人按照规定向税务机关上缴已经使用或者未使用的发票;**发票销毁**是指由税务机关统一将自己或者他人已经使用或者未使用的发票进行销毁。收缴的发票不一定都要销毁,只有达到法律、法规保存时限后才能销毁。

3.税控管理

税控管理是指税务机关利用税控装置对纳税义务人的生产经营情况进行监督和管理,防止税款流失,提高税收征管工作效率,降低征收成本的各项活动的总称。国家根据税收

征收管理的需要,积极推广使用税控装置。纳税人应当按照规定安装、使用税控装置,并按照税务机关的规定报送有关数据和资料。纳税人不得损毁或者擅自改动税控装置。

> **知识链接**
>
> **误将发票存根销毁会受处罚吗?**
>
> 由于一时不慎,一家装饰材料公司的财务人员将2015年使用过的一本发票存根销毁了。对于这种情况,税务局会怎样处理?
>
> 分析:按照《中华人民共和国发票管理办法》规定:"开具发票的单位和个人应当按照税务机关的规定存放和保管发票,不得擅自销毁。已经开具的发票存根联和发票登记簿,应当保存5年。保存期满,报经税务机关查验后销毁。"
>
> 销毁的发票存根保存期未满5年,而且未经税务机关查验,擅自销毁,属未按规定保管发票行为。依据《中华人民共和国发票管理办法》第三十六条之规定,税务机关应责令该公司改正其违法行为,并处以10 000元以下的罚款。

(三)纳税申报管理

纳税申报是纳税义务人按照税法规定的期限和内容,向税务机关提交有关纳税事项书面报告的法律行为,是纳税义务人履行纳税义务、界定纳税义务人法律责任的主要依据,是税务机关税收管理信息的主要来源和税务管理的重要制度。

1.纳税申报的对象

《征管法》规定,纳税申报的对象为纳税义务人(包括取得临时应税收入或发生应税行为的纳税义务人,享有减税、免税待遇的纳税义务人)和扣缴义务人。

2.纳税申报的内容

纳税义务人和扣缴义务人的纳税申报和代扣代缴、代收代缴税款报告的主要内容包括:税种,税目,应纳税项目或者应代扣、代收税款项目,适用税率或者单位税额,计税依据,扣除项目及标准,适用税率或者单位税额,应退税项目及税额、应减免税项目及税额,应纳税额或者应代扣代缴、代收代缴税额,税款所属期限、延期缴纳税款、欠税、滞纳金等。

3.纳税申报的期限

纳税申报的期限有两种:一种是法律、行政法规明确规定的;另一种是税务机关按照法律、行政法规的原则规定,结合纳税义务人生产经营的实际情况及其所应缴纳的税种等相关问题予以确定的。两种期限具有同等的法律效力。纳税义务人和扣缴义务人应按期、如实办理纳税申报。纳税义务人因有特殊情况,不能按期进行纳税申报的,经县以上税务机关核准,可以延期申报。经核准延期办理纳税申报的,应当在纳税期内按照上期实际缴纳的税额,或者税务机关核定的税额预缴税款,并在核准的延期内办理纳税结算。

4.纳税申报的要求

纳税义务人办理纳税申报时,应当如实填写《纳税申报表》,并根据不同情况相应报送有关证件、资料:财务会计报表及其说明材料、与纳税有关的合同、协议书及凭证、税控装置的电子报税资料、外出经营活动的税收管理证明及异地完税凭证、境内或者境外公证机构出具的有关证明文件、税务机关规定应当报送的其他证明、资料。

扣缴义务人办理代扣代缴、代收代缴税款报告时,应当如实填写代扣代缴、代收代缴税款报告表,并报送代扣代缴、代收代缴税款的合法凭证以及税务机关规定的其他有关证明、资料。

在纳税期内没有应纳税款的,也应当按照规定办理纳税申报。纳税人享受减税、免税待遇的,在减税、免税期间应当按照规定办理纳税申报。但是随增值税、消费税附征的城市维护建设税、教育费附加免于零申报。对于采取简易申报方式的定期定额户,在规定期限内通过财税库银电子缴税系统批量扣税或委托银行扣缴核定税款的,当期可不办理申报手续,实行以缴代报。

5.纳税申报的方式

目前纳税申报的方式主要有以下四种:

(1)直接申报,是指纳税义务人自行到税务机关办理纳税申报。这是一种传统的申报方式。

(2)邮寄申报,是指经税务机关批准的纳税义务人使用统一规定的纳税申报特快专递专用信封,通过邮政部门办理缴寄手续,并向邮政部门索取收据作为申报凭据的一种申报方式。纳税人采取邮寄方式办理纳税申报的,应当使用统一的纳税申报专用信封,并以邮政部门收据作为申报凭据。邮寄申报以寄出的邮戳日期为实际申报日期。

(3)数据电文,是指税务机关确定的电话语音、电子数据交换和网络传输等电子方式。纳税人采取电子方式办理纳税申报的,应当按照税务机关规定的期限和要求保存有关资料,并定期书面报送主管税务机关。

(4)代理申报。纳税人、扣缴义务人委托税务师代为办理纳税申报。实行定期定额缴纳税款的纳税人,可以实行简易申报、简并征期等申报纳税方式。

6.延期申报的管理

延期申报是指纳税义务人、扣缴义务人不能按照税法规定的期限办理纳税申报或扣缴税款报告。纳税人、扣缴义务人按照规定的期限办理纳税申报或者报送代扣代缴、代收代缴税款报告表确有困难,需要延期的,应当在规定的期限内向税务机关提出书面延期申请,经税务机关核准,在核准的期限内办理。

纳税人、扣缴义务人因不可抗力,不能按期办理纳税申报或者报送代扣代缴、代收代缴税款报告表的,可以延期办理;但是,应当在不可抗力情形消除后立即向税务机关报告。税务机关应当查明事实,予以核准。

经核准延期办理纳税申报、报送事项的,应当在纳税期内按照上期实际缴纳的税额或者税务机关核定的税额预缴税款,并在核准的延期内办理纳税结算。

三 税款征收

税款征收是依照法律、行政法规的规定将纳税人应纳的税款组织入库的一系列活动的总称,是税收征收管理工作的中心环节。

(一)征收方式

1.查账征收

查账征收是指按纳税义务人提供的账表所反映的经营情况,依照适用税率计算税款的方式。适用于财务会计制度较健全、能够认真履行纳税义务的纳税单位。

2.查定征收

查定征收是指税务机关根据纳税义务人的从业人员、生产设备、采用原材料等因素,对其产制的应税产品查实核定产量、销售额并据以征收税款的方式。这种方式一般适用于账册不够健全,但是能够控制原材料或进销货的纳税单位。

3.查验征收

查验征收是指税务机关对纳税义务人的应税商品,通过查验数量,按市场一般销售单价计算其销售收入并据以征税的方式。这种方式一般适用于经营品种比较单一,经营地点、时间和商品来源不固定的纳税单位。

4.定期定额征收

定期定额征收是指税务机关通过典型调查,逐户确定营业额和所得额并据以征税的方式。这种方式一般适用于无完整考核依据的小型纳税单位。

5.代扣代缴

代扣代缴是指按照税法规定,负有扣缴纳税义务的单位和个人,负责对纳税人应纳的税款进行代扣代缴的一种方式。即由支付人在向纳税人支付款项时,从所支付的款项中依法直接扣收税款并代为缴纳。

6.代收代缴

代收代缴是指按照税法规定,负有收缴税款纳税义务的单位和个人,负责对纳税人应纳的税款进行代收代缴的一种方式。即由与纳税人有经济业务往来的单位和个人在向纳税人收取款项时依法收取税款。

7.委托代征

委托代征是税务机关根据有利于税收控管和方便纳税的原则,按照双方自愿、简便征收、强化管理、依法委托的原则和国家有关规定,委托有关单位和人员代征零星分散和异地缴纳的税收的行为。

(二)税款征收措施

1.由主管税务机关调整应纳税额

纳税人有下列情形之一的,税务机关有权核定其应纳税额:

(1)依照法律、行政法规的规定可以不设置账簿的。

(2)依照法律、行政法规的规定应当设置但未设置账簿的。

(3)擅自销毁账簿或者拒不提供纳税资料的。

(4)虽设置账簿,但账目混乱或者成本资料、收入凭证、费用凭证残缺不全,难以查账的。

(5)发生纳税义务,未按照规定的期限办理纳税申报,经税务机关责令限期申报,逾期仍不申报的。

(6)纳税义务人申报的计税依据明显偏低,又无正当理由的。

2.关联企业纳税调整

企业或者外国企业在中国境内设立的从事生产、经营的机构、场所与其关联企业之间的业务往来,应当按照独立企业之间的业务往来收取或者支付价款、费用;不按照独立企业之间的业务往来收取或者支付价款、费用,而减少其应纳税的收入或者所得额的,税务机关有权进行合理调整。纳税义务人与关联企业之间的购销业务,不按照独立企业之

间的业务往来作价的,税务机关可以按照下列顺序和确定的方法调整其计税收入额或者所得额,核定其应纳税额:

(1)按照独立企业之间进行相同或者类似业务活动的价格。

(2)按照再销售给无关联关系的第三者的价格所应取得的收入和利润水平。

(3)按照成本加合理的费用和利润。

(4)按照其他合理的方法。

纳税人与其关联企业未按照独立企业之间的业务往来支付价款、费用的,税务机关自该业务往来发生的纳税年度起3年内进行调整;有特殊情况的,可以自该业务往来发生的纳税年度起10年内进行调整。

特殊情况是指纳税义务人有下列情形之一的:

(1)纳税义务人在以前年度与其关联企业间业务往来累计达到或超过10万元人民币的。

(2)经税务机关案头分析,纳税义务人在以前年度与其关联企业业务往来,预计需调增其应纳税收入或所得额达50万元人民币的。

(3)纳税义务人在以前年度与设在避税地的关联企业有业务往来的。

(4)纳税义务人在以前年度未按规定进行关联企业间业务往来年度申报,或申报内容不实,或不提供有关价格、费用标准的。

3.责令缴纳

对未按照规定办理税务登记的从事生产经营的纳税人以及临时从事经营的纳税人,由税务机关核定其应纳税额,责令缴纳;不缴纳的,税务机关可以扣押其价值相当于应纳税款的商品、货物。扣押后缴纳应纳税款的,税务机关必须立即解除扣押,并归还所扣押的商品、货物;扣押后仍不缴纳应纳税款的,经县以上税务局(分局)局长批准,依法拍卖或者变卖所扣押的商品、货物,以拍卖或者变卖所得抵缴税款。

对有些未取得营业执照从事经营的单位或个人,除由工商行政管理机关依法处理外,由主管税务机关核定其应纳税额,责令缴纳。

4.责令提供纳税担保

税务机关有根据认为从事生产经营的纳税人有逃避纳税义务行为的,可以在规定的纳税期之前,责令限期缴纳应纳税款;在限期内发现纳税人有明显的转移、隐匿其应纳税的商品、货物以及其他财产或者应纳税的收入的迹象的,税务机关可以责成纳税人提供纳税担保。

5.采取税收保全措施

税务机关责令纳税人提供纳税担保而纳税人拒绝提供纳税担保或无力提供纳税担保的,经县以上税务局(分局)局长批准,税务机关可以采取下列税收保全措施:

(1)书面通知纳税人开户银行或者其他金融机构冻结纳税人的金额相当于应纳税款的存款。

(2)扣押、查封纳税人的价值相当于应纳税款的商品、货物或者其他财产。

税务机关执行扣押、查封商品、货物或者其他财产时,应当由两名以上税务人员执行,并通知被执行人。被执行人是自然人的,应当通知被执行人本人或者其成年家属到场;被执行人是法人或者其他组织的,应当通知其法定代表人或者主要负责人到场;拒不到场的,不影响执行。税务机关依照税收征管法规定,扣押纳税人商品、货物的,纳税人应当自扣押之日起15日内缴纳税款。

纳税人在税务机关采取税收保全措施后,按照税务机关规定的期限缴纳税款的,税务机关应当自收到税款或者银行转回的完税凭证之日起1日内解除税收保全。纳税人在限期内已缴纳税款,税务机关未立即解除税收保全措施,使纳税人的合法利益遭受损失的,税务机关应当承担赔偿责任。

个人及其所扶养家属维持生活必需的住房和用品,不在税收保全措施的范围之内。

个人所扶养家属,是指与纳税人共同居住生活的配偶、直系亲属以及无生活来源并由纳税人扶养的其他亲属。

个人及其所扶养家属维持生活必需的住房和用品不包括机动车辆、金银饰品、古玩字画、豪华住宅或者一处以外的住房。

税务机关对单价5000元以下的其他生活用品,不采取税收保全措施和强制执行措施。

纳税人在规定的限期内缴纳税款的,税务机关必须立即解除税收保全措施;限期期满仍未缴纳税款的,经县以上税务局(分局)局长批准,税务机关可以书面通知纳税人开户银行或者其他金融机构从其冻结的存款中扣缴税款,或者依法拍卖或者变卖所扣押、查封的商品、货物或者其他财产,以拍卖或者变卖所得抵缴税款。

6.采取强制执行措施

从事生产经营的纳税人、扣缴义务人未按照规定的期限缴纳或者解缴税款,纳税担保人未按照规定的期限缴纳所担保的税款,由税务机关责令限期缴纳,逾期仍未缴纳的,经县以上税务局(分局)局长批准,税务机关可以采取下列强制执行措施:

(1)书面通知其开户银行或者其他金融机构从其存款中扣缴税款。

(2)扣押、查封、依法拍卖或者变卖其价值相当于应纳税款的商品、货物或者其他财产,以拍卖或者变卖所得抵缴税款。

税务机关采取强制执行措施时,对纳税人、扣缴义务人、纳税担保人未缴纳的滞纳金同时强制执行。税务机关扣押纳税人商品、货物的,纳税人应当自扣押之日起15日内缴纳税款。

个人及其所扶养家属维持生活必需的住房和用品,不在强制执行措施的范围之内。

采取税收保全措施、强制执行措施的权力,不得由法定的税务机关以外的单位和个人行使。税务机关采取税收保全措施和强制执行措施必须依照法定权限和法定程序,不得查封、扣押纳税人个人及其所扶养家属维持生活必需的住房和用品。税务机关滥用职权违法采取税收保全措施、强制执行措施,或者采取税收保全措施、强制执行措施不当,使纳税人、扣缴义务人或者纳税担保人的合法权益遭受损失的,应当依法承担赔偿责任。

对价值超过应纳税额且不可分割的商品、货物或者其他财产,税务机关在纳税人、扣缴义务人或者纳税担保人无其他可供强制执行的财产的情况下,可以整体扣押、查封、拍卖,以拍卖所得抵缴税款、滞纳金、罚款以及扣押、查封、保管、拍卖等费用。

税务机关实施扣押、查封时,对有产权证件的动产或者不动产,税务机关可以责令当事人将产权证件交税务机关保管,同时可以向有关机关发出协助执行通知书,有关机关在扣押、查封期间不再办理该动产或者不动产的过户手续。

对查封的商品、货物或者其他财产,税务机关可以指令被执行人负责保管,保管责任由被执行人承担。继续使用被查封的财产不会减少其价值的,税务机关可以允许被执行人继续使用;因被执行人保管或者使用的过错造成的损失,由被执行人承担。

7. 欠税清缴制度

欠缴税款的纳税人或者他的法定代表人需要出境的,应当在出境前向税务机关结清应纳税款、滞纳金或者提供担保。未结清税款、滞纳金,又不提供担保的,税务机关可以通知出境管理机关阻止其出境。

欠缴税款数额较大的纳税人在处分其不动产或者大额资产之前,应当向税务机关报告。

欠缴税款的纳税人因怠于行使到期债权,或者放弃到期债权,或者无偿转让财产,或者以明显不合理的低价转让财产而受让人知道该情形,对国家税收造成损害的,税务机关可以依照合同法的规定行使代位权、撤销权。税务机关行使代位权、撤销权的,不免除欠缴税款的纳税人尚未履行的纳税义务和应承担的法律责任。

8. 税款的退还与追征制度

《征管法》规定,纳税义务人超过应纳税额缴纳的税款,税务机关发现后应立即退还;纳税义务人自结算缴纳税款之日起3年内发现的,可以向税务机关要求退还多缴的税款并加算银行同期存款利息,税务机关及时查实后应当立即退还;涉及从国库中退库的,依照法律、行政法规有关国库管理的规定退还。

因税务机关责任,致使纳税义务人、扣缴义务人未缴或者少缴税款的,税务机关可以要求纳税义务人、扣缴义务人补缴税款,但不得加收滞纳金。因纳税义务人、扣缴义务人计算错误等失误,未缴或者少缴税款的,税务机关在3年内可以追征税款、滞纳金;有特殊情况的,追征期可以延长到5年。其特殊情况是指纳税义务人、扣缴义务人计算错误等失误,未缴或者少缴、未扣或者少扣、未收或者少收税款,累计在10万元以上的。

对偷税、抗税、骗税的,税务机关追征其未缴或者少缴的税款、滞纳金或所骗取的税款,不受此规定限制。

补缴和追征期限自纳税义务人、扣缴义务人应缴未缴或少缴之日起计算。

四 税务检查

税务检查是税务机关以国家税收法律、行政法规为依据,对纳税义务人、扣缴义务人履行纳税义务和代扣代缴、代收代缴义务等情况进行的审查监督活动。通过税务检查,能够了解税法执行情况,发现有无违反财经纪律和财务会计制度以及隐瞒收入、偷税漏税、骗取出口退税等问题。有利于严肃税收法纪,纠正错漏,保证税收收入。

(一)税务检查的范围

1.《征管法》及其实施细则规定

税务机关有权进行下列税务检查:

(1)检查纳税义务人的账簿、记账凭证、报表和有关资料,检查扣缴义务人代扣代缴、代收代缴税款账簿记账凭证和有关资料。

(2)到纳税义务人的生产经营场所和货物存放地检查纳税义务人应纳税的商品、货物或其他财产,检查扣缴义务人与代扣代缴、代收代缴税款有关的经营资料。

(3)责成纳税义务人、扣缴义务人提供与纳税或代扣代缴、代收代缴税款有关的文件、证明材料和有关资料。

(4)询问纳税义务人、扣缴义务人与纳税或者代扣代缴、代收代缴税款有关的问题和情况。

(5)到码头、机场、车站、邮政企业及其分支机构检查纳税义务人托运、邮寄应税商品、货物或者其他财产的有关单据、凭证和有关资料。

(6)经县以上税务局(分局)局长批准,凭全国统一格式的检查存款账户许可证明,查询从事生产经营的纳税义务人、扣缴义务人在银行或其他金融机构的存款账户。税务人员进行税务检查时,应出示税务检查证和税务检查通知书,未出示税务检查证和税务检查通知书的,被检查人有权拒绝检查。税务人员有责任为被检查人保守秘密。

2.其他相关规定

纳税义务人、扣缴义务人必须接受税务机关依法进行的税务检查,如实反映情况,提供有关资料,不得拒绝、隐瞒。

税务机关依法进行税务检查时,有权向有关单位和个人调查纳税义务人、扣缴义务人和其他当事人与纳税或者代扣代缴、代收代缴税款有关的情况,有关单位和个人有义务向税务机关如实提供有关资料及证明材料。税务机关调查税务违法案件时,对与案件有关的情况和资料,可以记录、录音、录像、照相和复制。税务机关对从事生产经营的纳税义务人以前纳税期的纳税情况依法进行税务检查时,发现纳税义务人有逃避纳税义务行为,并有明显的转移、隐匿其应纳税的商品、货物以及其他财产或者应纳税收入迹象的,可以按照《征管法》规定的批准权限采取税收保全措施或者强制执行措施。

(二)税务检查的方法和程序

1.税务检查的方法分为具体方法和基本方法

税务检查的具体方法是指检查某个环节、某项具体问题时所采取的特定方法,主要有复核、对账、调查、审阅、盘点、比较分析。

税务检查的基本方法是指具有普遍意义的方法,主要有:

(1)全查法与抽查法。

(2)顺查法与逆查法。

(3)现场检查法与调账检查法。

(4)比较分析法与控制计算法。

(5)审阅法、核对法与外调法。

(6)盘存法与交叉稽核法。

以上几种方法各有优劣,在实际运用中应有选择地结合起来运用。

2.税务检查必须遵循的程序

一般来说,税务检查包括查前准备、实施检查、分析定案、上报审批、送达执行、立卷归档等六个环节。税务检查的定案是税务检查的终结性工作。在定案时,必须以事实为依据,按照有关法律的规定提出处理意见,经审批后,即可送达当事人执行。

五 法律责任

(一)纳税义务人违反税收征收管理的法律责任

1.纳税义务人违反税务管理行为的法律责任

(1)纳税义务人有下列行为之一的,由税务机关责令限期改正,可处以2 000元以下的罚款;情节严重的处以2 000元以上10 000元以下的罚款:

①未按照规定的期限申报办理税务登记、变更或注销登记的。

②未按照规定设置、保管账簿或者保管记账凭证和有关资料的。

③未按照规定将财务、会计制度或者财务、会计处理办法和会计核算软件报送税务机关备查的。

④未按照规定将其全部银行账号向税务机关报告的。

⑤未按照规定安装、使用税控装置,损毁或者擅自改动税控装置的。

(2)纳税义务人不办理税务登记的,由税务机关责令限期改正;逾期不改正的,经税务机关提请,由工商行政管理机关吊销其营业执照。

(3)纳税义务人未按照规定使用税务登记证件,或者转借、涂改、损毁、买卖、伪造税务登记证件的,处以2 000元以上10 000元以下的罚款;情节严重的,处以10 000元以上50 000元以下的罚款。

(4)违反《征管法》的规定,非法印制发票的,由税务机关销毁非法印制的发票,没收违法所得和作案工具,并处以10 000元以上50 000元以下的罚款;构成犯罪的,依法追究刑事责任。

(5)从事生产经营的纳税义务人有违反《征管法》规定的违法行为,拒不接受税务机关处理的,税务机关可以收缴其发票或者停止向其发售发票。

2.纳税义务人违反纳税申报规定行为的法律责任

(1)纳税义务人未按照规定的期限办理纳税申报和报送纳税资料的,由税务机关责令限期改正,可处以2 000元以下的罚款;情节严重的,可处以2 000元以上10 000元以下的罚款。

(2)纳税义务人、扣缴义务人编造虚假计税依据的,由税务机关责令限期改正,并处以50 000元以下的罚款。

(3)纳税义务人不进行纳税申报,不缴或者少缴应纳税款的,由税务机关追缴其不缴或者少缴的税款、滞纳金,并处以不缴或者少缴税款50%以上5倍以下的罚款。

3.纳税义务人偷税行为的法律责任

偷税行为是指纳税义务人伪造、变造、隐匿、擅自销毁账簿、记账凭证,或者在账簿上多列支出或者不列、少列收入,或者经税务机关通知申报而拒不申报或者进行虚假的纳税申报,不缴或者少缴应纳税款的行为。对于纳税义务人的偷税行为,由税务机关追缴其不缴或者少缴的税款、滞纳金,并处以不缴或者少缴税款50%以上5倍以下的罚款;构成犯罪的,依法追究刑事责任。

4.纳税义务人逃避税务机关追缴欠税行为的法律责任

纳税义务人欠缴应纳税款,采取转移或者隐匿财产的手段,妨碍税务机关追缴欠缴的税款的,由税务机关追缴欠缴的税款、滞纳金,并处以欠缴税款50%以上5倍以下的罚款;构成犯罪的,依法追究刑事责任。

5.纳税义务人骗取出口退税行为的法律责任

以假报出口或者其他欺骗手段,骗取国家出口退税款的,由税务机关追缴其骗取的退税款,并处以骗取税款1倍以上5倍以下的罚款;构成犯罪的,依法追究刑事责任。对骗取国家出口退税款的,税务机关可以在规定期间内停止为其办理出口退税。

6.纳税义务人抗税行为的法律责任

抗税行为是指以暴力、威胁方法拒不缴纳税款的行为。对于抗税行为,除由税务机关追缴其拒缴的税款、滞纳金外,还要依法追究其刑事责任。情节轻微,未构成犯罪的,税务机关追缴其拒缴的税款、滞纳金,并处以拒缴税款1倍以上5倍以下的罚款。

7.纳税义务人拖欠税款行为的法律责任

纳税义务人在规定期限内不缴或者少缴应纳或者应解缴的税款,经税务机关责令限期缴纳,逾期仍未缴纳的,税务机关除依法采取强制执行措施追缴其不缴或者少缴的税款外,可处以不缴或者少缴的税款50%以上5倍以下的罚款。

(二)扣缴义务人违反税法行为的法律责任

1.扣缴义务人未按照规定设置、保管代扣代缴、代收代缴税款账簿或者保管代扣代缴、代收代缴税款记账凭证及有关资料的,由税务机关责令限期改正,可处以2 000元以下的罚款;情节严重的,处以2 000元以上5 000元以下的罚款。

2.扣缴义务人未按照规定的期限向税务机关报送代扣代缴、代收代缴税款报告表和有关资料的,由税务机关责令限期改正,可处以2 000元以下的罚款;情节严重的,可处以2 000元以上10 000元以下的罚款。

3.扣缴义务人偷税:扣缴义务人采取伪造、变造、隐匿、擅自销毁账簿、记账凭证,或者在账簿上多列支出或者不列、少列收入,或者经税务机关通知申报而拒不申报或者进行虚假的纳税申报,不缴或者少缴已扣、已收税款,由税务机关追缴其不缴或者少缴的税款、滞纳金,并处以不缴或者少缴的税款50%以上5倍以下的罚款;构成犯罪的,依法追究刑事责任。扣缴义务人编造虚假计税依据的,由税务机关责令限期改正,并处以50 000元以下的罚款。

4.扣缴义务人欠税:扣缴义务人在规定期限内不缴或者少缴应纳或者应解缴的税款,经税务机关责令限期缴纳,逾期仍未缴纳的,税务机关除依法采取强制执行措施追缴其不缴或者少缴的税款外,可处以不缴或者少缴的税款50%以上5倍以下的罚款。

5.扣缴义务人应扣未扣、应收未收税款的,由税务机关向纳税义务人追缴税款,对扣缴义务人处以应扣未扣、应收未收的税款50%以上3倍以下的罚款。

6.扣缴义务人逃避、拒绝或者以其他方式抗税,阻挠税务机关检查的,由税务机关责令改正,可处以10 000元以下的罚款;情节严重的,处以10 000元以上50 000元以下的罚款。

7.扣缴义务人有《征管法》规定的税收违法行为,拒不接受税务机关处理的,税务机关可以收缴其发票或者停止向其发售发票。

(三)开户银行及金融机构违反税法行为的法律责任

纳税义务人、扣缴义务人的开户银行或者其他金融机构拒绝接受税务机关依法检查纳税义务人、扣缴义务人的存款账户,或者拒绝执行税务机关做出的冻结存款或者扣缴税款的决定,或者在接到税务机关的书面通知后帮助纳税义务人、扣缴义务人转移存款,造成税款流失的,由税务机关处以10万元以上50万元以下的罚款,对直接负责的主管人员和其他直接责任人员处以1 000元以上10 000元以下的罚款。

(四)税务机关及其税务人员违反税法行为的法律责任

1. 税务机关违反规定擅自改变税收征收管理范围和税款入库预算级次的,责令限期改正,对直接负责的主管人员和其他直接责任人员依法给予降级或者撤职的行政处分。

2. 税务机关、税务人员查封、扣押纳税义务人个人及其所抚养家属维持生活必需的住房和用品的,责令退还,并依法给予行政处分;构成犯罪的,依法追究刑事责任。

3. 税务机关违反法律、行政法规的规定提前征收、延缓征收或者摊派税款的,由其上级机关或者行政监察机关责令改正,对直接负责的主管人员和其他直接责任人员依法给予行政处分。

4. 违反法律、行政法规的规定,擅自做出税收的开征、停征或者减税、免税、退税、补税以及其他同税收法律、行政法规相抵触的决定的,除依照《征管法》的规定撤销其擅自做出的决定外,还应补征应征未征的税款,退还不应征收而征收的税款,并由上级机关追究直接负责的主管人员和其他直接责任人员的行政责任;构成犯罪的,依法追究刑事责任。

5. 未按照规定为纳税义务人、扣缴义务人、检举人保密的,对直接负责的主管人员和其他直接责任人员,由所在单位或者有关单位依法给予行政处分。

6. 税务人员利用职务上的便利,收受或者索取纳税义务人、扣缴义务人财物或者谋取其他不正当利益,构成犯罪的,依法追究刑事责任;尚不构成犯罪的,依法给予行政处分。

7. 税务人员的渎职行为:徇私舞弊或者玩忽职守,不征或者少征应征税款,致使国家税收遭受重大损失构成犯罪的,依法追究刑事责任,处以5年以下有期徒刑或者拘役;造成特别重大损失的,处以5年以上有期徒刑;尚不构成犯罪的,依法给予行政处分。

8. 税务人员滥用职权,故意刁难纳税义务人、扣缴义务人的,调离税收工作岗位,并依法给予行政处分。

9. 税务人员对控告、检举税收违法违纪行为的纳税义务人、扣缴义务人以及其他检举人进行打击报复的,依法给予行政处分;构成犯罪的,依法追究刑事责任。

10. 税务人员违反法律、行政法规的规定,故意高估或者低估农业税计税产量,致使多征或者少征税款,侵犯农民合法权益或者损害国家利益,构成犯罪的,依法追究刑事责任;尚不构成犯罪的,依法给予行政处分。

11. 税务人员在征收税款或者查处税收违法案件时,未按照规定进行回避的,对直接负责的主管人员和其他直接责任人员,依法给予行政处分。

(五)违反税务代理的法律责任

税务代理人违反税收法律、行政法规,造成纳税义务人未缴或少缴税款的,除由纳税义务人缴纳或者补缴应纳税款、滞纳金外,对税务代理人处以纳税义务人未缴或少缴税款的50%以上3倍以下的罚款。

任务二　税务行政法制

任务情境

1985年赵兵在户籍所在村建草房3间,宅基地总面积182平方米。1992年全县进行地籍调查、确权颁证工作时,县政府为其颁发了集体土地建设用地使用证。1995年赵兵全家到外地工作。2000年在全县开展新一轮换证工作,并通告逾期换证的全部作废。赵兵因不知情一直未申请更换新的土地使用证。2009年4月,李军推倒赵兵院墙并占用其部分宅基地施工建造房屋。赵兵得知后回家予以制止,始知早在2006年6月县政府即为李军颁发了集体土地使用证,该证涵盖了赵兵的部分宅基地,李军推倒赵兵院墙建房。赵兵于2009年5月申请复议。县政府在行政复议过程中答复指出,2000年赵兵逾期不换证,其土地使用证已作废。其草房属危房且其宅基地早已闲置不用,县政府确权给急需建房的李军使用符合土地管理法的规定。

任务要求

1. 颁发土地使用证的行政许可行为能因未换证自动失效吗?
2. 县政府的做法适当吗?为什么?

一　税务行政处罚

税务行政处罚是指公民或者其他经济组织有违反税收征收管理秩序的违法行为,尚未构成犯罪,依法应当承担行政责任的,由税务机关给予行政处罚。它包括以下几个方面:

当事人的行为违反了税收法律规范,侵犯的客体是税收征收管理秩序,应当承担行政责任;

从当事人主观方面说,并不区分是否有主观故意或者过失,只要有税务违法行为存在,并有法定依据给予行政处罚的,就要承担行政责任,依法给予税务行政处罚;

当事人行为一般尚未构成犯罪,依法应当给予行政处罚的行为;

给予行政处罚的主体是税务机关。

(一)税务行政处罚的设定和形式

1. 税务行政处罚的设定

税务行政处罚的设定是指由特定的国家机关通过一定形式独立规定公民、法人或者其他组织的行为规范,并规定违反该行为规范的行政制裁措施。我国现行税收法制的原则是税权集中、税法统一,税收立法权主要集中在中央。

(1)全国人民代表大会及其常务委员会可以通过法律形式设定各种税务行政处罚。

(2)国务院可以通过行政法规的形式设定除限制人身自由外的税务行政处罚。

(3)国家税务总局可以通过规章的形式设定警告和罚款。税务行政规章对非经营活动中的违法行为设定罚款不得超过1 000元;对经营活动中的违法行为,有违法所得的设定罚款不得超过违法所得的3倍,且最高不得超过30 000元,没有违法所得的设定罚款不得超过10 000元;超过限额的,应当报国务院批准。

2.税务行政处罚的形式

现行税务行政处罚主要有以下形式:

(1)罚款。

(2)没收非法所得。

(3)停止出口退税权。

(4)收缴发票或暂停供应发票。

(二)税务行政处罚的主体和管辖

1.税务行政处罚的主体

税务行政处罚的主体主要是县以上税务机关。我国税务机关的组织构成包括国家税务总局,省、自治区、直辖市税务局,地(市、州、盟)税务局,县(市、旗)税务局四级。这些税务机关都具有税务行政处罚的主体资格。

各级税务机关的内设机构、派出机构不具备税务行政处罚的主体资格,不能以自己的名义实施税务行政处罚。但是税务所可实施2 000元以下的税务行政处罚,这是《征管法》对税务所的特别授权。

2.税务行政处罚的管辖

税务行政处罚实行行为发生地的原则,由当事人税收违法行为发生地的县(市、旗)以上税务机关管辖。

(三)税务行政处罚的简易程序和一般程序

1.税务行政处罚的简易程序

税务行政处罚的简易程序是指税务机关及其执法人员对公民、法人或者其他组织违反税收征收管理秩序的行为,当场做出税务行政处罚决定的行政处罚程序。简易程序的适用条件:一是案情简单、事实清楚、违法后果比较轻微且有法定依据给予处罚的违法行为;二是给予的处罚较轻,仅适用于对公民处以50元以下和对法人或者其他组织处以1 000元以下罚款的违法案件。

符合上述条件的,税务行政执法人员当场做出税务行政处罚决定,并按照下列程序进行:

(1)向当事人出示税务行政执法身份证件。

(2)告知当事人税务行政处罚的违法事实、依据和陈述申辩权。

(3)听取当事人陈述申辩意见。

(4)填写具有预定格式、编有号码的税务行政处罚决定书,并当场交付当事人。

税务行政执法人员当场制作的税务行政处罚决定书,应当报所属税务机关备案。

2.税务行政处罚的一般程序

除了适用简易程序的税务违法案件之外,对于其他违法案件,税务机关在做出处罚决定之前都要经过立案、调查取证(有的案件还要举行听证)、审查、决定、执行程序。适用一般程序的案件一般是情节比较复杂、处罚比较重的案件。

(1)调查与审查。对税务违法案件的调查取证由税务机关内部设立的调查机构负

责。调查机构进行调查取证后,对依法应当给予行政处罚的,应及时制作《税务行政处罚事项告知书》并送达当事人。调查终结,调查机构应当制作调查报告,并及时将调查报告连同所有案卷材料移交审查机构审查。审查机构应当自调查机构移交案卷之日起10日内审查终结,制作审查报告,并连同案卷材料报送税务机关负责人审批。

(2)听证。听证是指税务机关在对当事人某些违法行为做出处罚决定之前,按照一定形式听取调查人员和当事人意见的程序。税务行政处罚听证的范围是对公民做出2 000元以上(含本数)或者对法人或其他组织做出10 000元以上(含本数)罚款的案件。

税务行政处罚听证的程序是:

①凡属于听证范围的案件,在做出处罚决定之前应当首先向当事人送达《税务行政处罚事项告知书》,并告知有要求举行听证的权利。

②要求举行听证的当事人,应当在收到《税务行政处罚事项告知书》后的3日内向税务机关书面提出听证要求,逾期不提出的,视为放弃听证权利。

③税务机关应当在当事人提出听证要求后的15日内举行听证,并在进行听证的7日前将《税务行政处罚听证通知书》送达当事人。

④除涉及国家机密、商业秘密或者个人隐私的案件不公开听证之外,对于公开听证的案件,应当先公告案情和听证的时间、地点并允许公众旁听。

⑤听证会开始时,由税务机关内设的非本案调查人员(主持人)声明并出示税务机关负责人授权主持听证的决定,查明有关人员是否到场,宣布听证会的组成人员名单,告知当事人有关的权利义务,记录员宣读听证会纪律。

⑥听证会开始后,先由调查人员就当事人的违法行为进行指控,并出示证据材料,提出处罚建议,再由当事人进行申辩和质证,然后控辩双方辩论,辩论终结,当事人进行最后陈述。

⑦听证的全部活动应当由记录员制作笔录并交当事人审核签章。

⑧完成听证任务或有听证终止情形发生时,主持人宣布终止听证。

听证结束后,主持人应当制作听证报告并连同听证笔录附卷移交审查机构审查。

(3)决定。

审查机构做出审查意见并报送税务机关负责人审批后,应当在收到审批意见之日起3日内,根据以下不同情况分别制作处理决定书再报送税务机关负责人签发:

①有应受行政处罚的违法行为的,根据情节轻重及具体情况予以处罚。

②违法行为轻微,依法可以不予行政处罚的不予行政处罚。

③违法事实不成立,不得予以行政处罚。

④违法行为已构成犯罪的移送公安机关。

(四)税务行政处罚的执行

税务机关做出行政处罚决定后,应当依法送达当事人执行。税务行政处罚的执行是指履行税务机关依法做出的行政处罚决定的活动。

税务机关对当事人做出罚款行政处罚决定的,当事人应当在行政处罚规定的期限内予以履行;当事人在法定期限内不申请行政复议也不向人民法院起诉又不履行的,做出处罚决定的税务机关可以采取强制执行措施,或者申请人民法院强制执行。当事人应当在收到行政处罚决定书之日起15日内缴纳罚款;逾期不缴纳的,税务机关可以对当事人每日按罚款数额的3%加收罚款。

1.税务机关行政执法人员当场收缴罚款

税务机关对当事人调查做出行政处罚决定,具有依法给予20元以下罚款或者不当场收缴罚款事后难以执行情形的,税务机关行政执法人员可以当场收缴罚款。执行过程中,必须向当事人出具合法罚款收据,并应当在收缴罚款之日起2日内将罚款交至税务机关,税务机关应当在2日内将罚款交付指定的银行或者其他金融机构。

2.税务行政处罚决定与罚款收缴分离

除依法可以当场收缴罚款的情形之外,税务机关做出的罚款的行政处罚决定的执行,实行做出罚款决定的税务机关与罚款收缴的机构分离的原则。税务机关应当同代收机构签订代收罚款协议。代收机构代收缴罚款,应当向当事人出具财政部门规定的罚款收据。

二、税务行政复议

(一)认识税务行政复议

税务行政复议是指当事人(纳税义务人、扣缴义务人、纳税担保人和其他税务当事人)不服税务机关及其工作人员做出的具体行政行为,依法向上一级税务机关提出申请,复议机关经审理对原税务机关做出的具体行政行为依法做出维持、变更、撤销等决定的活动。实行税务行政复议制度的目的在于维护和监督税务机关依法行使税收执法权,保护纳税义务人和其他税务当事人的合法权益。

我国的税务行政复议具有以下特点:

1.以当事人不服税务机关及其工作人员做出的具体行政行为为前提。

2.因当事人的申请而产生。

3.案件的审理一般由原处理税务机关的上一级税务机关进行。

4.与行政诉讼相衔接。

(二)税务行政复议的受案范围

税务行政复议的受案范围仅限于税务机关做出的税务具体行政行为。**税务具体行政行为**是指税务机关及其工作人员在税务行政管理活动中行使行政职权,针对特定的公民、法人或其他经济组织,就特定的具体事项,做出的有关该公民、法人或其他经济组织权利义务的单方行为。主要包括:

1.税务机关的征税行为,包括确认纳税主体、征税对象、征税范围、减税、免税、退税、抵扣税款、适用税率、计税依据、纳税环节、纳税期限、纳税地点和税款征收方式等具体行政行为,以及征收税款、加收滞纳金,扣缴义务人、受税务机关委托的单位和个人做出的代扣代缴、代收代缴、代征行为等。

2.行政许可、行政审批行为。

3.发票管理行为,包括发售、收缴、代开发票等。

4.税收保全措施、强制执行措施。

5.行政处罚行为。

(1)罚款。

(2)没收财物和违法所得。

(3)停止出口退税权。

6.不依法履行下列职责的行为。
(1)颁发税务登记证。
(2)开具、出具完税凭证、外出经营活动税收管理证明。
(3)行政赔偿。
(4)行政奖励。
(5)其他不依法履行职责的行为。
7.资格认定行为。
8.不依法确认纳税担保行为。
9.政府信息公开工作中的具体行政行为。
10.纳税信用等级评定行为。
11.通知出入境管理机关阻止出境行为。
12.其他具体行政行为。

(三)税务行政复议的申请

纳税义务人行使自己的合法权益,对税务机关的行政行为进行复议,首先要依照法律法规的规定提出复议申请。包括:

1.纳税义务人及其他税务当事人对税务机关做出的征税行为不服,应当首先向复议机关申请行政复议,对复议决定不服,再向人民法院起诉。

2.纳税义务人及其他税务当事人对税务机关做出的征税行为以外的其他税务具体行政行为不服,可以向复议机关申请行政复议,也可以直接向人民法院提起行政诉讼。

3.申请人按照规定申请行政复议的,必须依照税务机关根据法律、法规确定的税额、期限,先行缴纳或者解缴税款和滞纳金,或者提供相应的担保,才可以在缴清税款和滞纳金以后或者所提供的担保得到做出具体行政行为的税务机关确认之日起60日内提出行政复议申请。

4.申请人申请行政复议,可以书面申请,也可以口头申请;口头申请的,复议机关应当当场记录申请人的基本情况、行政复议请求、申请行政复议的主要事实、理由和时间。

5.依法提起行政复议的纳税义务人或其他税务当事人为税务行政复议的申请人,具体是指纳税义务人、扣缴义务人、纳税担保人、其他税务当事人。

与申请行政复议的具体行政行为有利害关系的其他公民、法人或者其他组织,可以作为第三人参加行政复议;申请人、第三人可以委托代理人代为参加行政复议;被申请人不得委托代理人代为参加行政复议。

6.纳税义务人及其他税务当事人对税务机关做出的征税行为不服,申请行政复议的,做出具体行政行为的税务机关是被申请人。

7.申请人向复议机关申请行政复议,复议机关已经受理的,在法定行政复议期间申请人不得再向人民法院起诉;申请人向人民法院提起行政诉讼,人民法院已经依法受理的,不得申请行政复议。

(四)税务行政复议的受理

1.行政复议申请符合下列规定的,行政复议机关应当受理:
(1)属于本规则规定的行政复议范围。
(2)在法定申请期限内提出。

(3)有明确的申请人和符合规定的被申请人。
(4)申请人与具体行政行为有利害关系。
(5)有具体的行政复议请求和理由。
(6)符合本规则第三十三条和第三十四条规定的条件。
(7)属于收到行政复议申请的行政复议机关的职责范围。
(8)其他行政复议机关尚未受理同一行政复议申请,人民法院尚未受理同一主体就同一事实提起的行政诉讼。

2.复议机关收到行政复议申请后,应当在5日内进行审查,决定是否受理。对不符合规定的不予受理,书面告知申请人;对符合规定,但不属于本机关受理范围的行政复议申请,应当告知申请人向有关行政复议机关提出申请。

3.对符合规定的行政复议申请,自行政复议机构收到之日起即为受理;受理行政复议申请,应当书面告知申请人。

4.对应当先向行政复议机关申请行政复议,对行政复议决定不服再向人民法院提起行政诉讼的具体行政行为,行政复议机关决定不予受理或者受理以后超过行政复议期限不做答复的,申请人可以自收到不予受理决定书之日起或者行政复议期满之日起15日内,依法向人民法院提起行政诉讼。

5.上级税务机关认为行政复议机关不予受理行政复议申请的理由不成立的,可以督促其受理;经督促仍然不受理的,责令其限期受理。上级税务机关认为有必要的,可以直接受理或者提审由下级税务机关管辖的行政复议案件。上级税务机关认为行政复议申请不符合法定受理条件的,应当告知申请人。

6.行政复议期间税务具体行政行为不停止执行。但是,有以下情形之一的,可以停止执行:
(1)被申请人认为需要停止执行的。
(2)行政复议机关认为需要停止执行的。
(3)申请人申请停止执行,行政复议机关认为其要求合理,决定停止执行的。
(4)法律规定停止执行的。

(五)税务行政复议的决定

1.行政复议机构应当自受理行政复议申请之日起7日内,将行政复议申请书副本或者行政复议申请笔录复印件发送给被申请人。被申请人应当自收到行政复议申请书副本或者行政复议申请笔录复印件之日起10日内提出书面答复,并提交当初做出具体行政行为的证据、依据和其他有关材料。

2.行政复议机构审理行政复议案件,应当由2名以上行政复议工作人员参加。

3.行政复议原则上采用书面审查的办法,但是申请人提出要求或者行政复议机构认为有必要时,应当听取申请人、被申请人和第三人的意见,并可以向有关组织和人员调查了解情况。

4.申请人在申请行政复议时,复议机关内部有关机构应当对被申请人做出的具体行政行为进行合法性与适当性的审查,就申请人提出的对被申请人做出行政处罚依据规定的审查申请,复议机关对该规定有权处理的,应当在30日内依法处理;无权处理的,应当在7日内按照法定程序转送有权处理的行政机关依法处理,有权处理的行政机关应当在60日内依法处理。处理期间中止对具体行政行为的审查。

5.复议机关在对被申请人做出的具体行政行为进行审查时,认为其依据不合法,本机关有权处理的,应当在30日内依法处理。无权处理的,应当在7日内按照法定程序转送有权处理的行政机关依法处理。处理期间中止对具体行政行为的审查。

6.对重大、复杂的案件,申请人提出要求或者行政复议机构认为必要时,可以采取听证的方式审理。行政复议机构决定举行听证的,应当将举行听证的时间、地点和具体要求等事项通知申请人、被申请人和第三人。第三人不参加听证的,不影响听证的举行。听证应当公开举行,但是涉及国家秘密、商业秘密或者个人隐私的除外。行政复议听证人员不得少于2人,听证主持人由行政复议机构指定。听证应当制作笔录。申请人、被申请人和第三人应当确认听证笔录内容。

7.行政复议机构应当对被申请人做出的具体行政行为进行合法性与适当性审查,提出意见,经行政复议机关负责人批准,按照以下规定做出行政复议决定:

(1)具体行政行为认定事实清楚、证据确凿、适用依据正确、程序合法、内容适当的,决定维持。

(2)被申请人不履行法定职责的,决定其在一定期限内履行。

(3)具体行政行为有下列情形之一的,决定撤销、变更或者确认该具体行政行为违法;决定撤销或者确认该具体行政行为违法的,可以责令被申请人在一定期限内重新做出具体行政行为:

①主要事实不清、证据不足的;

②适用依据错误的;

③违反法定程序的;

④超越职权或者滥用职权的;

⑤具体行政行为明显不当的。

(4)被申请人不按规定提出书面答复,提交当初做出具体行政行为的证据、依据的,视为该具体行政行为没有证据、依据,决定撤销该具体行政行为。

8.申请人在申请行政复议时可以一并提出行政赔偿请求,行政复议机关对符合国家赔偿法的规定应当赔偿的,在决定撤销、变更具体行政行为或者确认具体行政行为违法时,应当同时决定被申请人依法赔偿。

9.行政复议机关应当自受理之日起60日内做出行政复议决定。情况复杂可以适当延长,但是延长期限最多不超过30日。

10.被申请人应当履行行政复议决定。被申请人不履行或者无正当理由拖延履行行政复议决定的,复议机关或者上级行政机关应当责令其限期履行。

11.申请人、第三人逾期不起诉又不履行行政复议决定的,或者不履行最终裁决的行政复议决定的,按照以下规定分别处理:

(1)维持具体行政行为的行政复议决定,由做出具体行政行为的行政机关依法强制执行,或者申请人民法院强制执行。

(2)变更具体行政行为的行政复议决定,由行政复议机关依法强制执行,或者申请人民法院强制执行。

三、税务行政诉讼

行政诉讼是人民法院处理行政纠纷、解决行政争议的法律制度,与刑事诉讼、民事诉讼一起，共同构筑起现代国家诉讼制度。税务行政诉讼作为行政诉讼的一个重要组成部分，也必须遵循《行政诉讼法》所确立的基本原则和普遍程序；同时，税务行政诉讼又不可避免地具有本部门的特点。

（一）税务行政诉讼的概念

税务行政诉讼是指公民、法人和其他组织认为税务机关及其工作人员的具体税务行政行为违法或不当，侵犯了其合法权益，依法向人民法院提起行政诉讼，由人民法院对具体税务行政行为的合法性和适当性进行审理并做出裁决的司法活动。税务行政诉讼具有以下特殊性：

1. 税务行政诉讼是由人民法院进行审理并做出裁决的一种诉讼活动。这是它与税务行政复议的根本区别。税务行政诉讼与税务行政复议是解决税务争议的两个根本途径。

2. 税务行政诉讼以解决税务行政争议为前提。这是它与其他诉讼活动的根本区别，具体体现在：

（1）被告必须是税务机关，或经法律、法规授权的行使税务行政管理权的组织，而不是其他行政机关或组织。

（2）税务行政诉讼解决的争议发生在税务行政管理过程中。

（3）因税款征纳问题发生的争议，当事人在向人民法院提起诉讼前，必须先经过税务行政复议程序，即复议前置。

（二）税务行政诉讼的管辖

税务行政诉讼分为级别管辖、地域管辖和裁定管辖。

1. 级别管辖

级别管辖是指上下级人民法院之间受理第一审税务行政案件的分工和权限。根据《行政诉讼法》的规定，基层人民法院管辖一般的税务行政诉讼案件；中高级人民法院管辖本辖区内重大、复杂的税务行政诉讼案件；最高人民法院管辖全国范围内重大、复杂的税务行政诉讼案件。

2. 地域管辖

地域管辖是同级人民法院之间受理第一审税务行政案件的分工和权限，又分为一般地域管辖和特殊地域管辖两种。

（1）一般地域管辖是按照最初做出具体行政行为的机关所在地来确定管辖法院的；

（2）特殊地域管辖是根据特殊行政法律关系或特殊行政法律关系所指的对象来确定管辖法院的。

3. 裁定管辖

裁定管辖是指人民法院依法裁定的管辖，它包括移送管辖、指定管辖和管辖权的转移三种。

（1）移送管辖是人民法院将已经受理的案件，移送给有管辖权的人民法院审理。其必须具备的三个条件是：移送人民法院已经受理了该案件；移送法院发现自己对该案件没有管辖权；接受移送的人民法院必须对该案件确有管辖权。

（2）指定管辖是上级人民法院以裁定的方式，指定某下级人民法院管辖某一案件。

（3）管辖权的转移是上级人民法院有权审理下级人民法院管辖的第一审税务行政案件，也可以将自己管辖的第一审税务行政案件移交下级人民法院审判；下级人民法院对其管辖的第一审税务行政案件，认为需要由上级人民法院审判的，可以报请上级人民法

院决定。

(三)税务行政诉讼的受案范围

目前我国并没有专门的法律规定税务行政诉讼的受案范围,根据《行政诉讼法》《征管法》和《行政复议法》等法律法规的相关规定,税务行政诉讼的受案范围可概括为以下几个方面:

1.税务机关做出的征税行为,包括征收税款、加收滞纳金等行为。需要注意的是,这类征税行为必须经过税务复议之后才能向法院提起诉讼。

2.税务机关做出的其他保障性措施,如税收保全措施和税收强制执行措施、通知出境管理机关阻止出境行为等。

3.税务机关的不予依法办理或者答复的行为,如不予审批减免税或者出口退税,抵扣税款,不予退还税款等。需要注意的是,对于税务机关做出的不予审批减免税或者出口退税、不予抵扣税款、不予退还税款的行为,必须经过税务复议之后才能向法院提起诉讼。

4.税务机关做出的税务处罚行为,包括罚款、没收违法所得、停止出口退税权、取消增值税一般纳税人资格、收缴发票、停止发售发票等行为。

5.其他行为。税务行政相对人认为税务机关的具体行政行为侵犯了其人身权、财产权的,也可向人民法院提起诉讼。

(四)税务行政诉讼的起诉与受理

1.税务行政诉讼的起诉

税务行政诉讼的起诉是指公民、法人或者其他组织认为自己的合法权益受到税务机关具体行政行为的侵害,而向人民法院提出诉讼请求,要求人民法院行使审判权,依法予以保护的诉讼行为。在税务行政诉讼中,起诉是单向性的权利,税务机关不享有起诉权,只享有应诉权,即税务机关只能作为被告;与民事诉讼不同,作为被告的税务机关不能反诉。

税务行政诉讼必须符合法定的期限和必经的程序。对税务机关的征税行为提起诉讼,必须先经过复议;对复议决定不服的,可以在接到复议决定书之日起15日内向人民法院起诉。对其他具体行政行为不服的,当事人可以在接到通知或者知道之日起15日内直接向人民法院起诉。

税务机关做出具体行政行为时,未告知当事人起诉权和起诉期限,致使当事人逾期向人民法院起诉的,其起诉期限从当事人实际知道起诉权和起诉期限时开始计算。但最长不得超过2年。

2.税务行政诉讼的受理

原告起诉后经人民法院审查,认为符合起诉条件并立案审理的行为,称为受理。人民法院会根据以下情况做出受理与否的决定:

(1)审查是否属于法定的受案范围。
(2)审查是否具备法定的起诉条件。
(3)审查是否已经受理或正在受理。
(4)审查是否有管辖权。
(5)审查是否符合法定期限。
(6)审查是否经过必经的复议程序。

根据法律规定,人民法院接到诉状,经过审查,应当在7日内立案或者做出不予受理的裁定。原告对不予受理的裁定不服的,可以上诉。

(五)税务行政诉讼的审理和判决

1.税务行政诉讼的审理

人民法院审理行政案件实行合议、回避、公开审判和两审终审制度。

2.税务行政诉讼的判决

人民法院对受理的税务行政案件,经过调查、搜集证据、开庭审理之后,可分别做出如下判决:

(1)维持原判。适用于具体行政行为证据确凿,适用法律、法规正确,符合法定程序的案件。

(2)撤销判决。被起诉的具体行政行为主要证据不足,适用法律、法规错误,违反法定程序,超越职权、滥用职权,人民法院应判决撤销或者部分撤销,同时可以判决税务机关重新做出具体行政行为。

(3)履行判决。税务机关不履行或者拖延履行法定职责,人民法院判决其在一定期限内履行。

(4)变更判决。税务行政处罚显失公正的,可以判决变更。

对一审人民法院判决不服的,当事人可以上诉。

四 税务行政赔偿

税务行政赔偿属于国家赔偿中的行政赔偿,是指税务机关作为履行国家赔偿义务的机关,对本机关及其工作人员的税务违法行为给纳税义务人和其他税务当事人的合法权益造成的损害,代表国家予以赔偿的制度。税务行政赔偿的被请求人、复议人、执行人均不得向该赔偿请求人收取任何费用;对赔偿请求人取得的赔偿金不予征税。

(一)税务行政赔偿概述

1.税务行政赔偿的构成要件

(1)税务机关或者其工作人员的税务违法行为。

(2)存在对纳税义务人和其他税务当事人的合法权益造成损害的事实。

(3)税务机关或者其工作人员的税务违法行为与现实发生的损害事实存在因果关系。

2.税务行政赔偿请求人

税务行政赔偿请求人是指有权对税务机关或者其工作人员的税务违法行为造成的损害提出赔偿要求的人。可以有以下几类:

(1)受害的纳税义务人及其他税务当事人。

(2)受害公民的继承人及其他有扶养关系的亲属。

(3)承受原法人或者其他组织的法人或其他组织。

3.税务行政赔偿的请求时效

税务行政赔偿请求人请求国家赔偿的时效为2年,自其知道或者应当知道税务机关及其工作人员行使职权行为侵犯其人身权、财产权之日起计算。

(二)税务行政赔偿的范围

税务行政赔偿的范围是指税务机关对本机关工作人员在行使职权时给受害人造成的应予以赔偿的损失的范围。具体包括:

1.税务机关及其工作人员非法拘禁纳税义务人和其他税务当事人,或者以其他方式剥夺纳税义务人和其他税务当事人的人身自由的。

2.侵犯财产权的赔偿。包括:

(1)税务机关及其工作人员违法征收税款及滞纳金的。

(2)税务机关及其工作人员对当事人财产违法采取强制罚款、没收非法所得等行政措施的。

(3)税务机关及其工作人员对当事人财产违法采取税收保全措施或者强制措施的。

(4)税务机关及其工作人员违反国家规定向当事人征收财物、摊派费用的。

(5)税务机关及其工作人员造成当事人财产损害的其他违法行为。

3.税务机关不承担赔偿责任的情形。一般情况下,只要有损害就必须赔偿,但在法定情况下,虽有损害发生,国家也不予赔偿。包括:

(1)行政机关工作人员与行使职权无关的行为。

(2)因纳税义务人和其他税务当事人自己的行为致使损害发生的。

(3)法律规定的其他情形。

(三)税务行政赔偿的程序

税务行政赔偿的程序由两部分组成:一是税务行政赔偿的非诉讼程序,即税务机关内部程序;二是税务行政赔偿的诉讼程序,即司法程序。

1.税务行政赔偿的非诉讼程序

(1)税务行政赔偿请求的提出。税务行政赔偿请求人应当先向负有履行赔偿义务的税务机关提出赔偿请求。这是税务行政赔偿的必经程序。

(2)税务行政赔偿请求的形式。依据《国家赔偿法》的规定,要求税务行政赔偿的请求人应当递交申请书,申请书应当载明受害人的基本情况,具体要求、事实依据和理由,申请时间等事项。

(3)对税务行政赔偿请求的处理。税务行政赔偿请求人在法定期限内提出赔偿请求后,负有赔偿义务的税务机关应当自收到申请之日起2个月内依照法定的赔偿方式和结算标准给予赔偿;逾期不赔偿或者税务行政赔偿请求人对赔偿数额有异议的,税务行政赔偿请求人可以在届满之日起3个月内向人民法院提起诉讼。

2.税务行政赔偿的诉讼程序

税务行政赔偿的诉讼程序与非诉讼程序中规定的可以在提起税务行政诉讼的同时一并提出的税务行政赔偿请求不相同:

(1)提起税务行政诉讼时一并提出的税务行政赔偿请求无须经过先行处理,而税务行政赔偿诉讼的提起必须以税务机关的先行处理为条件。

(2)税务行政诉讼不适用调解,而税务行政赔偿的诉讼可以进行调解。

(3)在税务行政诉讼中,被告人即税务机关承担举证责任,而在税务行政赔偿诉讼中,损坏事实部分不可能由税务机关举证,也不应该由税务机关举证。

3.税务行政追偿制度

税务行政追偿制度是指违法行使职权给纳税义务人和其他税务当事人的合法权益造成损害的税务机关工作人员主观有过错,税务机关赔偿其造成的损害后,再追究其责任的制度。即要求作为履行赔偿义务的税务机关在赔偿损失后,责令造成损害的税务机关工作人员承担全部或部分赔偿责任。